EMIL BOCK · REISETAGEBÜCHER

Die Herausgabe besorgte Dr. Gundhild Kačer-Bock

CIP-Kurztitelaufnahme der Deutschen Bibliothek

Bock, Emil:

Reisetagebücher : Italien, Griechenland, Heiliges Land /
Emil Bock. – 3., überarb. Aufl., Neuausg. –
Stuttgart : Urachhaus, 1986.
ISBN 3-87838-460-2
NE: Bock, Emil: [Sammlung]

ISBN 3 87838 460 2

Satz und Druck der Offizin Chr. Scheufele, Stuttgart.

EMIL BOCK

Reisetagebücher

ITALIEN

GRIECHENLAND

HEILIGES LAND

URACHHAUS

INHALT

VORBEMERKUNG

Seit Emil Bock seine Reisetagebücher 1948 für eine Buchveröffentlichung zur Verfügung gestellt hat, haben alle beschriebenen Orte und Landschaften noch weitergehende und eingreifendere Veränderungen erfahren, als dies zum damaligen Zeitpunkt gegenüber den gesammelten Eindrücken bereits der Fall war. Durch den modernen Tourismus ist die heutige Zivilisation und Technik fast überallhin vorgedrungen, und der Reisende vermag heute nur mit Mühe etwas von der Stimmung und spezifischen Atmosphäre der einst heiligen Stätten zu erleben. Er macht immer aufs neue die Erfahrung, daß ihm dies nur gelingt, wenn er zuvor selbst etwas an innerer Vorbereitung geleistet hat. Dazu können die Reisebeschreibungen und zusammenfassenden Aufsätze von Emil Bock eine Hilfe sein. Ungezählte Menschen haben sich auf ihren Reisen von ihnen leiten lassen und trotz aller äußeren Veränderungen ihre Zeitlosigkeit bestätigt gefunden.

Dennoch will dieses Buch nicht ein Reiseführer im üblichen Sinne sein. Es konnte deshalb am Schluß ein Kapitel über die Geologie des Heiligen Landes* angefügt werden, das – ergänzt durch einen Aufsatz von Walther Cloos – aus naturwissenschaftlicher Sicht eine Entdeckung von Emil Bock behandelt: die Polarität der Landschaften Galiläa und Judäa. Er selbst hat diese Entdeckung zu den wichtigsten Ergebnissen seiner Lebensarbeit gerechnet, und er hat diesen Schlüsselgedanken in vielfacher Weise angewendet auf die Betrachtung des Neuen Testamentes.

* Aus »Die Christengemeinschaft« April 1952.

Der Leser wird bei der Lektüre dieser Reisetagebücher erkennen, daß die hier geschilderten Reisen ein wesentlicher Bestandteil nicht nur der Biographie, sondern des Gesamtwerkes von Emil Bock sind. So wie er die Evangelien studierte, um zu lebendigen Anschauungen zu kommen vom Leben Jesu und von den Anfängen des Christentums, so hat er die Orte der vorchristlichen und christlichen Kultur aufgesucht und studiert, um Wahrnehmungen für das Fortwirken des urchristlichen Impulses in der Menschheitsgeschichte zu gewinnen. Beides hat sich gegenseitig ergänzt und befruchtet und hat zu konkreten geschichtlichen Anschauungen geführt. In einem Notizbuch schreibt er über dieses doppelte historische Studium:

»Das Erlebnis der Geschichte ist etwas ganz Eigenartiges. Wie tritt es auf? Es genügt nicht, durch Länder zu reisen, die einst der Schauplatz großer historischer Ereignisse waren, und sich zu sagen: Hier also ist dies oder das passiert. Das Vorstellungs- und Begriffsmäßige muß irgendwie näher an die Wahrnehmung herangetragen werden. Es muß ein geistiges Prägen stattfinden, das die Prägespuren nachbildet, die von den Ereignissen selbst in der Landschaft hinterlassen worden sind...

Eine alte Straße zu sehen wie die Via Maris in Galiläa oder die Via Appia in der römischen Landschaft, ruft so etwas wie eine ferne historische Ahnung hervor. Diese kann zum Geschichtserleben verdichtet werden, wenn man im Konkreten die Vorstellung hinzufügt: Auf dieser Straße zog Abraham, als er Ur in Chaldäa verließ, zog Jakob, als er vor Esau floh, zog Paulus nach Damaskus. Auf dieser Straße wurde Paulus nach Rom geführt, nachdem er in Puteoli gelandet war.

In dem Maße, als durch solche Vorstellungsaktivität aus dem Wahrnehmungsphänomen das Urphänomen, in diesem Falle das ›des Weges‹, ›der Straße‹, herausgezaubert wird, zugleich mit der Färbung und dem Geruch einer bestimmten Zeit und Geistesströmung, tritt das historische Erlebnis ein. Es ist dem aktiven Denken, das Rudolf Steiner in der ›Philosophie der Freiheit‹ beschreibt, vergleichbar. In ihm werden durch innere Aktivität Wahrnehmung und Begriff vermählt, und zwar durch ein reines Bündnis zwischen Denken und Wollen.«

Dr. Gundhild Kačer-Bock

VORWORT

Das Umfassend-Apokalyptische der Menschheitskatastrophen, die in wachsenden Zerstörungs- und Chaotisierungswirbeln unsere Zeit durchdröhnen, ist auf besondere Weise daran abzulesen, wie der Schauplatz der kriegerischen Entladungen ruckartig größer wurde. Der sogenannte Erste Weltkrieg wurde, abgesehen von einem geringfügigen Mitzittern der anderen Kontinente, durchaus auf mitteleuropäischem Boden ausgetragen. In der nächsten Völkerkatastrophe, die unendlich viel mehr als bloß ein Krieg war und deshalb durch die Bezeichnung »Zweiter Weltkrieg« nur bagatellisiert werden kann, weiteten sich die wachsenden Chaos-Wellen schnell nach allen Seiten und über jede kontinentale Grenze hinaus aus. Dabei wurde derjenige, der in den großen Schritten der historischen Menschheitsentwicklung lebt, von Erschütterung zu Erschütterung geführt. Schließlich gab es nirgendwo mehr ein Gebiet, das einmal Schauplatz der sich ablösenden Kulturen gewesen ist und verschont geblieben wäre. Nicht nur, daß bis in den hohen skandinavischen und finnischen Norden, ostwärts bis tief nach Rußland und in den Kaukasus hinein, aber schließlich bis nach China und Japan, nach Süden zu bis nach Abessinien über weite afrikanische Gebiete hin, nach Westen bis nach Spanien die Kriegsfackel unseren Planeten in Brand setzte; ein heiliger Boden großer Vergangenheiten nach dem anderen wurde seiner aus großen nachklingenden Seelenspuren bestehenden Aura beraubt: Persien und Babylonien, Ägypten und Karthago, Kreta und Griechenland, Sizilien, Rom und Florenz, schließlich Palästina, das »Heilige Land« sowohl des Alten und des Neuen Testamentes als auch der Araber. Sogar Indien, das noch bis in unsere Zeiten hinein den Nachklang uralt-heiliger Kulturen hatte bewahren können, wurde vom Weltbrand ergriffen.

Das Reisen im wahrsten Sinne des Wortes, so daß der Reisende zum Pilger und Wallfahrer wird und nicht nur räumliche, sondern auch zeitliche und menschheitlich-geistige Dimensionen durchmißt, ist bis zu einem hohen Grade zu Ende. Die Seelenbereicherungen und -umwandlungen, die es bis zu den gegenwärtigen Zeitkatastrophen hin bedeuten konnte, Stätten zu besuchen, die geweiht waren, weil noch etwas von den Lebensläufen spürbar war, die sich dort zugetragen haben, müssen in Zukunft auf rein innerlichen Wegen gesucht und gefunden werden.

Weil das alles so ist, mag es berechtigt sein, in diesem Buche schlichte Notizen von solchen Reisen zur Verfügung zu stellen, die einigermaßen im Bewußtsein der großen Zeitenwende, in der wir stehen, unternommen worden sind. Der auf die Landschaft und ihre gegenwärtigen Bewohner sowie der auf die großartigen Vergangenheiten und ihre Denkmäler und Spuren gerichtete Blick war von Schritt zu Schritt geleitet und beseelt durch ein lebendiges Gefühl der apokalyptischen Gegenwart und ihrer geistigen Forderungen. An der Größe der Geschichte wurden die gegenwärtigen Zielsetzungen eines kulturellen Erneuerungswirkens gemessen und genährt. Ich darf sagen, daß die Reisen, von denen die hier vorgelegten Tagebuch-Aufzeichnungen sprechen, mehr waren als Studien- oder gar Vergnügungs-Reisen. Sie sind, so gut und so ernst ich es vermochte, in den Dienst des Strebens gestellt worden, auf den durch die Anthroposophie Rudolf Steiners gebahnten Wegen den heutigen Untergängen im Keim eine kulturelle Auferstehung zu entringen, insbesondere im Wirken für eine gegenwartsgemäße religiöse Erneuerung innerhalb der »Christengemeinschaft«. Deshalb kann vielleicht ein gedanken- und vorstellungsmäßiges Mitgehen mit den besprochenen Reisen eine Hilfe für mancherlei innere Wallfahrt und Pilgerschaft sein.

Die den letzten Teil dieses Buches ausmachenden Notizen von zwei Palästinareisen (1932 und 1934) sind früher schon einmal (im Verlag

Urachhaus) in Vervielfältigungsform erschienen. Auf das Drängen vieler Freunde, insbesondere der Teilnehmer an der zweiten Reise, die eine von mir geleitete Gruppenreise war, stellte ich damals die Bedenken zurück, die ich gegen eine Veröffentlichung von Notizen hatte, die rein nur als knappe Erinnerungshilfen, ohne jeden Gedanken an eine etwaige Leserschaft, während der Reise gemacht worden waren. Ich durfte mir davon eine verlebendigende Unterstützung der Arbeiten erhoffen, die ich vom Jahre 1934 an in einer Bücherreihe über das Alte Testament und das Urchristentum niedergelegt habe. (Bis heute sind 6 Bände erschienen: »Beiträge zur Geistesgeschichte der Menschheit« I. Urgeschichte, II. Moses und sein Zeitalter, III. Könige und Propheten, IV. Cäsaren und Apostel, V. Kindheit und Jugend Jesu, VI. Die Drei Jahre.)*

Die Aufzeichnungen über Italien und Griechenland habe ich als ein »Nachträgliches Tagebuch« in den Jahren 1941/42 als Häftling eines Konzentrationslagers niedergeschrieben, nachdem die seit 1935 gegen die anthroposophische Bewegung gerichteten Verfolgungen schließlich auch zur Unterdrückung der »Christengemeinschaft« geführt hatten. Auch diese Notizen entstanden, ohne daß ich dabei an eine etwaige Veröffentlichung gedacht hätte. Ich schrieb sie, weil ich mir dadurch im engen überfüllten und lärmigen Gefängnis-Raum die Besinnung auf meine bisherigen Lebenswege erleichtern konnte. Nachher habe ich nur noch einiges eingefügt, was ich über die besprochenen Reisen in früheren Jahren bereits in Aufsatzform für die Zeitschrift »Die Christengemeinschaft« geschrieben hatte. Ich hoffe, daß diese Einfügungen, die einzigen Stücke, die von vornherein für den Druck bestimmt waren, eine Bereicherung darstellen, durch die der Mangel wettgemacht wird, der durch einige schwer vermeidbare Wiederholungen entsteht.

(August 1948)

* Hinzu kam 1954 als 7. Band »Paulus«.

Italien

EINIGES AUS GOETHES »ITALIENISCHE REISE«

Nach Italien zu reisen bedeutete zur Goethe-Zeit noch etwas ganz anderes als heute. Die Welt und damit der Reisende war innerlich völlig anders zusammengesetzt. Insbesondere war aber auch Italien damals noch eine andere Welt. Es ist ja in höchstem Maße erstaunlich, wie Goethe sich noch durchweg an das gegenwärtige italienische Leben halten konnte, um durch dieses hindurch »das Land der Griechen mit der Seele zu suchen«. Heute sind Vergangenheit und Gegenwart in Italien nicht mehr die Einheit, wie sie es noch vor 150 Jahren waren. Die heutige Gegenwart entwickelt dort eine Kultur, die sich auf einem großartigen, aber bereits fremden Schauplatz abspielt. Goethe traf ein Kulturleben an, das die lebendige, unmittelbare, wenn auch bereits abklingende Fortsetzung der Antike war. Ein Menschenschub war dort verkörpert, der körperlich, seelisch und geistig noch von der gleichen Art war wie die alten Römer und Griechen. Und die deutschen Künstlergruppen, die in Rom und in anderen Städten Italiens lebten, verschmolzen so weitgehend mit der kulturtragenden Schicht der Italiener, weil in ihren Seelen der starke Nachklang eines Erdenlebens in griechisch-römischer Zeit allem die Farbe und Stimmung gab. Heute kann man um der italienischen Gegenwart willen nach Italien reisen und sich in die Ideale und Empfindungen des Volkes mitlebend hineinversetzen – dann läßt man am besten die Geschichte der alten Zeit, so groß ihre Dokumente auch seien, beiseite. Oder aber man reist wegen der Historie nach Italien – dann ist man in einem großen bewohnten Museum und kann sich um die Bevölkerung nicht viel kümmern, es sei denn, daß man den Blick auf die Zusammenhänge lenkt, in denen gegenwärtig lebende Italiener dennoch eigentlich eher Repräsentanten eines früheren Zeitalters sind.

Fast ausschlaggebend für den inneren Verlauf der Goetheschen Reise war die Art, wie Goethe die italienische Sprache beherrschte. Sich die Kenntnis dieser Sprache anzueignen, lag damals noch wesentlich näher und war unvergleichlich viel leichter als heute. Die innere Beziehung war eine viel selbstverständlichere. Eigentlich kam es gar nicht bloß von außen her an die Menschen heran, wenn ihnen in der Jugend italienische Hauslehrer gegeben wurden, und sei es auch nur im Fechten oder Musizieren, mit denen sie in jenem bildsamen Alter Italienisch sprechen mußten. Die Beherrschung der Sprache war für Goethe die Grundlage dafür, daß er, wohin er kam, das italienische Theater fast Abend für Abend besuchte, es als Vorbild oder Abart in Beziehung setzend zum deutschen Theater, an welchem er als Dichter und Schauspieldirektor wesentlich mitwirkte. Weiterhin war es durch seine Vertrautheit mit der Sprache selbstverständlich, daß er nicht nur mit den zeitgenössischen Adelskreisen, sondern auch mit den italienischen Künstlern in gesellschaftlichen Umgang eintrat. Die Grafen und Fürsten waren als Sammler oder Mäzene eben auch ein wichtiger Bestandteil des italienischen Kunst-Lebens. Goethe war sogar lange Zeit ängstlich um sein teilweises Inkognito besorgt, weil er befürchtete, viel zu sehr in die Lebenskreise des zeitgenössischen Italien mit einbezogen zu werden.

*

Der karmisch-epochale Charakter, den die Italienreise im Leben Goethes besitzt, kann gar nicht deutlich genug gesehen werden. Goethe hatte lange mit brennender Sehnsucht auf eine Möglichkeit zu dieser Reise gewartet. Seine Überzeugung und Empfindung war es dann auch, daß er der Reise überhaupt die Rettung seines Lebens verdanke. Es findet eine Entzauberung statt, die fast in Venedig und Neapel und der dortigen Lebens- und Sinnenfreudigkeit noch stärker in Erscheinung tritt als in Rom. »Hätte ich nicht den Entschluß gefaßt, den ich jetzt ausführe, so wäre ich rein zugrunde gegangen: zu einer solchen Reife war die Begierde, diese Gegenstände mit Augen zu sehen, in meinem Gemüt gestiegen. Die historische Kenntnis fördert mich nicht: die Dinge standen nur eine Hand breit von mir ab, aber durch eine undurchdringliche Mauer geschieden. Es ist mir wirklich auch jetzt nicht etwa zu Mute, als wenn ich die Sachen zum erstenmal sähe, sondern *als ob ich sie wiedersähe*« (90/91).*

In Rom (Frascati) schreibt Goethe später: »So lebe ich denn glücklich, weil *ich in dem bin, was meines Vaters ist*« (II, 53). Das Interesse Goethes gilt ausschließlich dem Geist der Antike, soweit er nicht an den Geheimnissen der Natur herumbuchstabiert. Dabei ist er keineswegs speziell auf die Denkmäler der alten echten Zeit und Kunst Griechenlands eingestellt. Er unterscheidet nicht besonders zwischen griechisch und römisch. Sogar Palladio, den klassizistischen Baumeister der Renaissancezeit, von dem er Bauten in Venedig und vor allem in Vicenza sah, bezieht er noch ganz ein in seine Pilgerfahrt zum Himmel der Antike. Umgibt ihn die Welt des griechisch-römischen Geistes, so fallen die Ketten und Lasten ab, die seinen Genius beschwerten. Es ist ihm wie eine Erleuchtung und Initiation, was da über ihn kommt. »Viele bedeutende Büsten versetzen mich in die alten, herrlichen Zeiten. Nur fühle ich leider, wie weit ich in diesen Kenntnissen zurück bin; doch es wird vorwärts gehen, wenigstens weiß ich den Weg. Palladio hat mir ihn auch dazu und zu aller Kunst und Leben geöffnet. Es klingt das vielleicht ein wenig wunderlich, aber doch nicht so paradox, als wenn *Jakob Böhme* bei Erblickung einer zinnernen Schüssel durch Einstrahlung Jovis über das Universum erleuchtet wurde« (80).

In einer hohen Schule fühlt sich Goethe, die ihn aber selbst anmutet, als wäre es eine Mysterienstätte der alten Welt: »Hier aber kommt man in eine gar große Schule, wo ein Tag so viel sagt, daß man von dem Tage nichts zu sagen wagen darf. Ja, man täte wohl, wenn man, jahrelang hier verweilend, ein *pythagoreisches Stillschweigen* beobachtete« (122).

Hierher gehören alle die Worte, in denen Goethe die Wirkung der

* Seitenzahlen nach der Reclam-Ausgabe Leipzig 1921.

Reise als eine *Wiedergeburt* bezeichnet. »Man hat außer Rom keinen Begriff, wie man hier geschult wird. Man muß sozusagen *wiedergeboren* werden und sieht auf seine vorigen Begriffe wie auf Kinderschuhe zurück... Das vergangene (Jahr) war das wichtigste meines Lebens... Und doch ist alles mehr Mühe und Sorge als Genuß. Die Wiedergeburt, die mich von innen heraus umarbeitet, wirkt immer fort« (140). »Ich bin wirklich umgeboren und erneuert und ausgefüllt. Ich fühle, wie sich die Summe meiner Kräfte zusammenschließt...« (II, 38). »Von vielen Wegen rückt alles gleichsam auf einen Punkt zusammen; ja ich kann sagen, daß ich nun Licht sehe, wo es mit mir und meinen Fähigkeiten hinaus will; so alt muß man werden, um nur einen leidlichen Begriff von seinem Zustande zu haben« (II, 46).

Der 37jährige Goethe sagt, daß er jetzt erst eigentlich sich selbst gefunden habe: »Es geht mit mir eine neue Epoche an. Mein Gemüt ist nun durch das viele Sehen und Erkennen so ausgeweitet, daß ich mich auf irgendeine Arbeit beschränken muß. Die Individualität eines Menschen ist ein wunderlich Ding; die meine hab ich jetzt recht kennen lernen...« (II, 72). »In Rom hab ich mich selbst zuerst gefunden, ich bin zuerst übereinstimmend mit mir selbst, glücklich und vernünftig geworden...« (II, 162).

Sehr aufschlußreich ist es, darauf zu achten, wofür sich Goethe in Rom und in Italien *nicht* interessiert hat. Alles Christliche nimmt er nur ungern in Kauf. Was er auch an gegenwärtigem christlichen Leben vor sich sieht, stößt ihn ab. Die großen Feste, wie sie in Rom begangen werden, sind nicht seine Welt, wie er deutlich erkennen läßt, obwohl er gegen Schluß des römischen Aufenthaltes eine etwas andere Einstellung findet, derzufolge er z.B. die Kultusmusik geradezu zu studieren anfängt. Im allgemeinen reagiert er, wie er sagt, mit seinem *»prostestantischen Diogenismus«*. »Ihre Zeremonien und Opern, ihre Umgänge und Ballette, es fließt alles wie Wasser von einem Wachstuchmantel an mir herunter. Eine Wirkung der Natur hingegen, wie der Sonnenuntergang von Villa Madama gesehen, ein Werk der Kunst, wie die viel verehrte Juno, machen tiefen und bleibenden Eindruck« (147). Der Messekultus liegt ihm schon an sich fern; er würde eher einer christlichen Verkündigung seine Aufmerksamkeit schenken. Nun erst die Messe vom Papst vollzogen! Das ruft den Satiriker auf den Plan: »Mich ergriff ein wunderbar Verlangen, das Oberhaupt der Kirche möge den goldenen Mund auftun und, von dem unaussprechlichen Heil der seligen Seelen mit Entzücken sprechend, uns in Entzücken versetzen. Da ich ihn aber vor dem Altare sich nur hin- und herbewegen sah, bald nach dieser, bald nach jener Seite sich wendend, sich wie ein gemeiner Pfaffe gebärdend und murmelnd, da regte sich die *protestantische Erbsünde*, und mir wollte das bekannte und gewohnte Meßopfer hier keineswegs gefallen. Hat doch Christus schon als Knabe durch mündliche Auslegung der Schrift, und in seinem Jünglingsleben gewiß nicht schweigend, gelehrt und gewirkt; denn er sprach gern, geistreich und gut, wie wir aus den Evangelien wissen. Was würde der sagen, dachte ich, wenn er hereinträte und sein Ebenbild auf Erden summend und hin- und widerwankend anträfe? Das Venio iterum crucifigi* fiel mir ein...« (119). Bei den Osterzeremonien 1788, die schon in die Abschiedszeit fallen, in der Goethe das alles ausführlich mit ansieht, schreibt er in einem Briefe: »Soeben steht der Herr Christus mit entsetzlichem Lärm auf. Das Kastell feuert ab, alle Glocken läuten und an allen Ecken und Enden hört man Petarden, Schwärmer und Lauffeuer...« (II, 164). Abstrakt ist zwar der Gedanke des reinen Urchristentums vorhanden, aber daß davon in Rom noch sichtbare Spuren vorhanden sein könnten, liegt außer Betracht. Es »trat mir so lebhaft vor die Seele, daß vom *ursprünglichen Christentum* alle Spur verloschen ist; ja wenn ich mir es in seiner Reinheit vergegenwärtige, so wie wir es in der Apostelgeschichte sehen, so mußte mir schaudern, was nun auf jenen gemütlichen Anfängen ein unförmliches, ja barockes Heidentum lastet. Da fiel mir der ewige Jude** wieder ein, der Zeuge aller dieser wundersamen Ent- und Aufwicklungen gewesen und so einen wunderlichen Zustand erlebte, daß Christus selbst, als er zurück-

* »Ich komme, um zum zweiten Male gekreuzigt zu werden.«
** ein dichterischer Plan Goethes.

kommt, um sich nach den Früchten seiner Lehre umzusehen, in Gefahr gerät, zum zweiten Male gekreuzigt zu werden. Jene Legende: Venio iterum crucifigi sollte mir bei dieser Katastrophe zum Stoff dienen« (114/115).

Als Goethe nach Assisi kommt, stößt ihn die Kirche des heiligen Franziskus ab: »Die ungeheuren Substruktionen der babylonisch übereinandergetürmten Kirchen, wo der heilige Franziskus ruht, ließ ich links mit Abneigung...« (108). Er läßt sich dafür den Weg zu der Kirche Maria della Minerva zeigen, die noch die Fassade eines antiken Tempels in sich enthält. Sogleich trägt ihn die Begeisterung auf ihren Flügeln hoch empor: »Siehe, das löblichste Werk stand vor meinen Augen, das erste vollständige Denkmal der alten Zeit, das ich erblickte... Was sich durch die Beschauung dieses Werkes in mir entwickelt, ist nicht auszusprechen und wird ewige Früchte bringen« (108/109).

Der Betrachtung auch der mittelalterlichen Kunst hingegeben, ist Goethe genötigt, sich vom Klassisch-Heidnischen dem christlichen Bereich zuzuwenden. Das bewirkt, daß er glaubt, vor dem schmerzlichsten Widerspruch zu stehen zwischen der Kunst und den von ihr dargestellten Gegenständen: »Es ist, als da sich die Kinder Gottes mit den Töchtern der Menschen vermählen: daraus entstanden mancherlei Ungeheuer. Indem der himmlische Sinn des Guido, sein Pinsel, der nur das Vollkommenste, was geschaut werden kann, hätte malen sollen, dich anzieht, so möchtest du gleich die Augen von den abscheulich dummen, mit keinen Scheltworten der Welt genug zu erniedrigenden Gegenständen wegkehren, und so geht es durchaus: man ist immer auf der Anatomie, dem Rabensteine, dem Schindanger, immer Leiden des Helden, niemals Handlung, nie ein gegenwärtig Interesse, immer etwas phantastisch von außen Erwartetes... Betrachte ich in diesem Unmut die Geschichte, so möchte ich sagen: der Glaube hat die Künste wieder hervorgehoben, der Aberglaube hingegen ist Herr über sie geworden und hat sie abermals zu Grunde gerichtet...« (97/98).

Eine Episode beleuchtet blitzartig die instinktive Abneigung, die

Goethe gerade an denjenigen Stellen empfand, wo er den unmittelbaren Spuren des Urchristentums hätte begegnen können. Ganz zu Ende des römischen Aufenthaltes, als Goethe einige Punkte, die er noch nicht gesehen hatte, zu besuchen nachholte, stieg er auch in die *Katakomben* von S. Sebastiano. Er selbst muß feststellen, daß dieser Besuch »nicht zum besten geriet«. »Die ersten Schritte in diese dumpfigen Räume erregten mir alsobald ein solches Mißbehagen, daß ich sogleich wieder ans Tageslicht hervorstieg...« (II, 181). Wenn sich dann auch Goethe gewissermaßen zum Ersatz in dem Werke von Antonio Bosio: »Roma sotterranea« über die Katakomben informierte, so ist doch zu sehen, wie ihn die Welt der urchristlichen Spuren sogleich dramatisch von sich wegschleudert. Seine schicksalsmäßigen Zusammenhänge und Affinitäten sind anderer Art.

An die Märtyrerplätze des Petrus und Paulus ist Goethe wohl gekommen. Aber es lag ihm völlig fern, sich dort auf das seelische Nachklingen der urchristlichen Ereignisse einzustellen. Nach S. Pietro in Montorio kam er, weil damals noch die »Transfiguration« von Raffael, die sich jetzt in der Vatikanischen Pinakothek befindet, dort aufgehängt war (128; II, 102). Nach Trefontane kam Goethe nur wegen der Apostelbilder, die in der dortigen Klosterbasilika nach Zeichnungen Raffaels gemalt worden sind (II, 99). Die Stätte selbst beeindruckte ihn nicht weiter. Er notiert nur die individuelle Charakterisierung der Apostelgestalten. Immerhin mag es für den schlafenden und träumenden Teil seiner Seele nicht bedeutungslos gewesen sein, dort geweilt zu haben. –

Aus der christlichen Kunst, zu deren Gegenständen Goethe kein rechtes Verhältnis findet, hebt sich ihm allerdings das Dreigestirn Raffael, Michelangelo und Leonardo da Vinci heraus. Insbesondere zu Raffael findet er sogleich den vollsten Zugang. Das aber ist wiederum darin begründet, daß ihm *Raffael* zugleich ein Glied in der Strömung ist, die das griechische Schönheitserleben bis in die Gegenwart fortpflanzt. Als Goethe auf dem Wege nach Rom in Bologna die heilige Cäcilia, das erste Originalbild von Raffael, sieht, prägt er sogleich den klassischen Satz: »Es ist, was ich zum Voraus wußte, nun aber mit Augen sah: er hat eben immer gemacht, was andere zu machen wünschten...« (94). Bei Raffael tröstet sich Goethe über die widersprechenden Empfindungen, die ihm die künstlerischen Darstellungen der christlichen Motive erwecken: »Trifft man dann gar wieder einmal auf eine Arbeit von Raffael... so ist man gleich vollkommen geheilt und froh.« In dem Zusammenhang spricht er von einer heiligen Agatha von Raffael: »Ich habe mir die Gestalt wohl gemerkt und werde ihr im Geist meine Iphigenie vorlesen und meine Heldin nichts sagen lassen, was diese Heilige nicht aussprechen möchte« (98). Von den Gemälden Raffaels in den Stanzen und Loggien sagt er: »Da ist's als wenn man den Homer aus einer zum Teil verloschenen, beschädigten Handschrift herausstudieren sollte« (124). Immer wieder greift er zu einem Motiv aus dem alten Griechenland, wenn er Raffael charakterisieren will. In liebender Hingerissenheit stand Goethe am Schluß seiner italienischen Reise vor dem Schädel Raffaels und ruhte nicht, bis er einen Abguß davon mit nach Deutschland nehmen konnte. Und er sagt später, daß ihn der Anblick desselben »oft zu den mannigfaltigsten Betrachtungen aufruft« (II 181/182).

Bei *Michelangelo* rühmt Goethe immer wieder die »Großheit«. Nachdem er die Malereien der Sixtinischen Kapelle kennengelernt hat, sagt er: »Die innere Sicherheit und Männlichkeit des Meisters, seine Großheit, geht über allen Ausdruck« (131). »Ich bin in dem Augenblick so für Michelangelo eingenommen, daß mir nicht einmal die Natur auf ihn schmeckt, da ich sie doch nicht mit so großen Augen wie er sehen kann« (136). Von *Leonardo* zu sprechen, ist in Rom wenig Anlaß. Vielleicht ist aber Goethes Schweigen über ihn doch auch ein Ausdruck für die außerordentliche Übereinstimmung der beiden Naturen. Ohne diese wäre ja die meisterhafte Schilderung des Mailänder Abendmahlsbildes nicht möglich, die Goethe gegeben hat.

Daß Goethe kein Auge für die verhaltene Kraft-Gedrungenheit hatte, die in der urchristlichen Kunst liegt und in die romanische Architektur hinein weiterströmt, ist in seiner ausschließlichen Liebe zum Genius der griechisch-römischen Kunst begründet. Da ist es nun interessant, daß er auch angesichts der in Italien erhaltenen Denkmäler der griechischen Zeit allem demjenigen den Vorzug gibt, was sich bereits dem Mysteriendunkel der Ursprungsperioden entrungen hat. Sonst wäre es ja nicht zu verstehen, daß Goethe in Paestum nicht sogleich in die höchste Begeisterung geriet. Die magisch-gedrungene Kräftigkeit des dorischen Poseidon-Tempels, dessen Geist mit dem des Urchristentums verwandt ist, befremdet ihn, so daß die erste Begegnung mit dem realen Griechenwesen, die Goethe in Paestum erlebte, ein wenig enttäuschend war: »Der erste Eindruck konnte nur Erstaunen erregen. Ich befand mich in einer völlig fremden Welt. Denn wie die Jahrhunderte sich aus dem Ernsten in das Gefällige bilden, so bilden sie den Menschen mit, ja sie erzeugen ihn so. Nun sind unsere Augen und durch sie unser ganzes inneres Wesen an schlankere Baukunst hinangetrieben und entschieden bestimmt, so daß uns diese stumpfen, kegelförmigen, enggedrängten Säulenmassen lästig, ja furchtbar erscheinen. Doch ich nahm mich bald zusammen, erinnerte mich der Kunstgeschichte, gedachte der Zeit, deren Geist solche Bauart gemäß fand, vergegenwärtigte mir den strengen Stil der Plastik, und in weniger als einer Stunde fühlte ich mich befreundet, ja, ich pries den Genius, daß er mich diese so wohl erhaltenen Reste mit Augen sehen ließ...« (208/209).

In Girgenti erinnert sich Goethe an Paestum. Den dortigen Concordia-Tempel zieht er ohne weiteres dem Poseidon-Tempel vor: »Der Tempel der Concordia hat so vielen Jahrhunderten widerstanden; seine schlanke Baukunst nähert ihn schon unserem Maßstabe des Schönen und Gefälligen; er verhält sich zu denen von Paestum wie Göttergestalt zum Riesenbilde« (262). Auf der Rückreise von Sizilien, bevor er von Neapel Abschied nahm, fuhr Goethe noch einmal nach Paestum. Er nimmt das Bild dieser Stätte als letzte Wegzehrung des weiteren Südens mit in den Norden: »Es ist die letzte und fast möcht' ich sagen herrlichste Idee, die ich nun nordwärts vollständig mitnehme.« Das Gefühl der Fremdheit gegenüber dem dorischen

Poseidon-Tempel verstummt aber auch jetzt noch nicht ganz. Goethe fügt ausdrücklich hinzu, daß er dem mittleren schlankeren Paestum-Tempel den Vorzug gibt: »Auch ist der mittlere Tempel nach meiner Meinung allem vorzuziehen, was man noch in Sizilien sieht« (308).

*

Goethe stand Rom nicht eigentlich als Historiker gegenüber, obwohl er das zu gewissen Zeiten geglaubt haben mag. Gewisse allgemeine Empfindungsvorstellungen der alten Zeit schweben ihm zwar vor der Seele. Er meint, die Lage für die Gründung der Stadt sei ausgesprochen ungünstig gewesen. »Ich kenne noch wenig von der Gegend, aber ich bin überzeugt, kein Ort der älteren Völker lag so schlecht als Rom, und da die Römer endlich alles verschlungen hatten, mußten sie wieder mit ihren Landhäusern hinaus und an die Plätze der zerstörten Städte rücken, um zu leben und das Leben zu genießen« (156). Goethe bemüht sich, aus der gegenwärtigen Stadt den alten historischen Zustand herauszulesen: »Es ist ein saures und trauriges Geschäft, das alte Rom aus dem neuen herauszuklauben, aber man muß es denn doch tun und zuletzt eine unschätzbare Befriedigung hoffen. Man trifft Spuren einer Herrlichkeit und einer Zerstörung, die beide über unsere Begriffe gehen. Was die Barbaren stehen ließen, haben die Baumeister des neuen Roms verwüstet« (121). Es gelingt Goethe offenbar, sich in eine alte Ära zurücktragen zu lassen. Aber es ist eine bestimmte Zeit und Stimmung, in der er landet. Er wird selber zum Römer, wenn er sagt: »Besonders liest sich Geschichte von hier aus ganz anders als an jedem Orte der Welt. Anderwärts liest man von außen hinein, hier glaubt man von innen hinaus zu lesen...« (144). Und so ist das Ergebnis des Umgangs, den er mit den Kunstwerken der Alten pflegt: »Mir ward bei diesem Umgang das Gefühl, der Begriff, die Anschauung dessen, was man im höchsten Sinne die Gegenwart des klassischen Bodens nennen dürfte. Ich nenne dies die sinnlich-geistige Überzeugung, daß hier das Große war, ist und sein wird...« (II, 104).

So kommt es, daß sich die allerklassischsten Kernworte, die Goethe in Italien prägt, auf die Kunst der Griechen und die darin waltenden höheren Gesetze beziehen. Er sucht »zu erforschen, wie jene unvergleichlichen Künstler verfuhren, um aus der menschlichen Gestalt den Kreis göttlicher Bildung zu entwickeln, welcher vollkommen abgeschlossen ist und worin kein Hauptcharakter so wenig als die Übergänge und Vermittlungen fehlen. Ich habe eine Vermutung, daß sie *nach eben den Gesetzen verfuhren, nach welchen die Natur verfährt und denen ich auf der Spur bin*« (158). »Diese hohen Kunstwerke sind zugleich als die höchsten Naturwerke von Menschen nach wahren und natürlichen Gesetzen hervorgebracht worden. Alles Willkürliche, Eingebildete fällt zusammen: *da ist die Notwendigkeit, da ist Gott*« (II, 48).

Goethes Aufenthalt in Italien ist von einem Höchstmaß an Tätigkeit ausgefüllt. Man fragt sich, wie es möglich gewesen ist, neben der Fülle von rezeptiven Eindrücken, die Goethe im Theater, in der Landschaft und in Gemäldegalerien sammelte, all die aktiven Bemühungen in einem so verhältnismäßig kurzen Zeitraum unterzubringen. Er dichtete die Iphigenie um, machte Operntexte, dichtete den Egmont, arbeitete am Tasso, Faust, Wilhelm Meister, besorgte einen Teil seiner gesammelten Werke usw. Meistens stand jedoch außer alledem das Üben im Zeichnen und Malen im Vordergrunde. Goethe verfolgt mit aller Hingabe den Gedanken, sich zum bildenden Künstler schulen zu sollen. Eben dieses Üben, dessen Ergebnisse schließlich doch nur indirekt in sein Lebenswerk einfließen konnten, hängt mit dem Gesamterlebnis Italien zusammen, das er sich doch immer wieder mit dem Worte »Wiedergeburt« zu bezeichnen gedrängt fühlt. Es ist, als ob er einen Schacht in den Schicksalsgrund seines eignen Wesens grübe, um in der Tiefe zu einer verschütteten Schicht vorzudringen, sich selbst zu finden in einer anderen Existenz, in der er sich selber vorschwebt als einer von jenen Griechen, die die wunderbaren Werke der bildenden Kunst hervorgebracht haben. Wie um eine vor Jahrhunderten verlorene Fähigkeit aus dem Brunnen der Vergangenheit zurückzuholen und fortzusetzen, bemüht sich Goethe um die Meisterschaft in der bildenden Kunst. Das Ergebnis seines Mühens und Strebens ist aber nicht, daß er zum vollendeten Maler oder Plastiker wird. Dafür ist die Selbstfindung, die allen dichterischen und naturwissenschaftlichen Inspirationen des gegenwärtigen Lebens einen erhöhten Wert und Glanz verleiht, immer wieder die Frucht des Übens. Es ist wie ein nach außen verlegtes Meditieren, das die Seele freilegt und mit dem Geiste ungestört und ungehemmt verkehren läßt.

Goethe wird nicht müde, die mit ihm geschehene Umwandlung auszudrücken: »Ob ich gleich noch immer derselbe bin, so meine ich bis aufs Knochenmark verändert zu sein« (137). »Wie mir's in der Naturgeschichte erging, geht es auch hier; denn an diesen Ort knüpft sich die ganze Geschichte der Welt an, und ich zähle einen zweiten Geburtstag, eine wahre Wiedergeburt, von dem Tage, da ich Rom betrat« (138). Einen »Salto mortale« nennt er sein Kommen nach Rom, von dem er sich erst nach und nach erholen kann (139).

Die Wollust des Übens kommt über Goethe: »Ich mag nun von gar nichts mehr wissen, als etwas hervorzubringen und meinen Sinn recht zu üben. Ich liege an dieser Krankheit von Jugend auf krank, und gebe Gott, daß sie sich einmal auflöse« (II, 50). »Die Künste werden... fortgetrieben, daß es saust und braust« (II, 49). »Es bleibt wohl dabei, meine Lieben, daß ich ein Mensch bin, der von der Mühe lebt« (II, 48).

Goethe erkennt dann eigentlich ganz gut, wo die Früchte des Übens und Mühens liegen: ein neuer Sinn tut sich ihm auf. Seine innere Wahrnehmungsfähigkeit erweitert sich: »Jeden Tag geht mir ein neues Licht auf, und es scheint, als wenn ich wenigstens würde *sehen lernen*« (II, 67). Er fühlt sich dahin vorgedrungen, wo er die erste wesenhafte Nähe der Geniensphäre empfindet: »Es ist also auch damit, wie mit Glück und Weisheit, davon uns die Urbilder nur vorschweben, deren Kleidsaum wir höchstens berühren« (II, 85). »Ich bin über die wichtigsten Punkte mehr als gewiß, und obgleich die Erkenntnis sich ins Unendliche erweitern könnte, so hab ich doch vom Endlich-Unendlichen einen sichern, ja klaren und mittelbaren

Begriff. Ich habe noch die wunderlichsten Sachen vor und halte mein Erkenntnisvermögen zurück, daß nur meine tätige Kraft einigermaßen fortkomme« (II, 95). »Wenn ich bei meiner Ankunft in Italien *wie neugeboren* war, so fange ich jetzt an, *wie neuerzogen* zu sein.« Er fühlt sich »in das eigentliche Machen initiiert«. »Ich habe keine Worte, die stille, wache Seligkeit auszudrücken, mit der ich nun die Kunstwerke zu betrachten anfange« (II, 97/98). »Ich habe... die schönsten, ich darf wohl sagen, *Offenbarungen*« (II, 110).

Als die römische Zeit zu Ende geht, ist Goethe voller Freude, daß es ihm gelungen ist, einen menschlichen Fuß zu modellieren (II, 161). Aber in der gleichen Zeit sieht er auch ein, daß er diesmal trotz all seines Übens doch kein Meister auf dem Gebiet der bildenden Kunst werden kann. Er vollzieht die fruchtbare Resignation, durch die er die Ergebnisse der ganzen Reise an die rechte Stelle lenkt: Er fühlt, daß sie seinem Menschtum und Dichtertum zugute kommen müssen: »Ich bin fleißig und vergnügt und erwarte so die Zukunft. Täglich wird mir's deutlicher, daß ich eigentlich zur Dichtkunst geboren bin« (II, 151). »Von meinem längern Aufenthalt in Rom werde ich den Vorteil haben, daß ich auf das Ausüben der bildenden Kunst Verzicht tue« (II, 152).

Zur Struktur der italienischen Reise gehört es, daß dem übenden Aufenthalt in Rom der mehr genießend-anschauende in Venedig und Neapel und schließlich sogar das Eintauchen in eine gänzlich andere Sphäre, nämlich Sizilien, gegenübersteht. Es kommt dadurch eine gewisse Dramatik in das Ganze hinein. Zunächst will es einen wundernehmen, warum Goethe an Florenz so völlig vorübergeht. Er eilt hindurch, kaum daß er sich 2–3 Stunden dort aufhält. Aber dann sieht man: die tiefbewußten Provinzen in seiner Seele bedürfen gerade der Spannung, die zwischen Rom und Neapel (Venedig) waltet. Zwar ist er sich bei jedem Gedanken an Neapel und Sizilien der unheimlichen Kehrseite dieser Landschaften bewußt: »Denke ich an Neapel, ja gar nach Sizilien, so fällt es einem ... auf, daß in diesen

Paradiesen der Welt sich zugleich die vulkanische Hölle so gewaltsam auftut und seit Jahrtausenden die Wohnenden und Genießenden aufschreckt und irre macht« (161). Aber es herrscht doch im Gedanken an Neapel das Beglückende, Berauschende vor: »Ich verzieh es allen, die in Neapel von Sinnen kommen, und erinnerte mich mit Rührung meines Vaters, der einen unauslöschlichen Eindruck besonders von denen Gegenständen, die ich heute zum erstenmal sah, erhalten hatte. Und wie man sagt, daß einer, dem ein Gespenst erschienen, nicht wieder froh wird, so konnte man umgekehrt von ihm sagen, daß er nie ganz unglücklich werden konnte, weil er sich immer wieder nach Neapel dachte. Ich bin nun nach meiner Art ganz stille und mache nur, wenn's gar zu toll wird, große, große Augen« (175). »Man mag sich hier an Rom gar nicht zurückerinnern: gegen die hiesige freie Lage kommt einem die Hauptstadt der Welt im Tibergrunde wie ein altes übel plaziertes Kloster vor« (179). »Neapel ist ein Paradies; jedermann lebt in einer Art von trunkener Selbstvergessenheit. Mir geht es ebenso: ich erkenne mich kaum, ich scheine mir ein ganz anderer Mensch. Gestern dachte ich: Entweder du warst sonst toll, oder du bist es jetzt« (197). »Wenn man in Rom gern *studieren* mag, so will man hier nur *leben*« (198).

Das übende Mühen und die berauschende Lebensleichtigkeit sind die zwei Brennpunkte in der Ellipse des damaligen Goethe-Lebens. Das Beseligende der neapolitanischen Welt scheint davon herzurühren, daß Goethe sich da von einem Rest der antiken Unbefangenheit angesprochen fühlt. Er findet im späten Nachklang die Umwelt einer früheren Existenz. So kann er sich gar nicht genug darin tun, die Überfülle von Nahrung, die zum Genießen einlädt, zu schildern, wie sie tagtäglich in Neapel gezeigt und verzehrt wird. »Der Ort inspiriert Nachlässigkeit und gemächlich Leben« (193). Zwar muß Goethe auch dies auf die spannungsreiche Polarität im Wesen Neapels zurückführen. Aber man fühlt, daß er trotzdem mit dieser Nachlässigkeit sympathisiert und es in der Ordnung findet, daß es in Neapel z.B. nie eine bedeutende Malerschule gegeben hat (323). »Das Schreckliche zum Schönen, das Schöne zum Schrecklichen, beides hebt einander auf und bringt eine gleichgültige Empfindung hervor. Gewiß wäre der Neapolitaner ein anderer Mensch, wenn er sich nicht zwischen Gott und Satan eingeklemmt fühlte« (205).

Die Hin- und Rückreise von Neapel nach Sizilien bringt einen außerordentlich dramatischen Einschlag in die ganzen italienischen Erlebnisse hinein. Da sprühen aus dem mit Elektrizität geladenen Schicksalsboden die Funken. Goethe liegt seekrank in seiner Kabine, als das Schiff nach Palermo hinüberfährt, wozu ungefähr 3 1/2 Tage benötigt werden. Er hat aber Kraft und Überlegenheit genug, am Tasso zu dichten. Und indem er davon berichtet, greift er wie im Scherz zu Bildern, die das Mysterienhafte des Geschehens anklingen lassen: »Der Plan meines Dramas war diese Tage im Walfischbauch ziemlich gediehen« (216). Auf der Rückreise schwebt das Segelschiff eine Zeitlang in der höchsten Gefahr, an die Felsenklippen von Capri geschleudert zu werden. Als die Schiffsinsassen den Gipfel der Angst erreicht haben, hält Goethe (wie einst der Apostel Paulus im Seesturm) eine Ansprache. Er redet zur Vernunft und fordert die Leute auf, im Gedanken an die Stillung des Sturmes auf dem See Genezareth, zu beten. Mit Erfolg beruhigt er die Gemüter. Und auch die Elemente lassen von ihrer Ungunst ab.

Sizilien ist für Goethe wie eine himmlische Idee, ein überirdisches Urbild: »Italien ohne Sizilien macht gar kein Bild in der Seele: hier ist der Schlüssel zu allem« (240). »Ich finde mich recht glücklich, den großen, schönen, unvergleichbaren Gedanken von Sizilien so klar, ganz und lauter in der Seele zu haben« (307). Goethe meint, er habe sich in Sizilien in einem anderen Bewußtseinszustand befunden. Er schreibt das dem Plane zu, der ihn dort überfiel und beschäftigte: ein Nausikaa-Drama zu schreiben. »Das alles gab mir ein solches Attachement an diesen Plan, an diesen Vorsatz, daß ich darüber meinen Aufenthalt zu Palermo, ja den größten Teil meiner übrigen sizilianischen Reise verträumte. Weshalb ich denn auch von allen Unbequemlichkeiten wenig empfand, da ich mich *auf dem überklassischen Boden in einer poetischen Stimmung* fühlte, in der ich das, was ich erfuhr, was ich sah, was ich bemerkte, was mir entgegenkam, alles auffassen und in einem erfreulichen Gefäß bewahren konnte« (287).

Die wichtigste Inspiration, die Goethe in Sizilien empfing, war der Gedanke der *Urpflanze* und damit der »Metamorphose der Pflanzen«. Als er in Palermo mit der Idee des Nausikaa-Dramas beschäftigt ist, »erhaschte mich«, wie er sagt, »ein anderes Gespenst, das mir schon diese Tage nachgeschlichen«. Er geht durch den öffentlichen Garten von Pflanze zu Pflanze, »ob ich nicht unter dieser Schar die Urpflanze entdecken könnte«. »Gestört war mein guter poetischer Vorsatz; der *Garten des Alkinoos* war verschwunden, ein *Weltgarten* hatte sich aufgetan« (253/254). Goethe wird sich bald klar darüber, zu einer weitreichenden Schlüsselidee gelangt zu sein: »Die Urpflanze wird das wunderlichste Geschöpf von der Welt, um welches mich die Natur selbst beneiden soll. Mit diesem Modell und dem Schlüssel dazu kann man alsdann noch Pflanzen ins Unendliche erfinden, die konsequent sein müssen, das heißt die, wenn sie auch nicht existieren, doch existieren könnten und nicht etwa malerische oder dichterische Schatten oder Scheine sind, sondern eine innerliche Wahrheit und Notwendigkeit haben. Dasselbe Gesetz wird sich auf alles übrige Lebendige anwenden lassen« (309).

Goethe wollte der Dichtkunst ausweichen und ein bildender Künstler werden. Und wohin kam er? Er konnte den Anfang einer neuen Naturwissenschaft stiften, indem er zu den plastischen Kräften der Natur vordrang. Der innere Zusammenhang ist ein erstaunlicher. Die Griechen waren Plastiker, die den plastischen Gesetzen zu folgen vermochten, nach denen auch die Natur verfährt. Goethe bemüht sich darum, ein Plastiker zu werden, dringt aber dadurch nur zu den Ausstrahlungen eines Lebens vor, in welchem er auch einer jener plastischen Künstler Griechenlands war, und wird erleuchtet über die plastischen Geheimnisse des Pflanzenreiches.

Die Bedeutung jenes Augenblickes im botanischen Garten zu Palermo ist Goethe bewußt. Im 2. Teil der »Italienischen Reise« zitiert er wörtlich die Briefstellen, in denen er aus Palermo und Neapel von seiner Entdeckung berichtete (II, 27). Das Prinzip der Urpflanze hatte sich ihm erschlossen, als er die Wichtigkeit des Blattes im Pflanzenleben erkannte: »Es war mir... aufgegangen, daß in demjenigen Organ der Pflanze, welches wir als Blatt gewöhnlich anzusprechen pflegen, der wahre Proteus verborgen liege...« (II, 28). Diese ersten Mitteilungen, die er damals an die Weimarer Freunde hat ergehen lassen, zitiert Goethe zur Einleitung seines Berichtes über die eingehenden Pflanzenstudien, die er nach seiner Rückkehr nach Rom auch dort anstellte. Er kann nun jubeln: »Ich glaube, dem Wie der Organisation sehr nahe zu rücken. Du sollst diese Manifestationen – nicht Fulgurationen – unseres Gottes mit Freuden beschauen...« (II, 41). Ich bin »in der Botanik auf ein EN KAI PAN* gekommen..., das mich in Erstaunen setzt« (II, 47). In Rom kam Goethe in diesen Gedanken besonders dadurch vorwärts, daß er sie dem aufnahmewilligen Karl Philipp Moritz vortrug. Jetzt benützt er schon in aller Klarheit die Formulierung »die Metamorphose der Pflanzen« (II, 57). Er ist sich klar darüber, was er bis dahin nur gefühlt hatte: daß ein lebendiges Studium der Natur unerläßlich ist zum wahren Menschentum. »Plato wollte keinen ageometretos** in seiner Schule leiden; wäre ich imstande, eine zu machen, ich litte keinen, der sich nicht irgendein Naturstudium ernst und eigentlich gewählt« (II, 65). Es war ein Austausch zwischen Goethe und Moritz: Goethe belehrte Moritz über die Urpflanze; Moritz trug Goethe seine Gedanken über die Ursprache in Form des von ihm erfundenen »Verstandes- und Empfindungsalphabeths« vor. Und schließlich werden Goethe in Rom auch die Anfänge seiner Farbenlehre zuteil: »Ferner habe ich allerlei Spekulationen über Farben gemacht, welche mir sehr anliegen, weil das der Teil ist, von dem ich bisher am wenigsten begriff. Ich sehe, daß ich mit einiger Übung und anhaltendem Nachdenken auch diesen schönen Genuß der Weltoberfläche mir werde zueignen können« (II, 159).

Nach all der Fülle, die ihm das Schicksal in Italien zuspielte, ist es

* »Ein und Alles«
** unmathematisch

verständlich, daß Goethe, im Begriff sich von Rom loszureißen, eines der tiefsten Worte über das Geheimnis der Trennung und des Abschiedes prägen konnte: »In jeder großen Trennung liegt ein Keim von Wahnsinn; man muß sich hüten, ihn nachdenklich auszubrüten und zu pflegen« (II, 163).

ERSTE ITALIENREISE 1925

Meine erste Italienreise entsprang einem spontanen Impuls. Kaum daß die Ägypten-Palästina-Reise, die zwei Hamburger Freunde im Frühjahr 1925 zu unternehmen gedachten, noch einen Anstoß zu meinem Vorhaben zu geben brauchte. Der Gedanke, die Reise zu unternehmen, lag in der Luft meines Schicksals und wohl auch dessen meiner Freunde. Einen wesentlichen Stimmungshintergrund bildete der Tod Rudolf Steiners. Johannes Werner Klein erhielt die Todesnachricht in dem Augenblick, als er in den Zug stieg, um die Reise nach Ägypten anzutreten. Meine Reise war wesentlich kürzer und sollte später beginnen, so daß ich noch an den Bestattungsfeiern in Dornach und Basel teilnehmen konnte. Ich war keineswegs inhaltlich auf die Reise vorbereitet und besaß von Italien sowohl in landschaftlicher als auch in historischer Hinsicht damals nur anfängliche Vorstellungen, eigentlich nur ganz allgemeine Ahnungen. Ich wollte mich aber auch nicht vorbereiten, sondern den Süden zunächst einmal wie eine vielfältige Überraschung auf mich wirken lassen.

Meine erste Station war *Luzern*. Die alten Mauern und Türme auf den Hügeln über der Stadt zu umwandern und ruhevoll auf den See hinauszuträumen, war eine schöne erste Ausweitung des Blickfeldes. Am nächsten Tag führte ich trotz des stürmischen Regenwetters meinen Plan aus, über den Vierwaldstätter See zu fahren und erst in Flüelen den D-Zug zu besteigen. Das Unwetter auf dem See setzte meine Seele in eine brausende Bewegung. Das Erlebnis wurde zu einer wichtigen Ouvertüre für die ganze Reise. In großer Lebendigkeit stand die Gestalt des über die Meere fahrenden Jüngers Jakobus vor mir. In Form einer Legende fing ich etwas von den Bildern auf, die mir durch die Seele zogen. Mit dem Gedanken an den Apostel Jakobus war ein Grundmotiv gegeben, das auf dieser Reise noch öfters eine Rolle spielen sollte. Hier ist die Legende, die mir auf der Sturmfahrt über den Vierwaldstätter See kam:

»Der Apostel Jakobus fuhr nach des Herrn Himmelfahrt über das Meer. Jede Gestalt, die der Himmel und das Meer annahmen, zauberte Bilder aus den drei Christus-Jahren, als wären sie lebendigste Gegenwart, vor seine Seele, die, halb wachend, halb träumend, in das Geheimnis von Ostern und Pfingsten eingehüllt war. Erfüllte das Licht der Sonne die weiten blauenden Räume, so fühlte er sich auf den Berg Tabor versetzt, wo er mit Petrus und Johannes den Herrn in der lichten Sonnenglorie gesehen hatte. Stürmte das Meer unter schweren grauen Wolken, so war es ihm, als käme der Herr helfend zu ihnen über die Wogen geschritten, wie in der Nacht, die auf die wunderbare Speisung folgte.

Jakobus liebte den Sturm und die jagenden dunklen Wolken. Er bedauerte es nicht, daß die Stunden der Sonnenhelle in den Gegenden, in die er kam, immer seltener wurden. Je mehr aber das Wunder der 40 österlichen Tage in ihm aufblühte und sein Bewußtsein erfüllte, war ihm, als müsse er jetzt insbesondere auf ein tieferes Verständnis des Auftrages bedacht sein, den er mit Petrus und Johannes auf dem Berge der Verklärung empfangen hatte; waren doch die Erscheinungen des Auferstandenen lauter Steigerungen der Verklärung gewesen. Schließlich mußte Jakobus auch beim nächtlichen Tosen des Sturmes an die Gnade des Berges Tabor denken. Einmal hatte er einen Traum, den er als besonders bestimmend empfand. Er träumte, er sei auf den höchsten Gipfel eines Gebirges gestiegen und habe da eine ganz aus goldenen Kristallen gebaute Burg in der hellen Sonne leuchten sehen. Im Inneren derselben habe ein Kreis von Zwölfen andächtig betend die Hände erhoben zu einem flammendroten Kelch, den in der Mitte ein Dreizehnter in Händen hielt.

Von jetzt an sehnte sich Jakobus vom Meere zum Berge hin.

Das Schiff kam an die Küste Spaniens, und der Apostel wanderte landeinwärts. Er schaute nach den Bergen des Landes aus, aber alles

Land war von grauen Wolken und von Nebel bedeckt, kein Gipfel zeigte sich seinem Blick. Wohin er kam, verkündigte er die Christus-Botschaft, aber die Menschen verstanden ihn nicht und stellten ihm nach.

Eines Tages kam er an den Fuß eines Berges und begann, das Herz voll freudiger Erwartung, emporzusteigen. Der Aufstieg war beschwerlich. Durch lauter Wolkenschwaden und Regengüsse, wo nichts das Auge erfreute und man nichts sah als das Steingeröll unter den Füßen, mußte der Weg gefunden werden. Und als es höher aufwärts ging, da wurde aus dem Regen Hagel und Schnee.

Schließlich war der höchste Gipfel erreicht. Jakobus war aus dem Gewölk heraus, sein Auge konnte frei umherschweifen. Die obersten Wolken hüllten gerade noch seine Füße ein und breiteten sich, so weit das Auge reichte, gleich einem wogenden Meere aus. Über sich sah er, da eben die Sonne untergegangen war, in der Dämmerung die ersten Sterne.

Vom Meere aus den Berg suchend, hatte Jakobus auf dem Gipfel des Berges wiederum das Meer gefunden. Von den Gewässern in der Tiefe war er zu den Gewässern in der Höhe emporgestiegen. Und hier oben war er ein auf dem Meere Wandelnder. Wie eine Eingebung durchfuhr ihn das Bewußtsein, auf der Erde und zugleich auf dem Wasser zu schreiten. Verschlossene Tore sprangen vor dem Auge seiner Seele auf. Er sah sich selber, wie er vor der Geburt auf dem Meere des Geistes wandelte, das Erdenleben vorbedenkend, in welchem er ein Jünger Christi werden sollte. Und diese Schau durchseelte und steigerte sich ihm zu einer anderen: Er sah Christus über die Wogen des Wolkenmeeres schreiten, nicht nur wie er ihn vom See Genezareth her in der Erinnerung hatte, sondern wie dieser selbst prophetisch von seinem Kommen auf den Wolken des Himmels gesprochen hatte.

Als der Apostel sich vom Gebete erhob, vernahm er feierlichen Gesang, der aus einem Felsentor hervortönte. Er trat in die Höhle ein, die sich innen zu einem Saale weitete. Rings im Kreise thronten 24 alte Männer. In der Mitte brannten sieben helle Fackeln auf einem goldenen Altare, der auf vier in Stein gehauenen Tieren ruhte: einem Stier, einem Löwen, einem Adler und einem Tier, das einem Menschen glich. In dem Psalmengesang der Greise erkannte Jakobus die messianischen Worte des Propheten Jesajas:

›Die Wölfe werden bei den Lämmern wohnen und die Panther bei den Rehen. Ein Menschenkind wird sich als Hirt gesellen zu Rind und Löwe, die gemeinsam weiden. Die Kuh wird lagern bei dem Bären, und beider Junge werden miteinander spielen. Der Löwe und der Ochse werden sich in ihre Nahrung teilen. Das Kind des Menschen, das noch an der Brust der Mutter liegt, spielt fröhlich vor der Höhle des Skorpions und legt, wenn es sich aufgerichtet hat, die kleine Hand der Schlange in das Maul. Keine Wunden werden mehr geschlagen, und überwunden ist der Tod. Dann wohnt die Menschheit auf dem heiligen Berge Gottes; die ganze Schöpfung ist, obwohl auf Bergeshöhn emporgehoben, von Meereswogen reich umspült. Des Himmels Meere umfluten die Erde. Alles Land ist Auge geworden, erfüllt von schauender Erkenntnis der gnadenreichen Gotteswelt‹ (Jesajas 11).

Als die frommen Greise ausgesungen hatten, trat der Apostel in ihre Mitte und verkündigte mit flammender Seele die Erfüllung der Weissagung: Während dreier Jahre ist der Herr der Himmelsmeere an das Land gestiegen. In einen meerumspülten heiligen Berg hat er das Erdenrund verwandelt. Und auf dem Meere wandelnd hat er verheißen, daß er einst wiederkommen wird, auf Himmelswolken schreitend.

Während der Apostel sprach, ging eine wunderbare Verwandlung durch den Raum. Der goldene Altar stieg empor. Die ihn tragenden Tiere wuchsen zu hohen Cherubimwesen heran, ganz mit Augen bedeckt, ein jedes mit sechs Flügeln ausgerüstet. Ihr mächtiges Flügelrauschen erfüllte die Halle. Und die Klänge verdichteten sich zu einem Meere von kristallenen Wogen. Durch die Augen der vier Cherubim schauten Jakobus und die 24 Ältesten in alle Himmelsräume, und Geist-Erkenntnis wogte durch den Saal. Das Rauschen wurde als der Gesang der Engelchöre vernehmbar. Und Jakobus stimmte samt den

Alten vom Berge in den Lobgesang ein: Heilig, heilig, heilig ist der Herr, der da war, der da ist und der da kommt.

Der goldene Thronaltar über dem kristallenen Meere verwandelte sich weiter. Die hoheitsvolle Lichtgestalt des Auferstandenen selber schritt über das gläserne Meer und über die Wolken des Weihrauchs, in denen die Anbetung der Cherubim und der Menschen emporstieg.

So trug der Apostel Jakobus das Evangelium über das Meer und auf die Bergeshöhen. Die 24 Ältesten teilten sich in drei Gruppen: Die einen blieben auf dem Berge, bis dort Titurel die Gralsburg erbaute. Die zweite Schar zog als Apostel des Christus durch das spanische Land. Die letzten fuhren mit Jakobus in das Heilige Land zurück. Als dann Jakobus von Herodes-Agrippa getötet worden war, brachten ihn seine Getreuen wieder über das Meer nach Spanien, um dort seine Gebeine an heiliger Stätte zu bestatten. Seither ist Jakobus der Apostel des Meeres. Vielen Seefahrern ist er im Seesturm erschienen, über die Wogen kommend, und hat ihnen aus der Not geholfen.«

Die sausende Fahrt über den Gotthard verursachte mir nach dem Erlebnis auf dem Vierwaldstätter See so heftige Übelkeit, daß ich beschloß, die Reise in Lugano zu unterbrechen. Ich konnte nun auch noch eine Last loswerden, die mich sonst vielleicht an der vollen Aufgeschlossenheit für die Welt Italiens gehindert hätte. In der Schriftenreihe »Christus aller Erde«, mit der wir damals den Grund für eine Literatur der Christengemeinschaft legten, sollte ein von mir herausgegebenes Büchlein, unsere erste Veröffentlichung über die Apokalypse: »Die Gegenwart im Offenbarungslicht«, erscheinen. Ich hatte alle Beiträge bis auf den von mir selbst zu schreibenden für den Druck fertig. In Castagnola, einem Vorort von Lugano, unmittelbar am Luganer See, wo ich auf zwei Tage Gast bei Bekannten war, schrieb ich nun den Aufsatz »Die Menschheit vor Damaskus«, und konnte, noch ehe ich die italienische Grenze überschritt, das gesamte Manuskript fertig nach Deutschland senden. Mir war damit ein Stein vom Herzen. Zugleich hatte ich auf Spaziergängen in die malerischen Dörfer am Ufer des Sees den ersten Einblick in italienisches Leben und Wesen getan.

*

Die Fahrt durch die Schweizer Berge in ihrem Urwelt-Riesen-Format und durch die fruchtbaren Auen des Tessiner Landes stimmte mich erwartungsvoll. Ich war dann aber sehr enttäuscht durch das Bild, das die großen Städte Mailand und Bologna von der Bahn aus darboten. Alles schien mir so schmutzig und unaufgeräumt, so von aller Natur losgerissen, daß ich meinte: hier müßte ich mir vorkommen wie ein Fisch, den die Wogen aufs trockene Land geworfen haben. In Bologna, das meine erste Reisestation auf italienischem Boden hätte sein sollen, brachte ich es nicht fertig, auszusteigen. So kam es, daß die erste Stadt Italiens, die ich betrat, *Ravenna* war. Ich hatte damals kaum einen deutlichen Begriff von dem, was in Ravenna zu sehen ist. Ich hatte wohl den und jenen von Ravenna sprechen hören, diese oder jene Erwähnung in Büchern gelesen. Aber ich hatte darauf nicht sonderlich geachtet; nur eben ins Auge gefaßt, nach Bologna, ehe ich dann an die italienische Westküste fuhr, auch Ravenna zu besuchen als die einzige Station, die nicht direkt an der Linie meiner Fahrkarte lag und deshalb eine besondere Umwegskarte erforderte. Heute muß ich natürlich denken, daß darin sogar ein wesentlicher Wink des Schicksals lag, wenn mich dasselbe dazu führte, mit Ravenna, wo sich in größerer und großartigerer Einheitlichkeit als anderswo Denkmäler des frühen Christentums erhalten haben, zu beginnen.

Ich schritt, nachdem ich mich in einem einfachen Gasthof einquartiert hatte, durch die staubigen, leblosen Straßen der verlassen daliegenden Stadt. Ich war ein wenig betäubt und wußte nicht recht: sollte ich mich nun ganz mächtig freuen und begeistert sein, daß ich in Italien war? Im Umherschweifen durch die Straßen kam ich an eine Kirche. Der für sich allein dastehende romanische Glockenturm und das Portal lagen etwas von der Straße entfernt; der grobgepflasterte Vorplatz war mit Gras übergrünt. Ganz weltabgeschieden wirkte das alles auf mich ein. Ich sah, daß einige Leute in die Kirche gingen, und schloß mich ihnen an. Ohne jetzt schon das Innere der feierlich-dämmrigen Basilika und die Mosaiken an den Seitenwänden des Hauptschiffes voll auf mich wirken lassen zu können, gesellte ich mich zu der kleinen Schar von Andächtigen, die vorn neben dem Chor in einer Seitenkapelle der allabendlichen Maiandacht folgten. Der Priester sprach über die Beichte, offenbar in einer Betrachtungsreihe über die Sakramente. Alles war dazu angetan, mich wie in eine Wolke gehüllt in alte Jahrhunderte zurückzuversetzen. Nach dem Gottesdienst stand ich lange an den Wänden des Hauptschiffes, vor den Gestaltenreihen der Märtyrer und Engel in den machtvollen Mosaikfeldern. (Die hoch oben entlanglaufenden Evangelienszenen, in denen neben oder hinter der Christus-Gestalt so oft ein Jüngling im weißen Gewand zu sehen ist, waren an jenem Abend schon zu sehr im Dunkel, als daß ich sie hätte erkennen können.) Nach mehrfachem Fragen stellte ich fest, daß es die Kirche S. Apollinare Nuovo sei, in die ich geraten war. Die Welt der ravennatischen Mosaiken umgab mich, aber ich stand noch wie träumend davor. Im Weiterstreifen kam ich in die wunderbare, als frühchristlicher Zentralbau gestaltete Kirche San Vitale. Hier endlich sprang der Funke über, weniger allerdings durch die Architektur, als jetzt durch einige Mosaikbilder, die den Opferdienst darstellen. Vor allem das Bild, auf dem Abel und Melchisedek mit ihren Opfergaben, der letztere gewissermaßen anstelle von Kain, von verschiedenen Seiten her an den Altar herantreten, tat es mir an. Mit einem Schlage, als wäre ein Schleier vor mir zerrissen, wußte ich, wo ich war, obwohl jetzt die heruntergesunkene Nacht meinen Entdeckungsfahrten ein Ende setzte. Nur das Grabmal Dantes sprach an jenem Abend noch zu mir, und mir war fortan, als ginge ich an der Seite des Dichters durch die stille Nacht. Am nächsten Morgen war mein erster Weg wieder nach San Vitale. Jetzt erst ging mir der Blick ganz auf für die feierliche Schönheit des Raumes. Und der Geist der Mosaiken sprach immer deutlicher zu mir. Wie eine Entdeckung war es dann, als ich hinter dem großen Zentralbau auf das von außen so unscheinbare Mausoleum der Galla Placidia stieß. Durch die Alabasterplatten in den hochgelegenen schmalen Fensterlöchern fiel goldenstes Morgenlicht, so daß der zauberhafte Raum ganz von Gold durchwoben war. Einen so farbendurchtränkten Raum hatte ich nur einmal, beim ersten Betreten des alten Goetheanums, erlebt. Nun war ich für Ravenna und seine Wunder ganz erwacht. Mit Eifer ging ich an die Betrachtung der Einzelheiten in S. Apollinare und weiterhin im Dom. Insbesondere fühlte ich mich in das ostgotische Urchristentum versetzt durch die beiden Baptisterien, die nicht nur in künstlerischer Hinsicht durch ihre Kuppelmosaiken Kleinodien sind, sondern durch die Taufbecken in ihrer Mitte unmittelbar die Vorgänge des urchristlichen Lebens heraufzaubern. Zeiten wurden lebendig, in denen durch die seelen-umwandelnde Johannes-Taufe, an vorbereiteten Erwachsenen vollzogen, das Christentum noch Mysteriencharakter besaß. Über dem irdischen Tauf-Akt wölbte sich der Bildhimmel des Mosaiks von der Jordantaufe Christi. Die Umwandlung in der Seele jedes Getauften sollte im Zeichen des Vorgangs stehen, durch den Jesus zum Träger des Christus geworden ist.

Ein Eindruck vom frühen Vormittag prägte sich mir noch unverlierbar ein. Als ich so durch die Straßen ging, sah ich an einem Hause in einen offenen Fensterspalt hinein und entdeckte ein schönes, aber rätselhaftes Abendmahlsbild: in der Tafelrunde, das war das Seltsame, saß an der Stelle, wo sonst Johannes an der Brust Jesu liegend dargestellt ist, Maria an Jesu Seite. Ich bekam heraus, daß ich vor der Sala di Dante, dem Refektorium eines alten Klosters, stand, worin heute die Dante-Gesellschaft Vorträge zu veranstalten pflegt. Natürlich war es kein Abendmahlsbild, sondern eine Darstellung der Hochzeit zu Kana. Aber eben die Anordnung der Tafelrunde, die genau die gleiche wie sonst auf den Abendmahlsbildern war, trug mich in eine andere Sphäre, von wo aus der Blick auf reiche innere Zusammenhänge fällt.

Das machtvolle Grabmal des Theoderich überwältigte mich nicht so sehr, aber es war mir ein Schlüssel für allerlei Plätze am Stadtrande, die ich nur durch Überklettern der Mauern erreichte und die mir spontan als Standorte von Bauten aus der Theoderich-Zeit erschienen. Schließlich mußte ich mit Schrecken feststellen, daß die Zeit immer stürmischer enteilt war, und ich erreichte nur im Laufschritt den

Zug, mit dem ich nach Bologna weiterzufahren mir vorgenommen hatte.

So kurz der Aufenthalt in Ravenna gewesen war: in dem vereinsamten und verstaubten Städtchen hatte ich den Ausblick auf eine ganze Welt gewonnen. Ich konnte auf neue Art hineinwachsen in die Sprache, die der Geist des Urchristentums spricht, wenn er sich durch das Mittel der Kunst offenbart. –

In *Bologna* mußte ich mich erst sehr zurechtfinden, zumal die Umgebung des Bahnhofs in der Tat höchst unschön ist. Zum ersten Mal umflutete und umlärmte mich das Leben einer italienischen Großstadt. Welch ein Gegensatz gegen das stille Ravenna! Auf den großen Plätzen im Stadtzentrum vor dem Petronius-Dom und dem Stadthaus stand ich lange, sah dem Menschengewimmel und den ungezählten Tauben zu, die unbekümmert um die Menschen herumflattern und sich oberhalb ihrer Bettlerkollegen aus dem Menschenreich an der Petronius-Fassade versammeln. Dann begann ich den Stadtbummel. Der Reiz der Arkadenreihen und Laubengänge, die auf beiden Seiten die Straßen umsäumen, ging mir immer mehr auf. Auf planlosem Gang geriet ich in die schöne, nicht zu umfangreiche Gemäldegalerie, sah Raffaels »Heilige Cäcilia«, war aber fast noch mehr angetan von den Bildern Peruginos, des Lehrers Raffaels, die ich in ihrer mädchenhaften Weichheit bis dahin noch nicht recht beachtet hatte. Die beiden schiefen Türme versuchte ich mir als die letzten von einem ganzen Wald von Geschlechtertürmen vorzustellen. Das gelang mir aber erst völlig in späteren Jahren, als ich San Gimignano kennengelernt hatte. Die Idee, mit der ich durch Bologna ging, führte mich in die Zeit des heiligen Dominikus und der Entstehung des Dominikanerordens. Die erste Kirche, in der ich mich länger aufhielt, war deshalb diejenige, die das Grab des Dominikus enthält. Vergebens versuchte ich mit einem Dominikaner-Pater, der sich am Grabe des Heiligen zu schaffen machte, ein Gespräch anzuknüpfen. Da mein Italienisch noch zu embryonal war, dachte ich, es gehe mit Latein. Aber ich hatte nun wirklich ein Beispiel der abgründigen Unbildung vor mir, die man im italienischen Klerus so oft antrifft. Und dabei trug mein Gegenüber die weiße Kutte und das schwarze Skapulier des Ordens, der in erster Linie zu den Urhebern der modernen intellektuellen Bildung gehört. Nach dem langen sinnenden Verweilen an seinem Grabe konnte ich meinen, Dominikus ginge an meiner Seite einher, als ich meine Gänge durch die Stadt fortsetzte. Wie denn das Erlebnis, von bestimmten Gestalten der christlichen Geschichte begleitet zu werden, auf dieser meiner ersten Italienfahrt recht häufig wiederkehrte. Es stiegen die Bilder der Zeit vor mir auf, in der Bologna die Wiege des ersten Universitätsbetriebes war. Die frühen Dominikaner, deren Orden speziell zur Durchgeistigung der eben entstehenden großen Städte begründet worden war, sah ich vor mir, wie sie als Gelehrte an der jungen ersten Universität wirkten, ihre Schüler mit dem Wissen ausrüstend, das sie instand setzte, den Handel und Wandel durch weite Länder hin zu betreiben. Der typisch italienische Film, den ich mir zwischenhinein in einem Kino ansah, riß mich kaum aus meinen Betrachtungen heraus. War nicht, was ich da abrollen sah, eine späte Frucht auf dem Felde moderner Großstadtkultur, das man in Städten wie Bologna zu bestellen angefangen hat? Vieles gab es noch zu bewundern: die prächtigen Renaissance-Höfe in den schloßartigen Patrizierpalästen, die frühchristlichen Teile in der siebenfältigen Kirchengruppe von San Stefano, für die ich allerdings erst später das volle Interesse faßte. Lange schaute ich dann aber noch auf die ganze große Stadt mit ihren vielen Kirchen und Türmen herunter von der wundervollen Anhöhe bei San Michele her. Gerade hier war es wichtig, das Stadtganze in wesenhafter Überschau längere Zeit vor sich zu haben. –

In *Pisa* weht blaue Luft und Weite vom Meere herein. Wie anders ist hier Duft und Atem der Stadt als in Ravenna und Bologna! Der breite Arno-Strom trägt mit dazu bei. Wie gern hab' ich immer wieder am Ufer der Flüsse gestanden. In Italien sind die Flußseelen sehr viel anders als in Deutschland. Vielleicht kommt das dadurch, daß dort ein größerer Kontrast waltet zwischen der lebendig-strömenden Flut und dem oft gläsern wirkenden, von der südlichen Sonne ausgehärteten Boden. Die theatralische Pracht des Domes mit dem Baptisterium und dem schiefen Turm sprach mich seltsam fremd an. Wie kostbares gigantisches Spielzeug sind die Bauwerke auf die weite grüne Fläche vor der Stadt hingestellt. Seele kommt erst hinein durch die im Hintergrund lichtblau auftauchenden Bergzüge. Lange ließ mich die Architektur, in der der Dom von Pisa erbaut ist, ziemlich kalt. Die romanischen Kirchen in Deutschland hatten von früh auf mein Interesse und meine Liebe. Daß die italienischen Dome wie der von Pisa in einem ganz verwandten Stil gebaut sind, da sich der Rundbogenstil dort noch bis in die Zeit der deutschen Gotik erhalten hat, das zu schätzen, konnte ich erst bei den späteren Reisen lernen. Der Campo Santo neben dem Dom mit Erde aus dem Heiligen Land ist eine der Stellen, wo mich zuerst der lebendige Wunsch überkam, einmal nach Palästina reisen zu können. Die Malereien an den Wänden des Kreuzganges erregten wie viele andere in Italien in mir den Vorsatz, bei späterer Gelegenheit eingehender die Geschichte der Malerei kennenzulernen. Dieser Gedanke sprach mich im gegenwärtigen Augenblick von der Verpflichtung frei, mich mit den Details der Bilder abzugeben. – Die Gestalt, mit der ich die Straßen von Pisa die Kreuz und Quer durchstreifte, war Galilei, der hier im Dom beim Anblick einer hängenden und schwankenden Ampel zur Entdeckung seiner wichtigsten physikalischen Gesetze kam. Ganz lebendig umgab mich schließlich die Welt und Erkenntnisstimmung vom Beginn des 17. Jahrhunderts als ein wesentlich fortgeschrittenes Stadium dessen, was im 13. Jahrhundert z.B. in Bologna begonnen hatte. In mir ging ein längst verloren geglaubtes Samenkorn auf. Ich erinnerte mich an einen meiner ersten Vorträge, den ich vor meiner Klasse in der Barmer Oberrealschule über Galilei zu halten hatte. – Hier in Pisa setzte ich zum ersten Mal meine planlosen Gänge durch die Stadt bis tief in die Nacht fort. Ich konnte mich einfach nicht trennen von dem seelisch-atmosphärischen Element, das zwischen den vielfach schmutzigen Häusern hing. Und wenn ich zu den verschiedensten Tag- und Nachtstunden immer wieder an der Piazza dei Cavalieri vorbeikam, wo eines der stolzen Renaissance-Häuser mit einem kleinen Uhrtürmchen geschmückt ist und ein anderes sich mit seiner hohen Freitreppe im Bogen an den runden Platz anschmiegt, so war es jedesmal wie die Begegnung mit einem Menschen. Ich glaubte, die frühen Jünger der modernen Naturforscher auf solchen Treppen auf- und niedersteigen zu sehen. –

In *Siena* hätte ich wohl versuchen können, die Zeit und Gestalt der heiligen Katharina vor mir lebendig werden zu lassen. Aber hier fesselte mich zum ersten Male die Gegenwart des Städtchens selbst völlig. Es gibt ja kaum etwas Malerischeres als dies italienische Nest, auf mehrere Hügel gebaut, so daß von den höher gelegenen Plätzen und Straßen aus überall die steilen engen Gäßchen abwärts führen. Ganz einzigartig ist der Marktplatz vor dem hochturmigen Stadthaus. Die dem Stadtpalast gegenüberliegenden Häuser liegen wesentlich höher, so daß der große fast kreisrunde Platz sich wie eine schräggestellte muldenartige Schale am Hügelhang emporbewegt. Ein ganz eigenes Raumgefühl überkommt den, der vom höher gelegenen Rande aus, statt sittsam die um den Platz im Kreise herunterführenden Treppen zu benützen, geradeaus durch die steilgewölbte Schale des Marktplatzes abwärts auf das Rathaus zugeht und dabei unwillkürlich ein wenig ins Laufen gerät. Der Dom liegt mit seinem schwarz und weißen Marmorgestein auf dem höchsten der Hügel. Von einer anderen Anhöhe aus, die von der großen dunkel daliegenden Dominikus-Kirche gekrönt ist, hat man auf den Dom einen wunderbaren Blick, besonders in der Tageszeit, wenn die im Westen schon sich neigende Sonne den hoch gelegenen Dom aufleuchten läßt, während um San Domenico bereits alles in Schatten gehüllt ist. 1925 machte mir der Dom selbst weder außen noch innen einen großen Eindruck. Auch nicht die Taufkirche, die unter dem Dom am Berghang liegt. Als ich fünf Jahre später auf einer Autofahrt, die uns von Florenz aus zuerst nach San Gimignano geführt hatte, am Spätnachmittag gegen sieben Uhr, während schon die Abenddämmerung hereinsank, wieder nach Siena kam und gerade noch in den Dom eintreten konnte, und als die Weite des Raumes und die Fülle der weiß und schwarz geschichteten Pfeiler und Säulen in klassischer Vereinfachung zu mir sprach, konnte ich ein wenig verstehen, wie Richard Wagner darauf verfallen konnte, die Bayreuther Inszenierung des Gralstempels an die im Dom von Siena empfangenen Eindrücke anzuschließen. –

In *Orvieto* betrat ich zum ersten Male eins von den vielen Städtchen, die, auf steile felsige Höhen gebaut, der italienischen Landschaft das Gepräge einer weit zurückliegenden, von den heutigen Zweckmäßigkeitsprinzipien noch völlig unberührten Zeit verleihen. Die Bahnlinie führt tief zu Füßen der Stadt vorbei an der Stelle, wo sich die Felsen, auf denen die Stadt liegt, ganz steil an die 100 m hoch erheben. Man kann sich, statt die in Serpentinenform um den Berg herumführenden Fußpfade zu benützen, von einer Drahtseilbahn hinauffahren lassen. Als ich ankam, war es bereits dämmrig. Ich konnte nur noch durch einen gefühlsmäßigen Gesamteindruck in die Atmosphäre des Ortes eintauchen. So aber wirkte alles wie verzaubert auf mich ein, und ich war so in den Zauber der Zeitentrückung einbezogen, daß ich hier noch tiefer in die Nacht hinein meine träumerischen Gänge ausdehnte, als ich es in Pisa getan hatte. Der Dom überragt das eng zusammengedrängte Nest durchaus, und so war es mir in der milden, alles Harte mit einem Schleier überziehenden Nacht gut möglich, mir die Zeit vorzustellen, da Thomas von Aquino hier an der berühmten hohen Klosterschule lehrte. Am nächsten Morgen sollte die Fahrt bereits sehr früh weitergehen, und so mußte ich mich mit dem kurzen Blick begnügen, den ich nach der Ankunft in den Dom und auf die Malereien von Signorelli geworfen hatte. Die etruskischen Gräber, die ich auf dem Wege zur Bahn noch in der Morgendämmerung sah, waren mir ein Schlüssel für den weit-vorrömischen, ureuropäischen Hauch in der Gestalt und Stimmung der Stadt.

An jenem Tage fuhr ich ohne auszusteigen durch Rom durch. Vor Rom hatte ich noch eine gewisse Scheu. Erstens hatte ich die lebhafte Sehnsucht, mit der lebendigen Natur und Landschaft Italiens in vielfache Berührung zu kommen, bevor ich mich gerade an die allergrößte der Städte heranwagte. Sodann aber wollte ich auch für die in Rom zu lösenden geschichtlichen Rätsel viel mehr vorbereitet sein. Ich verließ den Zug kurz vor Neapel auf der Station *Monte Cassino*, im Tal zu Füßen des berühmten Berges, der das erste europäische

Ordenskloster trug. Es war Sonntag. Und als ich mich anschickte, zu den Klostergebäuden auf dem Gipfel emporzusteigen, mußte ich mit besonderer Lebhaftigkeit an die Gemeinden denken, die zu dieser Stunde in der Heimat die österliche Weihehandlung feierten, so wie sie von Ostern bis Himmelfahrt hinführt. Ich benützte nicht die Fahrstraße, sondern den uralten, teilweise noch mit dem ursprünglichen unregelmäßigen Quaderpflaster versehenen, von Sträuchern und Kräutern überwachsenen Mönchsweg, der um so unmittelbarer in die alten Zeiten zurückversetzt, als er, wenn man sich nicht Zeit lassen kann, beim Aufstieg schließlich eine ziemliche Regsamkeit der Kräfte erfordert. Mit den Bildern des vergangenen Christentums vereinigten sich in mir die dankbar-frohen Empfindungen dafür, daß es jetzt eine erneuerte Frömmigkeit mit klaren geistigen Erkenntnissen und Ausblicken gab. Einen ganz besonderen Klang gewannen in jener Stunde die Ostertexte der Menschenweihehandlung für mich, als mich das Aroma all der würzigen Kräuter umduftete, die dort gedeihen. Durch alles, was ich dann auf dem Gipfel des Monte Cassino sah, fühlte ich mich nur gestört und enttäuscht. Eben waren die Messen zu Ende, die lärmenden Scharen der Klosterschüler kehrten in die Hauptgebäude zurück. Mehrere Gruppen von Priestern standen herum, die gierig und streitend das Geld aus den Opferkästen zählten. Erst als sich das Getümmel ganz verlaufen hatte, konnte ich die Formgebung der Baulichkeiten und Höfe auf mich wirken lassen. Aber auch das war eher noch eine Störung. Nur einige alte Mauerreste am Rande des Ganzen ließen in weiter Ferne etwas von den Zeiten aufsteigen, da der heilige Benediktus hier den Grund des abendländischen Mönchsordenswesens legte und da Jahrhunderte später Thomas von Aquino als Knabe hier seine erste Unterweisung empfing.

Am Nachmittag umwimmelte mich bereits das Großstadtleben von *Neapel*. Es ist verständlich, daß ich es nach den Erlebnissen des Vormittags nicht gleich ganz an mich heranlassen mochte. Ich hatte die Adresse einer alten Anthroposophin, der ich Grüße auszurichten hatte. Zu ihr machte ich mich zuerst auf den Weg, da ich auch annahm, sie könnte mir eine nettere Bleibe verschaffen, als ich sie im

Hotel haben würde. Die Adresse aufzufinden, war gar nicht einfach. Schließlich gelangte ich in dem steilen Gäßchen Salita Petraio in das idyllisch von Gärten und Weinreben umkränzte Haus hoch oben an dem Bergeshang, auf dessen Gipfel die Stadt emporklettert. Die alte Dame, hochbeglückt über die Grüße aus der Heimat, besorgte mir im Nebenhause ein Zimmer, von dem aus ich die ganze Stadt, den Vesuv und den Golf überblicken konnte. Später erzählte sie, sie habe plötzlich an den Apostel Jakobus, den Schutzpatron der Pilger und Seefahrer, denken müssen, als sie von meinem Besuch überrascht wurde. Das war das zweite Mal, daß auf dieser Reise das Jakobus-Motiv auftauchte, diesmal allerdings ohne daß ich sogleich etwas davon erfuhr.

Nur langsam traute ich mich in die Stadt wirklich hinein, lernte das Essen in der »Latteria« (z.B. Spiegeleier auf Mozarella [Büffelkäse] usw.) und versuchte, in die Romantik der schmutzigen Straßen und Gassen einzudringen, die steil hinauf oder etagenartig in der Höhe am Berghang entlangführen. Das Wetter war trübe und feucht; aber ich sah doch, daß sich hier der größte Teil des Lebens der Menschen auf der Straße abspielt. Von der singend-ekstatischen Seele der Stadt und von der Schönheit des dolce Napoli wurde ich diesmal nicht berührt. Ich sah nur das enge Elend in den armseligen Wohnungen, in denen aber über jedem Bett vor dem Heiligenbild die ewige Lampe brannte. – Im Museum verbrachte ich manche Stunde. Die Porträtbüsten der großen Griechen und Römer faszinierten mich. Ich sah sie zum ersten Mal in ihrer Fülle und Prägnanz. Auf eine so plötzliche Konkretisierung der historischen Anschauung war ich gar nicht gefaßt. An den späten Nachmittagen pilgerte ich von einer der vielen Kirchen zur anderen, wo sich bei den Mai-Andachten die malerischsten Volksszenen abspielten. Manchmal war auch interessant, was die Priester inhaltlich vorbrachten. Immer wurde ein Sakrament besprochen mit vorangehender Darstellung einer alttestamentlichen und einer neutestamentlichen Szene. Einmal war die Taufe an der Reihe. Nacheinander malte der Predigende den Durchzug durch das Rote Meer, die Taufe Jesu im Jordan und – bei der Darstellung des Sakramentes selbst – die Schicksale einer Familie, die über das große Meer nach Amerika auswanderte. Die Neapolitanerinnen, die ihre Kinder mithatten und z.T. ihre Bambinos ungeniert während des Gottesdienstes stillten, paßten keineswegs auf das auf, was der Priester sagte, sondern unterhielten sich lachend und essend, schmutzig-malerisch in die Seitenkapellen der Kirchen hingelagert.

Die Regentage wollten nicht enden, und ich dachte: wenn das Wetter nicht besser wird, fahre ich gleich nach Sizilien weiter, wo sicher die Sonne scheint. Als es einmal mittags plötzlich etwas heller und wärmer wurde, machte ich mich kurz entschlossen zu einem Ausflug nach *Pompeji* auf. Ich kam leider erst eine knappe Stunde vor Toresschluß in den Bereich der Ausgrabungen, sah aber doch noch alles Wichtige, allerdings ohne mich dem Zauber der theatralischen Landschaftsbilder mit dem rauchenden Vesuv im Hintergrund hingeben zu können. Es gehört zu diesen Bildern auch gleißendes, brütendes Sonnenlicht, wenn sich ihre luziferische Pracht enthüllen soll. Später habe ich Pompeji öfters in solcher Mittagshelle gesehen, wo die großen grünen Eidechsen über das Gestein huschen. Der Vorteil des kurzgedrängten Besuches diesmal war der konzentrierte historische Eindruck. Das bis zur Dekadenz überzüchtete Luxusleben der Römer zur Zeit der Zerstörung Jerusalems, die reichen Villen, die im Dienst der genießenden Klasse stehenden Läden an den noch ganz deutlich erhaltenen schmalen gepflasterten Straßen, die Tempel am Forum und am Stadtrande, schließlich die obszönen Denkmäler eines gänzlich entarteten Phalluskultus und Geschlechtslebens – und dann die verkohlten Reste der vor Schmerzen verkrümmten, den Mammon ängstlich umkrallenden Leiber, wie sie unter der Asche und Lava des vernichtenden Vulkanausbruchs gefunden worden sind. Eine der eindringlichsten moralischen Lehrstunden, die dem Reisenden auf den Trümmern der Alten Welt zuteil werden können.

Es war noch verhältnismäßig früh am Nachmittag, als ich den Bezirk der Ausgrabungen bereits verlassen mußte. Bis zu dem Zug, mit dem ich nach Neapel zurückfahren wollte, war noch einige Stunden Zeit. Ich schritt planlos in die Landschaft hinein auf den Abhang des Vesuvs zu. Da gab es dann noch eine mir sehr wertvolle Begegnung mit der Volksseele. Als ich einen alten Bauern mit theatralischem Schnauzbart, der vor seinem Hause auf einer Bank saß, wegen des Weges fragte, antwortete er mir auf französisch, indem er verschmitzt-erwartungsvoll lächelte. Wir kamen auf französisch ins Gespräch; es tat dem Alten sichtlich wohl, von den Handwerksburschenfahrten zu erzählen, die er in jungen Jahren durch Frankreich gemacht hatte. Schließlich, nachdem wir den Nachmittag verplaudert hatten, litt er es nicht anders: ich mußte mit in seine Hütte, wo er aus dem Keller einen Krug mit dem allerfeinsten tintenschwarzen schwerflüssigen Lacrimae-Christi-Wein holte, der hier auf den Lavafeldern am Vesuv-Abhang wächst. Dazu tischte er würzig geräucherten Käse aus Sorrent auf, und ein altes Weiblein, das in der Ecke kauerte, steuerte Feigen bei. Selten bin ich so großartig bewirtet worden, und es war wohl die Wahrheit, was der Alte beteuerte: daß man diese Sorte süßen Wein, den er selbst gepflanzt hatte, nirgendwo sonst so echt und gut bekomme. Erst sehr spät abends kehrte ich in mein Neapler Domizil zurück.

*

Der nächste Tag wurde zum Schwerpunkt in der Figur der ganzen Reise. Die Dynamik der Mächte, die auch an solchen Reisen schicksalsführend beteiligt sind, bewirkte nicht nur eine besondere Häufung von Erlebnissen, sondern innerhalb derselben das Zusammentreffen wichtigster historischer Polaritäten. Man kann wohl nicht leicht in spannungsreicherem Gegensatz Römisches und Griechisches an einem Tage erleben.

Aus einer düsteren regenschweren Nacht gebar sich langsam der Morgen. Ich stand in der Dämmerung am Auslug-Fenster. Zu meinen Füßen das emporkletternde Häusergewimmel der Stadt; dahinter unter grauverhangenem Himmel die vom Winde heftig bewegten Wasser des Golfes. Da lichtete sich für kurze Zeit der Horizont auf. Ich sah die weiten rundgebreiteten Arme, mit denen die Erde das Meer umfängt. Links erhob sich aus den Nebeln der Vesuv, dessen Feuerhaupt allerdings in Wolken gehüllt blieb. In der Mitte tauchte schattenhaft die Silhouette von Capri auf. Rechts wurde plötzlich durch einen unerwarteten Sonnenstrahl ein steil abschließender Felsen hell beleuchtet: das Kap Misenum. Schon durchfuhr es mich, dorthin aufzubrechen. Aber dann setzten sogleich wieder heftige Regenschauer ein, die mich zurückhielten. Ich überdachte die Geschichte des Flecks Erde, den ich soeben gesehen hatte. Die dämonischen Zeitgenossen des Mysteriums von Golgatha stiegen vor mir auf: Tiberius, Nero. Aber dann war auch der Apostel da, der als der Gefangene der Cäsaren und doch als der Sieger über sie diese Landschaft auf seiner Reise nach Rom durchmaß.

Schon hatte ich innerlich darauf verzichtet, die geschichteschweren Stätten zu sehen und gedachte, noch am gleichen Mittag nach Sizilien weiterzufahren, um da die Sonne zu suchen. Da hellte sich der Himmel auf. Kurz entschlossen machte ich mich nun doch auf den Weg. Bald schon trug mich das Eisenbähnchen nach *Pozzuoli*.

Da stand ich nun am Strande des stillen winzigen Hafenplatzes und ließ den Blick über das allmählich in der Sonne erblauende Meer schweifen. In den paar unsauberen Straßen eine Schar spielender Kinder und schwätzender Frauen, auf dem Wasser drei oder vier braunsegelige Fischerboote. War das wirklich Puteoli, die große prächtige Hafenstadt der Cäsaren? Wo waren die Paläste, wo die Handelsschiffe, die aus aller Welt die Kostbarkeiten für die cäsarischen Feste herbeischafften? Ist nicht hier auch Paulus einst an Land gestiegen, hat er nicht nach dem Bericht der Apostelgeschichte eine ganze Woche in der volkreichen Stadt geweilt? Nichts ist mehr von der einstigen Größe zu sehen.

Die Ruinen des halb unter Wasser stehenden Serapis-Tempels ließen die Welt jenes rätselhaften ägyptischen Kultus vor mir erstehen, der zur Zeit des Urchristentums so weit verbreitet war und wohl auch bei der Entstehung der frühchristlichen Kultusformen und -bauten eine Rolle gespielt hat. Am Abhang des Berges betrete ich den Bereich des großen römischen Amphitheaters, ohne allerdings in die mächtige Arena selbst hineinzugelangen. Ich spüre die gigantischen Dimensionen und die wohlerhaltenen Formen des Bauwerkes. Bilder von grausigen Schauszenen steigen vor mir auf, wo Gladiatoren und Märtyrer vor den Augen des Cäsars und der johlenden Menge von den Bestien zerrissen wurden. Ein Mann sagt mir, daß in diesem Theater der Apostel Paulus sieben Nächte lang für die Christen der Stadt gepredigt habe. Neben dem Theater beginnt die alte Römerstraße, die nördlicher die Via Appia heißt. Auf ihr ist Paulus über die Berge hin nach Rom weitergewandert.

Die Frage bewegt mich: »Was hat eigentlich die römischen Cäsaren aus ihrer Hauptstadt weg nach hier gezogen?« Im Weiterschreiten löst sich mir das Rätsel: ich betrete den Krater eines Vulkans. Der Krater der Solfatara ist jetzt eine weite runde Fläche, die zum Teil mit gelbem Ginster bewachsen ist. Der Boden klingt hohl. Dicht unter der Oberfläche ist das Erdreich bereits so heiß, daß ich bald die grabende Hand zurückziehe. Auf den weiß-gelblichen Schutthalden dieses Schwefelvulkans sehe ich zum ersten Mal die Naturphänomene, die mir später für die Lösung des Sinai-Problems so wichtig werden sollten. Wichtiger noch als die Stelle, wo man zwei Meter vor sich unmittelbar die schwarzschlammige Lava brodeln und kochen sieht, ist mir der allgemeine Charakter der breiten Höhenmulde, wo überall dichte Säulen von Schwefeldämpfen aus dem Boden hervorquellen, sobald man mit einem brennenden Streichholz oder einer Fackel darüber hingeht. Aus dem kochenden Loch lockt die Fackel riesige Wolken hervor, und gleichzeitig zischen Schwefelschwaden sogar hoch oben an den Rändern der enormen Böschung aus dem Gestein hervor. Am Rande des Kraters kann man in Höhlen hineinkriechen, die von heißen Schwefelgasen voll sind, so daß man gleich in Schweiß gebadet ist. Überall ist der Höllenpfuhl geöffnet; die unheimlichen Elementargewalten des Erdinneren kommen an den Tag. Mir drängt sich der Gedanke auf, wie verwandt die hier waltenden Naturkräfte sind mit den dämonischen Seelenmächten, zu deren Instrument Tiberius, Nero und viele andere Cäsaren geworden sind. Höllenmächte in der Natur; Höllenmächte in der Seele. Ich fange an zu ahnen, was die Gegenspieler des Mysteriums von Golgatha in diese Gegenden zog. –

In einem Bauernwagen lasse ich mich am Meeresufer entlang auf das Kap Misenum zu fahren. Die zerfallenen und bemoosten Tempelreste seitwärts vom Wege in den Weingärten, vor allem aber die Reste der antiken Schwefelbäder in Bajae versetzen mich immer konkreter in die Zeit der Cäsaren. Ich trete in eine geräumige Felsenhöhle ein, die sich in mehrere Gemächer gliedert: die Vorräume zu den Dampfbädern des Nero. Ich unterziehe mich trotz der Eile einem solchen Bade. Es besteht im gebückten Durchschreiten eines engen, rund durch den Berg führenden Felsenganges, der ganz voll heißer Schwefeldämpfe ist. Oben und unten erlischt die Fackel in den giftigen Schwaden. Nur in der Mitte brennt sie schwach, die Schicht anzeigend, wo man eben noch atmen kann. Bereits nach wenigen Schritten rinnt der Schweiß aus allen Poren, und wenn man am anderen Ende wieder ins Freie kommt, freut man sich der Kühle und der freien Atemluft. Das alles rückt einen in eine große Erlebnisnähe zu der Welt eines Nero. Es bedarf kaum noch des Hinweises, daß Nero in jener Felsenkammer dort auch seine Mutter Agrippina gefangen gehalten habe.

Weiter geht die rasche Fahrt. Schließlich ragen vor mir die Felsen des Capo Miseno empor. Nur einzelne Steine liegen noch herum von dem prächtigen Palast. Aber es ist nicht schwer sich vorzustellen, wie hier, von den Fieberträumen des Wahnsinns geängstigt, der greise Tiberius sein Leben beendet hat, der Cäsar, unter dessen Herrschaft der Christus am Kreuze starb.

Da der Bauer, neben dem ich auf dem Bock sitze, mir schon dauernd von der Grotte der Sibylle vorredet, lasse ich ihn den Weg dorthin einschlagen. Wir fahren landeinwärts durch grüne Felder, an einem kleinen bleigrau daliegenden See und an dem Monte Nuovo vorbei, den diese seltsame Natur im 16. Jahrhundert in einer einzigen Nacht hervorgebracht hat. Schließlich halten wir. Ich trete in einen langen hochgewölbten Felsengang ein. Es ist einer der Zugänge zu den Grotten der Cumäischen Sibylle. Mehrere hundert Meter werde ich in das Innere des Berges hineingeführt. Man sieht schließlich durch das Tonnengewölbe rückwärts den Eingang nur noch als hellen Punkt. Dann zeigt mir der Führer ein enges schwarzes Loch in der

Wand und sagt: hier sei das Tor der Hölle, nach welchem Dante den Eingang zum Inferno beschrieben habe. Wir kriechen hinein. Der Weg neigt sich schräg nach unten. Das nasse Gestein bietet dem Fuß wenig Halt. Jetzt fängt ein stehendes Wasser die Füße zu umspülen an: der Styx, wie der Führer sagt. Ich steige lachend auf den Rücken des alle Weltsprachen radebrechenden Charon, der mich tapfer durch die unterirdischen Gewässer trägt, bis er mich in einer geräumigen runden Halle absetzt. Die mittleren tiefer gelegenen Teile des Raumes stehen unter Wasser, aus dem sich aber ein Torso von dem Marmorbilde einer Göttin heraushebt. Zu beiden Seiten sind Nischen mit Sitzen, die aus dem Wasser herausragen. In der einen ist ein Felsspalt sichtbar. Hier sollen sich Nero und die Sibylle gegenübergesessen haben, wenn der Cäsar kam, um sich Rat aus der Dunkelheit zu holen. Der Pythiensitz der Sibylle stand in der Nische über dem Spalt, aus dem zu jener Zeit noch die solfatara-artigen Dämpfe des Erdinneren hervorgedrungen sein mögen. Wenn dann die Sibylle im rauschhaft-entrückten Bewußtsein feierliche Rätselworte flüsterte zur Antwort auf Neros Fragen, so mag auch dessen Seele tief durchschauert worden sein. Wenn auch in Urzeiten echte gültige Götterweisheit durch den Mund der Pythien und Sibyllen gesprochen hat, damals drang auf diesen Wegen nur noch die Wirrnis dämonischer Elementarwesen in das Zusammenleben der Menschen ein.

Ich weiß noch nicht, ob und in welchem Zusammenhang diese unterirdischen Gelasse zu der Sibyllengrotte stehen, die man in Cumae selbst entdeckt hat. Zweifellos ist aber auch diese Grotte beim Monte Nuovo echt. In ihr vollendete sich auf das lebendigste mein neuer Kontakt mit der historischen Sphäre, die den Hintergrund zu dem still-verborgenen Leben der ersten Christengemeinden bildet. Nichts hat mich so vertraut gemacht mit dem ganzen Timbre der Cäsarenwelt als das, was ich an jenem Vormittag sah. Ganz vibrierend durch die heftige Anregung und Berührung, kehrte ich in der Mittagsstunde nach Neapel zurück.

Aber hier hielt es mich jetzt nicht mehr, zumal der Himmel sich wieder verfinsterte. Die Eindrücke, die ich empfangen hatte, sprengten mich geradezu hinaus. Wie von Verfolgern angetrieben, eilte ich, um meine Sachen zu holen, und erreichte gerade noch den südwärts fahrenden Zug, von dem ich mich nach *Paestum* entführen ließ. -

In der Stunde des Sonnenuntergangs langte ich da an, noch ganz erfüllt von den erregenden Bildern aus der Zeit der Cäsaren. Und welche gänzlich andere, friedvolle Welt war es, die mir hier ihre heilig-erhabenen Wunder enthüllte! Aus der Welt der machtgierigsten Römer war ich mit einem Schlage auf den Boden des Weisheit- und Schönheit-atmenden Griechentums versetzt. Auf etwas so Herrliches war ich nicht gefaßt, wie es sich in den Tempeln des alten Poseidonia, insbesondere in dem großen dorischen Poseidon-Tempel, vor mir ausbreitete. Hinter mir die noch von der Sonne eben überglänzten leicht geschwungenen campanischen Bergzüge, vor mir das weite Tyrrhenische Meer und davor die Tempel, deren Säulenreihen von dem letzten Tageslicht ganz rotgolden gefärbt waren. Ich sah zum ersten Male altgriechische Tempel und mußte ja später feststellen, daß selbst die Tempel in Griechenland den Poseidon-Tempel von Paestum nicht an Schönheit übertreffen. Jede Säule, alle Proportionen in der Anordnung der Säulen und in ihrem Verhältnis zu dem dreieckigen Frontgiebelfelde, alles hat so etwas Menschliches, Menschenverwandtes und scheint doch Offenbarung einer höheren Ordnung zu sein. – Mir war unendlich feierlich zumute, als ich vor den Stufen des götterschweren Tempels stand. Erst nach einiger Zeit löste ich mich und stieg, fast den Atem anhaltend, empor, um durch die Säulenhallen westwärts zu schreiten, wo nun schon die Abendröte über dem Meere zu erlöschen anfing. Die Welt des Römertums am Morgen hatte mich in aufregende Verwunderung versetzt. Das griechische Wesen, mit dem mir hier eine erste wirkliche Begegnung vergönnt wurde, ergriff mich im innersten Herzen und erfüllte mich mit anbetender Andacht. Von der Stelle, wo einst das Götterbild gestanden hatte, sah ich auf das Meer hinaus, bis die Nacht alles umhüllte. Die Nähe des Meeres brachte mir zum Bewußtsein, wie die Formen des Tempels auf mich wirkten: ich empfand mich selbst wie eingehüllt von flutenden und strömenden Wogen. Die ätherischen Bildekräfte meines eigenen Wesens, wie sie in Kommunikation stehen zu der ätherischen Umwelt in der Natur, wurden mir lebendig bewußt durch die Schönheitszauberkraft der architektonischen Formen. Aufgewühlt-ungezügelte elementare Seelenkräfte, dem vulkanischen Feuer ähnlich, im cäsarischen Römertum – harmonisch-reine plastizierende Lebens-Bildekräfte, dem strömenden Wasser ähnlich, im Griechentum. Ich verstand, warum der Tempel dem Gott des Wasser-Elementes geweiht und warum die Stadt, in deren Trümmern ich stand, nach ihm Poseidonia genannt war. Ich konnte glauben, jetzt selber etwas von der übersinnlichen Macht zu ahnen, die die Griechen als Poseidon, den Gott des Meeres, verehrten.

Als ich den Tempel verließ, hatte im völlig gewordenen Nachtdunkel ein seltsames Zauberspiel begonnen. Tausende von schwirrenden Glühwürmchen durchtanzten gleich flimmernden Sternchen die Luft. Als dann noch Nebel aufstiegen, war die Stätte der Tempel wie von Wolken von einem mythischen Märchen umwoben. Ein Naturschauspiel, wie ich es nie gesehen hatte. Wieder fühlte ich mich, wie schon einmal am Anfang der Reise, bei der Fahrt über den Vierwaldstätter See, gedrängt, das, was durch meine Seele zog, in die Bilder einer Jakobus-Legende einzukleiden:

»Als der Apostel Jakobus nach der Himmelfahrt des Herrn allein über das Meer fuhr, kam er einmal in einen Sturm, der sein Schiff weit vom Wege abtrieb und in einem fremden Lande an die Küste verschlug. Nicht weit vom Gestade betrat der Apostel staunend eine große Griechenstadt, die aber ganz von Menschen verlassen und zum Teil in Trümmer gesunken war. Die Häuser der Stadt wurden von einem Tempel überragt, der feierlich auf das Meer hinausschaute. Jakobus trat, nach langem Sinnen vor den Stufen, in die hohe Halle ein. Vier Reihen von machtvollen dorischen Säulen führten ihn in das Innere, wo er ein Götterbild gewahrte, dessen Anblick sein Herz seltsam ergriff. Poseidon, der Gott des Meeres, war dargestellt, wie er mit hocherhobenem dreigezacktem Speere über die sturmbewegten Wogen schritt. Dem Apostel war es, als sei er in die heilige nächtliche Stunde zurückversetzt, da sich der Christus ihm und den anderen

Jüngern als der auf dem Meere Wandelnde geoffenbart hatte. In dem warm-goldenen Lichtglanz, der um das griechische Götterbild herum aufleuchtete, glaubte er den Auferstandenen selber zu erkennen. In überwallender Liebe warf er sich vor den Stufen des Bildes auf die Knie und wandte sich an den Auferstandenen: Erwecke, du Sturm-Stillender, auf dem Meere des Geistes den Sturm, der mich auf dem irdischen Meere den Weg hat verlieren lassen. Laß die geistigen Wogen hoch branden in der Welt, die erstorben daliegt, wie diese verlassene Stadt.

Nachdem er so gebetet hatte, fühlte sich Jakobus wunderbar begnadet. Er sah den Auferstandenen vom Altare des heidnischen Tempels herniedersteigen und hörte ihn sprechen: Ich bin der wahre Herr der Meere und sende dich zu allen, die auf den Meeren der Erde und des Himmels sind. Mit Petrus und Johannes bist du der dreigezackte Speer, mit dem ich die tote Welt zum Sturm des Geistes erwecken will.

Voller Zukunftsahnung und Tatbereitschaft erhob sich der Apostel. Die Hallen zwischen den hohen Säulen füllten sich mit Dämmerung. Bis zum Morgengrauen schritt er sinnend durch die Straßen der verzauberten Griechenstadt, die nach dem Gott der Meere Poseidonia genannt war. Als die Morgenröte den Sonnenaufgang ankündigte, legte sich der Sturm, und Jakobus trat in sein Schiff. Da tauchten überall golden-leuchtende Wesen in Fischgestalt aus den Fluten. Ihr Leuchten ging mit der Morgenröte dem Licht der Sonne voraus. Sie zogen das Schiff auf das hohe Meer und gaben ihm wieder die rechte Fahrt. Indem er sie aussandte, um dem Apostel des Christus zu dienen, beugte sich Poseidon vor dem höchsten Herrn der Meere.«

Ich wachte erst aus dem traumverlorenen Anschauen des Zaubers auf, als die Glühwürmchen erloschen waren, weil die Nebel sich zu feinem sprühenden Regen verdichteten. Eine Unterkunft für die Nacht zu finden, war in den armseligen Bauernhäusern des kleinen Ortes unmöglich. (Es gab damals den feudalen Gasthof noch nicht, der heute dort besteht.) So mußte ich den Marsch zur nächsten Schnellzugsstation antreten, um den Nachtzug nach Sizilien, der in

Paestum nicht hielt, zu erreichen. Die zurückzulegende Strecke war nicht gering, und ich machte mich, tapfer zuschreitend, auf einen Eilmarsch von einigen Stunden gefaßt.

Als ich schon eine knappe Stunde in die nasse Dunkelheit hineingeschritten war, dem mir von einem Bauern angegebenen Weg folgend, wurde mir klar, daß ich viel zu tief landeinwärts geraten sei, da doch, wie ich wußte, die Bahnlinie ganz in der Nähe der Küste südwärts lief. Dazu hörte ich bald darauf – aber schon in weiter Ferne – einen D-Zug in umgekehrter Richtung vorüberbrausen. Mir blieb nichts anderes übrig, als querfeldein dahin zu streben, von wo der Lärm des vorbeifahrenden Zuges zu mir gedrungen war, um dann, auf dem Gleise schreitend, den Weg nicht noch einmal zu verfehlen. Ich stapfte darauf los. Aber zu meinem Schrecken nahm der Boden unter mir immer mehr den Charakter von Moor und Sumpf an. Jeder Schritt patschte, schließlich mußte ich jedesmal den Fuß aus einer saugenden Lache herausziehen. Ich war durch all das, was meine Seele zu verarbeiten hatte, in der Stimmung, eine abenteuerlich gewagte und körperlich anstrengende Wendung der Dinge zu bejahen, und hielt durch. Das Gelände wurde wieder trockener, und nach etwas mehr als einer halben Stunde hatte ich den Bahndamm erreicht, und ich konnte den nicht sehr viel leichteren Marsch über das Geröll und die Schwellen des Bahndamms antreten. Unterdes fiel dichter Regen. Bald sah ich kaum noch eine Handbreit vor meinen Augen. Der Regen rauschte; das Meer gischtete dicht neben mir unten an das steile Felsgestade, so daß ich angestrengt in die Nacht hineinlauschen mußte, um nicht etwa von hinten her durch einen Zug überrascht zu werden. Vielleicht war ich eine Dreiviertelstunde so auf dem Gleise vorwärtsgeeilt, als mich eine merkwürdige Katastrophe erreichte: ich stürzte völlig unvermittelt und ohne etwa vorher ins Rutschen gekommen zu sein, zwischen den Schienen in die Tiefe, etwa fünf Meter tief. Der Schock bewirkte, daß ich während des Fallens, das doch nur eine Sekunde lang währte, Zeit hatte zu überlegen, was ich wohl tun solle, wenn ich ins Meer und wenn ich auf die Felsen stürzen würde. Es kam anders: ich landete in einem hohen dichten Distelgestrüpp und kam mit dem Kopf so auf meinen Rucksack zu liegen, wie ich mich selbst nicht besser hätte betten können. Nichts war mir geschehen, außer daß meine Hosenträger zerplatzt waren. Eine wunderbare Heiterkeit erfüllte mich. Das Allermerkwürdigste aber war dies: als ich plötzlich so bequem und gelöst dalag, hatte ich ein Elementarwesen-Erlebnis. Ich hörte eine Schar von Gnomen, die sich über mich lustig machten und den prägnanten Satz von sich gaben: »Um sich zu freuen, wenn man in die Disteln fällt, muß man schon ein Esel sein; also: freuen wir uns!« Ich konnte das nur damit quittieren, daß ich hell zu lachen anfing. Wieder in die Höhe geklettert, stellte ich fest, daß ich in den Einschnitt hinuntergefallen war, den ein jetzt nicht mehr existierender Bach in das Ufergelände und den Bahndamm geschnitten hatte. Die darüber hinführende Brücke war schadhaft, und durch eines ihrer Löcher war ich in die Tiefe gestürzt. Nach der Reparatur meiner Hosenbefestigung setzte ich den Marsch fort. Noch hatte ich einen zweiten, aber wesentlich harmloseren und erlebnisärmeren Sturz zu erleiden; dann kam ich, bis auf die Haut durchnäßt, eine halbe Stunde vor der Durchfahrt des Nachtschnellzuges auf dem Bahnhof Agropolis an. Die Beamten nahmen mich in ihr geheiztes Zimmer auf und fingen sogleich an, mich über Hindenburg, der in Deutschland gerade zum Reichspräsidenten gewählt worden war, auszufragen. Dann kletterte ich in den D-Zug, der mit schlafend herumliegenden Menschen überfüllt war. Schließlich fand ich in einem Abteil 2. Klasse zwischen italienischen Offizieren doch noch einen Platz, den ich, da ich einmal so gut im Schwunge war, benützte, um die Jakobus-Legende aus Paestum aufs Papier zu bringen. Die Sonne sah ich aufsteigen, als wir bereits nach *Sizilien* hinüberfuhren. Ein erlebnisreicher Tag lag hinter mir und eine erstaunliche neue Welt nahm mich in sich auf.

*

Sizilien ist in der Tat völlig anders als die italienische Halbinsel. Vor allem innerlich. Die ätherische Welt, die dort im allerersten Frühjahr, wenn bei uns der Schnee noch nicht geschmolzen ist, solche Farbenwunder in der blühenden Natur hervorzaubert, ist auf der anderen

Seite doch spröde wie Glas. Mit Gedanken, die ins Meditative gehen, trifft man nicht auf eine organisch-wachstümliche Umgebung, sondern es ist, als ob man Glasstäbchen zerbräche, die knistern und klirren. Sind wir da wohl auf den gläsernen Berg der Sage versetzt? Die seelische Atmosphäre, voll von dem gleißenden Scheine Luzifers, scheint völlig ausgelaugt und verdorrt zu sein an wirklichem Lebensblute.

In *Taormina* verließ ich den Zug. Und schon war ich in einen magischen Zaubergarten entrückt. Die Bahn geht unten am Meere entlang, während die Stadt hoch oben auf der Höhe liegt. Als ich die Straße zur Stadt emporstieg, boten mir die Uferregionen des Meeres einen bis dahin nie gekannten Anblick. Während das Meer weiter draußen in grünlichem Blau, oft opalisierend, dalag, gab es, von oben gesehen, in der Ufernähe Farbzonen vom Smaragdgrün bis zum Heckenrosen- und Purpurrot, als wäre die See in riesigen Ausmaßen von Menschenhand gefärbt. Der Himmel darüber war hellblau; seine Spiegelungen konnten es nicht sein. Und nun erst das Schauspiel, das sich mir oben bot, als ich meine Schritte zu den Ruinen des alten römischen Theaters gelenkt hatte. Majestätisch steigt im Norden die gewaltige Riesenpyramide des Ätna empor mit ihren fast geradlinigen Abhanggrenzen. Bis tief herunter ist der ganze Gipfel mit Schnee bedeckt, und doch entsteigt der Spitze unablässig die Säule von Feuer und Rauch. Etwas Weisheitsvoll-Urväterliches, hinter dem man dennoch unbändig-unberechenbare Schöpfer- und Zerstörermächte ahnt, hat der Ätna. Und das Geheimnisvolle seiner Gestalt wird durch die Unendlichkeit des Meeres erhöht, auf das wir zu seiner Seite hinausblicken. Wenden wir uns um, so sehen wir uns landeinwärts von einer hohen rauhen Felsensäule überragt, die oben auf ihrer Spitze das Städtchen Mola trägt. Die Rätsel Siziliens treten vor uns hin. Wie ist es möglich, daß Menschen dort oben hingelangen und sich dort sogar heimatlich fühlen? Es gibt wohl wenige Punkte auf der Erde, die einen theatralisch-großartigeren Ausblick bieten als dieser Platz im Theater von Taormina. Das Städtchen selbst, das langgestreckt am Rande der steil zum Meere abfallenden Höhe liegt, ist schlicht, aber doch reizvoll, sowohl im Ganzen als auch in manchen Einzelheiten, die an die griechische, maurische und normannische Vergangenheit der Insel erinnern. Eigentlich gibt es überhaupt auf Sizilien nichts, das seinen Charakter nicht durch den allgegenwärtigen Zauberbann hätte. Tief hat sich mir der Traum eingeprägt, den ich in der ersten Nacht auf Sizilien träumte, nachdem ich abends lange mit einem deutschen Studenten in einer kleinen Osteria über die tieferen Fragen des Lebens gesprochen hatte: Engel kamen zu mir und spendeten mir Brot und Wein, was mich mit einer unbeschreiblichen Seligkeit erfüllte.

Der Tag, an dem ich mich mit den aus Ägypten und Palästina heimkehrenden Freunden treffen wollte, war nicht mehr fern. Um die Freunde nicht zu verfehlen, ließ ich mir wie schon in Taormina, so auch in *Syrakus* wenig Zeit. Syrakus muß durch seine Unscheinbarkeit und verschmutzte Häßlichkeit zunächst enttäuschen. Das ist also alles, was von der berühmten großgriechischen Hafenstadt übriggeblieben ist, die zur Zeit, als Paulus auf seiner Romreise einige Tage dort weilte, nach Rom und Alexandrien die größte Stadt der Welt war? Die heutige Stadt liegt auf einem kleinen dem Lande vorgelagerten Eiland; eine Brücke führt hinüber zu dem nackt daliegenden breiten Felsplateau, das einst die weitausgedehnte reiche Stadt trug. Ich bedurfte einiger Stunden des Hinausträumens auf das weite Meer, um doch auch hier auf das Rätsel der Zauberseele von Sizilien zu stoßen. Dazu waren mir weniger die Reste antiker Tempel, die in die heute benützten Baulichkeiten hineingebaut sind, behilflich, auch nicht die spärlich mit Papyrusstauden begrünte, durchaus verschmutzte Grotte der Nymphe Arethusa, als vielmehr ein gewisses atmosphärisches Element. Man spürt, daß man sich an der Grenze Europas befindet. Irgend etwas Fremdartiges scheint hier bereits anzugrenzen.

Als eine Wüste von Verarmung und Erstorbenheit kommt uns Syrakus auf den ersten Blick vor. Lassen wir uns dann aber weit hinaus in das Gebiet fahren, wo sich einst die Stadt ausdehnte, so staunen wir über die reiche Vielfalt der Eindrücke, die uns dort erwarten. Am frühen Morgen lange durch die weiten Ölbaumhaine zu fahren, wo die grauen wurzelartigen Stämme und das silbrige Grün der Blätter zu der rötlichbraunen Ackerkrume einen so charakteristischen Kontrast bilden, war für mich das erste Eintauchen in die Welt des Ölbaums, ohne deren Aroma vieles im Neuen Testament sich nicht recht begreifen und fühlen läßt. Dann sah ich weit draußen die Reste der alten griechischen Befestigungsbauten, die sich auf den verwitterten weiten Platten des kalkigen Felsengrundes erheben. Etwas näher wieder zur heutigen Stadt hin liegen die Latomien, riesige zum Teil unterirdische Felsenhöhlen, aus denen man in alter Zeit die Steine zum Bauen brach. Es fallen dann wohl hoch oben durch einen Spalt zwischen den Felsentürmen einige Strahlen vom Tageslicht herein und beleuchten die grünen, blühenden Sträucher, die jetzt dort wachsen. Die berühmteste Latomie, das »Ohr des Dionysos«, hat eine eigenartig verstärkende Akustik. Das leiseste Flüstern schallt laut zurück, so daß die Überlieferung sagt, der Tyrann Dionys (zur Plato-Zeit) habe die Latomie als Gefängnis für solche Feinde benützt, deren Flüstern er in der Höhe von einem versteckten Fenster her belauschen wollte. Nicht weit entfernt liegen nahe beieinander die Ruinen des römischen und des wesentlich älteren griechischen Amphitheaters. Ich sah die beiden Arten von Theaterbauten zum ersten Mal. Das Nebeneinander war mir überaus aufschlußreich. In dem römischen Bau ist alles dunkler und mehr auf Machtgier und Blutrausch eingerichtet. Das Unterirdische spielt herein durch die tief in den Boden eingesenkten Gelasse, die als Käfige für die wilden Tiere dienten. Stellt man sich die beutegierigen Bestien da drunten vor, so hat man eine lebensvolle Symbolisierung des Untermenschlichen, das ja so vielfach in das römische Leben hereinragte. Wie rein und frei atmet dagegen das Theater der Griechen. Es enthält nichts als die reinen Kreise, die wachsend in das Überirdische hinaufstreben. Hier saßen einst auch ein Äschylos und Plato unter den Zuschauern. Symbolisieren nicht die wachsend emporsteigenden höheren Kreise die noch übermenschliche Geniusverwandtschaft, die alle griechische Kultur beseelt hat?

Wiederum nicht weit entfernt liegt das Klosterkirchlein San Giovanni, das den Eingang zu den Katakomben des Urchristentums enthält. Ich bin dankbar, daß ich die Welt der Katakomben nicht zuerst in Rom, sondern hier in Syrakus kennenlernte, wo ihr eine ganz wunderbare Größe und Weite eigen ist. Unter der Kirche gelangt man im Erdinneren zuerst in einen größeren runden kapellenartigen Raum, mit Säulen aus antiken Göttertempeln geschmückt. Von einem der einfachen steinernen Grab-Altäre heißt es, daß Paulus an ihm für die Christengemeinde von Syrakus die heilige Handlung vollzogen habe, als hier diejenigen, die ihn nach Rom zu bringen hatten, für einige Tage die Reise unterbrachen. Nach allen Seiten strahlen von der Kapelle aus die Felsengänge in das Erdinnere hinein, deren Seitenwände von unten bis oben mit Gräbern angefüllt sind. Wie in Rom unterscheiden sich die Märtyrergräber von den anderen dadurch, daß sie in Halbkreisform statt rechteckig in den Stein eingehauen sind. Das Charakteristische der Syrakusaner Katakomben liegt darin, daß ihre Gänge mehr als doppelt so breit sind als die der römischen. Dadurch erhält alles einen reicheren, volleren, erhebenderen Charakter, während in Rom alles nur auf den überstrengen Ton des Todes abgestimmt ist. Die breiten Katakombengänge in Sizilien, die sich allerdings so labyrinthartig verzweigen, daß unkundige Besucher sich rettungslos verirren müssen, sollen von Syrakus bis Catania reichen, also die gigantische Ausdehnung von über 50 km besitzen. Das war meine erste Begegnung mit dem, was aus der Welt des frühesten Urchristentums an Denkmälern übriggeblieben ist.

Von Syrakus aus führte mich die Eisenbahnfahrt vom Meeresgestade weg durch das Innere Siziliens bis an die Südküste nach *Girgenti*, dem alten Agrigent. Hier wird das Eigene, bereits rätselhaft Fremdartige der sizilianischen Atmosphäre eindeutiger: von der hoch gelegenen Stadt aus schweift der Blick weit auf das Meer hinaus in der Richtung zum afrikanischen Erdteil hin. Zwischen Afrika und uns liegt nun kein Land mehr. Drüben stand einst Karthago. Kommt nicht ein Hauch des dunklen Kontinents zu uns herüber? – Sehen wir von dem ab, was die größeren Weiten zu uns sprechen, so entdecken wir, daß wir in eine ganz griechische Welt versetzt sind. Die Stadt des Empedokles nimmt uns in sich auf. Der langgestreckte Hügelrücken unterhalb der Stadt, dem Ufer des Meeres parallel-laufend, ist von den Ruinen einer ganzen Reihe griechischer Tempel bedeckt. Welch wunderbare Götterzeile muß es gewesen sein, als sie hier noch unbeschädigt in ihrer das Himmlische offenbarenden Harmonie aufgereiht standen, die Tempel der olympischen Götter alle! Der Weg von der Stadt zu den Tempeln führt durch Felder und Halden, die damals im Glanz und in der Wärme des Sonnenlichtes von dichten Duftwolken überlagert waren. Thymian und Minzen und Rosmarin wachsen tausendfältig unter und zwischen den vereinzelt stehenden Öl- und Mandelbäumen. Als ich diesen Gang zum ersten Mal machte, beschloß ich, trotz des nun schon ganz nahen Termins für das wahrscheinliche Zusammentreffen mit den Freunden in aller Ruhe hier zwei Tage zu verweilen. Und so gab ich mich ganz der Natur und der Sonne hin, saß stundenlang zwischen und in den Tempeln und ließ in meiner Seele die vielfältigen Eindrücke nachklingen, die mir die Reise bis hierher schon gebracht hatte. Und dann kamen Stunden, an die ich besonders gern zurückdenke, weil sie ein schönes Zusichselberkommen meines Wesens enthielten: Ich saß auf den Stufen des besterhaltenen Tempels (er wird unsinnigerweise Concordia-Tempel genannt, obwohl er nicht aus der römischen, sondern aus alter griechischer Zeit stammt) und fühlte mich gedrungen, an den Evangelienbetrachtungen weiterzuschreiben, die mir seit einem halben Jahre in der Heimat in reichem Strom zugeflossen waren. Ich weiß noch gut, wie ich allerlei über den Zusammenhang des Jüngers Johannes mit dem Salomonischen Tempelbau niederschrieb. Gerade wenn ich wieder einige Seiten geschrieben hatte, war es mir, als könne ich nun noch lebendiger mit den Augen des Empedokles, der griechischen Faust-Gestalt, über das Meer nach Karthago hinüberschauen. – Das Städtchen selbst ist ärmlich, aber malerisch. Um noch auf Spuren der einstigen Größe zu treffen, müßte man wohl länger verweilen. Der Wirt, in dessen ganz einfachem Albergo ich übernachtete, war ein Original. Auf meinen Wunsch servierte er mir ganz billige, aber köstliche Mahlzeiten, die nur aus Früchten, Mandeln, Feigen, Datteln und getrockneten Trauben bestanden.

Nun erst kam die richtige Fahrt durch die felsigen Berglandschaften

Siziliens, als ich quer durch die Insel nordwärts nach *Palermo* fuhr. Vielfach türmen sich die Felsenberge wild zerklüftet auf und tragen oben noch Reste von Burgen, die uns daran erinnern, daß wir uns auf der Insel der Klingsor-Burg befinden. Auf der langen Fahrt in der untersten Wagenklasse hatte ich gut Gelegenheit zu erkennen, wie sich hier unter der ärmeren Bevölkerung noch Anklänge an die alte griechische Gastfreundschaft erhalten haben. Oft mußte ich mithalten, wenn die nicht gerade saubere Weinflasche unter den Bauern von Mund zu Mund ging. Auch konnte ich den Schafkäse nicht zurückweisen, den man mir, wenn alles aß, mit einem Stück Brot reichte, obwohl ich nicht ein Wort von dem verstand, was die Leute in ihrer sizilianischen Mundart sprachen. Gegen Mittag langte ich in Palermo an. Gleich am Bahnhof sah ich Palmbäume. Die Europaferne schien hier am größten zu sein.

Am Postamt, wohin mich mein erster Weg führte, fand ich eine alarmierende Nachricht: ein Telegramm von Johannes Werner Klein, das nur die Worte enthielt: 20. Mai 10 Uhr Sixtinische Kapelle. Heute war der 19. Somit blieben mir, wenn ich die Nacht benützte, um zu dem Treffpunkt nach Rom zu gelangen, nur wenige Stunden für Palermo übrig. Es hieß also: sich tüchtig sputen. Leider verbrauchte ich fast eine Stunde, um mir die Fahrkarte für die gesamte Rückreise, die ich noch nicht hatte, ausfertigen zu lassen. Dann schwang ich mich auf die Tram, die mich hinaus nach Monreale bringen sollte. Der Blick auf das Meer und die phantastischen Felsformationen des Monte Pellegrino an der Küste, den ich während der Fahrt genoß, ließ mich bereits lebhaft bedauern, hier, an einem der schönsten Orte der ganzen Reise, nicht verweilen zu können. Alles war, obwohl nördlicher gelegen, noch viel durchdringender mit der Magie des Südens getränkt als in Girgenti. Von der Kathedrale in Monreale sah ich leider nicht viel, da die Kirchenräume selbst über Mittag geschlossen blieben. Wenigstens konnte ich den zauberhaften Kreuzgang besuchen mit seinem schon an sarazenisch-arabische Formen anklingenden goldenen Reichtum von Säulchen und Ornamenten. Manches überhaupt, auch in der Außenarchitektur der Kirche, schien mir sowohl die sarazenische wie normannische Zeit Siziliens im Nachklang heraufzubeschwören. Nach Palermo zurückgekehrt, blieb mir nur noch für einen ganz kurzen Gang durch die Stadt Zeit. Ich stand im Dom am Grabe des großen Hohenstaufen Friedrich II., besuchte die kleine maurisch gebaute Kirche San Giovanni degl'Eremiti, die mit ihren Kuppeln wie ein verwunschenes Märchenschloß in das Grün ihrer ungepflegt wuchernden Gärten eingesponnen ist, und kam zuletzt noch in die Capella Palatina im alten Kaiserpalast, wo ich staunend vor der Überfülle von Glanz in den byzantinischen Mosaiken stand. Zum ruhevollen Versenken kam ich nirgends. Daß ich die Stadt selbst nicht, wie ich es sonst immer zu tun pflegte, im planlosen Umherschweifen kennenlernen konnte, bereitete mir fast körperliche Schmerzen. Ich hatte das deutliche Empfinden, daß es nicht ganz von ungefähr sein könne, wenn mich Sizilien so vulkanisch schnell wieder fortschleuderte. Diese Insel verhält sich zu den Schicksalszusammenhängen, in denen der einzelne steht, anders als andere Länder und Gegenden. Sie ist gewissermaßen heißer Schicksalsboden. Es kann sie nicht jeder einfach so, wie er möchte, betreten, ohne daß es um ihn herum zischt und zündet. Irgendwie geht es immer dramatisch zu, bei dem einen mehr nach außen, bei dem andern mehr nach innen. Nicht zuletzt muß der magische Zauber, den die Klingsor-Insel durch den Reiz ihrer Landschaften hat, mit der karmischen Explosivität zusammenhängen, in die sie den Besucher versetzt.

Vom Dache des alten Palastes aus hatte ich zum Hafen hinausgeschaut und das Schiff liegen sehen, mit dem ich abends um 7 Uhr nach Neapel abzufahren gedachte. Um die Zeit bis zum letzten ausnützen zu können, hatte ich mir den nächsten Weg dorthin, wie ich glaubte, von oben her genau eingeprägt. Und so wagte ich es, erst um 6.30 Uhr aufzubrechen, gewiß, in einer Viertelstunde das Schiff erreicht zu haben. Wie erschrak ich aber, als ich an den Hafen kam und entdeckte, daß mein Schiff statt diesseits drüben auf der anderen Seite am Kai festlag, was ich von meinem Ausflug nicht hatte erkennen können. Was sollte ich tun? In einer Viertelstunde fuhr das Schiff ab. Ein Auto, das mich schnell um den Hafen hätte herumfahren können, war weit und breit nicht zu entdecken. Da sah ein junger Fischer meine Verlegenheit und bot mir an, mich zum Schiff hinüberzurudern. Freudig stieg ich in den schweren Kahn ein. Aber wie langsam kamen wir vom Fleck in Anbetracht der noch zurückzulegenden Entfernung! Der Junge legte sich mit aller Kraft ins Zeug. Ich glaube, daß nie jemand so ungestüm und bis zur letzten Anspannung für mich gearbeitet hat wie er. Besonders als wir sahen, daß drüben schon das Abfahrtssignal gegeben war und die Matrosen anfingen, die Passagiertreppe loszumachen. Es waren spannende Augenblicke. Schließlich glückte es mir, noch auf die Treppe des Schiffes zu springen, als sie eben hochgezogen wurde.

Während sich mein Inneres erst allmählich beruhigte, rückte die theatralische Kulisse, die Palermo und seine Umgebung vom Meere her darbietet, bereits in die dämmrige Ferne. Die Nacht sank herein. Es war der Abend meines 30. Geburtstages. Sinnend blieb ich während der ganzen Nacht unter einem unendlich prächtigen Sternenhimmel auf dem Deck des Schiffes stehen. Meine Gedanken gingen in meinem Leben zurück und voraus und im Weltganzen aus dem Diesseits, von dem ich so viel Schönes sehen durfte, in das Jenseits hinüber, wo meine Seele die Seele des Lehrers suchte, der erst vor kurzem aus unserer Mitte geschieden war. Die besondere Hinwendung zur geistigen Welt, die in dieser Nacht in meiner Seele war, versuchte ich in folgenden Zeilen auszusprechen:

Mein Wesen durchweht
Der Wind, der geht
Von einem Meere zum andern
Vom Länder-trennenden
Zum Menschen-vereinenden.

Meinem Fühlen erscheint
Im Sternkreis vereint
Die eine Seele der andern,
Die jenseits Lehrende
Der diesseits Strebenden.

Meine Gedanken ergreifen
Im Nachtdunkel das Reifen
Des alten Tages zum andern
Des rückwärtsschauenden
Zum Zukunft-bauenden.

Als die Sonne aufging, sahen wir in der Ferne bereits Capri auftauchen und fuhren schnell in den Golf von Neapel ein. Obwohl das meinen Geldbeutel arg zusammenschrumpfen ließ, löste ich eine Zuschlagkarte zu dem Luxuszug, mit dem ich allein rechtzeitig nach Rom gelangen konnte. In Rom sprang ich, ohne mich recht umzuschauen, in eine Taxe und siehe da, pünktlich um 10 Uhr stand ich hinter der Peterskirche vor dem Eingang zur Sixtinischen Kapelle. Als ich dann aber 1–2 Stunden im Regen vergebens auf die Freunde gewartet hatte, wurde mir erst bewußt, daß das doch eine recht merkwürdige Art sei, den Boden der Stadt Rom zum ersten Male zu betreten: sogleich in den Bereich des kirchlichen Zentrums hineingeschleudert, wartend vor den Toren, die zu den großen Werken Raffaels und Michelangelos führen. Am nächsten Tage erfuhr ich durch ein Telegramm, daß die Freunde in Korfu hängengeblieben waren. Erst mehrere Tage später traf ich in einem Zusammenhang, der auch nicht gerade der alltäglichste war, mit ihnen zusammen.

*

Nun war ich wirklich nicht ohne Vorbereitung, wenn dieselbe auch mehr allgemeiner Art war, nach *Rom* gekommen. Ich hatte viele sehr verschiedene Gegenden und Städte Italiens gesehen und war von vielen Seiten her lebendig in das Weben der Geschichte eingedrungen. Dennoch hatte ich jetzt keineswegs ein gutes Gefühl, wie man es hat, wenn man an einem Ziel angelangt ist. Das Tempo meiner Reise war ein sehr rasches gewesen, war ich doch erst wenig mehr als zwei Wochen unterwegs. Die Eindrücke hatten sich gejagt, und ich hatte mich darauf gefreut, nun für den Abschluß der Reise nicht mehr so ganz allein zu sein, weil ich bemerkte, daß die Möglichkeit, das Gesehene zu verarbeiten, doch begrenzt ist, wenn man gar keine Gelegenheit zum Austauschen hat. So drang ich an den folgenden Tagen, an denen ich – wenn ich nicht auf dem Bahnhof die Züge erwartete, mit denen die Freunde kommen konnten – Rom kreuz und quer durchstreifte, eigentlich nur zu einem großen Gesamtbilde vor. Ich sah zwar das Wichtigste aus den verschiedensten großen Zeiten der Ewigen Stadt. Aber es differenzierte sich mir noch nicht in voller Deutlichkeit. Rom begegnete mir zunächst mehr als ein gigantisches Wesen, das sich trotz aller Wandlungen immer gleich bleibt. Zuerst rückte ich der gewaltigen Polarität zwischen dem cäsarischen und päpstlichen Rom, die doch auch eine verborgene Verwandtschaft zudeckt, auf den Leib. Mit der Peterskirche konnte ich weder innen noch außen etwas anfangen. Diese kalte Größe fremdete mich an. Die anderen Barockkirchen waren mir sogar regelrecht zuwider. Nur wenn ich nachts um die Peterskirche herumging, wo alle Einzelheiten verhüllt sind und nur die großen Hauptformen sprechen, dann fing ich wohl an zu ahnen, welche wichtige Offenbarung die großen Baumeister einschließlich Michelangelo doch auch hier irdisch gestaltet haben. Viel unmittelbarer wirkten die gigantischen Denkmäler der Cäsarenzeit auf mich ein: das Kolosseum, die Caracalla-Thermen, Forum und Palatin. Dieses oder jenes einzelne hob sich heraus: Nach dem Erlebnis der Säule am griechischen Tempel, das ich vor allem in Paestum, dann aber auch in Girgenti gehabt hatte, sah ich jetzt die cäsarischen Triumphsäulen, den konträr anderen Pol, mit besonderer Wachheit und Aufgeschlossenheit an. Die Säule des Marc Aurel, vor allem aber die Säule des Trajan auf dem damals noch romantisch mit grünem Moos überwachsenen, tief unter der Straße gelegenen, von Katzen und anderem Getier belebten Trajans-Forum, war mir ein lebendiger Ausdruck des Willens, der im cäsarischen Zeitalter hervortrat. Die göttlich-klar wie ein Stück Natur auf höherer Stufe dastehende griechische Säule, nichts Irdisches ausdrückend und auf nichts Allzu-Menschliches Rücksicht nehmend, stellt nur eine Verkörperung himmlischer Maße und Harmonien vor unseren Blick. Die cäsarisch-römische Säule soll Geschichte verherrlichen, wie sie ein Mensch gestaltet hat. In ihrer

Überlebensgröße ist sie doch nichts als der Untergrund der sich an ihr empordrehenden Reliefdarstellungen von den zu feiernden Taten des Cäsars.

Durch die neueren Ausgrabungen ist das Stadtbild Roms in der Gegend des Forums durchaus verändert. Die Kaiserforen stellen ein unüberschaubares Chaos dar, weil der Schlüssel der Unterscheidung fehlt. Manchmal kann man den Schwund der engen Romantik, die das alte Häusergewirr hatte, bedauern, zumal um die Trajanssäule herum.

Eindrucksvoll wird die Vielheit freigelegter Kaiserplätze erst, wenn man darin einen Gegensatz zu dem alten Forum, das Eindringen eines neuen Prinzips, erkennt. Das alte Forum zwischen Palatin und Quirinal, überragt von dem Burghügel und dem Jupiter-Tempel des Kapitol, war der Ausdruck des demokratischen Prinzips. Hier traten die freien Bürger zur Volksversammlung zusammen, um die Geschicke des Staates mitzubestimmen. Das Forum war für das alte Rom, was die Pnyx-Höhe für Athen war. Die von Shakespeare klassisch wiedergegebene Rede Marc Antons nach Cäsars Tode beendet die Geschichte des alten Forums. Mit dem Einsetzen des Cäsarenkultus beginnt der Bau der Kaiserforen. Auch das alte Forum war von Tempeln umsäumt und überragt gewesen. Jetzt aber mußte sich doch jeder Cäsar-Gott seinen eigenen Tempel bauen. Die Demokratie war vorbei. Als Ausdruck des cäsarischen Prinzips entstand nun unter jedem Herrscher ein neues Forum.

Ein gutes Beispiel ist das jetzt nach allen Seiten freigelegte Trajansforum, das sich tief in den Abhang des Quirinal hineinschiebt und hohe Hallen enthielt mit Galerien, von denen aus man nach Trajans Tode die Reliefs der Säule, unter der der Cäsar begraben war, bis oben hin betrachten konnte. Ganze Warenhäuser und theaterartige Bauten im Halbrund umgaben das Kaiserforum. Hier wurde nicht mehr der Wille der Bürger gehört und befolgt. Auf solchen Plätzen bestachen die Cäsaren ihre eignen Untertanen durch Brot und Geld und Spiele.

Zu diesen Cäsarenbauten, wo jeder Herrscher sich selbst verherrlichte, gehört auch die Casa d'Oro des Nero. Sie ist jetzt auch freigelegt und erstaunt jeden über ihre Ausmaße. Sie ist bereits auf den Abhang des Esquilin gebaut, weil der Platz nicht reichte. Ihre Lebensdauer war allerdings nicht lang. Bald nach dem Brand Roms (64) wurde sie erbaut. Bald nach der Zerstörung Jerusalems (70) bauten aber bereits Titus und Vespasian auf den Trümmern ihrer Parks und Lustgärten das Kolosseum, das nun auch samt dem Titusbogen in die Reihe der cäsarischen Selbstverherrlichungsbauten hineingehört. Das Relief am Titusbogen, das die Zerstörung des jerusalemitischen Tempels feiert, unterstreicht die historische Bedeutsamkeit des Kolosseums: Ersatz- und Triumphbau für den zerstörten Tempel.

Die Vielschichtigkeit der Geschichte Roms ging mir am intimsten auf im Umkreis des wuchtigen Janus-Bogens, an den ich durch einen der günstigen Reisezufälle kam. Dort trifft soviel Uraltes und Altes zusammen: die Reste der Cloaca Maxima, wo man sich zugleich an das Martyrium des heiligen Sebastian erinnert, der Arco di Giano selbst, der runde Vesta-Tempel am Tiber, die Reliefs von Septimius Severus und seiner Gemahlin, schließlich noch die frühchristlichen Basiliken San Giorgio in Velabro und Santa Maria in Cosmedin. – Vielleicht waren die Eindrücke, auf die ich diesmal in Rom am ehesten vorbereitet war, diejenigen, die ich vor den Bildern Raffaels in den Stanzen des Vatikans und vor den Malereien Michelangelos in der Sixtinischen Kapelle hatte. Die »Schule von Athen« und die »Disputa«, dazu vor allem die »Propheten und Sibyllen«, das waren vollendete Ausdrücke geistiger Wirklichkeiten, an die ich mit meiner Seele auch schon glauben konnte, herangekommen zu sein.

Die Welt des Urchristentums ging groß an meinem Horizonte auf, ohne jetzt schon mehr als eine Vorahnung, allerdings eine solche, die ihren Vorrang über alles andere geltend machte, in mir wachzurufen. Das war, als ich die Via Appia hinauswanderte und die Katakomben um die des heiligen Callixtus besuchte; vor allem aber, als ich nach Trefontane kam. Die Via Appia selbst besitzt durch ihr Landschaftsbild die Magie, die ganz alten Römerzeiten und die Zeit der ersten Christen unmittelbar heraufzubeschwören. Man kann gar nicht einmal sagen, woher das kommt. Es sind nicht nur die Trümmer der

Grabtempel und die Pinien und Zypressen am Wegesrand, es ist auch nicht nur der Blick in die weite Campagna und auf die Sabiner und Albaner Berge, es ist nicht nur der würzige Thymian- und Minzen-Duft, der wolkenartig von den Wiesen heranweht: es ist hier deutlicher als anderswo die Seele uralter Zeit gegenwärtig geblieben, die immer schon in einer prästabilierten Harmonie und Verwandtschaft zum Katakomben-Christentum gestanden haben muß. Durch die Katakomben von San Callisto, Santa Domitilla und San Sebastiano ging ich mit angehaltenem Atem. Wie gut, daß ich die Gräbergänge unter dem Boden des uralten Syrakus schon vorher gesehen hatte. Der Blick in die engen Gänge mit den vielen rechteckigen Gräbern in der Wand, auf einzelne primitiv anmutende Malereien an den Wänden der engen Sakramentskapellen, auf die Relieffiguren auf einigen Sarkophagen, das war wie das Zerreißen eines Vorhangs vor meinem Auge: Eine ganze reiche Welt, die mir irgendwie schon urvertraut war, zeigte sich mir und rief die große Vorahnung von etwas, mit dem ich bald bis in die Einzelheiten hinein bekannt sein würde, in mir hervor. – Was sich mir nun gar in Trefontane, an der Stelle, wo Paulus den Märtyrertod erlitten hat, auftat, vermag ich eigentlich überhaupt nicht in Worten auszudrücken. Ich betrat zum ersten Male eine Stätte, deren ätherische Besonderheit sich mir elementar aufdrängte. Die Ätherkräfte des Platzes müssen bereits vor der Enthauptung des Paulus besondere gewesen sein, wie ja wohl auch die drei Quellen, nach denen der Ort benannt ist, nicht erst entstanden sind, als das Haupt des Apostels und sein Blut die Erde berührte. Aber dann muß es doch so sein, daß die übersinnlichen Bildekräfte der Stätte durch das, was dort geschehen ist, einen unverlierbaren astralischen Schimmer, ein Damaskus-Licht, in sich aufgenommen haben. Äußerlich bietet Trefontane eigentlich wenig Reizvolles. Da ist die alte Basilika, die den dortigen Trappisten als Klosterkirche dient, mit fast erloschenen Apostelmalereien, die man auf Raffael zurückführt. Dann über den drei Quellen die unschöne Barock-Kapelle und, auf diese zuführend, die Eukalyptus-Allee, die noch am ehesten ein direkter Ausdruck dessen ist, was den Ort auszeichnet. Erst als ich später nach Palästina kam, lernte ich eine Anzahl von Stätten kennen, an denen ein ähnliches Geheimnis spürbar webt und waltet. Und als ich 1935 mit einer größeren Gruppe von Freunden, von denen einige im Jahre vorher mit in Palästina gewesen waren, in Rom weilte und die Gesellschaft auch nach Trefontane führte, war es mir eine schöne Bestätigung und Befriedigung, als einige spontan aussprachen: hier ist es wie im Heiligen Lande.

Am Himmelfahrtstage fand in der Peterskirche die Heiligsprechung des Petrus Canisius statt. Schon früh vibrierte davon ganz Rom. Ich war noch zum Bahnhof gegangen in der Meinung, nun müßten die Freunde aber bestimmt mit dem Nachtzug ankommen. Nachdem ich lange vergeblich dagestanden hatte, mußte ich, um in St. Peter überhaupt noch etwas zu sehen, eine Taxe nehmen. Daß ich das tat, war gut, denn es herrschte in und um die Peterskirche bereits eine undurchdringliche Überfüllung, und nur durch die Ratschläge des Droschkenkutschers wurde ich in die Lage versetzt, mich noch in das Innere der Kirche hineinzuzwängen. Die Zeremonie war schon im Gange. Ich konnte nur ganz von ferne, wenn ich mich hochreckte, etwas davon sehen. So umflutete mich bloß das Volksleben. Es müssen damals wohl 15 000 Menschen im Petersdom anwesend gewesen sein, die sich keineswegs still und andächtig benahmen. Als schließlich die Stimme des Papstes, durch Lautsprecher auch in den hinteren Teilen der Kirche hörbar, zur eigentlichen Consekration ertönte, da brach die Menge in einen ungeheuren Beifallsjubel und ein dröhnendes Händeklatschen aus. In diesem Augenblicke wurden nahe vor mir Absperrungen und Schranken, die von phantastisch kostümierten Papstsoldaten bewacht waren, durch das Getümmel rettungslos gesprengt. Ein Offizier der Schweizergarde kommandierte mit lauter Stimme, und eine Gruppe Soldaten bahnte sich rücksichtslos durch die Menge den Weg, um die bedrohte Ordnung zu retten. Diese Gelegenheit konnte ich benützen, um mich ein gutes Stück weiter nach vorne zu arbeiten. Und als ich das getan hatte, erblickte ich plötzlich in etwa 20 m Entfernung, das Volk überragend, zuerst den Kopf von Dr. Thylmann und dann den von Johannes Werner Klein. Daß ich die beiden mit voller Kehle anrief und daß wir uns dann durch das Gewühl zueinander hinbewegten, störte die heilige Handlung nicht, ging vielmehr in dem Volksgetöse unbemerkt unter. So hatten wir uns denn an der unwahrscheinlichsten Stelle gefunden; die einen voll von den Eindrücken Ägyptens und Palästinas, der andere am Abschluß einer fast überreichen Italienreise. Da gab es viel zu erzählen. Und die Umstände, unter denen wir uns zuerst verfehlt und jetzt schließlich getroffen hatten, bestärkten in uns das Gefühl, uns mit unseren Reisen keineswegs im Bloß-Persönlichen bewegt zu haben.

Thylmann wollte am Abend bereits nach Deutschland weiterreisen, und so konnten wir zu dritt am Nachmittag nur noch eine Fahrt auf die Via Appia, weit hinaus, fast bis an die Albaner Berge heran, unternehmen. Auch Klein war von den bisherigen Eindrücken so gesättigt, daß er keinen Appetit auf Rom bekundete. So blieben wir beide nur noch bis zum nächsten Nachmittag, um dann nach Florenz zu fahren. Den Vormittag benützten wir, um die Raffaelischen und Michelangeloschen Malereien in den Stanzen, in der Pinakothek des Vatikans und in der Sixtinischen Kapelle anzusehen. Viel tiefer aber haben sich mir zwei Eindrücke eingeprägt, die wir noch am Himmelfahrtsabend miteinander hatten. Als wir von der Via Appia heimkehrten, ließen wir Thylmann mit dem Wägelchen allein zum Bahnhof weiterfahren und stiegen an den Caracalla-Thermen aus. Wir wollten neben dem Zentrum des päpstlichen Rom diese Ruinen als Beispiel für das cäsarische Rom zusammen betrachten. Aber bei der vorgeschrittenen Tagesstunde fanden wir den Bereich der Thermen bereits verschlossen. Wir ließen uns jedoch nicht so schnell entmutigen und streiften um die rostroten Riesenmauern herum. Und in der Tat fanden wir ein Gartenpförtchen offen, wo, wie es schien, das zum Heuen gemähte Gras herausgeholt worden war. Wir zögerten nicht, diesen Eingang zu benützen. Und das war dann eine wunderbare farbenreiche Sonnenuntergangsstunde, die wir teils umherschreitend inmitten der gigantischen Trümmerbauten, größtenteils jedoch auf einer Wiese sitzend und dem Wechsel der Abendröte zuschauend verbrachten. Keine Seele weit und breit; auf den Schwingen des großen Schweigens sannen wir zurück in die Zeiten, da der wahnsinnige Mensch-Gott auf dem Cäsarenthron mit seiner großartigen Trugwelt die still keimende und leuchtende Sphäre des Gott-Menschen zu verschütten drohte. Erst als es schon ganz dunkel geworden war, rissen wir uns aus dem Bann der Stunde. Es war in jeder Hinsicht schwierig, in die reale Gegenwart zurückzukehren. Das Pförtchen war jetzt verschlossen, aber es war leicht zu übersteigen. Eine viel schwierigere Kletterübung hatten wir zu bestehen, als wir die schweren hohen eisernen Tore in der Umzäunung des Gesamtkomplexes gleichfalls verschlossen fanden und nur durch schwungvolles Eskaladieren, zum Erstaunen der Vorübergehenden, ins Freie kamen. Am späten Abend gerieten wir dann beim Durchstreifen unbekannter, volkstümlicherer Stadtteile auf einen von einfachen Menschen ziemlich belebten Platz, wo wir wie gebannt vor einem Denkmal stehen blieben, das in der Dunkelheit seltsam lebendig zu uns sprach. Wir standen auf dem Campo dei Fiori, dem Blumenmarkt, wo im Jahre 1600 der letzte große Dominikaner Giordano Bruno auf dem Scheiterhaufen als Ketzer verbrannt worden ist. Später bin ich oft zu diesem Platz, der fast wie ein Stück Neapel mitten in Rom anmutet, zurückgekehrt und habe mit der Gestalt des Giordano Bruno, die oben auf dem Denkmalsockel steht, Zwiesprache zu führen versucht.

Als wir in *Florenz* ankamen, war es bereits wieder Abend. Nachdem wir uns in der Nähe des Bahnhofs in einem ganz billigen Gasthof einquartiert hatten, war unser erster Gang auf den großen berühmten Platz vor der Signoria. Welch ein überraschender Anblick bot sich uns hier dar! Der Palazzo Vecchio war über und über illuminiert. Bis hoch hinauf zur Zinne des Turmes brannten auf allen horizontalen Linien, auf allen Fensterbänken und Simsen, flackernde Lichter; enggedrängt waren es viele, viele Tausende von Flammen, die da in die Nacht hineinstrahlten. Es mußte eine Festlichkeit stattgefunden haben, zu der ganz Florenz auf den Beinen gewesen war. Jetzt aber war es auf dem majestätisch großartigen historischen Platz schon still, und nur noch wenige Menschen kamen des Weges. Da fiel unser Blick auf eine kreisrunde Stelle vor dem alten Stadthause: eine Bronzeplakette im Erdboden des Platzes bezeichnet die Stelle, an der Savonarola in den Flammen des Scheiterhaufens umkam; und dieses leicht übersehene Denkmal war heute am Todestage des großen Bußpredigers (23. Mai) mit einem Kranz von Veilchen geschmückt. Daß wir gerade an diesem Abend hierherkamen und sogleich mit einem so konkreten Schicksalsaugenblick in der Geschichte der Stadt Florenz in Verbindung gebracht wurden, war uns wie der überraschende Zuruf eines Menschen, der uns zunächst fremd vorkommt, dann aber von uns als ein alter Bekannter erkannt wird. Wir gingen durch die Geschichte mitten hindurch, als ob wir über eine Bühne schritten, auf der soeben ein erschütterndes Drama gespielt wird.

Am nächsten Morgen weilten wir lange in dem hohen und weiten Dom und stellten uns im Anblick der hölzernen Dominikaner-Kanzel die feurig-fanatische Gestalt Savonarolas vor, wie er über die erschreckten Volksmassen von Florenz die apokalyptischen Bilder des bevorstehenden Weltuntergangs heraufbeschwört. Drei Tage waren es wohl, die wir noch in Florenz verweilten. Wir sahen die Reichtümer und Wunder der Malerei und Plastik in den Uffizien, im Palazzo Pitti, im Barghello, in der klassischen Medici-Kapelle, wanderten viel durch die Stadt mit ihren Straßenbildern aus edlen, vornehmen Zeiten, deren Paläste aber längst verschmutzt und verkommen sind. In schönen Abendstunden blickten wir von San Miniato und von Fiesole auf die prächtig unter uns liegende Stadt. Aber am eindrucksvollsten von allem war uns das Milieu, das wieder durchaus von dem Namen Savonarola beherrscht war: das Kloster San Marco. Aus dem Fensterchen der Zelle, in der einst der große Prediger-Abt wohnte, betete und sich kasteite, schauten wir in den verwunschenen Garten des Kreuzgangs hinunter. Und wir verweilten lange in jeder einzelnen der einzigartigen Mönchszellen, die alle durch das an ihren Wänden aufleuchtende Evangelienbild von Fra Angelico einen wunderbaren, mit Offenbarungslicht durchglänzten Meditationsinhalt besitzen. Es gibt wohl keine Gemäldegalerie in der ganzen Welt, die zugleich ein wichtiges historisches Milieu so beseelt bewahrt hat wie das Savonarola-Kloster von San Marco. Viele Einzelheiten sahen wir in diesen kurzen

Florentiner Tagen, die wir als groß und wichtig erkannten, z. B. die wunderbare unvollendete Pieta-Gruppe von Michelangelo hinter der Altar-Säule im Dom, aber wir waren für das einzelne nicht mehr aufnahmefähig genug. Es zog uns nach den reichen Erlebnissen unserer Reisen, die uns tausend Wunder der Vergangenheit gezeigt hatten, mit aller Gewalt wieder zu unserer Wirksamkeit in der Gegenwart zurück, deren innere Berechtigung und Zukunftsfähigkeit uns durch jeden Schritt, den wir in den letzten Wochen getan hatten, neu bestätigt worden war. Als wir aus der gläsernen Welt Italiens in der Schweiz wieder durch saftige Wiesentäler und durch Gegenden fuhren, wo es richtige Wälder gibt, war uns, als entlasse uns ein Vergangenheitsbann. Aufatmend wandten wir uns dem frisch-quellenden Leben der eignen Zeit wieder zu.

ZWEITE ITALIENREISE 1928

Bei der ersten Reise im Jahre 1925 hatte ich keineswegs bereits die Kunst des Reisens gelernt. Zwar kamen mir mancherlei Erfahrungen zugute, da ich doch innerhalb Deutschlands sehr viel herumgekommen war. Auch hatte ich seit Herbst 1924 schon einiges außerhalb der Landesgrenzen gesehen, vor allem Holland. Aber die Welt des Südens war mir doch ganz neu und fremd, und eigentlich kann ich erst von den Reisen 1932 und 1934, auf denen ich nach Palästina kam, sagen, daß sie einigermaßen »gekonnt« waren. Bei der ersten Italienreise wirkte dafür um so stärker eine gewisse Schicksalsführung, der gegenüber ich mich wie ein Kind zu seinem Schutzengel verhalten konnte. Und in der Tat will es mir vorkommen, als ob ich damals mehr träumend als planvoll und bewußt gereist wäre. Damit mag zusammenhängen, daß mir die Eindrücke der Reise nachher ein wenig schwer auf der Seele lagen, als würfen sie mir dauernd vor, daß ich sie nicht gehörig verarbeitet hätte. Ich bereute es sehr, während und unmittelbar nach der Reise keine zusammenhängenden Aufzeichnungen gemacht zu haben, was mich wohl schon von dem Bleigewicht befreit hätte. Bei der Griechenland-Reise im Jahre 1926 war ich bestrebt, das Versäumnis nicht noch einmal zu begehen und schrieb nachher wenigstens die Hauptsachen in drei längeren Aufsätzen nieder. Im übrigen konnte sich 1926 weder eine so deutliche Schicksalsgeführtheit, noch eine bereits erworbene Meisterschaft im Reisen auswirken, weil ich mich als der Eingeladene durchaus den Plänen und auch den Stimmungen des Gastgebers zu fügen hatte.

Wie es eigentlich dazu kam, daß ich mich 1928 zu einer zweiten Italienreise entschloß, kann ich schwer sagen. Wesentlich mag das

Gefühl mitgewirkt haben, daß von 1925 her noch viel Unbewußtes und Unverarbeitetes in mir rumore. Ich dachte, sogleich in ein Reisen »aus dem Ich heraus« hineinzukommen, wenn ich die hauptsächlichsten Gegenden der ersten Reise zum zweiten Male sehen würde. Sodann wirkte außerordentlich stark die Magie des Südens, die, wie ich glaube, so ziemlich jeder an sich erfährt, der nach Italien oder Griechenland gekommen ist: spätestens nach zwei oder drei Jahren faßt einen eine unterirdisch-mächtige Begierde, die sich zu einem regelrechten Fieber steigern kann: man muß wieder hin. Geht es äußerlich nicht einzurichten, so ertappt man sich dabei, daß man häufiger, als sinnvoll ist, in Büchern und Bildern aus Italien blättert und liest. Nun kam bei mir hinzu, daß damals ein Mensch in Rom wohnte, mit dem ich mich tief-innerlich verbunden fühlte und den nach langer Zwischenzeit wiederzusehen mich stark verlangte.

Ich reiste mit einer befreundeten Persönlichkeit, die wieder mit demjenigen Menschen zusammenhing, den ich in Rom zu sehen hoffte. Das Zusammenreisen brachte eine völlig veränderte innere Situation gegenüber 1925 mit sich. Eigentlich hätte jetzt eine viel größere Klarheit herrschen können, da ich doch nun das damals allein Gesehene zeigen und sowohl aus der Erinnerung als auch aus dem unmittelbar gegenwärtigen Eindruck heraus besprechen und erklären konnte. Dennoch blieb gerade diese Reise stark in der Sphäre des Gefühlsmäßigen, nur halb ins Bewußtsein Eintretenden. Die Art von Schicksalsführung wie vor drei Jahren konnte sich nicht wiederholen; andererseits war es für eine neue reifere, vollendetere Art, alles zu sehen, noch nicht an der Zeit. So gab es nur in Hinsicht auf Rom selbst, das ich mir diesmal für den Abschluß der Reise aufsparte, einen wichtigen Fortschritt.

Diese zweite Italienreise hatte ähnlich wie die erste ein Präludium an den italienisch-schweizerischen Seen. Ich verbrachte, bevor das gemeinsame Reisen begann, zwei Tage in Locarno, wo ich einen kranken, dort zur Kur weilenden Freund besuchte. Zweierlei gab außer dem Zusammensein mit dem Freunde diesen Tagen das Gepräge. Zum 400. Todestag Albrecht Dürers schrieb ich einen ausführlichen

Aufsatz *, den ich in der starken Atmosphäre dieser Bergeshöhen in einem einzigen Zuge zu Ende führen konnte. Sodann machte ich eine Wanderung talwärts an den sonnenlicht-überfluteten Lago Maggiore nach Ascona. Dort konnte ich nur kurz verweilen, aber ich glaubte bald zu verspüren, warum sich immer insbesondere viele nach Okkultismus strebende Menschen hierher gezogen fühlten. Die zahlreichen, wunderbar zum Himmel hin geöffneten Seerosen auf dem lichtgleißenden Spiegel waren mir ein Symbol des Seelengeheimnisses, das in der Landschaft webt:

Ihr Augen des heiligen Sees
Von silbernen Fluten getragen
Des Lotos lilienweiße Kelche
Ihr blickt empor zu den ewigen Sternen.

Ihr Augen der menschlichen Seele
Im pulsenden Blutstrom geboren
Des Herzens purpurrote Rosen
Ihr schaut hinein in das Goldtor der Sonne.

Wir begannen die Reise in *Mailand*, wo wir allerdings nur zu einem kurzen Gang durch die Stadt Zeit hatten. Von der überladenen Gotik des Domes wollten wir nichts wissen, zumal das Innere keineswegs wieder so zu mir sprach wie in der ganz frühen Morgenstunde auf der Heimfahrt von der ersten Reise, als wir den Zugaufenthalt benützten, um einen Blick in den Dom zu tun. Wir beschränkten uns auf zweierlei: wir besuchten Sant'Ambrogio und gingen in die Brera, um das Original des Christus-Bildes zu sehen, das über den Altären unserer jungen Christengemeinschaft hing. Die alte romanische Ambrosius-Kirche beeindruckte mich stark. Weniger durch die Einzelheiten: die mythische Tierplastik am Westportal, die Marmorkanzel mit ihren reichen Skulpturen, das Bild von Borgognone mit den zwei Jesusknaben, über dessen lebendige Farbigkeit ich erstaunt war. Der Eindruck

* »Albrecht Dürer an der Wende zweier Zeitalter« in »Die Christengemeinschaft« Mai 1928.

kam auch nicht bloß daher, daß ich hier zum ersten Male den Kontakt mit der romanischen Architektur in Italien fand, der ich doch in Deutschland bereits seit meiner Schülerzeit mit solcher Liebe nachging. Vielmehr war es die aurische Stimmung der Kirche im Ganzen, wie sie insbesondere in dem großen rechteckigen Vorgarten webt, einer ausgedehnten Form desjenigen, was man das »Paradies« zu nennen pflegt. Als wir in diesem offenen Atrium saßen, das durch seine hohe Mauerumhegung wie ein herausgesondertes Stück Erdenwelt wirkt, war mir, als sähe ich den alten Bischof Ambrosius, der am ehesten unter den vier großen Kirchenlehrern als der Weise bezeichnet werden kann, leibhaftig vor mir in einem Gärtchen, meditativ in die Heilige Schrift versenkt. Die Gestalt dieses Kirchenvaters war mir innerlich längst sehr vertraut, und die Art, wie Raffael ihn auf der Disputa mit seinem von ihm getauften Schüler Augustinus kontrastiert – den schauend an das Mysterium der Wandlung Hingegebenen und den in die Buchgelehrsamkeit Vergrabenen –, sagte mir viel. Aber hier, vor der Kirche S. Ambrogio, vollendete sich meine Vertrautheit mit ihm. Und es konnte diese auch nicht mehr gestört werden durch das versilberte Reliquientheater in der Krypta an dem Sarkophag des Heiligen. Das Bild, das sich mir in der großen offenen Vorhalle der Kirche ergab: der greise Kirchenvater, meditativ an die Geheimnisse hingegeben, die sich hinter der biblischen Schöpfungsgeschichte verbergen, formte sich mir in die Worte:

Des Weisen fromm-sinnende Seele
Spricht betend zu Engeln und Göttern.
Sie schaut, wie gewaltig
Die Urbeginne bewegten
Der Sphären siebenfache Opferschale,
Und wie die Seraphim sodann
Mitten im dunklen Gewoge
Ein Sonnenleuchten erschufen,
Das nicht von dieser Welt,
Als wären Priester sie, die am Altare

1 Der Poseidon-Tempel von Paestum

Die ganze Schöpfung opfernd weihten
Zur strahlenden Monstranz.

Das Christus-Bild fanden wir in der Brera nach längerem Suchen, klein und hoch an einer Wand, schlecht sichtbar mitten unter vielen wesentlich größeren Bildern aufgehängt. Ein rechtes Sinnbild für die Rolle, die unsere Christengemeinschaft in der Welt spielte. –

Auf der Fahrt nach Venedig benützten wir die Zwischenzeit zwischen zwei Zügen, um in *Padua* in dem Kirchlein Santa Maria dell'Arena die reichen Giotto-Malereien anzusehen. Mich hatten auf der ersten Reise in der Kirche Santa Croce in Florenz die Giotto-Fresken, vor allem dasjenige Bild, das den greisen Johannes als Apokalyptiker auf der Insel Patmos zeigt, aufmerken lassen. Da wir jetzt vorhatten, auch in Assisi Station zu machen, wo es so besonders wichtige Giotto-Bilder gibt, wollten wir uns in der Kapelle zu Padua darauf vorbereiten. Da Santa Maria dell'Arena nahe am Bahnhof liegt, sahen wir von der Stadt nichts. Das enttäuschte mich ein wenig. Die Bilder selbst sagten mir nicht so viel, als ich mir vorgestellt hatte. Der Besuch der Kirche hatte für mich eigentlich nur kunsthistorischen Wert. Das wäre anders gewesen, wenn ich damals schon auf die prägnante Evangelientheologie aufmerksam gewesen wäre, die vom Urchristentum her in den Szenenbildern lebt, seien sie auf die Wände der Katakomben gemalt, als Reliefs in das Gehäuse der Sarkophage gehauen, als Mosaiken in das Innere oder als hölzerne und metallene Türfelder an die Eingänge der Kirchen gezaubert. Aber der Blick für diese Strömung von christlicher Bilderweisheit, in die eben die Arena-Bilder Giottos noch hineingehören, ging mir erst auf, als ich in Rom deutlicher mit der Welt des Urchristentums vertraut wurde.

Venedig, das war nun wirklich ein Reich für sich. Obwohl man erst über die Störung Herr werden muß, die sich einem durch den Schmutz und die Verkommenheit der einstigen Pracht in den Weg stellt, übt die Stadt doch schnell ihren eigenartigen Zauber aus. Man nimmt immer den Gestank wahr, der aus den Kanälen emporsteigt, weil dahinein aus den Häusern jeglicher Unrat einfach ausgegossen wird. Und doch taucht man in eine märchenhafte Verzauberung ein, wenn man, wie wir es taten, über alle interessanten Details hinwegsieht und einfach viele Stunden an den Kanälen entlanggeht, ganz Auge, um die unglaublich malerischen Bilder, die sich auf Schritt und Tritt darbieten, in sich aufzunehmen. Ich habe mich nie eingehend mit der speziellen venetianischen Geschichte befaßt; aber nachdem ich den Gesamteindruck der Stadt in ihrem ganz besonderen Eigenwesen einmal so voll in mich aufgenommen habe, meine ich, in dem Augenblick, wo ich durch einen konkreten Anlaß auf diese Geschichte verwiesen werde, mit dem Element derselben vertraut zu sein. War mir doch das Verweilen in Venedig nachträglich z. B. ein schöner Schlüssel für den venetianischen Stadtteil von Saloniki mit seinen romantischen erkergeschmückten Häuserfassaden, den ich 1926 abends so gerne durchstreifte.

Das geniale gleißend-verführerische Element, das der Geist von Venedig, von dem ja heute nur noch verwitterte Denkmäler vorhanden sind, an sich gehabt hat, ist ein Schillern zwischen Luziferischem und Ahrimanischem. Das Wort von Karl Scheffler ist recht zutreffend, daß dort die Stimmung von Karneval und Inquisition zugleich geherrscht habe. Die luziferischen Leidenschaften gingen so sehr ins Hemmungslose, daß dadurch der letzte Rest von Seelen- und Blutwärme verbraucht wurde. Und durch die dann zurückbleibende schneidende Kälte wurde Venedig einer der hauptsächlichsten Bahnbrecher der modernen seelenlosen Ahriman-Kultur. Venedig trinkt den Luzifer-Becher des Orients leer, in dem nur noch die Neige war, und wird dadurch zum Sitz Ahrimans für den Okzident. An Aretino, dem ersten Journalisten, dessen satanische Rolle im Leben Michelangelos Herman Grimm ausführlich dargestellt hat, zeigt sich so recht deutlich die Geburt der Lüge aus dem Ehrgeiz; wir sehen die Quelle eines der schlimmsten Gifte, an denen die Neuzeit leidet. Shylok, der Kaufmann von Venedig, wie ihn Shakespeare zeichnet, ist gleicherweise eine Verkörperung des Ahrimanismus, der den Bodensatz unter Venedigs gleißender Schönheit bildet.

Aus den zwei Tagen, die wir dort zubrachten, ist mir noch eine stille heiße Mittagsstunde in lebendiger Erinnerung, in der ich, den Geist der Stadt bedenkend, bei dem Colleoni-Standbild vor der Kirche S. S. Giovanni e Paolo stand und plötzlich aus meinem Sinnen gerissen wurde, als ich, weil weit und breit sonst kein Mensch zu sehen war, einen Betrunkenen aus dem Kanal ziehen mußte.

Es ist nicht zufällig, daß man in Venedig, mitten im römischen Katholizismus, mehr als irgendwo sonst in Italien, der Stimmung des östlichen Christentums begegnen kann: nämlich in der Markuskirche. Der ganz besondere Zauber, der dort herrscht, ist der des Orients. Wie Venedig im ganzen seine innere Abstammung vom Orient erkennen läßt, so insbesondere der mit dem Urchristentum verwandte Charakter, den die Markuskirche im Inneren hat. Leider habe ich damals, weil ich überall nur auf die Gesamteindrücke eingestellt war, den Mosaiken in San Marco noch nicht die nötige Aufmerksamkeit im einzelnen entgegengebracht.

In *Florenz*, wo wir uns einige Tage Zeit ließen, befanden wir uns auf einer kunstgeschichtlichen Exkursion. Ich vertiefte fleißig die Kenntnis dessen, was ich bereits auf der ersten Reise gesehen hatte. Besondere neue Erlebnisse fügten sich in der Stadt selbst nicht hinzu. Sehr schön und begeisternd aber war eine Autofahrt, zu der ganz spontan der Entschluß gefaßt wurde, als wir zwei bekannte deutsche Damen trafen und das Gespräch darauf kam, daß ich gerne das mit der Eisenbahn etwas umständlich zu erreichende *San Gimignano* kennenlernen möchte. Die Bekannten brauchten scheinbar mit dem Gelde nicht so knauserig zu sein, und so fuhren wir zu viert im Wagen los. Die toskanische Landschaft in ihrer stolzen Lieblichkeit bezauberte uns. Und als dann gar das phantastische Bild des Städtchens, dem unsere Fahrt galt, in der Ferne auftauchte, trauten wir unseren Augen kaum. Auf dem rundlichen Gipfel eines der vor uns liegenden Berge sitzt wie die Krone auf einem alten verwitterten Haupte die Stadt auf, und die hohen, seltsamen Zacken der Krone sind die 10 bis 20 steilen schlanken Türme, die sich nicht nur rund herum, sondern auch mitten aus dem gar nicht ausgedehnten Stadtbereich erheben. Es gibt kaum ein monumentaleres Architekturdokument aus der Zeit des sich durchringenden Ich-Impulses als diese Stadtsilhouette, in der sich ein Anblick erhalten hat, den einst viele ober- und mittelitalienische Städte, auch Großstädte wie Bologna, dargeboten haben. Die beiden schiefen Türme von Bologna sind als einzige von einem Wald von mehr als hundert hohen Türmen stehen geblieben. In Pavia sah ich später auch noch eine Reihe solcher Patriziertürme, die dort den Reichtum an stillen alten Großartigkeiten vollständig machen. Nirgends sind die Türme in so großer Zahl erhalten geblieben wie in San Gimignano. Da wird man also in die Zeit zurückversetzt, wo der stolze Ich-Impuls sich anschickt, den Bereich des Familienhaften zu verlassen und in die Einzel-Individualität überzugehen. Jede Adelsfamilie, aber auch jedes zu Macht und Ansehen gekommene Bürgergeschlecht, wetteiferte mit allen anderen darin, das Haus zu einer Burg auszugestalten und mit einem schlanken viereckigen Turm zu schmücken, dessen anspruchsvolle Höhe ein Zeichen der Macht und des Selbstbewußtseins sein sollte. In Deutschland kenne ich nur einen Anklang an das Prinzip der Geschlechtertürme: in Regensburg tragen noch manche Patrizierhäuser aus der gotischen Zeit Türme, allerdings nicht so hoch, sondern niedrig und gedrungen, Zeichen verhaltener Kraft. Auch abgesehen von den Türmen ist San Gimignano eines der entzückendsten, im Milieu geschlossensten toskanischen Städtchen. Nicht nur von der Zinne der schlanken Türme, sondern auch vom Rande der Stadt aus, vor allem draußen bei dem alten Templerkirchlein, hat man einen bezaubernden Blick in die weite hochhügelig durchwellte Landschaft. – Das plötzliche Hineinversetztsein in eine so phantastische Welt machte unsere Stimmung beschwingt und tatendurstig. Und obwohl der Nachmittag schon fast vorüber war, beschlossen wir, nun auch noch schnell nach *Siena* zu fahren. Wir brauchten also nicht so bald schon den Bann der wunderbaren toskanischen Berge zu verlassen. Die Sonne ging gerade mit prächtigen Farben unter, als wir vor dem Dom anlangten. In dieser Stunde zwischen Tag und Nacht hatte das Innere des großen Baues eine ganz eigene Sprache, die uns ehrfurchtsvoll verstummen ließ. Der Wald von mächtigen Pfeilern und Säulen, alle aus weißem und schwarzem

Stein geschichtet, der schon ein wenig ineinanderfließende Reichtum des Gewölbehimmels – es war ganz eigenartig, da hineinzuschauen. Ich erwähnte bereits, daß ich an diesem Abend ein gewisses Verständnis dafür bekam, wie Richard Wagner nach diesem Dom seinen Bayreuther Gralstempel entwerfen konnte. Allerdings mußte ich denken, daß hier ein Klingsor-Schatten in das Gralslicht fällt, weil es durch das Schwarz-Weiß geradezu so scheint, als mische sich ein leiser arabischer Zug in die Formen des christlichen Doms. Als wir dann in die rätselvoll geschwungene und gebuchtete Schale des Marktplatzes hinunterschauten, war es schon ganz dämmerig. Und erst in der Nacht, da der Führer unseres Autos mehrmals den Weg verfehlte, kehrten wir nach Florenz zurück.

*

Ebensowenig wie von Venedig haben sich mir von *Assisi*, wohin wir nun kamen, Einzelheiten besonders eingeprägt. Das war überhaupt das Charakteristische dieser Reise, daß sie von den Städten, die ich neu kennenlernte, gewisse gefühlsmäßige Gesamteindrücke und nicht so sehr neue Einzelerkenntnisse vermittelte. Aber wie gewaltig kontrastieren doch, gerade wenn man sie ihrem Gesamtcharakter nach ins Auge faßt, solche Städte wie *Venedig* und *Assisi*. Gewiß steht Venedig durch den Leichnam des Evangelisten Markus in San Marco und durch den Markus-Löwen im Wappen in einem christlichen Zeichen. Aber dennoch ist es gerade durch den magischen Zauber, den es bis heute ausübt, viel eher heidnisch als christlich. Es ist unter den großen Städten Italiens nicht zufällig die einzige, die wie die großen Städte Griechenlands nach Osten, d. h. in den orientalisch-asiatischen Urschoß der Menschheit, statt nach Westen schaut. Griechenland war noch vom letzten reifen Lichte Asiens überglänzt. Und Venedig war eine späte abendländische Zusammenfassung orientalischer Magie- und Macht-Impulse. Wie still, aber zugleich wie herzenswarm ist demgegenüber das schimmernde Leuchten und Weben in und um Assisi! Auch die Stadt und Landschaft des heiligen Franziskus ist nicht ohne die luziferischen Lichtreflexe, von denen in Italien doch alles und jedes überflimmert ist. Und schließlich ist auch die Gestalt und Seele des Heiligen nicht zu verstehen ohne die Nachklänge alten vorchristlichen Seelentums in seinem Wesen. Aber um Assisi webt dann doch spürbar ein Element, das nur möglich ist durch die seelische und kosmische Ausstrahlung des Mysteriums von Golgatha. Vielleicht kann man sagen, daß es ein Bethlehem-Hauch sei, dessen Atem man dort wahrnimmt. Aber es ist doch auch mehr als bloße göttliche Kindlichkeit. Der Ernst und die Größe des Christus-Opfers ist der tragende Untergrund des Liebesimpulses, der von Franziskus ausging und dessen Weben man um die Stätte seiner Geburt und seines Wirkens zu verspüren glauben darf. Die Kirche des heiligen Franziskus ist protzig und unfranziskanisch. Dennoch gibt es in ihren verschiedenen Stockwerken und Anbauten Winkel, in denen man dem heiligen Franz nahe ist. Vor einigen Bildern von Giotto, vor allem vor dem blauen, milden Bilde von der Vogelpredigt, ist es schon möglich, sich in die weihnachtsähnliche Stimmung des Franziskus-Lebens zu versetzen. Aber ich fand, daß auf den Höhen um das Städtchen herum, z. B. an den Ruinen der alten Burg, wenn man den Blick in die Ferne schweifen läßt und das Wandergebiet des Franziskus mit seinem geliebten Berg Alverno überblickt, die Seele des Heiligen am meisten gegenwärtig ist. Das Städtchen selbst mit seinen engen steilen Gassen und einstmals stolzen Patrizierbauten gemahnt mehr an die stürmisch-ritterliche Jugend des Franziskus als an die Zeit seiner reifen stillen Frömmigkeit und Verkündigung. Aber sieht man den Ort als um zwei Brennpunkte um die Heiligtümer des heiligen Franz und der heiligen Clara gruppiert, so taucht auch aus dem Stadtbild der glimmende Funke werdenden Christentums auf.

Wie Florenz so war diesmal auch *Neapel* für mich nur Repetition und Vertiefung des schon Bekannten, einschließlich Bajae, der Solfatara und der Grotte der Cumäischen Sibylle. Nur daß ich jetzt das große römische Amphitheater von Pozzuoli, eines der besterhaltenen, in Ruhe und Ausführlichkeit durchstreifen konnte. Auch *Pompeji*, für das uns diesmal ein ganzer sonnenwarmer Vormittag zur Verfügung stand, war im wesentlichen Wiederholung. Aber eine wichtige Entdeckung kam hinzu. Wir verweilten lange in der malerischen stimmungsvollen Gräberstraße, die am Rande des abgezäunten Ausgrabungsbereiches liegt. Ich hatte das bestimmte Empfinden, es müßten die großen reichen Villen, deren Trümmer ganz außen zur Seite der Gräberstraße liegen, einen Zusammenhang mit dem Mysterienwesen haben, und so war ich bemüht, mit Hilfe der herumlungernden Museumswärter dahin vorzudringen. Niemand wollte mir den Zutritt ermöglichen. Einer wollte aber wissen, weshalb mir soviel daran liege. Als ich dann von den Mysterien sprach, ging ein Leuchten über sein pfiffiges Gesicht, und er erklärte: ja, die Villa dei Misteri liege außerhalb des Ausgrabungsbezirks. Und schon schrieb er mir einen Passierschein zum Wiederbetreten der umfriedeten Zone und ließ uns aus einem Pförtchen heraus. Der Weg ging durch Bohnenfelder und über einen Steg, bis wir vor der Mysterienvilla standen, deren Malereien auf leuchtendrotem Grunde ganz gewiß das Schönste und Wertvollste sind, was sich an antiker Malerei erhalten hat. Diese Villa, obwohl schon seit einer Reihe von Jahren bekannt, wurde damals noch kaum besucht. Einige Jahre später war sie eine Sensation, und jeder Besucher wurde sogleich bei der Ankunft in Pompeji durch die mannigfaltigsten Abbildungen darauf hingewiesen. Damals lag sie auch nicht mehr außerhalb der Absperrung, und es waren die Ausgrabungsarbeiten um sie herum fortgeschritten. 1928 war sie noch eine Entdeckung, zu der wir nicht ohne einen jener günstigen Reisezufälle vorgedrungen wären. Der quadratische Hauptraum, an dessen Wänden die Einweihungsbilder entlanglaufen, war bei dem zerstörerischen Vesuvausbruch des Jahres 79 ganz mit lockerer Asche angefüllt worden; dadurch sind die Malereien erhalten geblieben. Es war sogleich klar, daß die Gestaltenfolge den Gang der Seele durch gewisse Einweihungsstufen bis hin zur »Passion und Auferstehung« abbildet, wie das ja auch bereits die ersten Veröffentlichungen italienischer Gelehrter, die damals schon zu lesen waren, ausführen. Ganz beglückt durch die wertvolle Entdeckung leisteten wir uns noch eine geruhsam-malerische Fahrt mit einer kleinen Carozza um den ganzen Golf herum bis nach Sorrent.

Wir kamen auch nach *Paestum*. Es war mir wichtig, nun auch einmal bei vollem Tageslicht dorthin zu kommen und mehrere Stunden in Ruhe in dem großen Poseidon-Tempel zu verweilen. Aber natürlich konnte sich der überwältigende Zauber nicht wiederholen, den die Stätte auf der ersten Reise in der abenteuerlichen Abendstunde für mich gehabt hatte. Die Frucht des diesmaligen Verweilens war für mich, daß ich glaubte, eine vertiefte Beziehung zu dem Wesen »Poseidon« als dem großen alten Herrschergeist im Reiche des Ätherischen zu bekommen. Als ich 1935 zum dritten Male hinkam, blieben wir über Nacht und hatten sowohl die nächtlichen als auch die taghellen Eindrücke, die der Ort zu geben vermag. Das war eine Synthese dessen, was ich 1925 und 1928 dort empfunden hatte. Es umklang mich wie uralte Ritualworte, als ich glaubte, ein vertieftes Verständnis Poseidons gefunden zu haben:

Meeresvater,
Bruder der Winde,
Weithintreibender,
Allwärtsführender,
Strömend-kraftender Bildgestalter,
Lebentragender Welterhalter,
Ur-Erinnerungsverwalter,
Wogend umwalle mich,
Zur Weite weihe mich,
Vater des Äthers, Poseidon.

Der wichtigste Teil der Reise war in jeder Hinsicht die Woche, die ich zum Abschluß allein in *Rom* verbrachte. Jetzt wollte ich dem Rätsel des urchristlichen Rom in aller Ruhe, aber ganz von innen her, ohne jedes äußere Hilfsmittel, nachgehen. Und wenn auch zunächst meine Forschungsergebnisse quantitativ nicht groß waren, so kam ich doch durch die in Rom sogleich spürbare schicksalhafte Geleitetheit meines Suchens in den lebendigsten und kräftigsten Kontakt mit der Welt, auf die mein Augenmerk gerichtet war. Ein schöner Zufall verhalf mir zu einem interessanten Domizil. Meine Finanzen waren äußerst schonungsbedürftig, und so fragte ich einen Droschkenkutscher, dem ich ein Trinkgeld gab, nach einem ganz billigen Quartier. Dieser Mann war geistesgegenwärtig und nahm mich mit zu sich. Im Dachgeschoß eines Hauses in einer Quergasse zum Corso hatte er eine kleinbürgerliche Wohnung mit einem dürftigen Salon in rotem Plüsch. Dies Zimmer, in welchem das Sofa als Bett dienen sollte, vermietete er mir für eine Lira pro Tag. Wie angenehm überrascht aber war ich, als ich am nächsten Tage entdeckte, daß an der zum Corso hin gelegenen Vorderseite des Hauskomplexes eine Plakette angebracht war mit der Inschrift: »Hier wohnte Goethe«. So war ich also in das hintere Dachgeschoß des Hauses geraten, in welchem Goethe während seines römischen Aufenthaltes gewohnt hatte. Das berührte mich um so eigenartiger, als ich eben von einem Gang durch die Stadt heimkehrte, wo ich in einem Antiquariat ein schönes deutsches Exemplar von Goethes »Italienischer Reise« billig erstanden hatte. Das Goethe-Haus ist nicht weit von dem Punkte entfernt, wo der Corso in die große runde Piazza del Popolo einmündet zu Füßen des aussichtsreichen Monte Pincio. Das ist eine der vornehmeren Gegenden der Stadt. Auf dem Platz steht einer der Obelisken aus Heliopolis, die die Cäsaren nach Rom gebracht haben. Am Rande der Piazza, da, wo man früher von Norden her durch ein Tor die Stadt betrat, liegt das Kloster mit dem Kirchlein Santa Maria del Popolo, in welchem 1510 Luther Wohnung nahm, weil es der Sitz des Augustinerordens war.

Ich war darauf aus, noch mehrere solche aurisch ausstrahlenden Brennpunkte urchristlichen Lebens zu finden, wie ich in Trefontane an einen solchen gekommen war. Mehrmals pilgerte ich zu der Stätte des Paulus-Martyriums hinaus. Der Eindruck blieb in stiller Gleichmäßigkeit derselbe. – Die Stätte liegt weit vor der Stadt. Aber sie ist nicht nur durch so und soviele Kilometer von dem Großstadtbetrieb entfernt. Rom ist dort wie überhaupt nicht mehr vorhanden. Man befindet sich an einer Stätte unmittelbarer Überräumlichkeit und Überzeitlichkeit. An solchen Orten wird jede Reise zu einer Pilgerfahrt. Man erlebt eine Spur der ätherischen Sphäre, die den irdisch-geographischen Zusammenhang sprengt.

Rom ist ganz Petrus. Das Paulinische Element muß man in Rom als etwas Fremdes und Undurchschautes gemieden, vielleicht auch in ehrfurchtsvollem Abstand betrachtet haben. Es ist tief ausdrucksvoll, daß die Kirche San Paolo weit vor der Stadt liegt und erst recht Trefontane.

In Rom bin ich dann viele Stunden einfach durch die Straßen gegangen, vor allem auch in manchen Randbezirken. Ich legte mich nicht auf die Gegenden fest, in denen wahrscheinlicherweise besondere urchristliche Stätten zu finden sein würden, denn ich wollte zugleich einen lebendigen Überblick über die Gestalt und Gliederung der Stadt erzielen. So war es denn eine große Befriedigung und Freude, sowohl im Westen als auch im Süden ganz von ungefähr auf Märtyrerstätten zu stoßen, die wenigstens einen Anklang an das aurische Element von Trefontane besitzen. Ich war in Trastevere, dem westlichen Stadtteil auf der anderen Tiberseite, fern von dem altrömischen Siebenhügelbereich, auf die beherrschende Höhe des Janiculus gestiegen, von wo aus man den umfassendsten Blick auf die ganze große Stadt von heute hat. Wirklich majestätisch liegt Rom dort zu unseren Füßen. Hier ließ mich die Ortsbezeichnung San Pietro in Montorio aufmerken. Und es dauerte nicht lange, bis ich etwas unterhalb des höchsten Punktes im Hofe eines alten Klosters (heute ist da wohl die spanische Akademie oder Bibliothek untergebracht) vor einem eindrucksvollen Rundtempelchen stand, um das eine heilig-erfüllte Stimmung webt. Bramante soll der Erbauer desselben sein. Es steht auf der Stelle, wo alten Traditionen zufolge Petrus während der Neronischen Verfolgung (gleichzeitig oder doch in der gleichen Zeit, als Paulus enthauptet wurde) mit dem Kopf nach unten ans Kreuz genagelt worden ist. Ich finde, daß kein triftiger Grund vorliegt, diese Überlieferungen für falsch zu halten. Es hat etwas Großartiges, sich den gekreuzigten Greis Petrus vorzustellen an dem Punkte, der majestätisch über den Tiber weg auf Rom und seine sieben Hügel herabschaut. Ein ähnliches, aber etwas schlichteres Rundtempelchen, von Bramante erbaut, steht an einer verstaubten einsamen Stelle am Südrande der Stadt. Zur Zeit des Urchristentums lag diese Stätte wohl vor der Stadtmauer. Heute liegt sie unmittelbar an der Innenseite der Aurelianischen Mauer, da wo diese von der Porta Latina durchbrochen ist. Wir befinden uns in San Giovanni in Oleo, an der Stätte, wo unter Domitian im Jahre 94 der greise Presbyter Johannes mit siedendem Öl übergossen wurde, weil man ihn nötigen wollte, dem Cäsarenkultus zu huldigen und dadurch seinem Christus-Glauben abzuschwören. Durch die Standhaftigkeit des fast hundertjährigen Evangelisten sollen seine Peiniger von ihrem Vorhaben Abstand genommen und ihn auf die Insel Patmos verbannt haben, nicht wissend, daß sie damit den Anlaß zur Niederschrift der Apokalypse gaben. Auch diese Stätte hat eine leise Verwandtschaft mit Trefontane, wenn auch nur wie aus weiter Ferne.

Die Überlieferung darüber macht die Rom-Symbolik vollständig: Petrus wirkt lange Jahre in Rom und stirbt im Anblick der ganzen Stadt. Paulus kommt wie der Bote eines fremden Reiches nach Rom, bloß um dort zu sterben. Er stirbt dann aber an einer Quellstätte, die wie ein kleines Damaskus im Rom-Bereich ist. Johannes wird, als er mit Rom in Berührung kommt, sogleich wieder von den Schicksalen zurückgeschleudert, in den ephesinischen Osten, ehe er die Stadt wirklich betreten hat. Petrus ist der Apostel des Westens, Johannes der des Ostens. Paulus verbindet beide Welten. Die drei Märtyrerstätten umkränzen Rom:

im Westen:	San Pietro in Montorio
im Südwesten:	Trefontane
im Südosten:	San Giovanni in Oleo.

Nun hatte ich durch die Märtyrer-Orte des Petrus, Paulus und Johnnes so etwas wie ein geistiges Trigon zur inneren Orientierung und Bemeisterung des Stadtbildes in Hinsicht auf die urchristlichen Schicksale gefunden. Ich hatte das Gefühl, damit eigentlich schon das vorgesteckte Ziel erreicht zu haben, weil alles andere nun nur noch eine Frage der Zeit und des Reifens sein konnte. Einzelnes wie der Carcer Mamertinus am Forum Romanum, der uralte historische Staatskerker Roms, in welchem auch Petrus vor seiner Hinrichtung gefangen gewesen sein soll, bestätigten mir nur, daß ich keine Sorge zu haben brauchte um die allmähliche Ausfüllung des zunächst nur in groben Umrissen skizzierten Grundrisses.

Von der Seite der Katakomben her versuchte ich nur mit großer Behutsamkeit näher an das Rätsel des Urchristentums heranzukommen. Ich durchwanderte wieder lange die meistbesuchten Katakomben draußen an der Via Appia, San Callisto, Santa Domitilla usw. An die zahlreichen Katakombensysteme im Norden und Osten der Stadt wagte ich mich noch nicht heran. Durch einen Zufall kam ich aber dazu, die Katakomben unter der Kirche San Lorenzo kennenzulernen. Ein Bekannter aus Stuttgart, den ich traf, war von diesen Katakomben stark beeindruckt und wollte sie gerade aufs neue besuchen. So schloß ich mich ihm an. In den Callisto-Katakomben sieht man die klassische unterirdische Landschaft der in den Tuffelsen gehauenen Gänge. Aber längst sind die Gräber in den Seitenwänden leer und der aus weißem Alabaster-Marmor bestehenden Verschlußplatten beraubt. In den Laurentius-Katakomben sieht man, wieviel eindrucksvoller alles dann ist, wenn es noch unberührter geblieben ist und wenn nicht fortwährend die ungezählten Besucher durchgejagt werden. Da sieht man vor vielen Gräbern noch die weißen Marmorplatten mit den frühchristlichen Eingravierungen, sei es die Taube mit dem Ölzweig oder der Fisch als Christus-Zeichen oder ein Christus-Monogramm. In der Nähe der Stelle, wo der heilige Laurentius begraben gewesen sein soll, lag eine schöne Alabasterplatte, in der Mitte mit einem starken Christus-Monogramm geschmückt, auf dem Boden. In vielen offenen Gräbern liegen noch die Gebeine, und oftmals erweitern sich tief unten im Schoß der Erde die Gräbergänge zu regelrechten Tropfsteinhöhlen.

Der cäsarische Hintergrund des Urchristentums wurde mir an einer Stelle vertrauter: ich sah die beiden gigantischen Hadrians-Gründungen: die Villa Adriana bei Tivoli und die Engelsburg. Die Engelsburg, das machtvolle Totenmal, das sich der Kaiser Hadrian selbst errichtete und das später von den Päpsten übernommen wurde, läßt sich allerdings nicht viel anders als ein Museum besuchen. Die tiburtinische Villa des Cäsars dagegen ist eine ganze Welt für sich. Ich kam von Tivoli aus erst in der späten Nachmittagsstunde dort an, als der zu besichtigende Bereich bereits geschlossen wurde. Kein Bitten half: man wollte mich nicht mehr hineinlassen. Was tun? Ich wartete, bis Besucher und Wärter nach Hause gegangen waren und kletterte dann an einer geeigneten Stelle über die niedrige Mauer. Das waren ganz besonders eindrucksvolle Stunden, die ich nun in den Abendsonnenfarben allein in dem Schweigen-durchatmeten Bezirk zubrachte, wo der weitgereiste Mysteriensammler ein plastisches Album seiner wichtigsten Reiseziele zusammengestellt hat. Landschaftlich-malerisch ist ja ohnehin dieses Ruinenfeld das schönste; es übertrifft bei weitem noch den Palatin und die Caracalla-Thermen. An diesem Abend konnte ich so recht mit gesammelter Seele das innere Fazit aus der zu Ende gehenden Reise und auch aus der römischen Woche ziehen.

Außer den urchristlichen Stätten interessierte mich in Rom diesmal nicht viel. Dennoch weilte ich öfters in der Kirche San Pietro in Vincoli vor der Moses-Statue des Michelangelo und vor dem schon langsam zugrunde gehenden, wundervoll farbigen Sibyllenbilde Raffaels in der stillen unbekannten Kirche Santa Maria della Pace in der Straße Maria dell'Anima unten am Tiber. Ich erkannte, daß gerade in diesem Paar späterer Kunstwerke doch auch ein lebendiges urchristliches Rinnsal weiterströmt. Das war ja schließlich überhaupt mein Antrieb zur Beschäftigung mit dem Urchristentum: mich interessierte es nicht bloß als ein interessanter historischer Zeitabschnitt, sondern von der religiösen Aufbau-Arbeit her, die den Geist und das Leben des Urchristentums in der Gegenwart erneuern wollte, nicht nur nach der Seite des Märtyrer-Heroismus hin, sondern vor allem auch in Hinsicht auf die kosmische und inspirierende Weisheit, die in dem ganz frühen Christentum morgenrötehaft lebendig war. Die Spuren, auf die ich diesmal in Rom gestoßen war, sollten sich als besonders fruchtbar und ergiebig für meine weiteren Arbeiten erweisen.

GRUPPENREISE NACH ROM 1935

Die Reise im August 1935 war, insbesondere was Rom anbetrifft, eine reife Frucht am Baume meines Lebens, ähnlich wie die Palästina-Reise des Jahres zuvor, mit der sie auch ursächlich zusammenhing. 1932 hatte ich entscheidende Eindrücke von Palästina in mich aufgenommen, die kräftig in mir weiterarbeiteten und im Laufe der Zeit zu einer klaren und prägnanten Gesamtanschauung, bis ins Erdgeschichtliche hinein, ausreiften. Je mehr das der Fall war, um so stärker wurde in mir das Bedürfnis, noch einmal nach Palästina zu kommen, und zwar solange die Eindrücke und Erkenntnisse noch ihre erste Frische besaßen. Deshalb griff ich die Idee sogleich auf, die eines Tages Eduard Lenz aussprach: wir sollten einmal eine größere Gruppe durch das Heilige Land führen. Der Plan kam im Frühjahr 1934 zur Verwirklichung, allerdings ohne daß sich Lenz beteiligen konnte. Zwar war eine Fülle von organisatorischen Arbeiten zu bewältigen, damit die fast fünfzigköpfige, schwierig zusammengesetzte Gesellschaft ordentlich betreut wurde, aber die Nötigung, das Bild des Landes, das ich zunächst nur für mich gewonnen hatte, nun anderen zu vermitteln, half mir zu wesentlichen Präzisierungen und Konkretisierungen. Es gehörte ja auch zu der Einrichtung der Reise, daß ich täglich womöglich zweimal einen kurzen Vortrag hielt und an wichtigsten Punkten in der Landschaft selbst, wenn ich mich nicht auf das Vorlesen des betreffenden Evangeliums beschränkte, auch noch sprach, um das Gesehene in die rechten Zusammenhänge zu rücken.

Gleichzeitig und in engster Verbindung mit den Vorstellungen über Palästina reiften in mir die Gedanken und Bilder vom römischen Urchristentum. So kam es, daß sich mir im Nachklang der Gruppenreise von 1934 der Plan bildete, etwas Entsprechendes, wenn auch mit weniger Teilnehmern und in weniger Zeit, in Rom durchzuführen. Ich hatte das deutliche Gefühl, daß in dem Augenblick, da ich es zu unternehmen hätte, einen Kreis von Menschen, die mit meiner Betrachtungsart mitgehen könnten, in Rom auf den Spuren des Urchristentums zu führen, eine ausgereifte Gesamtanschauung vor mir lebendig sein würde. Es bildete sich eine fünfundzwanzigköpfige Teilnehmerschaft, die zum großen Teil aus solchen Persönlichkeiten bestand, die auch mit in Palästina gewesen waren. Allerdings stellte sich in Rom heraus, daß einige nicht immer zu gewinnen waren für die Konzentration auf das spezielle Thema des Urchristentums. Rom verführt ja leicht zu einer Baedeker-mäßigen Gestaltung des Aufenthaltes, und so wollte ein Teil der Mitreisenden fortwährend in die Gemäldegalerien gehen. Dennoch kam die Absicht der Veranstaltung schließlich voll zu ihrem Recht; es wurde eine schöne, fruchtbare gemeinsame Entdeckungs- und Pilgerfahrt.

Nun gewann die Reise für mich noch dadurch einen besonderen Charakter, daß sich meine Frau, die ich leider nicht zur Teilnahme an der Palästinareise hatte bewegen können, diesmal mitzureisen entschloß. Und da ich ohnedies gerne etwas zur Vorbereitung der zehntägigen Führung tun wollte, richtete ich es so ein, daß wir zu dritt – wir nahmen noch Ludwig Köhler mit –, bevor der Rom-Aufenthalt begann, eine kurzgedrängte Italienreise machen konnten. Das wäre schon längst mein Wunsch gewesen, Grete Italien zu zeigen, da sie doch alle meine Fahrten und Erkenntnisbemühungen mitgelebt hatte. Einiges Neue konnte ich bei dieser Gelegenheit auch kennenlernen.

Ludwig Köhler und ich kamen von einer Tagung und Synode im Norden und machten kurz in Bamberg Station, ehe wir in München mit Grete, die von Stuttgart kam, zusammentrafen. Dann fuhren wir über den Brenner nach Italien hinein. Nie war ich im Herbst nach Süden gefahren. Auch war es das erste Mal, daß ich zu einer Italienreise statt über den Gotthard über den Brenner fuhr. Welch andere Stimmung überall, wenn es der Ernte entgegengeht.

Da wir es uns leisteten, in Italien in schnellere Eisenbahnzüge überzugehen, kamen wir schon am Nachmittag in *Verona* an. Verona ist eine seltsame Zauberin. Ich war nun doch schon oft in Italien gewesen, aber als käme ich zum ersten Male in dieses Land, umfing mich in Verona der entrückende Zauber, der es bewirkt, daß man monate- und jahrelang nachher Bilder aus den Straßen der Stadt im Traum und am Tage vor sich hat und oft wünscht: ach könnte ich jetzt schnell auf eine Stunde dort weilen!

Ich gab uns am Bahnhof ganz gegen meine Gewohnheit in die Obhut eines Hotelschleppers, weil mir der Name des Gasthofs »Gabbia d'Oro«, »der goldene Käfig«, interessant genug zu sein schien. Und wir trafen es recht. Der Knabe bestieg mit uns die Straßenbahn und brachte uns so von dem abgelegenen neuen Bahnhof in das innerste Herz der alten Stadt. An der phantastisch-malerischen Piazza dell'Erbe lag das allerdings recht primitive Albergo, aus dem wir nur wieder hervorzutreten brauchten, um gleich ganz im Banne des italienischen Lebens zu sein. Der langgestreckte rechteckige Platz mit den ungepflegten Renaissance-Fassaden und dem hohen Stadthausturm war dicht angefüllt von dem wuseligen Betrieb des Gemüsemarktes. Die reifen bunt leuchtenden Gaben des Herbstes lockten in Fülle. Den landesüblichen Schmutz anerkennt man in solch einem Milieu sogleich als zur Schönheit hinzugehörig. Staunend folgten wir dem sich immer wieder fortsetzenden System von Plätzen und Palasthöfen, das sich an die Piazza dell'Erbe anschließt. Einzelheiten wie die Scaliger-Gräber konnten uns nur Buchstaben sein in dem Lied, das uns als Ganzes umklang. Wir gingen an der schnell und rauschend fließenden Etsch entlang. Angesichts der Reste der Zitadelle drüben auf der Höhe machten wir uns klar, daß wir uns in dem Bern des Gotenhelden Dietrich befanden. Unmittelbar in ein Rittermärchen versetzt fühlten wir uns jedoch, als wir an die türme- und zinnenreiche Burgbrücke kamen, die zu diesem Castel hinüberführt. Es flutete gerade ein dichter Strom von jungen Menschen, die aus ihren Fabriken und Arbeitsstätten heimkehrten, in die Stadt zurück. Als wir dem ein wenig zuschauten, brach aus heiterem Himmel mit Schnelligkeit

2 Auf der Via Appia vor den Toren Roms

ein ungeheurer Wolkenbruch hervor. Eine halbe Stunde lang mußten wir unter einem der Brückentürme Schutz suchen und waren nun mittendrin in dem übermütigen Treiben des unbeschwerten Völkchens. Die riesenhafte Arena, die wohl eins der besterhaltenen Theater aus der römischen Cäsarenzeit ist, konnten wir leider nur außen umkreisen. Wäre das Wetter gut gewesen und die große Opernaufführung nicht abgesagt worden, so hätten wir wohl, der Musik lauschend, zugleich das grandiose Denkmal alter Zeit von innen gesehen. So ließ man leider niemand hinein. Am späten Abend konnten wir uns schließlich gar nicht losreißen aus dem schmutzigen Gewirr enger Straßen und Gassen, wo es zwischenhinein immer wieder einmal eine romanische Kirche oder ein hochragendes Baldachingrab oder die Fassade eines einstmals prächtigen Palastes gibt.

Auf dem Wege zum Bahnhof am nächsten Morgen wollten wir noch die Kirche San Zeno Maggiore besuchen, für die es am Abend schon zu spät gewesen war. Wie konnten wir auch ahnen, daß wir hier an ein wichtigstes Präludium zu unserem Rom-Thema herankamen? Hätten wir das gewußt, so wären wir bestimmt zwei Stunden früher aufgestanden. Allein schon der weite freie Platz draußen am Stadtrande, auf dem man in der Mitte die Fassade der Basilika, links einen wuchtigen zinnengekrönten Turm aus der Ritterzeit und rechts den hohen schlanken Campanile der Kirche vor sich hat, entrückt einen aus der Unruhe des gegenwärtigen Lebens. Eine jenseitige Landschaft scheint sich vor uns anzudeuten. Und dann stehen wir mit einem Male vor dem wunderbaren Kunstwerk der Tür mit ihren Bronze-Plastiken und den steinernen Rahmenskulpturen. Die Türe von San Zeno bedeutete innerhalb meiner Beschäftigung mit der urchristlichen Strömung eine ganz bestimmte Station. Ich kannte die bronzene Tür am Hildesheimer Dom, die der Bischof Bernward um das Jahr 1000 gießen ließ nach dem Eindruck, den ihm die alte Holztüre von Santa Sabina zu Rom auf dem Aventin gemacht hatte. Ich hatte auch schon Bilder von der etwa gleichzeitigen Holztüre in Maria im Capitol zu Köln gesehen. Aber erst in diesem Augenblick wurde mir vor der jüngeren Bronze-Türe von San Zeno klar, wie in den alt-

und neutestamentlichen Szenen der bronzenen Relieffelder die urchristliche Evangelienweisheit der Katakombenmalereien und Sarkophagplastiken weiterströmt. Nach der Veröffentlichung des Katakombenbuches hatte ich mancherlei gesehen, was zu dem Wunderbereich dieser Strömung gehört. Nicht zuletzt gehören hierher die kostbaren Goldstickereien auf Altardecken und Meßgewändern, die uns nach langem Bitten die armenischen Priester in Jerusalem auf dem Zionsberge in der Märtyrerkirche des Apostels Jakobus major gezeigt hatten. Ähnlich wie in der Biblia pauperum des Abendlandes, so sind in diesen Kunstwerken des Orients, die ganz alte urchristliche Traditionen am Leben erhalten, entsprechende Szenen aus dem Alten und Neuen Testament so nebeneinandergestellt, daß dadurch tiefere geheimnisvolle Zusammenhänge aufleuchten. Wie gerne hätte ich mich sogleich ausführlich in die noch ganz imaginativ gehaltenen, fast elementar-wesenhaft belebten Bronzefelder vertieft. Aber die Zeit war zu knapp. Wir konnten nur noch schnell einen Blick in den Kreuzgang und auf die Malereien in der Kirche werfen, dann mußte unser Wägelchen zum Bahnhof losrollen, den wir bei der weiten Entfernung nur noch eben rechtzeitig erreichten. Schon jetzt stand für Grete und mich fest, daß wir womöglich am Ende der Reise noch einmal kurz in Verona Station machen würden.

In *Bologna* umflutete uns ein völlig andersartiges, aber doch nicht weniger charakteristisch italienisches Stadtleben. Es war schön, Grete und dem Freund zu zeigen, was ich schon so gut kannte. Ganz anders sprach diesmal das Kirchenmilieu von San Stefano zu mir. Sieben Kirchlein aus verschiedenen Bauzeiten sind da eng zusammengeschoben. Die Seele des Ganzen aber ist ein Baptisterienartig gebautes rotziegeliges Rundkirchlein, in welchem die Kanzel aus weißem Marmor und mit einem wunderbar großzügigen Viergetier geschmückt ist. Der stille ernste Atem des Urchristentums weht hier, wie auch in dem kleinen Vorhof, der von den anderen Kirchen in dies älteste Heiligtum hinüberleitet. Lange standen wir dann auch oben auf dem erhöhten Punkt vor San Michele in bosco, von dem ich bereits in früheren Jahren so gerne auf die Stadt herunter- und auf die schon nahe herankommenden Gebirgszüge hinübergeblickt hatte.

Auf der Fahrt nach *Pisa* stiegen wir für einige Mittagsstunden in *Lucca* aus. Das ist ein verzaubertes stilles Städtchen, fern von der Heerstraße des üblichen Fremdenverkehrs. Ich wußte, daß es dort einige Kirchen im langobardisch-romanischen Stil gibt; aber daß das Städtchen so reich an wunderbar geschmückten Basiliken sei und daß eigentlich dort alles andere nichts als das umhüllende Schmuckkästchen für diese Kleinodien ist, ahnte ich nicht. (Die wichtigsten romanischen Kirchen in Lucca sind der Dom, San Michele, San Frediano, San Giovanni, San Giusto, San Cristoforo.) Wir waren ganz benommen von dem Rundgang durch das Nest, als wir uns dann auf dem hohen alten Wallgraben, der um einen großen Teil der Stadt herumführt, ein wenig ausruhten. Es war das erste Mal, daß ich so recht mit vollem Bewußtsein auf die romanische Architektur in Italien stieß. In Rom sind die aus rotem Ziegel gebauten frühchristlichen Kirchen in der gleichen Basilikenform gebaut, aber sie bleiben grundsätzlich schlicht, als legten sie Wert darauf, im Gegensatz gegen den cäsarischen und päpstlichen Macht- und Prachtrausch zu verharren. In Oberitalien sind die romanischen Kirchen, die ihre jetzige Form im wesentlichen aus dem 11. und 12. Jahrhundert haben, stolzer, reicher. Sie haben eine mit Skulpturen oftmals reich übersäte Westfassade. Mythische Tierplastiken, wie ich sie in Italien zuerst an Sant'Ambrogio in Mailand gesehen hatte und später in Pavia usw. kennenlernte, fielen mir damals in Lucca nicht geradezu in die Augen. Es war ein heißer, schnell ermüdender Mittag; wir nahmen die Schönheiten des Städtchens, das still und staubig dalag, wie ein Bild aus einem fast orientalisch anmutenden Märchen in uns auf. Eingeprägt hat sich mir noch ein ganzer, merkwürdig im großen Ellipsenschwung angelegter Gebäudekomplex. Wir erkannten, daß die Häuser einfach unter Benützung der antiken Gemäuer in den inneren Rand einer großen römischen Arena hineingebaut waren. Dies Milieu hielt uns trotz seiner Ärmlichkeit so fest, daß wir uns dort in einem sonst nicht gerade einladenden primitiven Wirtshaus zum

Mittagessen niederließen, weil wir dabei vor dem Hause im Freien sitzen konnten.

Und dann zeigte ich den beiden die Wunder von *Pisa*. Der Eindruck der Stadt war für mich nicht ein so tiefer wie zehn Jahre vorher. Aber es war doch wieder eigenartig reizvoll, um das Riesenspielzeug von Dom, schiefem Turm und Baptisterium herumzuschreiten, das auf der grünen Wiesenfläche wie von Götterkinderhänden aufgestellt zu sein scheint, das nahe Meer zu fühlen und auf die blauen Berge landeinwärts zu blicken. Leider war der Campo Santo gerade wegen eines faschistischen Feiertages geschlossen. Ich achtete jetzt darauf, daß die Bauformen des Domes und der Nebenbauten auch romanisch sind, allerdings weiterentwickelt und aus der Zeit, als in Deutschland bereits die Gotik blühte. In Italien geht der romanische Stil fast durchweg gleich in die Formen von Renaissance und Barock über. In Pisa aber fühlt man schon zu deutlich das Element, in das die Romanik einzumünden im Begriffe ist, als daß ich die dortige Architektur als heimatlich hätte empfinden können. Die in Felder eingeteilte Reliefarbeit auf der bronzenen Türe des Baptisteriums gehört in die gleiche Strömung wie die Szenen auf der Türe von San Zeno in Verona. Im Stil wird hier durchaus auf die magische Monumentalität der romanischen Plastik zurückgegriffen. Einige Szenen berührten mich stark in ihrer kraftvollen inneren Geschlossenheit, wie z.B. die Jordantaufe. Viele andere aber kamen mir unbedeutend vor, so daß ich leider den einzelnen Evangelienbildern nicht die Aufmerksamkeit zuwandte, wie ich es zweifellos am Ende dieser Reise getan hätte.

Ich brannte darauf, Grete *Siena* zu zeigen, das bergige Nest, wo das Mittelalter greifbare Gegenwart geblieben ist. Aber es kam ein wenig anders, als ich es mir gedacht hatte. Das Städtchen quoll von Menschen über. Ein wichtiges Volksfest, das jährliche Turnierreiten auf dem runden Muldenplatze vor dem Stadthaus, hatte viele Tausende von Menschen aus ganz Toscana zusammenströmen lassen. Ein Quartier zum Übernachten zu finden, war schlechterdings aussichtslos. Es war aber ein Schauspiel, immer wieder einer der heranmarschierenden Gruppen in bunten mittelalterlichen Landsknechts-Gewändern zuzuschauen, wie sie an bestimmten Punkten der Stadt haltmachten, um die Menge durch Kunststücke, Fahnenschwingen und dergleichen zu erfreuen. Man war real ins Mittelalter zurückversetzt. Die Männer tragen ihre Trachten keineswegs als historische Requisiten, sondern als gegenwärtig gültige Festkleidung, die sie – in den Farben der Städte und Bezirke – zu bestimmten feierlichen Tagen anlegen. Und als dann erst die berittenen Kämpfertrupps ankamen, stolz mit dem Trompeter an der Spitze, war die Illusion der Zeit vollständig. Dem Turnier selber zuzuschauen, war uns nicht möglich. Von den frühen Morgenstunden an war die große runde Mulde der Piazza del Campo, der Zuschauerraum des wichtigen Schauspiels, dicht mit Menschenmassen vollgedrängt. Die Fenster und Dächer der Häuser am oberen Rande des Platzes sowie alle Luken und Terrassen des Rathauses und seines hohen schlanken Turmes waren gleichfalls dicht besetzt. Das Reiter-Rennen selber fand auf der flachgepflasterten Straße statt, die im Kreise um die Piazza del Campo herumführt, und bestand offenbar nur aus wenigen Runden. Ich bedauerte es schon, daß wir nun den Platz nicht in seiner seltsamen, fast lustigen Gestalt erleben konnten. Aber am Abend, als sich die Menge zu verlaufen begann, konnten wir doch noch alles gut sehen. Zwischen all den Szenen eines solchen Volksgetriebes suchten wir von den verschiedenen Hügeln am Stadtrande aus die Stadtlandschaft zu erleben. Wir verweilten auch längere Zeit im Dom, uns vor allem für die Fußbodenmosaiken interessierend. Da sieht man einmal die positiv zur großen vorchristlichen Geistigkeit stehenden okkulten Kreise des mittelalterlichen Christentums hervorblicken: Gestalten wie Hermes Trismegistos und die großen heidnischen Sibyllen sind dargestellt, und in Form einer weitgeschwungenen Messingschiene ist zum Zwecke von allerlei astronomischen Beobachtungen eine Ekliptik in den Steinboden eingelassen. Am Abend fuhren wir, um eine Bleibe für die Nacht zu finden, in die nächste Ortschaft an der Linie nach Rom. Wir konnten das leicht machen, da wir ohnedies am nächsten Morgen mit einem Personenzug weiterzufahren gedachten. Obwohl wir von dem winzigen Nest *Asciano* kaum etwas zu sehen bekamen, war es doch ein wertvolles Erlebnis, so recht bei den Bauern ein Abendbrot einzunehmen und in die hochgetürmten Betten zu kriechen, in denen wahrscheinlich noch nie ein Nichtitaliener kampiert hatte.

Am nächsten Tage verließen wir den Zug in Poggibonzi, derjenigen Eisenbahnstation, die am nächsten bei *San Gimignano* liegt. Ein Auto trug uns schnell dem seltsamen türmereichen Bergstädtchen entgegen. Wieder tauchten wir in ein unverändert stehengebliebenes Stück Mittelalter ein. Sieben Jahre vorher war es doch nur ein schnelles neugieriges und überraschtes Hineinschauen gewesen, als ich auf der plötzlich improvisierten Autofahrt von Florenz aus hierhergekommen war. Jetzt konnten wir uns einige Stunden Zeit lassen, konnten die Stadt ringsherum umwandern, an all den einzelnen Türmen hinaufschauen, in den wild-romantisch-verwahrlosten Gärten herumstreifen, in deren abgezäunten Bezirk uns Kinder hineinführten, damit wir darin einige der höheren Türme besteigen konnten. Alles war so seltsam anheimelnd, daß wir uns gar nicht trennen konnten. Vor allem auch der Blick, den man in der Nähe des Templerkirchleins, in das man uns leider nicht hineinließ, in die weite sonnenüberglänzte toskanische Landschaft hat, hielt uns gefangen. Ich weiß noch gut, daß wir an dem Platze vor dem alten burgartigen Rathaus vor der Freitreppe, die wie auf der Bühne eines Theaters aufgebaut ist, erwogen, ob wir nicht unser Auto leer zurückschicken und über Nacht bleiben sollten. Das Nest schien uns so recht geeignet, ein paar Tage ganz in die Vergangenheiten zurückzuverschwinden. Aber es setzte sich doch der ursprüngliche Plan durch. Das Auto trug uns in jagender Eile wieder zu Tale, und abends stiegen wir in *Rom* aus dem Zug.

Es war nicht unsere Absicht, jetzt schon in Rom zu verweilen. Aber es lag mir daran, die notwendigen Abmachungen mit der Pension zu treffen, in welcher später unsere ganze Reisegesellschaft Wohnung nehmen sollte. Und ich war aus einem Grunde recht froh, diese paar Stunden schon einmal in Rom die Fühler aufs neue ausstrecken zu können: ich sah, daß ich durch den Rat eines schweizerischen

Freundes eine Pension gewählt hatte, die in naher Nachbarschaft eines der wichtigsten urchristlichen Punkte innerhalb des modernen Roms lag: zu der Kirche Santa Pudentiana, die auf den Resten des Hauses errichtet ist, in welchem Petrus gewohnt hat. Ich gewann damit zugleich einen klaren Ausgangspunkt für die beabsichtigte Führung.

Bei der knappen Zeit, die uns zur Verfügung stand, mußte unsere Reise in einem ziemlichen Tempo vor sich gehen. Am nächsten Mittag hatten wir bereits in *Neapel* in einem kleinen Hotel am Hafen Wohnung genommen. Mich beschäftigte die rätselhafte Polarität zwischen Rom und Neapel, wie sie als ein Prinzip der Steigerung in der Zeit des heraufziehenden Cäsarentums eine Rolle gespielt hat. Gegenüber der »ewigen« Stadt Rom, die in der Tat auch landschaftlich von der Größe eines gewissen Ewigkeitsatems erfüllt ist, erscheint Neapel dem unmittelbaren Eindruck nach, was der Name besagt: als eine »neue Stadt«. Zwar besteht auch der Boden der Campagna um Rom, in den die unterirdischen Städte der Katakomben hineingebaut sind, aus vulkanischem Gestein, aber der Tuff ist bereits zu einer gewissen Weichheit verwittert; er stammt aus weit zurückliegenden Zeiten; längst sind hier die Erdenwerdeprozesse zum Stillstand gekommen. Und es ist nicht schwer, sich die sieben stillen Hügel, auf denen die Stadt entstanden ist, als den ursprünglichen Sitz von Göttern oder Halbgöttern vorzustellen. In Neapel dagegen wird der Blick stets sogleich von der Feuer- und Rauchsäule angezogen, die aus dem Krater des Vesuvs aufsteigt und das gegenwärtige Andauern der zerstörerisch gestaltenden Gewalten des Erdinnern anzeigt. Dazu symbolisiert die Landschaft an den beiden Golfen, die das Meer bei Neapel bildet, in ihrer theatralischen Großartigkeit, als wäre alles eben erst durch ein bannendes Zauberwort zum Stillstand gekommen, die wilden aber auch stolzen und prachtgierigen Werdekräfte der Erdentiefen in statischer Erstarrung. Sowohl auf Capri wie im Golf von Sorrent bei Amalfi und Ravello löst eine Luzifer-Landschaft die andere ab. Ahrimanisch gewordene Urgewalten verkleiden ihr Werk mit dem Gewand des luziferisch-prächtigen Scheins.

Was liegt dem zugrunde, daß z. B. ein Tiberius zwischen Rom und Capri (Neapel im weiteren Sinne) hin- und herging? Gewiß sind die unmittelbaren Anlässe leicht festzustellen. Es liegt aber auch auf der Hand, daß die Cäsaren als vulkanische Ausprägungen des Menschenwesens der Reize und Gaben einer vulkanischen Natur bedurften. Daß Nero im Neapel-Bereich zur Sibylle ging und die Schwefelbäder benützte, das paßt einfach. Es muß jedoch der Zweiheit von Rom und Neapel noch eine tiefere vorbestimmte Gesetzmäßigkeit zugrunde liegen. Ich fühlte mich jedenfalls angeregt, dem Wesen Italien nachzuspüren, zu dem Rom und Neapel gehören wie zu einer Ellipse die beiden Brennpunkte. Deshalb war es mir wichtig, vor der Rom-Führung den Neapel-Bereich noch einmal zu besuchen.

Es war eindrucksvoll, in Santa Lucia zu wohnen, wo die napolitanischen Ausrufer und der Hafenlärm kaum zwei Stunden in der Nacht verstummten. Stundenlang konnte man im Fenster liegen und dem Menschengetriebe zuschauen oder den Blick an den großen Schiffen entlang aufs Meer hinausgleiten lassen, wo die interessant geformte Silhouette von Capri blaß auf dem Horizonte liegt.

Wir besuchten *Pozzuoli*, die Solfatara und Bajae. Ich war damals gerade dabei, das Buch »Moses und sein Zeitalter« zu schreiben, bei welchem ich zur Lösung des Sinai-Problems eine wertvolle Grundlage besaß durch die Kenntnis der Solfatara und ihrer halbvulkanischen Phänomene. Wir kamen auch nach *Pompeji*, das wir im wunderbarsten, schon herbstlich geröteten Sonnenlicht sahen. Überall umgab uns jetzt die Fülle der Gaben, die die südliche Natur im Herbst so prächtig spendet. In den Straßen der oberitalienischen Städte hatten wir, wie es die Jugend dort tut, an den Verkaufswagen blutrote Melonenschnitze gegessen, in Rom waren es die größten saftigsten Pfirsiche, jetzt an der Villa dei Misteri in Pompeji verkaufte uns eine alte Frau die wunderbarsten, süßesten schwarzen Trauben. Die Mysterienvilla war jetzt keine unbekannte Sache mehr. Ganz Pompeji schwamm bereits in Vervielfältigungen der schönen Wandmalereien. Es war jetzt auch die Ausgrabung fortgeschritten. Wir konnten durch den tief in die Erde hinunterverlegten Gang gehen, der im Viereck um die Villa herumführt. An einigen Stellen scheinen seitwärts noch besondere unterirdische Gänge abzuzweigen, die aber unzugänglich sind, weil es von ihnen wie von dem Treppengang, der im Innenhofe der Villa in die Tiefe führt, heißt, daß es darin giftige Gase gebe. Wir empfanden da unten in der Erde etwas von der Mysterienmagie, die hier noch zur Zeit des Unterganges von Pompeji, in dekadenter Art, ausgeübt worden sein mag.

Von Pompeji aus fuhren wir noch am gleichen Nachmittag nach *Paestum* weiter. Das ist doch immer wieder eine der schönsten Beglückungen, die dem Reisenden zuteil werden können, aus dem Römischen, das in und um Neapel nur in seiner cäsarischen Ausprägung anzutreffen ist, so plötzlich nach Hellas, in die reine götterhafte Formenwelt der Griechen, versetzt zu werden. Irgendwie schwingt der griechische Untergrund auch im Neapel-Bereich noch mit. Neapel, die italienische Stadt mit dem griechischen Namen, gibt die nördliche Reichweite des einstigen Großgriechenland an. Aber eben der durch das nachklingende Griechische gegebene Gefühlston ließ sich in Neapel dazu gebrauchen, das Römische in das schrankenlos Cäsarische zu steigern und zu verzerren. In dem alten Poseidonia ist reines ungetrübtes Griechenland anwesend. Welch schöne milde Spätsonnenstunde war es, als ich Grete und dem Freunde diesen schönsten Platz Italiens zeigen durfte. Wir nahmen in dem vornehm tuenden Hotel, das in den vorangehenden Jahren in Paestum entstanden war, Quartier; froh, uns hier nun wirklich Zeit lassen und im Bereiche der Tempel sowohl die hereinsinkende Nacht als den heraufdämmernden Tag erleben zu können. Immer wieder zog es uns zu der majestätischstillen Größe des Poseidon-Tempels hin. Wir gingen auch über die stoppeligen Felder bis ans Meer hinunter, wir sahen den Sternenhimmel aufgehen mit seinen klaren Lichtern über den Tempeln, und wir folgten dem Wandel der Morgenröte. Man muß dort wirklich alle Tageszeiten erleben. Das Harmonisch-in-sich-Geschlossene verlangt, daß die Zeit, die man dort verbringt, auch ein voller, wenn auch kleiner Kreis ist. Froh beglückt fuhren wir wieder nach Norden.

Wir fuhren nur bis Salerno-Vietri. Ein wunderbarer Tag stand uns noch vor unserer Rückkehr nach Neapel bevor. Wir mieteten eine Carozza und ließen uns in genießerischer Faulheit am Ufer des weiten *Golfes von Salerno* entlang fahren. Die Fahrt allein mit dem Blick auf die blau-wogende See ist schon ein wunderbarer Genuß. Man befindet sich in einer klassischen Region des »süßen Nichtstuns«. Von Zeit zu Zeit sieht man von der gut gebauten, etwas höher gelegenen Landstraße aus unten einen alten Turm am Meere stehen, eine Erinnerung an die Zeit der Sarazenen sowie der mittelalterlichen Seeräuber. Durch malerisch verwahrloste kleine Nester ging die Fahrt, meist da gelegen, wo die schmale Klamm eines Flüßchens aus den steil ansteigenden Bergen hervortritt. In einem dieser Nester nahmen wir das Mittagsmahl ein. Dann auf der Weiterfahrt lag, nachdem wir um eine Ecke gebogen waren, plötzlich *Amalfi* in seiner ganzen, fast bis zum Kitsch übersteigerten Theaterschönheit vor uns. In hohen steilen Terrassen klettert das Städtchen an den Abhängen eines schmalen Taleinschnittes, der dort in das Meer einmündet, in die Höhe. Der Dom bekommt durch die breite hohe Treppe, die zu seiner Fassade emporführt, eine stolze, geradezu weltliche Pracht. Überall ist durch die Gestalt der Stadt hindurch und in manchen Einzelheiten auch direkt die maurisch-sarazenische Anlage noch zu erkennen. Merkwürdig berühren uns ja diese weltberühmten Postkartenschönheiten unter den italienischen Städten und Landschaften: Sie setzen uns in staunende Verwunderung und lassen doch unser Herz kalt. Es hat bei ihrer Geburt immer der gleißende Abgott des bloßen schönen Scheines Pate gestanden.

Wir wollten zu dem hoch gelegenen Kapuzinerkloster, in dessen Bauformen sich die sarazenische Architektur am besten erhalten hat. Wir sahen es links hoch über uns ein wenig den Abhang und die Häuser des Städtchens überragen. Was lag näher, als daß wir uns daran machten, die Hauptgasse, die nach links durch die aufeinandergeschachtelten Häusergruppen emporführte, zu erklettern. Es war ein ordentlicher Aufstieg durch die bunte, aber überall verwahrloste Häuserwand, bis wir ganz oben angelangt waren. Aber was war das? Der Weg endete vor dem Tore eines ehemals vornehmen, palazzoartigen Hauses. Auf keiner Seite war eine Fortsetzung des Weges zu entdecken. Das Haus stak regelrecht in den Felsen darinnen. Sollten wir den ganzen Berg wieder abwärtssteigen, um dann an einer anderen Stelle die Kletterpartie zu wiederholen? Dazu waren wir bei der vollen Sonnenglut nicht recht geneigt. Das einfachste war, bei den Bewohnern des Hauses zu fragen, ob nicht doch eine Möglichkeit bestünde, oben auf der Höhe bleibend zu den Cappucini zu gelangen. Wir zogen die einst herrschaftliche Glocke. Eine alte Frau mit funkelnden lebhaften Augen und schneeweißem Haar empfing uns freundlich lächelnd. Sie war ärmlich angezogen, aber beim näheren Zusehen entdeckte man, daß ihre Gewandung nur verschlissen war; einmal war es das schlicht-vornehme Kleid einer wohlhabenden Dame gewesen. Wir wurden sofort mit graziös-vornehmer Höflichkeit in den Salon gebeten, einen Saal, der mit seinen großen Fenstern, die in den prächtigen Garten hinter dem Hause führten, einmal etwas Herrschaftliches, ja Fürstliches gehabt haben muß. Jetzt hingen die Gobelins zerfetzt an den Wänden herunter; der große kristallene Kronleuchter bestand nur noch zum Teil und war mit dickem Staub überzogen. Wir brachten unser Anliegen vor. Damit aber schien ein Rest der alten hier noch gültigen Gastfreundschaftsgesetze angesprochen zu sein. Durch die breite Glastür nötigte uns die Alte in den Garten, in welchem zwischen weißgekalkten Säulenreihen die Rebenlauben voll von reifen Trauben hingen. Schon hatte sie für jeden von uns die schönsten, dicksten Trauben abgeschnitten, und wir mußten uns daran erlaben. Dann klatschte sie mehrmals in die Hände, worauf zwei ganz schwarzhaarige und schwarzäugige Mädels von etwa 18–20 Jahren in schwarzen Kleidern herangesprungen kamen, unausgesetzt wie Backfische kichernd. Die Alte stellte uns ihre Töchter vor und gab zugleich der einen den Auftrag, uns oben über die Felsen an unser Ziel zu führen. Es folgte nun unter allgemeinem Gelächter eine überaus lustige Kletterpartie durch die hochgelegenen Weingärten. Es war fast schade, daß wir dann schon bald vor dem alten Kapuziner-Kloster anlangten und uns die temperamentvolle Führerin unter Ablehnung jeden Geschenkes so schnell wieder verließ. Ein Kleinod sarazenischer Formgebung ist der kleine schmucke Kreuzgang des Klosters. Die Zellen dienen jetzt als Hotelzimmerchen und wurden scheinbar von den zahlreichen Engländerinnen, die der Schönheit Amalfis besonders zugetan sind, bevorzugt.

Wieder in den unteren Teil des Städtchens zurückgekehrt, beschlossen wir, unser Pferdewägelchen warten zu lassen und noch einen Abstecher nach *Ravello* zu machen. Ein Auto trug uns in jagender Fahrt die Serpentinenstraßen empor zu der beherrschenden Höhe, auf welcher das Zaubernest liegt. Hier waren wir ja nun erst recht in den Bereich der prächtigen Überreste aus der Sarazenenzeit eingetreten. Welche Worte müßte man wohl wählen, um die Fülle von suggestiv-faszinierenden Schönheiten auch nur anzudeuten, die dort oben in wenig mehr als einer Stunde vor uns vorüberrauschten? Der berühmte Palazzo Rufolo mit seinem verwunschenen Garten und seiner schloß- oder burgartigen Anlage entrückt den Besucher in die Welt der Märchen von Tausendundeiner Nacht. In einem der Paläste hat einmal Richard Wagner gewohnt; man glaubt ihm ohne weiteres, daß er hier die Szenerie und Stimmung vorfand, die er für Klingsors Zaubergarten im 2. Akt des Parsifal brauchte. Dann wieder eine prächtige, mit antiken Skulpturen geschmückte Säulenallee, die vorne auf eine Terrasse führt, von wo man einen der phantastischsten Blicke hat. Ganz steil unten liegt unter uns das Klippengestade des Meeres, weit gleitet unser Blick auf die unendliche blaue Fläche hinaus, über die wir mehr als 600 Meter hinausgehoben sind. Der Blick erinnert an das, was man auf Anacapri bei der Migliara oder auf der anderen Seite der Insel bei den Ruinen des Tiberius-Palastes weit vor sich und tief unter sich liegen sieht. Auch da sieht man ungefähr 600 Meter senkrecht in die Tiefe und beobachtet, wie unten die Wellen zerstäubend emporschlagen an den schroff gezackten Klippen. Ich möchte wissen, ob es in der ganzen Welt noch klassischere Plätze des luxuriösen Faulenzens gibt als die Villa Rufolo in Ravello oder gewisse Stellen auf Capri. Landschaften, die luziferische Geister geschaffen zu haben scheinen, um sich zu erlustieren und um dort Menschen zu der dazugehörigen Kunst und Bauart zu inspirieren, sind um die Golfe von

Neapel und Salerno herum entstanden. Es gibt auch Kirchen in Ravello, die, obwohl sie sich an die frühchristliche Bautradition anschließen, durch die Pracht ihres Inneren in die klingsorhafte Art des Ganzen passen. So ist mir eine weiße Marmorkanzel in Erinnerung, die mit intarsienartigen Figuren aus buntem Marmor geschmückt ist und aus der Szenentradition der urchristlichen Kunst das Jonas-Motiv aufgreift, ganz ins Prächtig-Ornamentale gezogen. Etwas Bestrikkendes, Verführendes hat Ravello, nicht in moralischer Hinsicht, sondern für das Gesamtbewußtsein. Gibt man sich dem dort waltenden Klingsor-Zauber hin, so bürgert man sich unversehens aus unserer Menschenwelt aus und fängt an, Zugehöriger zu einer Zwischenwelt aus schönem Schein zu werden.

Das gleiche gilt, wenn auch nicht einmal in solchem Extrem, von *Capri*, wohin wir nun noch, nach Neapel zurückgekehrt, auf einige Tage fuhren. Die normannisch-sarazenische Kultur von Ravello läßt eben noch stärker als die cäsarisch-römische den luziferischen Charakter der Landschaft im Neapel-Bereich hervortreten.

Wir richteten uns, die Erfahrung meiner früheren Reisen benützend, in Anacapri in der »Bellavista« meines guten Signor Farace häuslich ein. Ich hatte den Wunsch, mich nun, unmittelbar vor Beginn der Rom-Woche, einige Tage der ruhigen vorbereitenden Sammlung hingeben zu können. Aber zu der geplanten Ruhe kam es täglich doch immer nur für kurze Stunden. Nicht nur, daß ich Grete all die schönen und interessanten Plätze der Insel zu zeigen bedacht war. Ich hatte seit 1932 so viel gesehen, daß ich auch selbst auf Grund mancher neuer Einsichten das Bekannte noch einmal zu sehen wünschte. So hatten wir täglich bestimmte Ziele für unsere Ausflüge. Wir stiegen auf den Monte Solaro, besuchten die Villa des Tiberius und die Grotta Matromannia, die vielleicht auf einen Zusammenfluß des Mithras- und des Matrimonien-Dienstes zurückgeht (wie sich ein solcher Zusammenfluß auch im Rheinland unter den römischen Legionen zugetragen zu haben scheint, wenn man den interessanten Funden unter der Krypta des Bonner Münsters, jetzt im Rheinischen Provinzialmuseum zu Bonn aufgestellt, folgt). Im Anschluß an das Buch von

Axel Munthe »San Michele«, das wir einige Jahre vorher gelesen hatten, besuchten wir auch das ganz in der Nähe unserer Wohnung gelegene Haus und Museum des schwedischen Arztes, der sich für den wiederverkörperten Tiberius hielt. (Er selbst wohnte jetzt erblindet in einem alten Turm in Caprile auf einer ganz anderen Seite der Insel.) Zum Baden stieg ich ein paarmal mit Ludwig Köhler zur Piccola marina hinunter. Das war aber immer, vor allem aufwärts, ein weiter Weg. Einmal suchten wir uns zu Fuß den Weg zur Blauen Grotte. Das war ein phantastischer Abstieg durch wildestes zerklüftetes Felsen- und Klippengestein. Die Blaue Grotte selbst in ihrem märchenhaft-unwirklichen Farbenzauber hatten wir auf der Überfahrt von Neapel her alle drei gesehen. Wie wir nun da unten auf den glatten Klippen lagen, steil über den heranrauschenden Wogen des Meeres, kam mir der Leitgedanke für die Vorträge, die ich im Laufe des bevorstehenden Winters in den Städten Deutschlands zu halten hatte. Das war, als ob mich der Strahl der wahren Wirklichkeit inmitten einer göttergezauberten Scheinwelt träfe.

*

Allzubald waren die Tage in Capri bereits zerronnen, und wir mußten nach Rom aufbrechen, um wenigstens noch einen Tag vor der Reisegesellschaft einzutreffen. Die Woche in *Rom*, die nun folgte, war für mich nicht nur an tätiger Betriebsamkeit reich, sondern auch an Erfüllungen sowohl meines Erkenntnisstrebens als auch meiner persönlichen Lebensstimmung. Mir scheint, daß sich eine gewisse Gesetzmäßigkeit des Schicksals darin zeigt, daß ich jetzt, sieben Jahre nachdem ich zum ersten Male eine Woche lang den urchristlichen Spuren in Rom nachgegangen war, wieder eine Woche dort verbringen konnte, aktiv an die Herausarbeitung und Schilderung des Urchristlichen hingegeben. Jetzt war vieles gereift, was damals erst zu keimen begonnen hatte. Zehn Jahre waren vergangen, seit ich zuerst in Rom war, sieben, seit ich dort planmäßig auf Entdeckungen ausgegangen war.

Mein Ziel bei der bevorstehenden Unternehmung war, den Teilnehmern aus dem unübersehbaren Gewusele der modernen Großstadt wie in seelischen Leuchtlinien und Quellpunkten die Figur eines anderen Rom entgegentreten zu lassen, ein geistiges Stadtgebilde, das nicht etwa identisch ist mit dem physisch-historischen Bestand Roms im ersten oder zweiten Jahrhundert, sondern das aus den Leuchtspuren der Märtyrerschicksale und der Herzensheldentaten im urchristlichen Zeitalter gewoben ist.

Mir ging, eigentlich erst während ich um dieses Ziel bemüht war, auf, daß es doch gewisse, wenn auch grobe äußere Wegweiser zu dieser mehr innerlichen Stadt gibt. Dazu gehören in erster Linie die romanischen, aus rostroten Ziegeln gebauten Campaniles an den frühchristlichen Basiliken. Natürlich sind diese schlichten Glockentürme, deren es in Rom, wenn man einmal darauf achtgibt, eine große Zahl gibt, nicht aus den Jahrhunderten des unmittelbaren Urchristentums. Sie sind zuallermeist kaum vor dem Ende des 1. Jahrtausends gebaut. Aber man muß konsequent das Prinzip berücksichtigen, das als ein strenges geistiges Gesetz beim alten Kirchenbau eingehalten worden ist: Niemals wurde der Platz, auf dem ein Heiligtum errichtet werden sollte, willkürlich oder nach äußeren Zweckmäßigkeitsgründen ausgewählt. Das alte Gotteshaus war zugleich immer Denkmal, Kennzeichen einer heiligen Stätte, sei es, daß durch es ältere Stätten der Gottesverehrung fortgesetzt wurden, sei es, daß es den Dank oder das Gedenken für ein Geschehnis im Leben eines Heiligen oder einer geheiligten Gemeinde festhielt. Man hat also schon eine gewisse äußere Andeutung des von mir angestrebten seelisch-leuchtenden urchristlichen Stadtbildes, wenn man die romanischen Glockentürme aufsucht. Ich muß sagen, daß mir, seit mir das aufgegangen ist, immer ganz warm ums Herz wird, wenn ich einen dieser Campaniles auch nur auf einer Abbildung aus dem Stadtgewirr herausragen sehe. Und fast möchte ich, wenn ich einmal wieder in Rom sein kann, in kindlicher Sammlerfreude von all diesen roten Wahrzeichen alter christlicher Vergangenheit Aufnahmen machen.

Als die Teilnehmerschaft beisammen war, fing ich sogleich mit den kurzen vorbereitenden Vorträgen an, zu denen wir uns in einem kleinen Salon unserer Pension in der Via Palermo täglich mindestens einmal, eng gedrängt, versammelten. Dann begann ich die Führung, indem ich den Kreis von Freunden sogleich in medias res führte. Ich zeigte ihnen, was wir drei uns am Tage vor dem gemeinsamen Anfang noch einmal in Ruhe angesehen und klargemacht hatten. Nicht weit von unserem Domizil, da wo sich der alte Esquilin-Hügel schon ein wenig südwärts senkt – der höchste Punkt ist gekennzeichnet durch die Kirche Santa Maria Maggiore an der Piazza Esquilino –, liegt in einer stillen Nebenstraße die Kirche Santa Pudentiana. Diese war damals nicht in Gebrauch, und wir mußten lange warten und Krach schlagen, bis sich der verschlafene Küster dazu herbeiließ, uns aufzuschließen. Der Fußboden des Kirchleins, das natürlich auch seinen ziegelsteinernen Glockenturm hat, war aufgerissen: altes römisches Gemäuer lag frei, die Reste des Wohnhauses eines wohlhabenden Senators namens Pudens, der Christ war und in seinem Hause nicht nur den Apostel Petrus während seines Aufenthaltes in Rom beherbergte, sondern auch die Räume zur Verfügung stellte, in denen sich die werdende christliche Gemeinde zu ihren gottesdienstlichen Feiern, Unterweisungen und Gebeten versammelte. Zwei Töchter hatte Pudens, die offenbar zu den tätig tragenden Seelen der Gemeinde gehörten: Pudentiana und Praxedis; nach der ersteren ist die Kirche benannt. Die Chor-Apsis der Kirche ist mit einem großen Mosaikbilde geschmückt, das wohl zu den ältesten christlichen Mosaikkunstwerken gehört, in der alten, zunächst hart und grob erscheinenden, schonungslos willenshaften Konturiertheit gearbeitet. Wir sehen da vor den Häusern Roms Christus im Kreise seiner Getreuen, unter denen wir sogleich Petrus, Pudens und die beiden Töchter desselben erkennen. Ein besonders ehrfurchtgebietender Platz in der Kirche ist sodann die Stelle, wo sich im Garten hinter dem Hause des Pudens ein Ziehbrunnen befunden haben solle. Die Überlieferung sagt nämlich, daß bei der Neronischen Christenverfolgung eines Abends die versammelte Gemeinde samt Petrus von Häschern des Cäsars weggeschleppt worden sei, Petrus in den alten Carcer Mamertinus, von wo er dann zur Kreuzigung auf den Janiculus geführt wurde, die anderen in die Lustgärten des Nero, wo sie qualvolle Martyrien zu erdulden hatten und wo viele von ihnen als brennende Fackeln zu den Orgien einer ausschweifenden Festgesellschaft leuchteten. Wie die legendenhaften Berichte sagen, waren die beiden Töchter des Pudens im Augenblick der Gefangennahme abwesend, so daß sie als einzige dem Unheil entgingen. Sie sollen sich dann, als die Nacht fortgeschritten war, in die Gärten des Nero begeben haben, um die verstümmelten und verkohlten Leichname der Freunde nacheinander in ihres Vaters Haus zu tragen, wo sie sie in der Zisterne beisetzten.

Nicht weit von Santa Pudentiana liegt das Kirchlein Santa Prassede, das der anderen Tochter des Pudens geweiht ist. Es ist ein ganz besonderes Schmuckkästchen. Es enthält wunderbare Mosaiken, nicht nur in der Chor-Apsis, sondern vor allem auch in einer kleinen Nebenkapelle. Unter dem Altar gibt es eine kleine Krypta, und es heißt, daß von da aus unterirdische Gänge ausgehen, die weit wegführen. Ein Zielpunkt soll bei dem heutigen Kolosseum liegen. Das würde bedeuten, daß man früher dort unter der Erde bis in die Neronischen Gärten gelangen konnte. Klar ist, daß hier noch eine Fülle von Rätseln und Aufschlüssen schlummert, die zum Leben erweckt werden könnten, nähme man nur einmal, was die Legenden berichten, historisch ernst. Meine Überzeugung ist, daß diese Überlieferungen vielfach sehr viel mehr historische Wahrheit enthalten, als man im Zeitalter des historischen Kritizismus hat glauben wollen.

In dem gleichen Bereich liegen noch zwei andere Kirchen, die ich den Freunden zeigte, obwohl sie nicht in direktem Zusammenhang zu den Petrus-Schicksalen stehen: San Martino ai Monti und Santi Quattuor Coronati. Die letztere ist einfach ein schönes Idyll, besonders durch den romantisch zur Laube zugewachsenen Kreuzgang. Wir hörten gerade den Gesang der Nonnen, zu deren Kloster das Kirchlein gehört. Etwas Dunkles, Unheimliches dagegen hat die Kirche San Martino ai Monti. Sie ist von außen her schon durch hohe grobe burgartige Stützmauern eher der Ausdruck eines Machtinstinktes als der Verinnerlichung. Diese Kirche war die Wirkungsstätte des Bischofs Silvester, der mit dem Kaiser Constantin am Anfang des

4. Jahrhunderts paktierte und so der erste Papst der Staatskirche wurde. Um diesen Beender der eigentlichen urchristlichen Ära walten noch mancherlei Geheimnisse, die nur aufgehellt werden können, wenn man die große unheilvolle Tragik durchschaut, die von Gestalten wie Silvester und Constantin ausgegangen ist. Die Kirche ist nicht reizvoll und schön. Aber wenn man auch nur die Anfänge der unordentlich angelegten unterirdischen Räume und Gänge kennenlernt, von denen die Kirche unterkellert ist, so muß man sich schon fragen, ob hier nicht etwas von den undurchschaubaren, vielleicht dunkelmagischen Zusammenhängen sichtbar wird, in denen der Papst Silvester gestanden hat.

Was unter der Kirche San Clemente in reinerer Art durch die Mithras-Grotte in die Erscheinung tritt – das Anknüpfen des römischen Urchristentums an Vorchristliches –, das geistert unter San Martino ai Monte dunkel und tumultuarisch im Boden herum.

Was man aus der Geschichte von dem Platz weiß, auf dem sich die rätselhafte Martinskirche erhebt, unterstreicht die dunkle Hintergründigkeit. Vor der Kaiserzeit galt die Gegend als unheimlich und verrufen, weil dort ein Schindanger war, ein Friedhof für Hingerichtete und andere Verbrecher. Augustus ließ den Friedhof aufheben, das Terrain hoch aufschütten und die Parkanlagen seines Freundes Mäcenas bis dorthin ausdehnen. Auch entstand dort ein Portikus (Säulengang) für die Kaiserin Livia.

Santa Pudentiana zum Ausgangspunkt nehmend, konnte ich den Freunden die Spuren eines ganzen urchristlichen Milieus zeigen, die sich bis heute im Stadtbilde Roms erhalten haben. Man muß versuchen, sich den Weg vorzustellen vom Hause des Pudens bis zu den Neronischen Gärten hin. Die Entfernung ist nicht groß. Am südöstlichen Rande des Esquilin baute in Erweiterung seiner übrigen Paläste Nero seine Casa d'oro, sein goldenes Haus. Nach Westen und Norden zu schlossen sich die Gärten an, die von dem Bereich des alten Forums und der damals schon vorhandenen cäsarischen Erweiterungen bis auf den Esquilin-Hügel reichten. Die große Ellipse, die den Grundriß des heute noch dastehenden Kolosseums bildet, füllte in den Gärten des Nero ein künstlicher See aus. (Nero hatte seinen großen Circusbau ganz außerhalb der damaligen Stadt auf dem uralten Orakelhügel des Vatikans, wo heute die Peterskirche steht, errichtet.) Geht man also heute von Santa Pudentiana den Esquilin-Hang hinunter zum Kolosseum, so macht man ungefähr den Weg, den damals die Häscher mit ihren Opfern zurückgelegt haben. Nun kann man den Weg so wählen, daß man bei der Kirche San Pietro in Vincoli herauskommt, die etwas erhöht über dem Kolosseum liegt. In ihr steht die grandiose Moses-Statue des Michelangelo. Dann geht man zuletzt, bevor man die Kirche erreicht, durch eine etwas verwahrloste, aber wunderbar stille Straße, die den Namen hat »Via delle sette sale«, »Straße der sieben Säle«. Sie führt im Bogen um den Esquilin-Hügel herum, gerade oberhalb des Bereiches, den einst die neronischen Bauten eingenommen haben. Der größte Teil der Straße führt zwischen Mauern einher, hinter denen sich Reste von einstmals sicherlich großen Gärten befinden. In dieser Straße, deren Name vielleicht auf mittelalterliche oder ältere, nach den Planeten geordnete Zusammenkunftshallen hinweist, ist man dem lauten Großstadtgetriebe weit entrückt und kann die Empfindung haben, als ob sich hier, wenn auch nicht dem äußeren Bestande nach, so doch was Stimmung und Atmosphäre anbelangt, unverändert ein Stück Rom aus der Zeit der ersten Christen erhalten habe. Diesen Weg führte ich die Freunde. Und so sahen wir schon zu Anfang des Zusammenseins die Moses-Gestalt, die vielleicht eines der vollkommensten Werke jener vom urchristlichen Geist inspirierten Kunst des Dreigestirns Michelangelo, Leonardo, Raffael ist. Die Kirche knüpft durch ihre Legende auch an die Schreckensnacht an, in welcher die Christen im Hause des Pudens in die Hände der neronischen Häscher fielen. Sie hält eine Tradition fest, die, äußerlich betrachtet, absonderlich klingt, innerlich aber doch bedeutungsvoll und aufschlußreich sein kann. Es wird dort als Reliquie eine Kette gezeigt, von deren Gliedern behauptet wird, daß sie teils der jerusalemitischen, teils der römischen Fessel des Petrus entstammen. Tatsächlich bedeutet die Sprengung der Kette, mit der Petrus in Jerusalem vor dem Osterfest des Jahres 44 gefangengehalten wurde, für die Petrus-Biographie und für die Geschichte des Christentums sehr viel. Elf Jahre waren damals bereits seit dem Pfingstfest vergangen. Das Schicksal des Petrus lag noch unbeweglich im Hafen fest, an Jerusalem geheftet. Erst jetzt durch die wunderbare Befreiung des Petrus durch den Engel – nicht zufällig ist es, daß Raffael gerade diese Szene in die vatikanischen Stanzen gemalt hat – kommt das Petrus-Schicksal in Fluß: er kommt nach Rom. Aber in Rom wird später Petrus noch einmal in Ketten gelegt, im Carcer Mamertinus, dem uralten römischen Felsenkerker am Forum, in welchem schon die fremden Könige Vercingetorix, Jugurtha usw. gefangen gewesen waren. Und aus diesen Ketten wird Petrus nach San Pietro in Montorio geführt zur Kreuzigung. Die zweierlei Ketten erweitern sich dann auch zu Symbolen: Jerusalem und Rom – die zwei Ketten des Christentums selbst. Aus der ersten wird das Christentum befreit, nicht aber aus der zweiten, und damit schlingen sich auch die Glieder der jüdischen Kette wieder mit in die der römischen hinein. Diese Kirche hat auch zu anderen wichtigen Epochen der christlichen Entwicklung ihre Beziehungen. Sie war die Kardinalskirche des Nikolaus Cusanus und enthält auch das Grab dieses großen Bahnbrechers der Bewußtseinsseele.

Im Anschluß an das zum Ausgangspunkt gewählte Petrus-Milieu konnte ich nun vieles zeigen: den cäsarischen Hintergrund des Urchristentums, wie er sich in solchen grandiosen Ruinen wie dem Kolosseum, den Caracalla-Thermen, dem Goldenen Hause des Nero, dem Pantheon, den damals gerade in ihrer unübersehbaren Vielheit wieder freigelegten Kaiserforen und vor allem auf dem Palatin mit seinem romantischen Trümmer-Milieu offenbart. Immer bedurfte es nur eines kleinen Überbleibsels des urchristlichen Lebens, um innerhalb des Cäsarisch-Großartigen die ganze Spannung und den ganzen welthistorischen Kontrast bis ins Innerste nachfühlen zu können. Zum Beispiel die wenigen Reste von Freskenmalerei und der eine dort belassene frühe Sarkophag in der Kirche Santa Maria antiqua am Fuße des Palatin, wie vermögen sie doch blitzartig den urchristlichen Impuls auf dem Hintergrunde der Welt seiner Verfolger zum Aufleuchten zu bringen! Vieles einzelne zeigte ich, das sich aber doch immer wie von selbst in aufhellende Zusammenhänge einordnete: den Carcer Mamertinus, die großen herben Mosaiken in Santi Cosmas e Damiano am Forum, den Titusbogen, der auf seinen Sieger-Reliefs auch den siebenarmigen Leuchter aus dem Salomonischen Tempel als Trophäe zeigt und dadurch den dramatischen Zusammenhang zwischen dem benachbarten Kolosseum und Jerusalem beleuchtet – der gigantische Blutzirkus als Triumphbau derer, die den Tempel zerstörten –, weiterhin die interessante Ecke um den Janusbogen, wo uns echte römische Geschichte sowohl aus ältester Zeit wie auch aus der Zeit der Cäsaren umweht und wo dann doch wieder die Stätte des Martyriums des heiligen Sebastian und vor allem die beiden wunderbaren frühchristlichen Basiliken S. Maria in Cosmedin und S. Giorgio in Velabro den urchristlichen Geist kräftig beschwören.

Wie auf den Palatin so führte ich die Freunde auch auf die anderen alten Stadthügel, bemüht, ihnen durch die Lage derselben um das Forum herum ein Bild der Stadt aus ganz alter Zeit zu vermitteln. Aber leider war ich, um den Mythos des allerersten Rom anschaulich vermitteln zu können, selbst darin noch zu unsicher. Das brachte es mit sich, daß ich auch die urchristliche Koloratur, die sich auf den verschiedenen Hügeln auffinden läßt, in mancher Hinsicht versäumte. Zum Beispiel hätte ich doch wohl auf dem Esquilin, wo wir ja wohnten, die Kirche Santa Maria Maggiore gründlicher ansehen und zeigen sollen. Als ich mich später mit den darin enthaltenen Mosaikresten beschäftigte, erkannte ich, daß sich in dieser Kirche die interessantesten ursprünglichen Zusammenhänge aufdecken lassen. Auf dem Kapitol beschränkte ich mich darauf, den wunderbaren, von Michelangelo gestalteten Platz mit der antiken Marc Aurel-Reiterstatue zu zeigen. Zu dem Eindruck, den man dort oben hat, gehört, an das Antike und das Renaissancehafte anschließend und doch zugleich dazu kontrastierend, die frühchristliche Basilika Santa Maria in ara coeli mit ihrer hohen Himmelstreppe hinzu. Daran hängt ja die Überlieferung von der seltsamen Begegnung des Augustus mit der Sibylle, die ihn auf das Christus-Ereignis hingewiesen haben soll. Diese Legende hat unter aller Verhüllung zweifellos einen historischen Kern, den herauszuschälen unmöglich ist ohne Berücksichtigung der hineinspielenden Einweihungsgeheimnisse. Mir scheint, daß die um das Kapitol herum damals stattfindenden Erneuerungsarbeiten vielleicht sogar einiges zutage gefördert haben, was zur Aufhellung der Rätsel von Ara coeli dienlich sein kann. Ist doch unten am Fuße des Kapitols, zur Seite des monströs-kitschigen Victor Emanuel-Denkmals eine kleine frühchristliche Basilika mit einem winzigen Glockenturm ans Licht gekommen. Damit scheint auch zusammenzuhängen, daß man den Käfig mit den lebenden Wölfen, die dort traditionellerweise zum Andenken an die Gründungssage Roms gehalten werden, von der Ara coeli-Treppe weg auf den Seitenhang des Kapitols (zum alten Velabrum hin) verlegt hat. Auf dem Quirinal hielten wir gelegentlich inne vor den antiken Pferdeskulpturen, die den Platz majestätisch schmücken, mehr als der Palast der italienischen Könige. Hier liegt die Kirche San Silvestro in Monte Cavallo, in deren Sakristei der schon betagte Michelangelo mit seiner Freundin, der Gräfin Colonna, sich die Offenbarung Johannis auslegen ließ. Als wir den Aventin bestiegen, war mir recht deutlich die besondere, etwas feierlich-ruhevolle Stimmung zu Bewußtsein gekommen, die dort oben herrscht, und ich wüßte heute schon, wie ich es anzufangen hätte, dem Geheimnis des Aventin nicht nur für die mittelalterliche, sondern auch für die urchristliche Zeit auf die Spur zu kommen. Von dort oben gibt es ganz besonders charakteristische Blicke nicht nur auf den Tiber, sondern auch auf das Stadtganze und die Landschaft der Via Appia. Wir begnügten uns mit einem schnellen Besuch von Santa Sabina. Das Innere der Kirche ist ein wenig enttäuschend. Die wertvollen Evangelienschnitzereien an der hohen Holztüre aus dem 5. oder 6. Jahrhundert, auf der sich auch die früheste künstlerische Darstellung der drei Golgatha-Kreuze befindet, sind das älteste Beispiel für die Gestaltung der berühmten schönen Holz- und Bronzetüren in Köln (Maria im Capitol), Hildesheim, Augsburg, Verona, Pisa (Baptisterium) und schließlich auch noch, obwohl es sich um einen Spätling handelt, am Baptisterium beim Dom zu Florenz. Die Bernward-Tür in Hildesheim ist sogar ein unmittelbarer Abkömmling der Holztüre auf dem Aventin, weil der Bischof Bernward im Benediktinerkloster von Santa Sabina in Rom geherbergt hat. Insbesondere solche Versäumnisse, wie sie mir im Gedanken an die alten Stadthügel bewußt sind, erwecken in mir den Wunsch, irgendwann die Führung durch das urchristliche Rom zu wiederholen. Der Hauptgrund für diesen Wunsch ist natürlich, daß im Laufe der Jahre das Bild, das sich mir durch diese Führungswoche vervollständigte, ausgereift und klarer geworden ist.

Einige Museen mußten wir natürlich auch besuchen, obwohl ich stets eine ausgesprochene Antipathie gegen Museen und gar gegen Museumsführungen hatte. Von den Museen mit antiken Kunstwerken besuchten wir nur das kapitolinische, das wunderbar-prägnante Porträtbüsten von den Cäsaren hat und dadurch den Machthintergrund der Katakombenzeit beleuchtet. Es sind da hauptsächlich die Funde aus den Katakomben aufgestellt. Obwohl dieselben nur in einer indirekten Beziehung zu unserem Thema standen, führte ich doch auch zu den großen Malereien Michelangelos und Raffaels. Wir waren in der Sixtinischen Kapelle, in den Stanzen, vor dem Verklärungsbilde in der Pinakothek, dem Sibyllenbilde in der Kirche Santa Maria della Pace und in der Villa Farnesina vor dem Bilderzyklus von Amor und Psyche. Dasjenige Museum, auf das ich mich freute, obwohl wir darin nur weniges anzusehen hatten, war das Lateran-Museum, wo ich den Freunden die schönen frühchristlichen Sarkophage zeigen konnte. Auf dem Gang zum Lateran sahen wir außerdem nicht nur die mächtige Kirche und das Baptisterium Johannes des Täufers, dazu die Scala Sancta als Andeutungen des alten vorvatikanischen Papstzentrums, sondern auch die Kirche San Clemente am Fuße des Monte Coelio, die nicht nur einen der schönsten Innenräume enthält, sondern auch durch die unter ihr im Erdinneren liegenden Stockwerke in die verschiedensten Schichten und Geheimnisse der Geschichte hineinragt: vor allem durch die magisch-eindrucksvolle Mithras-Grotte neben den Resten der Wohnung des Clemens. Nach diesem Rundgang las ich den Freunden einige Stellen aus dem apokalyptisch und doch auch gütig gestimmten Clemens-Brief vor, der eine Art Predigt jenes Apostelschülers und Nachfolgers Petri ist.

Die Stätten der Apostel-Martyrien, die sich mir im Laufe der Jahre als seelische Lichtquellpunkte im Antlitz Roms ergeben hatten, zeigte ich mit aller Behutsamkeit. An die Stelle der Petrus-Kreuzigung in San Pietro in Montorio, wo im engen Klosterhofe das Tempietto des Bramante steht, führte ich auf einem der Gänge, die wir unternahmen, um von den Höhen im Umkreis einen Überblick auf die Stadt zu gewinnen. Wie wir auf dem Monte Pincio geweilt hatten, so schauten wir auch vom Janiculo über das weite Rund der großen Stadt und krönten den Eindruck durch den Besuch des Sterbeortes Petri. – Nach San Giovanni in Oleo an der Porta Latina, wo gleicherweise durch ein Tempelchen von Bramante die Stätte gekennzeichnet ist, an der der greise Apostel Johannes gefoltert wurde, kamen wir auf einem Gang, der uns den Südrand der alten Stadt, wie er heute malerisch durch die Aurelianische Mauer gekennzeichnet wird, veranschaulichen sollte. Die Mauer, die eine Landschaft für sich bildet, schließt übrigens heute sowohl das kleine Rundkirchlein San Giovanni in Oleo als auch die benachbarte schöne alte Basilika des Apostels Johannes mit in den Stadtbereich ein, während beide Heiligtümer ursprünglich sicherlich vor den Toren der Stadt gelegen haben. – Der Ausflug nach Trefontane war eine kleine Wallfahrt. Zuerst besuchten wir die majestätische Kirche San Paolo fuori le mura, deren großartig geschmückte Flachdecke doch noch die alte romanische Bauart festhält und deren schöner Kreuzgang eine erste Vorbereitung dazu darstellt, von der lauten Pracht dieses Paulus-Domes zu der stillen Stätte des Paulus-Todes überzugehen. Wir gingen dann zu Fuß auf der alten Landstraße, die der Via Appia parallel läuft, südwärts in die Campagna hinein. Wenn man so wandernd herankommt, wird einem der Oasencharakter des Klosterbereiches von Trefontane anschaulich. Insbesondere die dunkelgetönten hochragenden Eukalyptusbäume, die von den Trappistenmönchen zur Bekämpfung des Sumpffiebers angepflanzt worden sind, machen das Ganze zu einer deutlichen Insel des Lebens inmitten einer friedhof-ähnlichen Umgebung. Als wir uns in der Eukalyptus-Allee niedergelassen hatten, war es selbstverständlich, daß wir von Palästina sprachen, wo die meisten von uns im Jahre vorher gewesen waren. Nicht nur, weil uns die Bäume an den Eukalyptushain erinnerten am Gestade des Sees Genezareth, in dessen Schatten wir so manchen Tag saßen und über die Evangelien sprachen – die Freunde sprachen es spontan aus und bestätigten mir so auf die schönste Weise meine Eindrücke und Schilderungen: hier an der Stelle, wo Paulus enthauptet worden ist, waltet ein ähnliches ätherisch-aurisches Element wie es uns an den heiligsten Stätten Palästinas entgegengeatmet war. Die drei Quellen, nach denen der Ort benannt ist und von denen die Legende sagt, daß sie aus der Erde hervorgekommen seien, als das Haupt und das Blut des Apostels die Erde berührte, sind jedenfalls im ätherischen und seelischen Bereich deutlich zu verspüren. Eine alte ätherische Besonderheit der Stätte hat das stille Leuchten einer Christus-Tatsache in sich aufgenommen.

Mehrere Tage verwendeten wir auf den Besuch der Katakomben. Zuerst waren wir in den unterirdischen Systemen, die an der Via Appia liegen und üblicherweise von den Rom-Reisenden besichtigt werden: San Callisto, Santa Domitilla, San Sebastiano. In den Callixtus-Katakomben kam uns ein gewisser Mangel an Ordnung wunderbar zugute. Die Betreuung der Katakomben war offenbar erst vor kurzem in die Hände eines anderen Ordens übergegangen. Die Mönche, die als Fremdenführer dienten, durchweg Deutsche, kannten sich noch nicht gut aus. Das allein bewirkte schon, daß die Führung länger dauerte, als es früher üblich war. Nun hatte ich aber besondere Wünsche: ich wollte, daß bestimmte Sakramentskapellen und Malereien gezeigt würden. Die Führer gingen immer bereitwillig auf diese Wünsche ein, brauchten aber jedesmal viel Zeit, um die Stellen zu finden. Ganz in die Irre gerieten wir schließlich, als ich bat, man möge uns in die Lucina-Gruft führen, wo die grünen Fische mit den goldenen Brotkörben auf die Wand gemalt sind. Tatsächlich wurde nach diesem Ziel weit über eine Stunde lang gesucht. Und daß wir zuletzt doch noch zu dem besonders schönen eucharistischen Symbolum gelangten, verdankten wir nur einem erfahrenen Pater, den man schließlich zu Hilfe holte, weil er als einziger schon jahrelang an diesen Katakomben diente. Das alles gab uns die Gelegenheit eines stundenlangen Verweilens in den Gräbergängen der ersten Christen. Dazu kam, daß die Lichter, die jeder Besucher in die Hand bekommt, bald zu Ende gebrannt waren. Die wenigen größeren Kerzen, die uns fortan leuchteten, riefen noch deutlicher die Stimmung der ersten Jahrhunderte hervor, in denen man nur wenige kleine Öllämpchen anzündete. Wir begrüßten das und hatten auf diese Weise die Möglichkeit, ruhevoll in diese geheimnisvoll-beseelte Welt einzutauchen. Das Schönste war der Augenblick, als wir aus den Katakomben wieder an die Oberwelt zurückkehrten: da war unterdes der Tag zu Ende gegangen, und eine prächtige dunkle Nacht mit einem von funkelnden Sternen blitzenden Himmel war heraufgezogen. Da war uns endgültig, als wären wir in das Leben der ersten Christen zurückversetzt, die auch bei hereinbrechender Nacht in ihre Katakomben hinunterstiegen und unter dem Sternenhimmel wieder nach oben kamen, um durch die stille Welt der Nacht den Heimweg anzutreten.

Nun aber mußte ich, was ich früher für mich noch nicht getan hatte, darangehen, das Blickfeld auch auf die Katakomben im Norden und Osten der Stadt zu erweitern. Wir fuhren nach Sant' Agnese, das in einer der nördlichen Vorstädte liegt. Man kennt Rom doch nur ganz unvollständig, wenn man nicht die proletarischen und dabei doch von einer gewissen Ländlichkeit beseelten Vorstädte kennt, die sich nach Norden und Osten zu entlang den alten Straßen, der Via Nomentana oder der Via Labicana usw. gebildet haben. Die Kirche der heiligen Agnes ist stimmungsvoll; interessanter aber ist die Rundkapelle, die nebenan Constantin der Große zum Gedächtnis seiner Schwester Constanza errichtet hat, mit ganz heidnisch-pompejanischer Ornamentmalerei geschmückt. Die Katakomben aber unter der Kirche bringen ganz unerwartete neue Eindrücke. Hier wurde mir klar, daß jede Katakombe wieder eine andere Individualität ist. Kein System ist dem anderen gleich. Jedes hat durchaus seine eigne Seele.

In jedem weht ein eigner Geist. Kennt man nur die südlichen Katakomben, die untereinander allerdings auch sehr verschieden sind, so hält man die Unterschiede noch für zufällig. Hier entdeckt man, daß die Zahl der Möglichkeiten eine sehr viel größere war. Die Agnes-Katakomben sind ursprünglich wohl die am meisten puritanischen gewesen, von einer geradezu übertriebenen Schlichtheit und Ärmlichkeit. Dann aber, so sieht man, sind sie einem Umbau unterzogen worden, dessen Tendenz es war, die ursprüngliche Unscheinbarkeit prunkvoll zu überkleiden. Die schlichten Ziegelwände sind mit Stuck überzogen worden, der allerdings im Lauf der Jahrhunderte abgebröckelt ist. Die Frage, wie es zu diesem Umbau gekommen ist, beantwortet sich leicht. Denn unter der Agnes-Kirche befindet sich, bereits im Bereich der Katakombengänge, ein ganzer unterirdischer Kirchenraum. Ihn hat der berühmt-berüchtigte Papst Silvester I. als Grabkirche für sich selbst bauen lassen. Offenbar stand, wie die Kirche Santa Constanza zeigt, der Komplex um die Kirche der heiligen Agnes in einer bestimmten Beziehung zum Constantinischen Hofe, an welchem, als Hofpapst und erstes Haupt der cäsarischen Staatskirche, auch Silvester eine Rolle spielte. So bemächtigte sich dieser, um sein Mausoleum mit dem der kaiserlichen Familie zu vereinigen, der Agnes-Katakomben.

In ähnlicher Entfernung von der Stadt, nur an der nächsten der radial ausstrahlenden alten nördlichen Ausfallstraßen, liegen die Katakomben von Santa Priscilla. Diese atmen einen vornehmen, dem gebildeten griechischen Altertum zugewandten Geist. Das Herzstück bildet die Capella graeca, die wie ein kleiner Mysterienraum wirkt und in der Chor-Apsis die Reste einer schönen Abendmahlsrunde, in Terracotta-Rot gemalt, enthält. In diesem Katakombensystem erkennt man, wie es zu den unterirdischen christlichen Gräberstätten gekommen ist. Irgendein zur christlichen Gemeinde gehöriges Glied einer wohlhabenden Patrizierfamilie konnte es bewirken, daß die vor der Stadt auf dem Landgut gelegene Familiengruft an die Gemeinde der Christen überging und nach allen Richtungen hin ausgebaut wurde. Man sieht noch gut die Räume, die den Ausgangspunkt gebildet haben, in denen die noch heidnischen Mitglieder der Familie Priscillas bestattet sind. An einem Tage fuhr ich allein weit nach Osten heraus zum Eingang der Santi Pietro e Marcellino-Katakomben. Bei der Zentrale der Katakombenverwaltung hatte man uns gesagt, es sei nicht möglich, die östlichen Katakomben zu besuchen. Nun wollte ich an Ort und Stelle versuchen, ob es nicht doch eine Möglichkeit gäbe. Ich wußte, daß diese besonders ausgedehnten Systeme über reiche, wenn auch grobe und vielfach unkünstlerische Malereien verfügen, und vermutete, daß wir hier wieder einer ganz anderen Landschaftsphysiognomie unter der Erde begegnen würden. Leider aber konnte ich auch dort nur feststellen, daß ein Besuch der Gräber nicht in Frage käme. Es gäbe nur einige Männer, die sich in diesem Labyrinth auskennten, z. Z. aber nicht in Italien anwesend seien. Wir besuchten schließlich noch eine Katakombe in der Nähe von S. Paolo fuori le mura: Santa Comedilla. Das Innere der Katakombe enttäuschte. Es waren nur wenige kurze Gänge zu sehen, die nichts Charakteristisches haben. Sehr aufschlußreich war allerdings der Eingang, mitten in einem freien Feld, einer verwahrlosten Wiese, die seit Jahren als Schuttabladeplatz zu dienen schien und zu der zu gelangen nur durch allerlei Kletterkunststücke möglich war. Man hatte einen Eindruck davon, wie auch zur Zeit der ersten Christen die Eingänge zu den unterirdischen Heiligtümern draußen mitten in den Feldern gelegen haben mögen.

Sehr bemüht war ich, den Freunden in der klassischen Landschaft der Via Appia den Hauch der alten Zeit fühlbar zu machen. So ließen wir uns eines Nachmittags weit hinaus in die Campagna fahren. Als wir die Autos an der Piazza Venetia mieten wollten, war die Stadt in großer Aufregung. Irgend etwas mit Mussolini stand bevor. Eiligst wurden große Absperrungen durchgeführt. Zwei Wagen hatten wir gerade noch erwischt. Den dritten holte uns dann ein Polizist durch die Absperrungen hindurch. Um nun aber aus der Stadt herauszukommen, mußten wir riesige Bögen fahren, die nachher der Grund dafür waren, daß die Chauffeure uns jammernd um Erhöhung des vorher vereinbarten Fahrpreises anbettelten. Wir fuhren weit auf der alten Gräberstraße hinaus. Angesichts der Albaner Berge, in denen Alba longa, die uralte Priesterstadt und Mutter Roms, liegt, lagerten wir uns in dem Gemäuer eines alten zerfallenen runden Gräbertempelchens, umflutet von Thymian- und Minzenduft. Ich werde nicht vergessen, wie Ludwig Köhler mich damals ablöste und auch von sich aus einmal einen Vortrag hielt, einige Eindrücke der letzten Tage verarbeitend. Er ging von der Kleinheit der Mithras-Grotten und christlichen Sakramentskapellen in den Katakomben aus und schloß daraus auf die Kleinheit der Kreise, die unmittelbar an den alten Kultushandlungen teilnehmen konnten. Ich glaube, es wurde dabei doch allen klar, daß wir in der Tat manches gesehen hatten, was uns das Hereinragen des Mysterienprinzips in das urchristliche Zeitalter bezeugte.

Einige Fahrten führten uns weiter heraus aus dem Bannkreis Roms: nach Ostia, Tivoli und an den Albaner- und den Nemi-See.

Ostia gibt einen unübertrefflichen Eindruck. Das altrömische Milieu ist noch geschlossener, greifbarer sogar als in Pompeji. Ich war selbst überrascht, wie unmittelbar, wie konkret uns die Trümmer der damals an der Mündung des Tiber gelegenen Hafenstadt Roms in die cäsarische und urchristliche Zeit zurückversetzten. Ganze Straßen und Häuserreihen sind erhalten bzw. in ihrer ursprünglichen Gestalt wieder hergestellt. Man sieht mehrstöckige Wohnhäuser; alles ist ganz anders als in dem luxuriösen, dekadenten Pompeji. Das Haus, in dem Apulejus gewohnt hat, kann man noch betreten. Mehrere Mithras-Kapellen sind in den Kellergeschossen einiger Häuser deutlich zu erkennen. In großer Zahl sieht man Fußbodenmosaiken, offenbar die Böden größerer öffentlicher Gebäude oder Paläste. Die Mosaiken, Tiere und Pflanzen darstellend, sind meistens von einer unschönen harten Schärfe, alles nur mit schwarzen und weißen Steinen gemacht. Viel wäre von den Einzelheiten, von Gräbern, Tempeln usw. zu sagen. Aber das Wesentliche blieb eben doch die Stadtlandschaft, der Gesamteindruck. Und es war nicht schwer, sich vorzustellen, daß es schon früh in Ostia eine angesehene Christengemeinde gegeben hat.

In Tivoli bezauberte uns der Reiz der Sabiner Berge und das Geheimnis des allüberall spürbaren Wasser-Elementes. Die Wasserfälle in der Natur, die Wasserkünste in der Villa d'Este, das alles brachte uns darauf, daß hier nicht nur die Quellen sprudelten für dasjenige Wasser, das auf den majestätischen Aquädukten nach Rom geführt wurde, sondern auch für das, dessen Elementarkräfte die tiburtinische Sibylle inspiriert haben. Wir spürten, daß wir an der Stätte eines Wasser-Orakels weilten. Hier oben stellte man sich auch Mäcenas, den Freund des Augustus, lebendig vor, den reichen Mann, auf dessen Konto das Museenwesen und vieles andere zu setzen ist. Wo sich heute die prächtigen Renaissance-Gärten der Villa d'Este mit ihren Wasserspielen ausdehnen, war einst die Villa des Mäcen. Wahrscheinlich hat er auch die Entwicklung der Springbrunnenkultur eingeleitet, die sich später in der Zeit der Renaissance und des Rokoko so üppig ausgebreitet hat. Der Kontrast zwischen der Villa d'Este mit ihrem leichten spielerischen Reiz der Spätzeit und der Villa Hadriani, die nicht nur die Größe der Cäsarenzeit, sondern als Hadrians steinernes Reisealbum auch die Dämmrigkeit der Alten Welt und ihrer Mysterienstätten atmet, prägte sich uns tief ein. Lange verweilten wir in dem riesigen Bereich des Hadrianischen Landsitzes, wo uns insbesondere die weiten tempelhaften unterirdischen Gänge, die ein ägyptisches Heiligtum nachbilden sollen, fesselten.

An dem Tage, als wir in die Albaner Berge hinausfuhren, lag ein gelinder Schirokko in der Luft und machte die Atmosphäre ein wenig grün, glasig und drückend. Wie bei der Fahrt in die Sabiner Berge kamen wir nun in die Berglandschaft, die den Malern der Goethe-Zeit als ein leibhaftiges Arkadien erschien und die sie in romantischen und gräzisierenden Idealisierungen malten. Sehr verschiedenartig war, was wir sahen: Frascati, wo wir als Beispiel für die großen Adels- und Kardinalspaläste die Villa Mondragone besuchten, der Nemi-See, zu dessen düsterer, unheimlich-dämonischer Natur der Schirokkotag ganz gut paßte. Wir sahen da eines der phantastischen Prunkschiffe des Caligula, auf denen der wahnsinnige Cäsar seine nächtlich-mythischen Orgien feierte, wie ein trauriges Skelett am Ufer liegen, nachdem man es vor einiger Zeit vom Boden des Sees hochgehoben hatte. Ganz anders, viel heller und himmelsnäher ist der Albanersee. Ich dachte, ob sich einer eingehenderen Beschäftigung wohl auch in diesem Gebiet polarische Anordnungen zeigen würden, ähnlich wie zwischen dem Toten Meer und dem See Genezareth? Das war es eigentlich, was mir beim Plan dieser Fahrt in der Hauptsache vorgeschwebt hatte: ich wollte den Freunden auf dem jenseitigen Ufer des Bergsees die Stätte zeigen, wo die uralte Priesterstadt Alba longa gelegen hat, als deren Kolonie Rom gegründet worden ist. In der vorcäsarischen, echten alten Römerzeit muß ein Teil von dem feierlichen Selbstbewußtsein des römischen Bürgers auf die Abstammung von den Priestern dieser Stadt, die geradezu nach dem weißen Priestergewand benannt ist, zurückgegangen sein. Schon als nur erst Palatin und Quirinal besiedelt waren mit Menschen verschiedenen Standes und Kultus, gab es durch den Tempel des Jupiter Capitolinus auf dem Hügel über dem Forum die zusammenfassende, übergeordnete geistige Instanz: den Pontifex Maximus, den man in ununterbrochener Sukzession auf das Priestertum von Alba longa zurückführte. Und auf der Via Appia, die im Süden auf die Albaner Berge hinaufführt, aus Rom herauszuwandern, die blauen Berge vor Augen, muß in vielen edlen Römerseelen der alten Zeit das Gefühl erweckt haben, zu den Müttern unterwegs zu sein. Viele von denen, die zur Zeit der Cäsaren den alten feierlichen Römersinn aufrecht erhielten, müssen sich vom Christentum unmittelbar angesprochen gefühlt haben. Das Gesicht der ältesten Rom-Gemeinde war offenbar durch solche edlen Patriziergestalten wie den Senator Pudens charakterisiert. In neuer Gestalt, so kann man sich vorstellen, sahen sie den alten guten Römergeist im Kreise der Apostel und ihrer Gemeinden auferstehen. Das Auftreten des Petrus und anderer Führer des Urchristentums in ihren langen weißen Apostelgewändern muß manchem echtem Römer wie die Auferstehung seines eignen Ideals vorgekommen sein. Priesterliches Menschentum, menschliches Priestertum trat hier in aller Stille und Bescheidenheit gegen die tierisch-grandiose Tyrannenentartung des alten obersten Priesteramtes auf. Später allerdings übernahm der Nachfolger des Petrus das geschändete Amt des Pontifex Maximus und damit das cäsarisch-entartete Priestertum.

1. Pontifex Maximus vor Lepidus und Augustus: Alba longa-Tradition,
2. Pontifex Maximus von Augustus bis Constantin: Cäsaren,
3. Pontifex Maximus nach Constantin: Päpste.

Leider war die Sicht nicht gut, und so konnten wir von Albano aus die Stadt Rom und das Meer nur ganz verschwommen in der Ferne liegen sehen. In Castel Gandolfo, wo damals der Papst zum Sommeraufenthalt wohnte, nahmen wir auf der Terrasse einer netten Wirtschaft unser Mittagsmahl ein, mit dem Blick auf die blaue Schale des Albanersees zu unseren Füßen und auf den hellen Streifen drüben am jenseitigen Ufer, der die Lage des alten Alba longa andeutet.

Eine reiche, fast überreiche Woche lag hinter mir. Zumal es am Rande noch manche schöne und unbeschwerte Stunde gab. Ich war von ganzem Herzen dankbar für die Förderung, die es meinem Streben nach Anschauung des Urchristentums bedeutete, zehn Tage lang einen so verständnisvollen Freundeskreis führen zu dürfen. Ich kann nicht sagen, daß das Gefühl der Abrundung und Geschlossenheit ein so klares war wie im Jahre vorher nach der Palästina-Reise. Das lag daran, daß naturgemäß doch, was ich zu sagen und zu zeigen vermochte, nur etwas recht Anfängliches war. Vielleicht wenn ich später wieder einmal mit einem Kreise von interessierten Menschen in Rom weilen kann, wird das Gefühl, etwas wirklich voll Ausgereiftes und in sich Abgerundetes bieten zu können, mit Berechtigung vorhanden sein.

*

Ein Teil des Kreises, der in Rom beisammen war, wollte auf der Heimreise, was ja die schönste Krönung der römischen Eindrücke sein mußte, Ravenna besuchen. Vorher sollte wenigstens ein Blick geworfen werden in die Herrlichkeiten von Florenz. Auf Florenz aber hatte ich jetzt wenig Appetit. Es paßte nicht in das Thema, und ich war nicht geneigt, in mir das Reifen des eben erst neu entstandenen geistigen Gesamtbildes vom römischen Urchristentum stören zu lassen. So kürzte ich für uns den geplanten Aufenthalt in Florenz und beschloß, dafür zwischen Rom und Florenz noch in einem Städtchen Station zu machen, von dem ich mir dachte, daß da ein ganz bestimmtes Weiterströmen des urchristlichen Formenelementes anzutreffen sei. Noch zwei bis drei andere Teilnehmer schlossen sich uns dreien an. Es war schon spät am Nachmittag, als wir in *Arezzo* ankamen. Das war eigenartig entrückend und schön, nach dem verhältnismäßig langen Verweilen in der Großstadt plötzlich in ein so echt stehengebliebenes altes Bergnest versetzt zu sein. Der Zauber Arezzos ist dem von Siena vergleichbar. Vielleicht ist die frühmittelalterliche Atmosphäre dort sogar noch dichter und ungebrochener erhalten geblieben. Wir empfanden das, als wir nach schnellem Quartiermachen sogleich einen Gang durch das hügelige Städtchen antraten. Wir sahen uns gegenseitig an, gespannt forschend, ob die anderen sich auch so willig dem Zauber der Stadtseele überließen. In einer schmalen, steil den Hang hinanführenden Straße, ganz in die Reihe der übrigen Häuser eingebaut, ragte hoch vor uns die breite, kräftig stolze Westfassade der romanischen Kirche Santa Maria della Piave empor. Hoch über uns lief die an die Zwerggalerien z.B. von Speyer erinnernde Arkadenbögen-Galerie an der Wand der Kirche entlang, die Fassade in der Höhe wunderbar gliedernd. Allein dieser Anblick, zu dem man den Kopf wegen des engen Raumes der Straße weit zurückbeugen muß, beglückte mich jetzt ganz besonders, da mir das Weiterklingen des urchristlichen Elementes in den romanischen Formen wieder um so viel vertrauter geworden war. Dazu kam eine Fülle von Reliefskulpturen, im Rest des Tageslichtes noch gerade erkennbar. Sowohl in den Tympana der drei Portale als auch in den höher an der Wand entlanglaufenden Figurenbändern und an den Kapitälchen der romanischen Säulen in der Reihe der Arkadenbögen, sahen wir biblische Szenen, Monatsbilder und mythische Tierbilder. Wir suchten um die Kirche herumzugehen, um ihre Rückseite zu sehen, mußten dazu aber ganz oben am Ende der Straße die dort entlangführende Querstraße benützen und kamen hinter dem ganzen Straßenkomplex auf den großen, ebenfalls steil an den Hang angelehnten Marktplatz. Dort sahen wir den breiten, einfachen, leider aber nicht ganz günstig renovierten Ostchor der Kirche sich in den freien Raum hineinrunden. Der Abend machte die mittelalterliche Illusion des Milieus noch realer und greifbarer. Rund um die Kirche herum trafen wir auf manches Gebäude, Stadthäuser, Klerikerpaläste, weitere Kirchen usw., die uns so anmuteten, als spiele sich jetzt noch in ihnen das einstige gravitätische Adelsleben, umwogt von einem ganz bäuerlichen Volksleben, ab. Am nächsten Morgen war alles vom bunten Getriebe des Marktes erfüllt. Da ging in der Tat noch alles nach einem Stil, den anderswo längst das moderne Leben hat aussterben lassen. Die Leute kauften die Hühner, die sie zu kochen und zu braten gedachten, lebendig und trugen sie mit einer resoluten Schonungslosigkeit heim. Man nahm den reichen Segen des fruchtbaren Landes in malerischer Buntheit als selbstverständliches Zubehör des Lebens entgegen. Im übrigen beschränkten wir uns fast ausschließlich darauf, die Schönheiten der romanischen Kirche zu betrachten. Es fesselte uns die Darstellung der Jordantaufe im rechten vorderen Seitenportal, die so recht ein charakteristisches Glied in der Kette traditioneller urchristlicher Szenengestaltung von den Katakomben oder den ravennatischen Mosaiken her ist. Ein romanischer Taufstein im Inneren der Kirche ist mit Szenen aus dem Leben des Täufers geschmückt, aus denen eine legendäre Überlieferung auch über solche Lebensepochen hervorlugt, von denen die Evangelien schweigen. Wir haben uns schließlich so lange vor und in dieser schönen Kirche aufgehalten, daß wir die Kirchen, in denen sich die berühmten Malereien der Renaissance-Zeit befinden, nur noch im Vorübergehen besuchen konnten. Viel zu schnell entführte uns der Zug nach Florenz aus diesem entzückenden Nest.

In *Florenz* ging es mir ein wenig so wie im Vorjahr auf der Palästina-Reise, als man mir den Abstecher nach Damaskus abgenötigt hatte. Durch die Umstellung auf die Welt der Renaissance, die so fernab liegt vom Urchristentum, fühlte ich mich gestört und herausgerissen aus dem mehr unterbewußten, teilweise physischen Weben in dem gestellten Thema, das je und je zu meiner Methode des Reisens und geschichtlichen Forschens gehörte. Eigentlich ließ ich mich nur, um Grete auch diese Welt zu zeigen, auf die Schönheiten von Florenz ein. Es war ein wunderbarer goldener Herbsttag, als wir von San Miniato und von Fiesole aus auf die Stadt hinunterschauten oder kauflustig über den Ponte Vecchio bummelten. Auch diesmal waren die Zellen von San Marco mit den Bildern Fra Angelicos mehr für uns als die Überfülle der hohen Werke in den Uffizien, im Palazzo Pitti usw. Schließlich war es doch eine Befestigung des Gefühls, das sich in uns für das Urchristliche gebildet hatte, nun auf einmal einer so ganz anders gestimmten und gestalteten Welt gegenübergestellt zu sein.

Als wir in die staubige, weltentrückte Stille von *Ravenna* eintauchten, waren von mir alle bedrückenden Fesseln von störender Fremdheit abgefallen. Es war wie ein Nachhausekommen. Hier hatte ich vor zehn Jahren die ersten Eindrücke Italiens in mich aufgenommen, ohne damals schon die Bilder des urchristlichen Lebens in Deutlichkeit damit verbinden zu können, die mir in der Zwischenzeit so vertraut geworden waren. Jetzt war das, was damals im Zustande des Samenkornes war, im Begriff, zur Frucht zu reifen. Ich wunderte mich, wie sehr ich nun in Ravenna zu Hause und mit allem vertraut war. Glücklicherweise hatten wir fast zwei volle Tage, um hier zu verweilen, und konnten das Wichtigste zweimal besuchen. Wieviel lebendiger sprachen jetzt nach den vorangegangenen Vorbereitungen die Mosaiken in San Vitale und Sant' Apollinare Nuovo zu uns, insbesondere die hoch oben im Hauptschiff der letzteren Kirche entlanglaufenden klassischen Evangelienszenen, in denen die unmittelbarste Fortsetzung der urchristlichen Bildekräfte zu erkennen ist. Zum ersten Male sah ich in dem kleinen, an San Vitale angeschlossenen Museum die wenigen, aber kostbaren Sarkophage, die dort aufgestellt sind. Weniger durch die antikisierenden Ornamente der großen Längsflächen als durch die Mysterienszenen an den schmalen Seitenflächen: Auferweckung des Lazarus und Daniel in der Löwengrube, ist der eine dieser Sarkophage klassisch. Diese beiden Szenen haben die kräftige Gedrängtheit, die den irdischen Vorgang zu einem magischen Urbilde zusammenzieht. Hier haben wir, zumal in der Lazarus-Szene, in welcher Lazarus oben auf den Stufen wie eine eben zur befreienden Verwandlung herangereifte Schmetterlingspuppe dargestellt ist, die eigentliche Formensprache des urchristlichen Geistes vor uns. Sie von einem anderen Kunstelement genetisch abzuleiten, ist unmöglich. Es gibt nur einen Bereich von Gestaltungen, worin man Geschwister zu den Sarkophag- oder Mosaikszenen des frühen Christentums sehen kann: auf den Altären und Grabsteinen des Mithras-Dienstes und des damit verbundenen Matrimonien-Kultus. Da herrscht auch, obwohl mehr ins Menschliche gezogen, die magische Konzentriertheit der Form, die primitiv anmutet, aber eben gerade eine Frucht willensdurchtränkter Imagination ist. – Oft waren wir wie in dem Mausoleum der Galla Placidia in den beiden Baptisterien. Das beim Dom befindliche hat in dem Kuppelmosaik, das immer die Jordantaufe darstellt, den bartlosen Christus. Das Baptisterium der Arianer (auch Santa Maria in Cosmedin genannt), das etwas versteckt hinter dem Hotel San Marco liegt, zeigt in dem großen Taufmosaik den bärtigen Christus. Aber alles, Bauwerk und Wandgestaltung, ist schlichter und wuchtiger hier. Jedenfalls stehen wir beide Male an einer Stätte, wo nicht nur die an das Einweihungswesen anklingende Erwachsenen-Taufpraxis des Urchristentums angedauert hat, sondern wo auch das Bewußtsein der fundamentalen christologischen Bedeutung der Jordantaufe noch lange lebendig blieb. Im Dom selbst, der in seiner barocken Gestalt zunächst enttäuscht, ließen wir uns trotzdem Zeit und stießen auf sehr schöne Details: auf einige Sarkophage, besonders aber auf die wunderbaren Marmorkanzeln, die mich wie eine Entdeckung begeisterten. Sie sind in Felder eingeteilt, deren jedes die Flachrelief-Darstellung eines Tieres enthält, so daß Reihen von Tauben, Fischen, Hirschen entstehen. Diese Tierkanzeln stammen aus dem Anfang des 6. Jahrhunderts. Es gibt wohl vier oder mehr davon in Ravenna (eine steht in der Kirche San Giovanni in der

Nähe des Bahnhofs). Wenn man sich die Predigten vorstellt, die von diesen Kanzeln aus gehalten worden sind: was der Prediger auch immer gesagt hat, zugleich sprach die Natur mit den Formen bestimmter Tiere, in reiner künstlerischer Gestaltung, zu den Zuhörern. Vielleicht aber ist in Ravenna wirklich auch direkt über die Gleichnissprache der Naturreiche gepredigt worden, etwa in der Art der Homilien des Ambrosius über das »Sechstagewerk«. Jedenfalls ist die heidentumsfeindliche Naturfremdheit des mittelalterlichen Bußpredigertums hier weit außer jedem Betracht.

Zum ersten Male sah ich die Kostbarkeiten des kleinen Erzbischöflichen Museums neben dem Dom. Der elfenbeinerne Bischofsthron zeigt die imaginativ zusammengezogenen biblischen Szenen, deren Gestaltung dem urchristlichen Geist angelegen war, wieder in einer anderen Variation. Szenen aus dem Leben Josephs sind dargestellt, aber auch Szenen aus den Evangelien, voran wieder die Jordantaufe. In einer kleinen Altarkapelle des alten Erzbischofpalastes enthält das Apsisgewölbe die fast modern anmutende Darstellung des kämpfenden und triumphierenden Christus militans.

Auch zu der Kirche S. Apollinare in Classe war ich früher nie gekommen. Wir fuhren im Wägelchen in die flache Landschaft hinaus, die in alter Zeit am Meeresstrande lag und den Hafen der Stadt enthielt. Von weitem sahen wir die schwarzgrüne Pineta, die weitausgedehnten Pinienwälder, liegen. Die Kirche selbst ist weniger schön und einheitlich als die Apollinariskirche in der Stadt. Aber die wunderbaren Mosaiken im Chor entschädigen für alles, was man vermissen mag. Da ist dann auch die Altarszene dargestellt, die eine Variation und Steigerung des einen Opfermosaiks in San Vitale ist: Melchisedek, der große Hohepriester, steht opfernd in der Mitte am Altar. zu beiden Seiten die Figuren der anderen Grundopfer: das Opfer Abels und die Opferung des Isaak.

Wir besuchten das Grabmal des Theoderich, von dem man, je öfter man es sieht, den Eindruck eines Fragmentes hat. Es ist unvollständig. Den ursprünglichen Plan durchzuführen, ist aus irgendeinem Grunde unmöglich geworden. Auch manches andere Stück aus den ravennatischen Reichtümern sahen wir, z. B. die schöne Kirche San Francesco, deren große Krypta unter Wasser stand. Wesentlich war aber doch in allem die grandiose, seelenkräftig ausstrahlende Einheitlichkeit des christlichen Geistes, der aus den Denkmälern spricht. Man wird dem Wunder von Ravenna nicht gerecht, wenn man von »byzantinischer Kunst« spricht. Wichtiger scheint mir, daß dort durch das nordisch-gotische Element die urchristliche Stimmung am Leben gehalten oder wiedererweckt worden ist, so daß ja dann auch alles den Geist und das Antlitz der Theoderich-Zeit bewahren konnte, obwohl Ravenna bis hoch ins Mittelalter hinein ein wichtiges kirchliches Zentrum geblieben ist. Ravenna war in der Tat die schönste Krönung unserer Reise. Und ich glaube, daß manch einer auf die Frage, was er am liebsten von allem in Italien Gesehenen noch einmal besuchen möchte, die Antwort geben würde, die Grete gab: Ravenna.

Jetzt löste sich auch der Rest unserer Reisegesellschaft auf. Ich reiste mit Grete allein heimwärts. Unserem Vorsatz getreu stiegen wir in *Verona* noch einmal auf ein paar Stunden aus und weilten vor allem längere Zeit vor und in San Zeno. Ja, nun waren uns die Gestaltungen der wunderbaren Bronze-Tür wirklich zu organischen Bestandteilen eines ganzen beglückenden Formenzusammenhangs geworden.

Sehr schön war es, daß wir nicht eilen mußten mit der Heimfahrt. So leisteten wir es uns, in *Bozen* noch drei richtige Ferientage zu verbringen. In Bozen-Gries fanden wir ein behagliches Quartier, wo ich manches von den Eindrücken und Ergebnissen der Reise niederschreiben konnte. Auf den ruhevollen schönen Gängen durch die immer prächtiger werdende Herbstnatur konnte sich die Fülle des Erlebten ordnen. Unvergeßlich ist mir eine Stunde des Sonnenunterganges. Wir waren mit einer Drahtseilbahn auf die Höhe gefahren und sahen die Dolomiten, den Rosengarten des Zwergenkönigs Laurin, in strahlendem rosa Lichte glänzen. Und über das ganze Land ergoß sich das Rosenwunder dieses Lichtscheines. Ja, die Welt des Urchristentums zu betreten, sei es, daß man die historischen Überbleibsel aufsucht, sei es, daß man sich rein-innerlich in die Zeit der Märtyrer zurückversetzt, das ist ähnlich wie das Eintreten in den Bereich der Sage von Dietrich und Laurin. Alles ist für den Seelenblick in einen Rosengarten verwandelt. Das gibt die Zielsetzung für alles Bemühen um ein neues Urchristentum.

DREI AUFSÄTZE

I. RÖMISCHE LANDSCHAFTEN UND URCHRISTLICHER GEIST

Schon die Lage von Rom und Neapel an der Westküste der italischen Halbinsel offenbart den entschlossen-fortschrittlichen Charakter, den die abendländische Kultur dort angenommen hat. Die wichtigen Städte Griechenlands, Athen, Korinth, tun demgegenüber durch ihre Lage auf der Ostseite der Balkanhalbinsel kund, daß in der dort entstandenen Kultur noch der Hauch eines zum Orient zurückschauenden Traumes mitbestimmend war.

Rom und Neapel bilden eine außerordentlich charakteristische landschaftliche und historische Polarität. Sie sind so recht zwei Brennpunkte der römischen Geschichte.

Rom galt stets als »die ewige Stadt«; man brachte Roms Urbildlichkeit und seinen Anschluß an uralte heilige Traditionen durch diese Benennung bereits zum Ausdruck, längst ehe dort eine Metropole des Christentums entstand. Neapel dagegen heißt »die neue Stadt«. Was sich dort bildete, brachte einen neuen Einschlag in die römische Geschichte hinein. In der Tat spielt Neapel und seine Umgebung erst eine Rolle in der Geschichte, seit das cäsarische Element die alten Ideale des republikanisch-bürgerlichen Rom zu verdrängen begonnen hatte. Die Villa der Cornelia, die ihre Söhne, die Gracchen, die letzten vorcäsarischen Römer, überlebte, stand am Capo Miseno, dem nördlichen Endpunkte des Golfes von Neapel. Dorthin zog sich Marius zurück, als er verbittert zur Seite trat wegen der Entwicklungen, die Sulla, der Vorläufer der Cäsaren, heraufbeschwor. Sulla selbst starb an einer entsetzlichen Krankheit, die der des Herodes Magnus ähnlich gewesen sein mag, in seiner Villa auf dem Posilipp, angesichts des Vesuvs und des neapolitanischen Golfes. Immer mehr zog die Welt von Neapel wie ein Magnet die historischen Entwicklungen in ihren Bann. Von Augustus und Tiberius an ist der Golf von Neapel und die ihn beherrschende Sireneninsel Capri deutlich ein Brennpunkt römischen Lebens neben Rom. Die von düsteren Geheimnissen umgebene Zurückgezogenheit des Tiberius auf Capri, sein Tod in der Villa am Capo Miseno, die Gänge des Nero zur Sibylle von Cumae, die Bäder der Cäsaren in den von heißen Schwefeldämpfen erfüllten Grotten und Kammern der Berge von Bajae, das alles zeichnet charakteristische Spuren der Cäsarenzeit in die Umwelt von Neapel hinein.

Die Landschaft um Neapel herum ist von einer geradezu theatralischen Großartigkeit. Mehr noch als der Golf von Neapel selbst, der sich vor dem rauchenden Gipfel des Vesuvs vom Kap Misenum in weitem Schwunge bis Sorrent rundet, zeigt das der sich gleich südwärts anschließende Golf von Salerno mit den phantastisch gelegenen Städtchen Amalfi, Ravello und Positano und die Zauberinsel Capri, von deren hohen Gipfeln man in beide Golfe hineinschaut. Steilste Felsenstürze ermöglichen die überraschendsten Blicke in die Weite und in die senkrechte Tiefe auf das Meer und auf die fast pathetisch hingesetzten Felsenformen. Hat man in die unheimlich brodelnden und kochenden Erdenuntergründe hineingeschaut am Feuerkrater des Vesuvs oder auf dem dampfenden Blachfelde der Solfatara, empfindend, daß hier die feurigen Prozesse des Erdenwerdens noch nicht völlig zum Stillstand gekommen sind, und blickt man dann aus den Klingsor-Gärten der maurischen Schlösser von Ravello oder vom Gipfel des Monte Solaro auf Capri in die weite Runde und in die steile Tiefe, so kann man glauben, einen Schlüssel gefunden zu haben für die theatralische Großartigkeit dieser Welt. Haben vielleicht jene Feuergewalten, deren letztes Zutagetreten vor unseren Blick trat, einst diese enormen pathetischen Landschaften hingezaubert? Es ist uns, als ob hier große feurige Erden-Werdeprozesse mitten in ihrem gigantischen Toben plötzlich zum Stillstand gebracht worden wären und als ob wir dadurch des Feuers Urgewalt hier einmal nicht als Zerstörerin, sondern als Formerin wahrnähmen. Vielleicht rührt die fast bis ans Unheimliche grenzende pathetische Schönheit dieser Landschaften davon her, daß wir hier in grandioser, wie von ahrimanischen Zaubergewalten bewirkter Erstarrung ein in den Raum hineingefrorenes Bild eines lebendigen Zeitenstromes und Werdeflusses vor uns haben. Die greisenhaft hart gewordene Erde bewahrt in physisch sichtbaren Erinnerungen Abbilder ihrer lemurischen Feuerjugend auf.

Die Wüste Juda und die grandiose Unterweltlandschaft am Toten Meer ist auch ein Ergebnis unterirdischer Feuergewalten. Aber wie ganz anders ist dort alles. Wie viel strenger und wahrhaftiger. In die Vesuv-Landschaft ist eine kosmische Illusion hineingezaubert. Die Wüste Juda ruft zur Sinneswandlung auf; die Capri-Landschaft bestrickt, verzaubert und spinnt in eine theatralische Phantasiewelt ein. Hier ließ sich Rom zu seinen cäsarischen Wahnvorstellungen inspirieren. Die Schöpfermächte ringsumher in ihrer späten Abspiegelung, in ihrem steingewordenen Anachronismus anzuschauen, führte Tiberius und die anderen Cäsaren dazu, sich in ihrem Götter- und Schöpferwahne bestärkt zu fühlen. Die Großartigkeit der Natur ließ sich, selber eine Illusion in sich enthaltend, illusionär auf das eigne Ich beziehen. So konnte Capri zum Bethlehem des Cäsarenwahnsinnes werden.

Die Landschaft um Rom ist auf den ersten Blick nirgends so großartig wie die um Neapel. Rom liegt in der weithingestreckten, ebenen Campagna, nicht unmittelbar am Meere und auch nicht in der Nähe imposanter Bergeshöhen. Nur Hügel gibt es in und um Rom, die zwar auch vulkanischen Ursprungs sind – vulkanisches Tuffgestein bildet den Boden –, aber doch nirgends das schlichte Gleichmaß verlassen. Stille Figuren zeichnen sich dadurch in die Ebene ein, die eher planetarisch als tellurisch wirken, eher Spiegelungen aus den Höhen der Gestirne als Ausgeburten der Erdentiefen zu sein scheinen. Zu diesen Figuren gehört auch die Siebenheit der Hügel, auf denen die »ewige Stadt« entstand.

Lange Zeit entsprach die stille Rom-Landschaft dem Charakter des römischen Staates. Man bedenkt meist nicht, daß das römische Weltreich mit seinen stolzen Ansprüchen erst sehr spät entstanden ist und noch sehr jung war zur Zeit des Urchristentums. Bis in die Zeit Alexanders des Großen und weit darüber hinaus war Rom noch nicht groß. Um die Stadt herum hatte sich ein räumlich nicht ausgedehnter Staat gebildet, der mit den anderen italischen Völkerschaften in einem Bündnisverhältnis stand. Erst nach dem Zusammenbruch der Diadochenreiche, zur Zeit der Makkabäer, in der Mitte des 2. vorchristlichen Jahrhunderts, liegen die Anfänge des Imperium Romanum. Kaum hundert Jahre vor unserer Zeitrechnung war es, als infolge des Machtzuwachses die alte schlichte Geradheit Roms ins Wanken kam durch die Versuchung des Cäsarismus. Damals hörte die stille Landschaft der Campagna um Rom herum allmählich auf, für das römische Wesen ein Abbild zu sein. Sie war es nur so lange, als es noch kein römisches Weltreich gab.

Die Cäsaren konnten gar nicht das Stadtbild Roms so lassen, wie es war. Rom wäre durch sein Antlitz und seine landschaftliche Umwelt immer mehr ein Widerspruch in sich selbst geworden. Alle Baudenkmäler, die im heutigen Rom aus dem Altertum erhalten sind, gehören bereits der cäsarischen Zeit an. Das hat wohl darin seinen Grund, daß das vorcäsarische republikanische Rom in allem eine große Schlichtheit an den Tag gelegt hat, während das cäsarische Rom geradezu einem unersättlichen Bauwahn verfiel. Alles, was von dem vorhergehenden Zustand hätte Zeugnis ablegen können, wurde restlos ausgetilgt oder gigantisch überbaut. Was dann durch die immerfort sich übertrumpfende Bauwut der Cäsaren an Kolossalbauten entstand, veränderte das Antlitz Roms von Grund auf. Eine »neue Stadt«, eine Nea-polis wurde in die »ewige Stadt« hineingebaut. Das cäsarische Rom mit den Caracalla-Thermen, dem Kolosseum, den Kaiserforen und palatinischen Palästen hat seine landschaftliche Entsprechung nicht in der römischen Campagna, sondern auf Capri und an den Küsten der Golfe von Neapel und Salerno. Die Träger der alten Römerideale mußten sich in ihrer eigenen Stadt plötzlich wie in eine fremde Welt versetzt empfinden.

*

Der über die Campagna hingleitende Blick, sei es, daß wir in Rom eine freischauende Höhe erstiegen haben, sei es, daß wir südwärts den Bannkreis der Stadt verlassen, findet in den beiden Berggruppen, die mit ihren harmonischen Formen und ihren romantischen Abendfärbungen der Umwelt Roms ein ganz charakteristisches Gepräge geben, wohltuende Ruhepunkte: nach Osten zu sind es die Sabiner Berge, nach Süden zu die Albaner Berge.

Die Landschaft im Sabiner Gebirge stellt im Umkreis Roms noch am ehesten eine gewisse Annäherung an die neapolitanische Welt dar. Wir treffen um Tivoli herum ein regelrechtes Wasserwunder an. Die prächtigsten Kaskaden stürzen hier rauschend und sprühend zu Tal. Die berühmten Wasserspiele, die von den Fürsten der Renaissance-Zeit in den Gärten der Villa d'Este angelegt worden sind, fangen nur in künstliche Formen das gleiche Wasserwunder ein, das die Natur selber dort darbietet. Zweifellos gehen sie bereits auf Springbrunnen-Anlagen zurück, die schon zur Zeit der römischen Cäsaren bestanden haben, als Mäcenas, der als Freund des Augustus einer der Hauptinauguratoren des cäsarischen Lebensstiles war, an der gleichen Stelle seine Villa besaß. Man kann auf den Gedanken kommen, an der Stätte zu sein, wo überhaupt der Springbrunnen für Europa erfunden worden ist, da doch das Prinzip desselben hier in der Natur selbst enthalten ist und sich alle diese Wasserkünste aus den natürlichen Quellen und Kaskaden und aus den unerschöpflichen unterirdischen Wasservorräten speisen, die nicht nur in den Wasserfällen zutage treten, sondern aus denen mittels der die Campagna durchziehenden Aquädukte ganz Rom von alten Zeiten her seine vornehmlichste Wasserversorgung erhielt.

Ein großes Wasserrätsel ist es, das uns an den Hängen der Sabiner Berge begegnet. Haben hier wohl einst die Feuergewalten des Erdinneren Wasser hervorgeschleudert? Stehen wir bei den Wasserfällen von Tivoli vor den nachklingenden Lebensspuren eines Wasservulkans uralter Zeit? Die Tiburtinische Sibylle, deren Tempelchen auf den Höhen von Tivoli noch steht, muß ihre Orakel den Elementarkräften des der Erde entquellenden Wassers entnommen haben, so wie die delphische Pythia die ihren aus den Rauchschwaden der pythischen Schlucht. Und wenn neben dem runden Sibyllentempel ein rechteckiges Vesta-Tempelchen erhalten ist, so mag das darauf hindeuten, daß an einer solchen Quellstätte des elementarischen Lebens in der heiligen Flamme der Vestalinnen eine Erinnerung gepflegt worden ist an das Werdefeuer, das die Mutter und Gebärerin der anderen, dichteren Elemente, also auch des Wassers, ist. (Ein gleiches Nebeneinander eines runden und eines rechteckigen Tempels findet sich in Rom selbst am Tiberufer am Fuße des Aventin, nahe bei der Kirche Santa Maria in Cosmedin. Vielleicht löst sich das Rätsel dieser beiden Tempel darin, daß dort ein ähnlicher Zusammenhang von sibyllinischem und vestalischem Feuer zugrunde lag wie in Tivoli.)

Durch die Landschaft der Sabiner Berge mag demnach bereits in der Frühzeit ein Einschlag von elementarisch-sibyllinischen Kräften in die römische Geschichte hereingekommen sein. (Ein mythologischer Niederschlag davon ist die Sage vom Raub der Sabinerinnen.) Eine Strömung gewann Einfluß, durch welche die Naturgewalten selber Pate standen an der Wiege Roms. Diese Strömung ist in stillerer, geistgetragener Art ein Vorläufer des vulkanischen, neapolitanischen Einbruches, der um die Zeitenwende das Aufkommen des Cäsarenimpulses begleitete. Der leise Anklang an die Vesuv- und Capri-Welt, den die Tivoli-Landschaft in sich enthält, mag einer der Antriebe für die Cäsaren und Mäcenas-Leute gewesen sein, sich dort anzusiedeln. Die Villa des Hadrian unten an den Hängen der Sabiner Berge, nahe bei den dort vorhandenen alten Schwefelquellen und -bädern, eines der großartigsten und unmittelbarsten Denkmäler der Cäsarenzeit, ist mit ihren imposanten Bauten und Anlagen die Besiegelung dieser Zusammenhänge. –

Die Albaner Berge haben gegenüber dem Sabiner Gebirge durchaus ihren eigenen Charakter. Zwar liegt der vulkanische Ursprung (im Sinne der üblichen Auffassung vom Vulkanischen) dieser Berge unmittelbarer auf der Hand, denn der Nemi-See und der Albaner See, die den unterirdischen Wasserreichtum auch dieser Berge zutage treten lassen, sind Kraterseen. Und der Nemi-See ist von einer dunklen unheimlichen Stimmung umgeben, als täte sich in der Atmosphäre noch etwas von den unterirdischen Schrecken kund. (Es mögen dort bis in die Cäsarenzeit dunkel-orgiastische Elementarkulte üblich gewesen sein, an die Caligula anknüpfte, als er die vor kurzem gehobenen Prunk- und Lustschiffe dort erbaute.)

Das Geheimnis und Wesen der Albaner Berge aber wohnt am Albaner See. Eine herrliche Weite und Helligkeit beherrscht hier alles. Hat auch einst des Feuers Ungestüm hier mitgestaltend gewirkt, so kann man doch nur fühlen: hier ist von Urzeiten her die Feuerkraft zur Ruhe und Reife gelangt, verwandelt in Schönheit und Harmonie. Nichts Abruptes hat diese Welt wie die von Capri. Hier ist kein Werden mitten im Toben erstarrt; hier ist ein Werden ruhevoll ans Ziel gelangt.

Auf der Ostseite umrahmt den sonnenhaften, blauenden See eine frei hingestreckte Hügelgalerie. Dort lag der uralte Priesterstaat von Alba longa (der Name bedeutet: die lange Alba, das lange, weiße Priestergewand), die Mutter Roms, von wo aus Rom gegründet worden ist. Heute noch läßt sich die klassische Reife der landschaftlichen Lage von Alba longa gut erkennen: überragt von dem Monte Cavo (auf dem heute Rocca di papa liegt), blickt es hinab auf das harmonisch breite Rund des Sees, und über den See, die jenseitigen Randhügel und die römische Ebene hinweg drang der Blick bis hinaus auf das Mittelmeer.

Von Alba longa her ist das alte Rom mit seinen Idealen der Humanität, Gerechtigkeit und Persönlichkeit zu verstehen. Dort lokalisierte sich für den Römer der vorcäsarischen Zeit der heilige Ursprung der nicht von Menschen erfundenen Ordnungen und Traditionen, auf denen das römische Staatswesen beruhte. In der langen, weißen Toga trug der freie Bürger Roms ein Symbol und Zeichen für die priesterliche Herkunft seiner Kultur, eine bildhafte Anknüpfung an den Namen jener Mutter Roms in den Bergen. –

Durch die Ortschaften Castel Gandolfo und Albano auf den Hügeln, von denen man ostwärts auf den See hinab und über ihn hinweg auf den Bergrücken des alten Alba longa und nord- und westwärts in die Rom-Ebene und auf das Mittelmeer blickt, führt die alte berühmte Via Appia. Von Rom aus geht sie südwärts durch die breite Campagna und überquert dann dort die Albaner Berge, die sich wie ein Riegel dem südwärts Wandernden in den Weg stellen. Von dort oben kann man ohne Unterbrechung auf der alten Straße nordwärts bis an die Tore Roms gelangen. Damit haben wir ein Geheimnis der die Stadt Rom umgebenden Ebene berührt.

Viele der großen klassischen Landstraßen, die von Rom wegführten, waren Gräberstraßen. Man muß den Tod als einen Auszug aus der großen Stadt des Irdischen erlebt haben. So baute man den Toten ihre Gräber an den Rand der in die Campagna hinausführenden Straßen, indem man die Wege der Erdenmenschen sich berühren ließ mit den Pfaden der verstorbenen Seelen. Mit den Straßen strahlt ein ehrfurchtgebietendes, heiliges Element in den Umkreis Roms hinaus, das sich dort auf wunderbare Art trifft mit dem Stimmungsgeheimnis, das die ganze Campagna, vor allem südlich der Stadt, überschwebt.

Die Straße aber unter den Gräberstraßen vor Rom ist die alte Via Appia. Sie ist bis auf den heutigen Tag wie eine auf die Erde gezeichnete Spur höherer Welten. Mit den sie umsäumenden Pinien und Zypressen, den Trümmern der Gräberbauten fängt sie auf ganz besondere Art den romantischen Zauber der Campagna ein, in die man links und rechts hinausschaut und von deren blumenbunten Wiesen und Halden der würzige Geruch von Thymian, Minze und vielen anderen Kräutern bis zu uns herdringt. Was die Maler der deutschen Romantik in und um Rom so beseligte und begeisterte, wir können es heute nirgendwo mehr lebendiger antreffen als auf dieser alten Landstraße. Die Gräberbauten, die als braune Ziegelsteinruinen zu beiden Seiten zwischen den Pinienwipfeln stehen, sind zwar aus der Cäsarenzeit, dennoch ist es unmittelbar der Hauch des vorcäsarischen Rom, der uns hier umweht. In der Stadt selbst ist auch die letzte Spur davon ausgelöscht worden; die Landschaft hier draußen bewahrt in Treue den Atem uralter Zeit.

Nun gehört es unabtrennbar zu der Seele der Via Appia, daß sie in ihrer ersten wichtigsten Strecke Rom mit der Welt von Alba longa verbindet. Wer auf ihr von Rom aus südwärts wandert, hat immerfort in der Ferne die blauenden und dann langsam näherrückenden Albaner Berge in ihrer charakteristischen Form vor Augen. Sie krönen den Ausblick, den man beim Wandern hat. Für den alten Römer war es eine Pilgerfahrt zu den Bergen des heiligen Ursprungs, ein »Gang zu den Müttern«, wenn er hier südwärts schritt. So ließ er seine Toten den gleichen Weg gehen. Daher mag ein geschichtliches Licht auf das auch heute noch auf der Via Appia erlebte Geheimnis fallen. Die Welt hat dort etwas, das sie über Raum und Zeit hinaushebt. Zum Pilger kann dort der Wanderer werden.

*

Die Landschaft der Campagna außerhalb des Bannkreises der Stadt, die Welt der Via Appia ist zugleich die Landschaft des römischen Urchristentums. Draußen, vor den Toren der Stadt, ausstrahlend von allen den alten Land- und Gräberstraßen im Norden, Osten, Westen und Süden, ist der Boden erfüllt von den unterirdischen labyrinthischen Städtebauten der frühchristlichen Katakomben. Insonderheit ist die Via Appia unterirdisch bis weit hinaus umsäumt von großen Katakombensystemen. Es sind ganz unvergeßliche Eindrücke, wenn man bei heller Tagessonne, ein brennendes Licht in der Hand, in die Katakomben hinabgestiegen ist und dann, nachdem man lange dort unten hat verweilen dürfen, eintauchend in die Sphäre des urchristlichen Lebens, spät abends wieder heraustritt. Dann wölbt sich bereits der klare glitzernde Sternenhimmel über der Campagna, und die Baumwipfel der Via Appia sprechen eine ganz eigene Sprache. Man kann der Welt der ersten Christen stimmungsmäßig nicht näher kommen als in solchen Augenblicken, mögen jene doch auch oft nachts bei Fackelschein in die Katakomben hinunter- und wieder hinaufgestiegen sein. In der Stadt selbst hält es schwer, sich mit dem Urchristentum lebendig zu berühren, ebenso wie es schwer ist, dort in das vorcäsarische Rom zurückzutauchen.

Was Rom und seine landschaftliche Umwelt ursprünglich aussprach, es wurde verfälscht durch die Kolossal- und Machtimpulse der Cäsaren, es fand aber insgeheim seine Erfüllung und Verklärung durch den Geist des Urchristentums. Mancher edle Römer, der den alten Römeridealen die Treue zu halten bestrebt war und durch den Einbruch des Cäsaren- und Machtimpulses bis ins Innerste enttäuscht wurde, mag durch den inneren Widerstreit, in den ihn die Zeit versetzte, den Zugang zum Christentum gefunden haben. Nicht umsonst weisen viele Spuren darauf hin, daß der römischen Urgemeinde in besonders großer Zahl vornehme und wohlhabende Römer angehört haben. Wenn solche Träger der alten Römerideale die Welt des Cäsarenprunks hinter sich ließen und in die entbehrungsvolle Gräberwelt der Katakomben eintraten, so fanden sie dort nicht nur den Reichtum des sakramentalen Lebens, sondern auch die rechtmäßige Weiterführung und Erfüllung des alten Römerwesens, das die Machthaber des gegenwärtigen Rom verfälschten. Traten sie dann, aus den Katakomben kommend, in die Landschaft der Via Appia ein und ließen den Blick zu den Albaner Bergen schweifen, so konnten sie sich eben dadurch, daß sie Christen geworden waren, nun erst recht als wahre Römer fühlen.

In einer besonders schönen Art trifft man auf die urbildliche und vorbestimmte Beziehung des urchristlichen Geistes zu den Landschaftsgeheimnissen der römischen Geschichte, wenn man den Spuren des Paulus-Lebens auf der italischen Halbinsel folgt. Paulus hatte, als man ihn, den römischen Bürger, der von seinem Recht der Berufung auf den Cäsar Gebrauch gemacht hatte, nach Europa brachte, zuerst in Syrakus italischen Boden betreten. Die sizilianische Landschaft, die mit dem majestätischen Ätna eine gesteigerte Neapel-Vesuv-Landschaft ist, nahm ihn zuerst auf. Den Boden der italischen Halbinsel betrat er in Puteoli (heute Pozzuoli), dem damals wichtigsten Hafen im Golfe von Neapel, zu Füßen der Solfatara, im Angesichte des Vesuvs. Der Geist des Cäsarentums trat zuerst in seiner landschaftlichen Bildentsprechung vor Paulus hin. Dann aber führte ihn der Weg auf den südlichen Fortsetzungen der alten Via Appia nordwärts. Man muß sich Paulus als Wanderer vorstellen, wie er schließlich von den Höhen über dem Albaner See aus auf der auch uns heute vertrauten heiligen Straße die römische Campagna durchquerte und sich mit hochgespannter Seele der Hauptstadt der damaligen Welt nahte. Der Geist, den er in sich trug und verkündete, hatte auch hier eine innerlich entsprechende Wohnstatt und Heimat gefunden.

Es ist bezeichnend, daß es Spuren des Paulus-Lebens im Bannkreise der Stadt Rom nicht so ohne weiteres gibt. Petrus ist in Rom selbst anzutreffen, nicht aber Paulus. Auch die große, dem Apostel Paulus geweihte Kirche S. Paolo fuori le mura liegt, wie schon ihre heutige Bezeichnung sagt, weit vor den Mauern und Toren der Stadt, am Rande der Campagna, in der Landschaft der Katakomben, nicht weit von der Via Appia. Und die noch weiter von Rom entfernte Stätte, wo Paulus unter Nero den Märtyrertod fand, Trefontane, jenen von überirdischen Ätherspuren erfüllten Ort, kann man getrost als den Seelenmittelpunkt der ganzen Campagna-Landschaft bezeichnen. Das Überräumliche und Überzeitliche, das einen auf der Via Appia dann und wann anweht, findet hier an der unscheinbaren, von Trappistenmönchen gepflegten Oase um die drei Kirchlein und die Allee von Eukalyptusbäumen herum seine höchste Steigerung. Wer mit aufgeschlossener Seele hierher kommt, ist zum Wallfahrer und Pilger geworden. Die christliche Erfüllung und Verklärung der alten Rom-Landschaft umfängt uns hier ganz und gar.

*

Man kann sagen, daß sich in Italien ein Gegenereignis zu dem, was in Palästina den Grund zu einer neuen Weltordnung legte, zugetragen hat. Zu derselben Zeit, als in Jesus von Nazareth die Christuswesenheit und das Christus-Bewußtsein lebendig wurde, regte sich in Tiberius auf Capri der Cäsarenwahn. In Palästina war wirklich ein göttliches Wesen Mensch geworden. In Italien verlangten von jetzt an Menschen, als Götter angebetet zu werden. Und so wie das wahre Geschehen in die urbildliche Polarität von Galiläa und Judäa hineingestellt war, so wird auch das Gegenereignis des Cäsarismus von kleineren, aber doch auch wesentlichen Geographie-Geheimnissen und Polaritäten umspielt. Die Polarität der Landschaften um Rom und Neapel zu erkennen, ist einer der Zugänge zu der kosmisch-historischen Bedeutsamkeit der Zeitenwende und des Urchristentums.

II. AUF DEN SPUREN DES URCHRISTENTUMS IN ROM

Die Stadt Rom ist ein magischer Riese, der die Zeitengeister vieler geschichtlicher Epochen in dem Bannkreis seiner Verzauberung festhält. Am meisten wehrt er sich, die Geister solcher Zeiten aus dem Dunkel seines Bannes zu entlassen und zu offenbaren, in denen das stille Licht durchseelter Spiritualität geleuchtet hat. Sowohl die Zeit des vorcäsarischen Rom mit den Idealen der Humanität und Rechtsamkeit, als auch die Zeit des Urchristentums mit den stillen Heldentaten des Glaubens und den Samenkräften geistiger Zukunft ist dort unter gigantisch-magischen, steinernen Verschüttungen verborgen: das alte, schlichte, republikanische Rom ist von den Kolossalbauten der Cäsarenzeit erdrückt und überwuchtet, das frühe Christentum von der überall zur Herrschaft durchgedrungenen kalten Prunkwelt des päpstlichen Barock.

Wenn man versucht, sich durch das Laute und Grelle der großen Stadt in die stille Sphäre des Urchristentums zurückzutasten, so kann einem darin ein schlichtes, schweigend-schönes Wahrzeichen früherer Zeit zu Hilfe kommen, das sich – man muß nur einmal darauf aufmerksam werden – an zahlreichen Stellen über das Stadtgetümmel erhebt: der romanische Glockenturm.

Die gotische Bauepoche fehlt in Rom so gut wie ganz. Der romanische Stil der frühchristlichen Basiliken wird unvermittelt von dem Fassadenprunk des Barock abgelöst. Die meisten älteren Kirchen sind in der Barockzeit umgebaut und ihres stillen Zaubers, der noch ein Nachklang des Urchristentums ist, beraubt worden. Nur die Campaniles, die Glockentürme, sind in der ursprünglichen Gestalt erhalten, höchstens durch spätere Turmhelme entstellt, und verbreiten durch ihre kraftvolle schöne Schlichtheit, durch das Erdbraun ihrer Steine, durch die Himmelsdurchlässigkeit ihrer Rundbogenfenster etwas von der alten echten Stimmung, die im Inneren der nicht barockumgebauten romanischen Kirchen waltet.

Diese romanischen Campaniles reichen selber nicht in die Zeit des Urchristentums zurück. Sie sind vielfach nicht älter als die Zeit der Kreuzzüge, aber sie stammen aus Zeiten, in denen man die Kirchen noch nicht ausschließlich als Versammlungsräume der Gemeinden erbaute, sondern wo man mit ihnen heilige Stätten, Schauplätze wichtiger Geschehnisse und Schicksale aus den Zeiten des Urchristentums kennzeichnete. Wie göttlich-menschliche Denkmale erhoben sich damals noch die Kirchen und Türme da, wo führende und heilige Gestalten der christlichen Vorzeit gelebt und gelitten hatten und gestorben waren, und so zeichnen die alten Glockentürme in das verworrene Bild der modernen Großstadt eine stille Landkarte urchristlichen Lebens hinein, uns den Weg weisend, wenn wir versuchen, die Spuren der Apostel und der ersten römischen Christengemeinde aufzusuchen.

Solche Glockentürme steigen vor uns empor aus dem Durcheinander gänzlich andersartiger Bauformen, mögen wir vor dem neuen Prunkdenkmal des Vittorio Emmanuele stehen und auf den Palazzo Venetia, der die Arbeitsräume Mussolinis enthielt, blicken, oder mögen wir am Ufer des Stromes entlangschreiten, da wo die Tiberinsel mit ihrem ineinandergeschachtelten Bauwerk die strömenden Fluten teilt, oder mögen wir von dem gigantischen Vorplatz des Petersdomes auf den Teil der Stadt schauen, der sich zur rechten Hand an die Abhänge der Hügel anlehnt. Das gleiche Wahrzeichen begegnet uns aber auch immer wieder in dem Teile der Stadt, in welchem sich, um den Hauptbahnhof herum, heute der lebhafteste Großstadtbetrieb abspielt. So erheben sich gleich zwei Campaniles über die in der Barockzeit prunkvoll ausgebaute alte Kirche Santa Maria Maggiore, die auf dem höchsten Punkt dieses Stadtteils liegt, und deuten trotz ihrer später entstellenden Turmhelme in eine Zeit zurück, die weit vor dem Barock liegt.

Hier befinden wir uns ganz nahe bei einem wichtigen Brennpunkt des urchristlichen Lebens, an den wir noch unmittelbarer herangeführt werden durch zwei Kirchlein, die in der Nachbarschaft liegen: Santa Pudentiana und Santa Prassede. Diese beiden Kirchlein, von denen nur die zweite noch in gottesdienstlichem Gebrauch steht, werden vielfach aufgesucht wegen der wunderbaren Mosaiken aus frühchristlicher Zeit, die sich in der Chor-Apsis erhalten haben. Wenigen ist es bekannt, daß sie uns konkret mitten hineinführen in die Biographie der Apostel und der ersten Christengemeinde. Dieses trifft vor allem für die Kirche Santa Pudentiana zu, die von einem der schönen romanischen Glockentürme überragt ist.

Ehe wir uns den urchristlichen Geschehnissen nähern, die sich hier zugetragen haben, müssen wir die Lage des Ortes innerhalb des alten Stadtbildes von Rom genauer bestimmen.

Das Zentrum der alten Stadt war das Forum Romanum, der von Tempeln umgebene Marktplatz, auf dem die freien Bürger Roms durch die Abgabe ihrer Stimmen an den Geschicken des Staates mitgestalteten. Im Westen wurde das Forum Romanum abgeriegelt und überragt von dem Götterhügel des Kapitol, auf dem sich von Urzeiten her der Sitz des Senates befand. Weitere von den sieben Hügeln der alten Stadt traten von Süden und Norden her nahe an das Forum heran. Im Süden war es der Palatin, im Norden der Quirinal und östlich daran anschließend vor allem der Esquilin, der höchste unter den sieben Hügeln. Die ältesten Besiedlungen befanden sich auf Palatin und Quirinal, die einander gegenüberliegend an das Forum heranreichten. Zur Zeit des Urchristentums wuchsen auf dem Palatin die Riesenbauten der Kaiserpaläste zum Himmel empor. Der Quirinal muß schon damals wie heute von großen Gebäudekomplexen bedeckt gewesen sein, die der Verwaltung und Regelung des Staatslebens dienten. Die breite Hügelkuppe des Esquilin endlich können wir uns wohl von einem Stadtteil bedeckt denken, der vorwiegend aus den Wohnungen des Bürgertums bestand.

Der höchste Punkt des Esquilin ist es, wo sich heute die Kirche Santa Maria Maggiore erhebt. An der Stelle der Kirche Santa Pudentiana stand damals das geräumige Wohnhaus eines wohlhabenden Patriziers und Senators namens Pudens, der durch seine gastfreie Art für das Leben der ersten Christengemeinde eine Art Mittelpunkt gewesen sein muß. Die beiden Kirchen Santa Pudentiana und Santa Prassede sind nach den beiden Töchtern des Pudens Pudentiana und Praxedis benannt. In der Kirche der ersteren hat man durch Freilegung des Erdbodens das Gemäuer des Senatoren-Wohnhauses freigelegt. Leicht steigt aus diesem Gemäuer das Bild alter Zeit vor uns empor.

Als die Zeit des republikanischen Rom, für die das Forum Romanum den ausdrucksvollen Mittelpunkt bildete, zu Ende ging, wurde in kurzen Zwischenräumen das Antlitz der Stadt gerade um dieses Zentrum herum durch gigantische, gewaltsame Eingriffe immer wieder umgestaltet. Die Cäsaren lösten einander ab auf dem römischen Herrscherstuhl. Jeder wollte die Welt um sich her nach seinem Willen gestalten, und von Jahrzehnt zu Jahrzehnt nahm der von den Cäsaren ausgehende Bauimpuls gesteigerte und ins Maßlose strebende Formen an. Den Ausgangspunkt für die Bauunternehmungen bildete jedesmal das neue Kaiserforum. Längst war die Bedeutung des alten republikanischen Forums zurückgedrängt, die Cäsaren erbauten sich jeder sein eigenes Forum, überragt von dem Tempel, in welchem sie selbst im Cäsarenkultus göttliche Verehrung für sich entgegennahmen, zum Ausdruck bringend, daß die alleinige Entscheidung für die Geschicke des Volkes von ihnen als von Mensch gewordenen Göttern zu treffen sei. Die neuen Kaiserforen wurden an das alte Forum angebaut, aber der Raum war durch die von beiden Seiten heranreichenden Stadthügel eingeengt, und so mußten sich bereits die Bauten der ersten Cäsaren immer tiefer in den Abhang des Esquilinhügels hineinschieben. Heute sind durch die Initiative Mussolinis die meisten der Kaiserforen aus dem Schutt der später daraufgebauten Häuserblocks freigelegt und geben, mit ihren Ruinen das moderne Stadtbild unterbrechend, Zeugnis von dem Übergang des stillen vorcäsarischen zu dem prunkvollen cäsarischen Rom.

Eine besondere Entwicklung in der Reihe der Kaiserforen trat zur Zeit Neros ein. In Nero lebte mit besonderer Wucht der Wille, das alte Antlitz der Welt auszulöschen und der Welt völlig neue Züge einzuprägen. Der große Brand Roms zur Zeit Neros war nur ein Ausdruck des Willens, die Spuren der Vergangenheit möglichst vollständig auszutilgen. Nach dem Brande Roms erbaute Nero nicht wie seine Vorgänger ein Forum, sondern den gewaltigen Gebäudekomplex seines »Goldenen Hauses«. Diese Casa d'oro des Nero, die heute auch wieder freigelegt ist in ihren gigantisch-labyrinthischen Ausmaßen, ist, nun schon sehr weit nach Osten reichend, ganz besonders tief in den Südhang des Esquilinhügels hineingeschoben. Man kann sich in den Ruinen der gewaltig ausgedehnten Ziegelstein-Kolossalbauten, deren Außenwände damals alle mit Goldblech überzogen waren, regelrecht verirren. Nach Südosten schlossen sich an diese Paläste üppige Lustgärten an, in denen Nero nächtlicherweise die zügellosesten Schwelgereien und Orgien veranstaltete. Da nach Neros Tode die nachfolgenden Cäsaren auch diese Bauten und Anlagen dem Erdboden gleichmachten, um nun ihre eigenen Schöpfungen an deren Stelle zu setzen, hat sich das Bild dieser Stelle Roms bald schon wieder gänzlich verändert. Von den Tagen des Titus und Vespasian her ragt bis auf den heutigen Tag an der Stelle, wo sich in den Gärten des Nero ein großer künstlicher Teich befand, das gigantische Zirkusgebäude des Kolosseums empor, das der Schauplatz so vieler Märtyrertode geworden ist.

Die Entfernung zwischen der Stelle, wo auf dem Gipfel des Esquilin das Haus des Senators Pudens stand, und den Palästen und Gärten des Nero am Fuße des Esquilin war nicht groß; in wenigen Minuten konnte man von hier nach dort gelangen. Heute gibt es noch eine alte Straße, die ungefähr von der Kirche S. Prassede bis dahin führt, wo man von der Stelle des Goldenen Hauses das Kolosseum vor sich liegen sieht. Diese Straße ist zwar nicht der direkte Verbindungsweg, sondern führt um die runde Höhe des Hügels im Kreise herum. Aber sie ist, ganz in der Nähe des lärmenden Großstadtbetriebes, von einer so weltentrückten Gartenstille umwoben, daß man sich dort leicht in das Rom alter Zeit zurückversetzen kann. Es ist die »Via delle sette sale«, die Straße der sieben Säle. Von alten Gärten umsäumt, ruft sie eine Stimmung hervor, die in einer gewissen Weise an die Stille des Zionsberges, jenes friedvollen ältesten Stadtteiles in Jerusalem, erinnert. Sie mündet bei der Kirche San Pietro in Vincoli, in welcher nicht nur die klassisch-grandiose Moses-Statue von Michelangelo steht, sondern auch in dem Symbolum der Petrus-Ketten ein Gedächtnis an die Apostelschicksale des Urchristentums aufbewahrt wird. Man sagt, daß die Kette, die man dort vorzeigt, zusammengesetzt sei aus den Fesseln, die Petrus in Jerusalem und die er in Rom getragen habe.

Das Symbol der in dieser Kirche vorgezeigten Ketten hängt auf das engste mit dem Stück des Petrus-Lebens zusammen, das die Cäsarenstadt Rom zu seinem Schauplatz hat. Der Kerker in Jerusalem, aus dem Petrus auf wunderbare Art befreit wurde, und der Kerker in Rom, aus dem Petrus in den Tagen des Nero zur Kreuzigung geführt wurde, rahmen den römischen Teil der Petrus-Biographie ein.

Man denkt gewöhnlich, nach dem großen Anbruch des Geistes, der am Pfingstmorgen über die Jünger kam, sei auch Petrus, der im Brausen des Geistes zum Sprecher der Jüngerschar wurde, sogleich als Apostel in die Welt hinausgezogen. In Wirklichkeit aber bedurfte es noch einer langen Zeit und eingreifender Schicksale, damit das Schiff seines apostolischen Schicksals und Auftrages wirklich flott wurde und freie Fahrt in die Welt hinaus bekam. Im Jahre 44, unter der Regierung des Claudius, finden wir Petrus immer noch in Jerusalem. Damit er es wagen konnte, als Apostel hinauszuziehen in die Welt und geradeswegs nach Rom in die Höhle des Löwen selbst zu gehen, mußte er vor allem jenes Erlebnis durchmachen, daß er sich in der Osternacht dieses Jahres durch einen Engel aus dem Kerker herausgeführt fühlte, nachdem am Karfreitag vorher der ältere Jakobus als der erste Märtyrer unter den Aposteln durch das Schwert des Herodes gefallen war. Die äußere Befreiung aus dem Gefängnis wurde dem Petrus zu einem inneren Kettenspringen, und so sehen wir ihn in der Folge dieser Geschehnisse, die im 12. Kapitel der Apostelgeschichte berichtet sind, nach Rom ziehen.

In Rom wurde er gastlich aufgenommen im Hause des Pudens,

der den Überlieferungen zufolge sein Haus auch für die Zusammenkünfte der dort schon vorhandenen Christengemeinde zur Verfügung gestellt hatte. Da wo also heute die Kirche Santa Pudentiana mit ihrem schönen alten Glockenturm steht, soll demnach Petrus gewohnt haben während der Zeit seiner römischen Wirksamkeit, die man doch wohl auf annähernd zwei Jahrzehnte bemessen muß. Auf dem Esquilinhügel, unauffällig inmitten der sich immer mehr ausbreitenden und cäsarisch emportürmenden Stadt, gab es ein Zentrum christlichen Gemeindelebens und apostolischer Wirksamkeit. Petrus vermochte es durch sein Wirken, die wesenhaften Spuren des Erdenlebens Christi, dessen Zeuge er gewesen, auf den kleinen Kreis der versammelten Getreuen auszustrahlen.

Immer wieder ballten sich die dramatischen Schicksale der Cäsarenzeit zu Gewitterwolken über den Häuptern der im Hause des Pudens Versammelten zusammen. Der Cäsarenkultus und der Cäsarenwahnsinn waren die Quelle stets neuer, unberechenbarer Bedrohungen. Mit jeder Zusammenkunft, die die Christen im Hause des Pudens vereinigte, wo sie den Worten des Petrus lauschten und das Sakrament feierten, setzten die Mitglieder der Christengemeinde ihr Leben aufs Spiel. Dann kam einmal eine grauenhafte Entladung des Gewitters: als im Jahre 64 unter Nero die Christenverfolgung ausbrach, erschienen die Häscher des Cäsars in der Nacht und schleppten alle hinweg, die mit Petrus in dem Hause auf dem Esquilin versammelt waren. Es war kein weiter Weg zurückzulegen bis zu den Gärten bei dem Goldenen Hause, wo die wildesten Orgien tobten. Es bildete einen Bestandteil des ekstatischen Rausches für den neronischen Hofstaat, das Blut der Christen fließen und die Flamme von den mit Pech und Naphta getränkten lebenden Fackeln emporqualmen zu sehen. Die Überlieferung sagt, daß am Morgen dieser grauenvollen Nacht die beiden Töchter des Pudens, Pudentiana und Praxedis, gekommen seien und die verstümmelten und verkohlten Leichname der Freunde hinaufgetragen hätten in ihres Vaters Haus, um sie dort in die Zisterne, die heute noch gezeigt wird, zu versenken. Das Erschütternde geschah, daß die Christen im Tode an derselben Stelle versammelt wurden, wo sie sich auch im Leben um Petrus und um das Sakrament versammelt hatten.

Petrus selbst, der damals schon ein Greis von mehr als 80 Jahren gewesen sein muß, wurde nicht in die Gärten des Nero geschleppt. Ihn verwahrte man in dem uralten Felsengefängnis des Carcer Mamertinus am Forum Romanum, bis man ihn zur Kreuzigung führte. In der gleichen Zeit soll auch Paulus, gesondert von der Gemeinde der Christen, durch das Schwert des Nero den Märtyrertod gefunden haben.

In den beiden Märtyrerstätten des Petrus und des Paulus liegt ein wunderbares Geschichtsmysterium beschlossen. Paulus ist in Trefontane enthauptet worden, einer Quellenstätte weit vor den Toren der Stadt in der südlichen Campagna. Dieser Ort ist mit den drei Kirchlein und den drei Quellen, die dort entsprungen sein sollen, wo das Haupt des Paulus zu Boden fiel, die aber wohl von Urzeiten her diesem Ort bereits den Charakter gegeben haben mögen, von einer ganz unsagbaren Stimmung umwoben. Man ist dort nicht nur von der Stadt Rom entfernt, sondern wie aus der ganzen räumlich-zeitlichen Welt entrückt. Ein Äthermysterium waltet dort auf quellkräftige Art, das die Stätte als eine übersinnliche Oase aus der ganzen Umgebung spürbar heraushebt. Es ist, als ob sich der Impuls, den Paulus durch das Damaskus-Erlebnis aus dem Übersinnlichen in die Menschheit hineingetragen hat, dort ein geographisches Symbolum geschaffen habe.

Ganz anders ist die Stätte, wo das Kreuz des Petrus stand. In dem Stadtteil Trastevere, der sich hoch über den ganzen Umkreis erhebt, gelangt man auch heute noch an einen Punkt, von wo aus man den allergroßartigsten Überblick über die ganze Stadt Rom und das silbrig-braune Band des Tiberflusses genießen kann. Das ist San Pietro in Montorio. Tief zu unseren Füßen breitet sich die Weltstadt aus. Drüben auf dem anderen Tiberufer sehen wir dicht aneinandergeschmiegt die sieben Hügel, auf deren Bezirk in alter Zeit die Stadt beschränkt war. Dort oben – heute ist die Stelle im Hofe der spanischen Akademie durch ein Tempelchen aus der Renaissancezeit, das Bramante geschaffen hat, gekennzeichnet – stand das Kreuz, an das der hochbetagte Greis mit dem Kopf nach unten geschlagen worden ist. Wie der überzeitliche und übersinnliche Impuls des Paulus sich in Trefontane symbolisiert, so hat die ganz und gar historische petrinische Strömung in dem hoch gelegenen San Pietro in Montorio eine geographische Verklärung gefunden. Angesichts der cäsarischen Weltstadt Rom und damit eigentlich angesichts der ganzen damaligen Welt, aber zugleich hoch darüber erhaben, hauchte Petrus seinen Geist aus. Welthistorische Größe wurde in die an und für sich unscheinbaren Ereignisse des apostolischen Zeitalters hineingeatmet durch die Gegenmächte, die vernichten wollten und eben dadurch das Geistige entbinden halfen.

III. URCHRISTLICHES IM UNTERIRDISCHEN ROM

Das urchristliche Leben hat je nach der Umwelt, in die es eintrat, die mannigfaltigsten Ausprägungen gefunden. Welch verschiedene Färbungen und Stimmungen gehen doch z. B. aus von dem Milieu und der inneren Haltung der griechischen und der römischen Gemeinden! In stille, parkartige Gärten müssen wir uns versetzen, um uns vorzustellen, was den Gemeinden von Ephesus oder Alexandrien das Gepräge gab. Nach Weisheit strebende, den griechischen Philosophenschulen ähnliche Kreise, die sich in solchen Parks und den darin befindlichen pavillonartigen Häusern trafen, bildeten den Kern dieser Gemeinden. Ein lichtes, leichtes Geisteselement durchatmete sie.

Ganz anders das Milieu der Gemeinde in Rom. Ihr Seelenantlitz war bestimmt durch das ernste Dunkel und die von Willenskräften schwere Atmosphäre in den Gräbergängen der Katakomben. Nicht Weisheit zu erlangen war die Sehnsucht derer, die sich dort unter der Erde versammelten, sondern Mut und Kraft, gläubige Herzenssicherheit, Anschluß an den Kräftestrom, der aller menschlichen Schwachheit zu Hilfe kommt.

Die römische Ausprägung des Urchristentums ist meist die einzige, die in unserem Bewußtsein lebt. In der Tat ist sie diejenige, die am unmittelbarsten in die Geschichte der Menschheit einzugreifen vermocht hat.

Das römische Urchristentum gibt uns, je mehr wir die von ihm hinterlassenen physischen Spuren kennenlernen, ein um so größeres Rätsel auf. Ebensowenig wie das Geheimnis der ungezählten Märtyrerschicksale, die sich in den Gärten des Nero, in der Arena des Kolosseums und an vielen ähnlichen Orten vollendeten, ist das Geheimnis der urchristlichen Katakomben aus bloßem menschlichen Heroismus und Bekennermut zu begreifen. Oben im hellen Tageslicht, im sichtbaren Bannkreis der »ewigen Stadt« türmten die Cäsaren, als ob sie maßlose Wahnträume mit magischer Gewalt physisch hätten verwirklichen wollen, ihre kolossalen Prunkbauten auf. Überall wurde das Menschenmaß überboten, übermenschliche Dimensionen allein vermochten dem Willen der Cäsaren zu genügen. Ganz gewiß nicht weniger imposant und übermenschlich ist die Welt, die von den ersten Christen im Umkreise um die Stadt Rom nach außen unscheinbar in die Erde hineingebaut worden ist.

Es gibt vor den Mauern und Toren Roms im ganzen Umkreis, im Süden, Osten, Westen und Norden, zahlreiche ausgedehnte unterirdische Katakombensysteme. Über dreißig solche labyrinthische Städtebauten sind uns bekannt, von denen die meisten mit ihren schmalen, in das Tuffgestein gehauenen Gängen eine Gesamtlänge von etwa 15 Kilometer erreichen. Der Flächenraum, den ein solches Katakombensystem einnimmt, ist natürlich nicht ein allzu großer, da sonst vielfach die Systeme einander in die Quere kämen. Hundertfältig verzweigen sich die Gänge, sich spiralförmig in die Tiefe bohrend, so daß gelegentlich fünf Stockwerke übereinander herlaufen. Überall sind in die Seitenwände der Gänge als lange schmale Rechtecke oder – für die Märtyrer – in halbkreisförmiger Gestalt Gräber eingehauen. Eine unermeßliche unterirdische Totenstadt sind die römischen Katakomben.

Man hat in den ägyptischen Pyramiden Bauten angestaunt, deren Zustandekommen schwer vorstellbar ist. Die Katakomben geben in der Tat, obwohl an ihnen eine Reihe von Generationen gebaut hat, ein nicht geringeres Rätsel auf. Man braucht sich nur zu überlegen, daß die Massen vulkanischen Tuffgesteins, die man aus den Felsen herausgehauen hatte, um die Gänge hineinzutreiben, auch immerfort aus den Gängen herausgeschafft werden mußten. Man begegnet rein durch den äußeren Bestand der Katakomben einer höheren Kraftquelle, aus der die ersten Christen auf selbstverständliche Art lebten und schufen und ausharrten in ihrem Tun. Das urchristliche Rom »unter Tage« konnte sich durchaus messen mit dem Cäsaren-Rom über ihm.

*

So sehr die Gleichartigkeit des Gesteins, das unterirdische Dunkel und der gleiche Gräberstadt-Charakter es nahezulegen scheinen, daß alle Katakomben einander gleichen, so sehr hat doch eine jede ihre eigene, ganz bestimmte Seele. Jede Katakombe ist ein Wesen für sich, mit dem man individuell vertraut werden und Umgang pflegen kann.

Die außerrömischen Katakomben von denen in Rom zu unterscheiden, ist schon auf den allerersten Blick möglich, da überall die räumlichen Verhältnisse andere sind. So haben die Katakomben in Syrakus auf Sizilien duch das Breitausladende ihrer Gänge, die zum größten Teil wohl schon vor der christlichen Ära bestanden haben, von vorneherein etwas Stolzes, Majestätisches. Die überaus eindrucksvollen Katakomben von San Gennaro in Neapel verhalten sich zu den römischen wie sich die Landschaft von Neapel zu der von Rom verhält. Nur halb unter der Erde gelegen und dadurch in den Bergabhang hinaufragend, tun sie vor uns immer wieder große kirchenartige Hallen auf, die von dem Labyrinth der Gräbergänge umkränzt sind. Dadurch haben sie etwas Grandioses, Machtvolles, ja fast Pathetisches.

Die römischen Katakomben dagegen sind, abgesehen von ihrer außerordentlichen Vielzahl, ganz und gar auf ihre innere Größe angewiesen. Diese aber begegnet uns überall in immer wieder neuer Seelenprägung. Die meistbesuchten Katakomben San Callisto im Süden an der Via Appia offenbaren in der Schlichtheit ihrer Gänge, von welcher der große Reichtum an Sakramentskapellen absticht, die Seelenlandschaft des urchristlichen Lebens auf eine besonders klassische Weise. Alle Ehre wird dem Sakrament gegeben: die Malereien und Sarkophagplastiken sind in den Kapellen vereinigt. Alles andere atmet eine vornehme Schlichtheit und Demut. Die benachbarten Domitilla-Katakomben lassen das Vornehme und einen gewissen Reichtum mehr in allem Äußeren in die Erscheinung treten. Es scheint etwas von dem alten Römerstolz dort mit hineinzuspielen. Nicht zufällig ist es, daß der Anfang dieser Katakomben später zu einer halb im Boden steckenden Basilika ausgebaut worden ist. Unter der Kirche San Lorenzo im Südosten sind Katakomben, die weniger Kapellen und kaum Kunstwerke enthalten, in denen aber rein durch die Natur des Ortes – die Gänge erweitern sich des öfteren zu natürlichen Tropfsteinhöhlen – die Majestät des Grabes und des Todes besonders spürbar ist. Die Katakomben unter Sant' Agnese im Norden sind, wenn man von den später eingebauten Ziegelsteinpfeilern absieht, ganz besonders schmale schlichte Gräbergänge. Es ist, als ob dort ein frühes franziskanisches Armuts- und Demutsideal beim Bauen mitgewirkt hätte. Die ebenfalls im Norden gelegenen Priscilla-Katakomben sind diejenigen, in welche am deutlichsten etwas vom antiken Mysterienwesen hineinspielt. Regelrechte Einweihungsbildfolgen von wunderbarer künstlerischer Durchseelung treffen wir dort an, die uns an die Einweihungsmalerei in der eleusinischen »Villa dei Misteri« zu Pompeji erinnern, und die sogenannte Capella graeca (griechische Kapelle) scheint uns unmittelbar vor Augen zu führen, wie das christliche Abendmahl von gewissen Kreisen des Urchristentums als Weiterführung und Erfüllung heiliger alter Mysterienfeiern erlebt worden ist. Die weit ausgedehnten Katakomben von San Pietro e Marcellino weit im Osten der Stadt haben etwas Volksmäßig-Primitives. Aber gerade hier ist es der große Reichtum an Sakramentskapellen und wenn auch etwas groben Malereien, der uns das Sakrament als die eigentliche Kraftquelle des urchristlichen Lebens zeigt.

Wie haben wir uns eigentlich die Entstehung der Katakomben am

Anfang zu denken? Die vorchristliche Welt kannte zweifellos, wofür es in Rom deutliche Beispiele gibt, seit langem unterirdische Kultstätten in Grotten und katakombenartigen Gängen und Kammern. Aber ich glaube nicht, daß größere Teile der christlichen Katakomben in Rom schon vorher bestanden haben.

Die Priscilla-Katakomben lassen uns da einen wertvollen Einblick tun. Als ihr Kern und Ausgangspunkt ist noch die vornehme vorchristlich-römische Familiengruft des Hauses, dem die Christin Priscilla angehörte, erhalten. Offensichtlich sind dort auch noch in christlicher Zeit solche Familienangehörige in Sarkophagen beigesetzt worden, die nicht Christen geworden waren. Wir haben uns also eine vornehme römische Familie zu denken, die vor den Toren der Stadt größere Ländereien besaß, in deren Boden sich auch die Familiengruft befand. Als ein Mitglied dieser Familie, Priscilla, sich der christlichen Gemeinde anschloß – vielleicht folgten ihr darin mehrere ihrer Verwandten nach –, wurde das der Familie gehörige Land der Gemeinde zum Bau von Katakomben zur Verfügung gestellt. Ähnlich müssen wir uns wohl die Entstehung auch der übrigen Katakomben vorstellen. Die Namen von einer ganzen Reihe von ihnen, Callixtus, Domitilla, Comedilla usw., lassen vor uns solche vornehmen und wohlhabenden Römer und Römerinnen erstehen, die den Weg zum Christentum gefunden und dann ihre Landgüter vor den Toren Roms zum Bau von Katakomben zur Verfügung gestellt haben. Wenn wir z. B. in die erst neuerdings gefundenen und noch nicht in größerem Ausmaße zugänglichen Comedilla-Katakomben – nahe bei denen der Domitilla – eintreten, so können wir uns eine Vorstellung bilden von der Lage der Stellen, von wo aus man in die unterirdischen Gänge und Kapellen gelangte. Der Eingang liegt heute inmitten von weiten brachliegenden, mit allerlei Schutt bedeckten Feldern, auf die man nur mit Mühe gelangt. So mögen zur Zeit der ersten Christen die Katakomben-Eingänge in den Feldern und Gärten versteckt gelegen haben, die im Besitz jener zur Christengemeinde gehörigen römischen Bürger waren.

Daß es gerade in der Gemeinde zu Rom so auffallend viele vornehme, wohlhabende Römer gab, ist kulturhistorisch von großer Bedeutsamkeit. Gerade in den Kreisen der aristokratischen römischen Bürgerschaft müssen damals viele aus Liebe zu den alten Römertugenden der Geradheit und Gerechtigkeit und zu dem Ideal der freien Persönlichkeit in innersten Gegensatz geraten sein zum Cäsarenkultus und seinen Auswirkungen. Als sie das Christentum kennenlernten, fanden sie dort erhöht ihre durch Verfälschung verlorengegangene Heimat wieder.

*

Eine wirkliche Überraschung bietet das unterirdische Rom, nunmehr im Bannkreise der Stadt selbst, demjenigen dar, der in der schönen altchristlichen Basilika von San Clemente in die Tiefe steigt. Zuerst gelangt man in eine geräumige Unterkirche, die unter der Basilika liegt, dann aber kann man noch ein weiteres Stockwerk tiefer steigen; und hier treten wir in eine der besterhaltenen Mithras-Grotten ein. Auf einmal sind wir aus dem Bereich der christlichen in den einer ganz anderen religiösen Menschheitsströmung versetzt. Der Raum scheint völlig unverändert, seit dort die feierlichen Liturgien und Mähler der Mithras-Mysterien zelebriert worden sind. Der Stuck ist noch an der tonnengewölbeartig sich rundenden Decke, durch den man den Eindruck einer natürlichen Felsengrotte hat erwecken wollen. Zu beiden Seiten laufen die steinernen Tische entlang, sich nach innen zu einer breiten Liegebank abstufend, wo die an dem Heiligen Mahl Teilnehmenden ihre Plätze hatten. Und das Ganze hat einen schönen Marmoraltar zum Mittelpunkt, auf dem die üblichen Reliefs den Sieg des Sonnenhelden Mithras über den Stier, die beiden Genien mit aufwärts- und abwärtsgestreckten Fackeln zeigen. Neben der Mithras-Grotte gibt es unten in der Erde Stellen, wo ganz uraltes, zyklopisches Grundgemäuer aus ältesten Zeiten Roms sichtbar ist. Auch trifft man dort auf die Grundmauern eines Wohnhauses aus urchristlicher Zeit, und, wie man in der Kirche Santa Pudentiana auf dem Esquilin die Überlieferung pflegt, dort habe einst Petrus gewohnt, so sagt man hier, es sei dies das Wohnhaus des Clemens Romanus gewesen, eines der ersten Bischöfe von Rom nach dem Tode des Petrus.

Der sich hier schürzende Knoten aus geschichtlichen Strömungen vieler Zeiten und Geistesarten wird schwer zu lösen sein. Vielleicht – und man kann sogar sagen wahrscheinlich – stehen wir hier vor einem Beispiel dafür, daß es im frühen Christentum zum Mithras-Kultus hin nicht nur eine radikale Gegensätzlichkeit, sondern gelegentlich sogar enge, freundschaftliche Beziehungen gegeben hat. Ist doch schließlich vieles von der Symbolik des Mithras-Dienstes in den Kultusbestand der römisch-katholischen Kirche übergegangen. Da, wo wir die Gestalt des Clemens, eines der ersten Führer urchristlichen Lebens vor uns erstehen lassen, empfangen wir einen Hinweis auf die innere Großzügigkeit und Weltoffenheit, die das Urchristentum besaß. Indem es sich im unterirdischen Rom beheimatete, machte es sich bewußt zur Fortsetzerin und Erfüllerin der Mysterienströmungen älterer Zeit. In den Krypten der romanischen Kirchen und Dome lebt von den Katakombenzeiten her etwas vom Mysteriencharakter des Urchristentums weiter.

Einen ganz andersartigen Einblick in das unterirdische Rom innerhalb der Mauern tun wir, wenn wir in der Kirche San Martino ai Monte in die Tiefe steigen. Diese Kirche liegt oben auf dem Esquilin, nahe bei den Kirchen Santa Pudentiana und Santa Prassede, also in dem Quartier, das in einem besonderen Sinn als das der ältesten Rom-Gemeinde bezeichnet werden kann. (Auch San Clemente liegt an den Abhängen des Esquilin, zum Monte Celio hinüber, wo sich im Lateran von frühen Zeiten her, bis es auf den Vatikan herüberrückte, das Zentrum der Papstkirche befand.) Die Kirche San Martino ai Monte, die heute ein Zentralsitz des Karmeliterordens ist, läßt schon von außen erkennen, daß sie auf enormen älteren römischen Bauten aufsitzt. Von der Unterkirche aus führen Gänge hinunter in ein ganzes Labyrinth von geheimnisvollen, unheimlichen alten Kultgelassen im Erdinneren. Was mag hier an Geschichtsrätseln im Boden stecken?

Diese Kirche war der Bischofssitz des Papstes Silvester I., der mit dem Cäsar Constantin dem Großen den verhängnisvollen Pakt schloß, durch den zwar das Christentum zur Staatsreligion erklärt und die Zeit der Christenverfolgungen beendet wurde, durch den dann aber auch das echte urchristliche Leben zu Ende ging und der ganze Strom römischer Dekadenz in das Christentum einbrach. Auf Silvester I. übertrug Constantin der Große das Amt des Pontifex maximus, des obersten Priesters in der Sammlung der in Rom zusammengeholten vorchristlichen Kulte, das von dem Cäsar Augustus her drei Jahrhunderte lang den Anspruch des Cäsarenkultus begründet hatte. Die geistige Sukzession, aus der heraus die Cäsaren ihre dämonisch gewordene Vollmacht schöpften, ging durch das Konkordat zwischen Constantin und Silvester auf den christlichen Bischof von Rom über. Daß sich Silvester I. zum Träger dieses Stromes machte, ist ja eigentlich gar nicht zu verstehen, wenn er nicht vorher bereits geliebäugelt hat mit allerlei dunklen, dekadenten unterirdischen Kulten, die es im Umkreise des Cäsarenthrones gab. Das Wirrwarr von unterirdischen Gängen und Räumen unter der Silvester-Kirche könnte der Schauplatz dieser unreinen Vermischung sein, durch die das urchristliche Leben von dem päpstlichen Machtprinzip abgelöst worden ist. Unter San Clemente sehen wir die souveräne Weite des Urchristentums, geknüpft an einen der ersten Bischöfe Roms. Unter San Martino ai Monte sehen wir die Paktier- und Kompromißbereitschaft der Machtkirche, personifiziert in der Gestalt des ersten Papstes, der zu der Petrus-Sukzession die der Cäsaren hinzufügte.

In den Agnes-Katakomben, die ursprünglich ein physischer Ausdruck der »geistlichen Armut« der ersten Christenheit war, begegnen wir den Spuren Silvesters I. wieder. Neben der Kirche Sant' Agnese steht das Mausoleum der Constanza, der Tochter Constantins des Großen. Silvester I. scheint sich recht höfisch im Bannkreis des Cäsars gehalten zu haben, dem er seine Machtstellung verdankte. Und so war er bestrebt, dort seine Grabstätte vorzubereiten, wo die Mitglieder des kaiserlichen Hauses ihre Gruft hatten. Deshalb baute er die zuerst ärmlichen Agnes-Katakomben pompös aus, die schmalen Gänge, wo es irgend angängig war, erweiternd und durch breite Ziegelsteinwände und -pfeiler stützend. Und in das Katakombensystem baute er eine unterirdische Basilika hinein, die dann auch tatsächlich eine Zeitlang sein Grab enthalten hat. Ein unauffälliges, aber sprechendes Symbol für die Verfälschung und Entartung des Urchristentums zur Constantin-Zeit entstand so durch die Veränderungen, die in der Agnes-Katakombe vorgenommen worden sind.

*

Dem Vordringen zu einer wirklichen Anschauung des Urchristentums in Rom hat vielfach eine einseitig kunsthistorische Betrachtungsart im Wege gestanden. Ist man bloß auf den Wechsel und die Datierung bestimmter künstlerischer Stile in Malerei, Mosaik und Reliefplastik eingestellt, so kann man sehr leicht an einem außerordentlichen Seelenumschwung vorübergehen, der sich in der Zeit des ersten Christentums bis in die uns erhaltenen Kunstwerke hinein einen Ausdruck geschaffen hat.

Die namenlosen Künstler, die in den Katakomben die Wände der Kapellen mit Malereien schmückten, Sarkophage mit Reliefplastiken und in den Chor-Apsiden der frühen Kirchen Mosaikbilder schufen, bedienten sich mit unbekümmerter Selbstverständlichkeit der im zeitgenössischen Römertum ausgebildeten Kunstmittel und Stile. Die Malereien weichen im Stil zunächst keineswegs ab von denen, die wir aus den reichen Bürgerhäusern in Pompeji kennen, und die christlichen Steinsärge führen einfach die Stiltradition der antiken römischen Sarkophage weiter. Und dennoch ist es, als ob in leergelaufene Gefäße ein völlig neuer glühender Inhalt, als ob in einen entseelten Leichnam eine neue starke Seele hineingegossen worden wäre. In dem Rundbau von Santa Constanza, dem Mausoleum der Töchter und der Schwester Constantins des Großen, haben wir, obwohl es ein christlicher Kultraum ist, an Wand und Kuppel typische Beispiele der spielerisch und seelenleer gewordenen pompejanisch-römischen Mosaikenfelder. Es ist sofort zu erkennen, daß sie, obwohl erst in constantinischer Zeit entstanden, von Künstlern stammen, die zwar die Kunstmittel der Zeit beherrschten, deren Seele aber vom Christentum noch nicht ergriffen worden war. Vergleichen wir damit auch nur die schlichtesten Malereien an den Wänden der christlichen Katakomben, begeben wir uns z.B. von Santa Constanza in die nicht weit entfernten Priscilla-Katakomben, die reich an Malereien sind, so können wir leibhaftig mit Augen vor uns sehen: den Einzug des Christus-Impulses in das künstlerische Schaffen. Einige wenige Szenen aus dem Alten Testament und aus den Evangelien kehren immer wieder, aber in ihrer fast schematisch-siegelhaften Zusammenraffung offenbart sich eine solche höhere Willenssicherheit und fast magische substantielle Prägnanz, daß wir durch sie hindurch schließlich in die Sphäre hineinzuschauen vermögen, in welcher die Quellen der Kraft und des Mutes für die früheste Christenheit erströmten. Nichts von der weich-süßlichen Gefühlserbaulichkeit späterer christlicher Kunst und Christus-Darstellungen ist hier anzutreffen. Eine streng jugendstraffe Herbigkeit, nicht nur in Antlitz und Gestalt des jugendlich dargestellten Christus, sondern in den ganzen Szenen, offenbart den im Geistigen gegründeten Willenscharakter des römischen Urchristentums.

Der Inhalt der am häufigsten dargestellten biblischen Szenen legt es zunächst nahe, die aus den Malereien und Plastiken hervorstrahlende Kraft nur als das heroische Sich-zur-Wehr-Setzen gegenüber den konkreten Dämonien der Verfolgungszeit aufzufassen. Da gestalten die Künstler immer wieder das Bild der drei danielischen Jünglinge im Feuerofen oder das des Daniel in der Löwengrube. Oben in den Gärten des Nero wurden tatsächlich die Mitchristen als lebendige Fackeln verbrannt; in der Arena des Kolosseums wurden sie den Löwen vorgeworfen. Man könnte denken, durch die Katakombenkunst hätten sich die ersten Christen Bilder des durch Feuer und Bestien nicht zu vernichtenden unsterblichen Menschenwesens vor Augen gestellt, um sich so Mut zuzusprechen in den Martyrien. Und auch die überall anzutreffenden Darstellungen der Geschichte des Propheten Jonas und der Lazarus-Auferweckung könnte man zunächst in dieser Art auffassen. Aber alle diese Bilder wollen weit mehr besagen. Sie wollen viel unmittelbarer von dem urchristlichen Christus-Erlebnis her verstanden werden, deshalb fügen sich auch in gleicher Willensgröße zu den Todesüberwindungs-Bildern solche vom Wasser aus dem Felsen, von der Verwandlung des Wassers in Wein, von der Brotvermehrung hinzu. Überall steht die Gestalt des jungen strengen Christus mit ausgestrecktem Stabe vor uns. Die Bilder sprechen nicht von menschlichem Heroismus, sondern von der souveränen magischen Kraft der Christuswesenheit, die man als real gegenwärtig erlebte. Oben steigerte sich die cäsarische Welt rauschhaft in ein magisch-übermenschliches Element hinein, in Wirklichkeit untermenschliche Gewalten entfesselnd. Unten an den Gräbern fühlte man sich in Wahrheit durchströmt von göttlich-magischer Kraft. Der Christus selbst tat seine Wunder in den Menschen und durch sie.

Es kann einem so gehen, daß einem in dieser Richtung Malereien oder Mosaiken und besonders Sarkophagplastiken durchsichtig werden. Dann kann ein einziges solches Relief etwas wie eine überirdisch heimatliche Kraftsphäre um einen ausbreiten. Und besucht man das Lateranmuseum, das solche Sarkophage in großer Zahl enthält, so ist es, als wäre man einem Evangelium höherer Art, dessen Worte und Buchstaben unmittelbar aus Christus-Willenskräften bestehen, gegenübergestellt.

Diese urchristliche Kunst, in die der Christus-Impuls eingezogen ist, hat reiche Nachkommenschaft hervorgebracht, so daß ein Nachklang ihres Mysteriums durch die Jahrhunderte fließt. Die Mosaiken von Ravenna, vor allem die hoch oben an der Decke von Sant Apollinare Nuovo entlanglaufende Evangelienbildfolge, die romanische Plastik an den Tympana und Säulen der Kirchen- und Domportale, sie sind die rechtmäßigen Fortsetzungen und Krafterben der von ungenannten Künstlern des Urchristentums geschaffenen Katakombenkunst.

(Eine Schwesterströmung der urchristlichen Kunst hat der Mithras-Kultus hervorgebracht. Die Mithras-Altäre – ein ganz besonders prächtiger ist in Heddernheim gefunden worden und war im Museum zu Wiesbaden aufgestellt – und die in ihrem Umkreis entstandenen römischen Reliefplastiken stellen eine durchaus eigene Welt dar gegenüber der im Römertum sonst üblichen plastischen Kunst, die stets im Gleise der Griechentums-Nachahmung blieb. Wir begegnen da einer ähnlichen magischen Herbheit, einer ähnlichen

Monumentalität der Kontur wie auf den urchristlichen Sarkophagen, wenn auch wieder mit einer eignen, mehr nach dem Kosmischen gehenden Nuancierung. Die im römischen Heere lebendigen Mithras-Mysterien, so möchte man bereits aus der inneren Haltung der dort entstandenen Kunstwerke schließen, waren, wo sie nicht der Dekadenz verfielen, eine gleich dem Urchristentum dem Cäsarenwahn entgegenwirkende Strömung, die bestrebt war, den neu in die Welt eingetretenen geistig-kosmischen Impuls einzufangen und zu pflegen. Tragischerweise vermochte das frühe Christentum den Mithras-Verehrern schon nicht mehr zu zeigen, daß der, den sie Mithras nannten, der gleiche war, wie jener, der in den Katakomben als der auferstandene Christus erlebt wurde.)

*

Das Rätsel, das uns überall im unterirdischen christlichen Rom begegnet, in den gigantischen Dimensionen der Katakombensysteme, in der inneren Haltung der dort beheimateten Kunstwerke, löst sich uns in den Sakramentskapellen, in welche wir seitlich der Gräbergänge überall eintreten können: Im Vollzuge des Sakramentes berührten und erfüllten sich die ersten Christen mit der wunderwirkenden, todüberwindenden Kraft der real gegenwärtigen Christuswesenheit. Im Sakrament erströmten ihnen die Quellen des kosmischen Willens, von dem sie sich getragen fühlen durften.

Auffallend ist, daß die Sakramentskapellen außerordentlich klein sind. Stellen wir uns vor, daß darin die heilige Handlung zelebriert wurde, indem ein Märtyrergrab zum Altar des Brotes und des Weines gemacht wurde, so konnte dabei höchstens eine Gemeinde von zwölf Menschen stehend gegenwärtig sein. Ein Prinzip tritt in Erscheinung, das uns auch in allen Mithräen, den Sakramentsräumen des Mithras-Kultus, begegnet: es wurde nicht Wert auf große Beteiligung von seiten der Erdenmenschen gelegt; alles kam auf die Intimität an, durch welche das Anwesendsein der helfenden Genien aus anderen Sphären gewährleistet wurde. Auch die Mithras-Grotten fassen, obwohl zu der Kultgemeinschaft sicherlich stets eine sehr große Zahl von Menschen gehörten, nur eine kleine gläubige Gemeinde. Es muß die Liturgie sehr oft vollzogen worden sein, um allen Anteil am Sakrament zu gewähren; jedesmal war das Wesentliche die Gegenwart der geistigen Mächte. So muß auch das sakramentale Leben in den Katakomben vorgestellt werden. Die allergrößte Intimität und Andacht und Innigkeit, fern von jeglicher Massenwirkung, beherrschte alles. Es mögen sich uns Bilder vor die Seele stellen, wie in einer Kapelle still die Handlung zelebriert wurde. Weit umher sind die Gänge und Nachbarkapellen von Andächtigen erfüllt, die weder durch das Auge, noch durch das Ohr unmittelbaren Anteil haben; aber sie wissen von der Anwesenheit des Mysteriums und fühlen es tief. Das feuchte kalte Dunkel wird durch den matten Schein kleiner Öllämpchen erhellt. Und wenn die Handlung zu Ende ist, gehen die Andächtigen in langen geduldigen Zügen, einer hinter dem anderen, da die Gänge nur immer für einen Menschen breit genug sind, am Eingang der Kapelle, in der zelebriert worden ist, vorüber, um aus der Hand des Priesters die Kommunion zu empfangen.

Ein Wunder geschieht. Die Wandlung, die auf dem Altare vollzogen wird, setzt sich fort in alle Seelen. Und die Umwelt verwandelt sich mit. Das feuchte kalte Dunkel weicht einer sonnenwarmen Seelenlandschaft. Und die vielen Trauergräber rings umher fangen an, eine andere Sprache zu sprechen. Als anwesend fühlen alle Lebenden die Seelen der Verstorbenen. Sie leihen ihnen Mund und Ohr, damit auch sie in die Kommunion einbezogen sein können. Helfende Liebe strömt aus den Herzen der Erdenmenschen, und erfüllender Segen kommt als Antwort zurück, besonders von den Seelen der Märtyrer, die, zu früh aus dem Irdischen gerissen, Kräfte freibehalten haben, die sie jetzt der auf Erden weiterwirkenden Gemeinde als Beseelung spenden können. Alles Seelenweben aber ist zusammengefaßt und göttlich-kosmisch überhöht durch die gegenwärtige Seelenkraft des größten aller Märtyrer, auf den das Bild vom guten Hirten im Zenit aller Sakramentskapellen deutet.

KURZE REISE NACH OBERITALIEN HERBST 1938

Im September 1938 folgte ich dem dringenden Bedürfnis nach einer kurzen Ausspannung und reiste ohne lange Vorbereitung nach dem Süden. Die Fülle der neuen und großen Aufgaben und Verantwortlichkeiten, die mir durch den Tod Friedrich Rittelmeyers im März des Jahres auferlegt worden waren, hatte mich auch im Sommer keinen Augenblick zur Ruhe kommen lassen, geschweige denn, daß ich hätte daran denken können, wie in den vier Vorjahren mir durch die Arbeit an einem Buche eine Zeit der Zurückgezogenheit zu verschaffen. Nun dachte ich, vor Beginn der herbstlichen Vortragsreisen doch wenigstens eine Woche fortzukönnen. Daß ich trotz der knappen freien Zeit nach Italien fuhr, entsprang einesteils dem Wunsche, schnell einmal gründlich von allen Verantwortungen Abstand zu gewinnen. Dann aber war es darin begründet, daß ich mit meinen Lieblingsarbeiten über das Fortströmen des urchristlichen Impulses an einen Punkt gekommen war, wo ich bestimmte neue Wahrnehmungen brauchte.

Längst war mein bereits aus den Knabenjahren stammendes Interesse an der romanischen Architektur mit meinen Bemühungen, über das Urchristentum und seine Formensprache ins reine zu kommen, zusammengeflossen. Ich hatte sehen gelernt, daß die ernste schwere Schönheit der romanischen Bauten eben davon herrührt, daß darin die gleichen Bildekräfte weiterwirken, deren sich an den Wänden der Katakomben, in den Reliefplastiken der Sarkophage, in den Bildern der frühen Mosaiken der urchristliche Geist bedient hat, um sich einen künstlerischen Ausdruck zu geben. Die frühchristlichen Basiliken in Rom und Ravenna sind die unmittelbarsten Zwischenglieder.

Auch den Schritt hatte ich bereits tun können, der von den frühchristlichen Basiliken des Südens und den romanischen Kirchen und Domen in Deutschland hinführt zu den romanischen Kirchen Italiens, die aus dem 10., 11., 12. Jahrhundert stammen und die in Oberitalien von Anfang an die Tendenz zu einer gewissen Fülle von Schmuck und Pracht offenbaren. Dieser Schritt ist gar nicht so selbstverständlich, wie man zunächst glauben möchte. Eben weil in Italien die Stilperiode der Gotik im großen und ganzen übersprungen worden ist (von einigen wenigen Bauten wie dem Mailänder Dom abgesehen) und weil also die Bauimpulse, die sich in Deutschland und Frankreich in der Gotik ausgelebt haben, in Italien mithineingeflossen sind in die romanischen Formen, ist die romanische Architektur dort etwas für sich. 1935 war ich z.B. durch den kurzen Aufenthalt in Lucca erst voll darauf aufmerksam geworden, welche Fülle von wunderbaren romanischen Kirchen es in Oberitalien gibt.

Meine Absicht war es nun, in schneller, kurzgedrängter Folge zahlreiche oberitalienische Städte zu besuchen, um einen anfänglichen Überblick zu gewinnen über romanische Bauten, die es dort gibt. Bei der Gelegenheit wollte ich auch den Anfang damit machen, Oberitalien des näheren kennenzulernen. Auf den früheren Reisen hatte ich mich immer in erster Linie auf die Mitte und den Süden des Landes eingestellt, denkend, daß es leicht noch öfter Gelegenheit geben würde, den nähergelegenen Norden zu besuchen.

Ich hatte mich zunächst nur für 5–6 Tage freigemacht und wollte, indem ich mit dem Nachtzug sogleich bis Mailand durchfuhr, den kurzen Zeitraum so gut wie möglich ausnützen. Der Zug war jedoch in meiner 3. Klasse so überfüllt, daß ich mich in Zürich von den Freunden, die zum Bahnhof gekommen waren, überreden ließ, erst in der Frühe des nächsten Tages weiterzufahren. So hatte ich eine schöne, ruhige Fahrt in einem fast leeren Zuge am Vierwaldstätter See entlang, über den Gotthard und dann durch die Welt des Lago Maggiore und des Comer Sees. Am Nachmittag traf ich in *Mailand* ein, das noch recht in hochsommerlicher Licht- und Wärmefülle dalag und durch alle Geschäftigkeit hindurch eine lässige Schläfrigkeit spüren ließ. Abgesehen von einem ganz kurzen Gang zum Dom in der noch schlafbefangenen Morgenfrühe des Heimreisetages 1925 war ich nur 1928 auf ein paar Stunden in Mailand gewesen. Damals war mir die Stadt eher als eine deutsche Großstadt erschienen, eine Art südliches Düsseldorf. Mir waren nicht nur die vielen blonden, sondern auch die vielen deutschsprechenden Menschen aufgefallen. Ich war, da ich die Reise dort begonnen hatte, innerlich noch nicht in Italien durch das, was ich sah. Jetzt, zehn Jahre später, gewann ich jedoch bald ein Verhältnis zur Stadt. Ich war geradezu erstaunt, eine wie deutlich geprägte Seele sie hat trotz oder vielleicht auch wegen ihrer weiten Weltläufigkeit. Im Nachklang der eineinhalb Tage, die ich dort war, glaubte ich sogar, die frühchristliche Schicht deutlicher und für die innere Stadtphysiognomie bestimmender durchzuspüren als in den meisten anderen alten Großstädten.

Ich mietete mir ganz in der Nähe des Domes ein Zimmerchen und ging tapfer daran, mich mit dem Dom, obwohl er für mich immer ein abstoßendes Ungetüm blieb, anzufreunden. Ich mußte viel an die Begeisterung und Erhebung denken, mit der ein Christian Morgenstern vor diesem Bauwerk gestanden hat. Aber ich vermochte auch jetzt keineswegs, an diesen Gefühlen auch nur von weitem teilzunehmen. Die konditormäßige Pracht und Fülle von Fialen und Statuen und Ornamenten, alles in dem hier kalt und seelenlos wirkenden weißen Marmor, ließ mich die Sehnsucht nach der herben dunkleren Wärme der romanischen Bauart, auf deren Spuren ich in diesen Tagen wandeln wollte, doppelt lebhaft empfinden. Der Generationen-Unterschied zwischen unseren Vätern und uns drückt sich vielleicht nirgends anschaulicher aus als in der Vorliebe für die Gotik bei jenen und in dem neu erwachten Sinn für die Zeit der romanischen Architektur bei uns. Offenbar tritt hier eine verschiedene karmisch-historische Verwurzelung der beiden Generationen zutage. Ich versuchte vorwärtszukommen, indem ich von der Lage des Domes im Stadtgrundriß ausging, denn ein ausgezeichneter und für die Stadtgründung maßgeblicher Punkt ist die Stelle, an der sich jetzt der Riesenbau erhebt, immer gewesen. Nicht nur stand hier einst die romanische Marienkirche, die zu ihrer Zeit als eines der größten Gotteshäuser galt. Es müssen hier auch die Heiligtümer der vorchristlichen Zeit konzentriert gewesen sein. Ich bestieg das Dach und umschritt dort oben das Ganze inmitten eines weißen Marmorwaldes. Mir ging es um den Überblick über die Stadt, den ich so gewinnen wollte. Aber so konnte nur eine anfängliche Orientierung entstehen, zu der allerdings gehörte, daß ich ein Gefühl für die rings um dieses Zentrum herum ausstrahlenden Stadtgebiete bekam. Mehr nicht nur von der Stadt, sondern auch von der weiteren Lombardei hätte ich wohl gesehen, wenn ich noch zu der Marienfigur, die sich hoch oben auf dem Vierungsdachreiter erhebt, emporgestiegen wäre. Später erst machte ich mir klar, daß man von dort aus bei klarer Luft sogar die Alpen sehen kann. Das muß einen Eindruck geben, der auch historisch erleuchtend ist, weil dadurch die Stimmung der Kaiserzüge lebendig wird, die über die Schneehöhen nach Rom führten und wieder in die deutsche Heimat zurück.

Ich suchte mir nun zu Fuß den Weg nach der Kirche des heiligen Ambrosius am Westrande der Altstadt. Seit ich hier vor zehn Jahren schon einmal eine schöne Stunde des ruhevollen Versenkens zugebracht hatte, war mir der Ort tief heimatlich geworden. Auch hier ist ein uraltes Zentrum, wahrscheinlich eben der Mittelpunkt des frühchristlichen Lebens: denn hier war der Bischofssitz des Ambrosius selbst. Es kann sein, daß einige älteste Teile des Baues fast oder ganz bis in die Zeit des Kirchenvaters zurückreichen. Es stimmt mit den geschichtlichen Tatsachen überein, daß mir damals die große ummauerte rechteckige Vorhalle wie der Garten erschienen war, in welchem der alte Ambrosius seiner Meditation nachging. Ich konnte mich jetzt gar nicht satt sehen an den mythischen Tierskulpturen und den wunderbar kraftvoll-stillen Formen der Portale, an dem dämmrigen Innern mit den wuchtigen, die Emporen tragenden Säulen, an den Reliefszenen unter und an der Kanzel und schließlich an dem Ganzen mit den beiden so verschiedenartigen Türmen, wie man es vom Vorhof und auch von den östlich angrenzenden Plätzen aus sieht. Ich wüßte – jedenfalls außerhalb Deutschlands – keine romanische Kirche, die mir lieber wäre. Da ich damals schon an meinem Buch über die »Kindheit und Jugend Jesu« arbeitete, zog mich das Borgognone-Bild vom »zwölfjährigen Jesus im Tempel«, das sich damals im nördlichen Seitenschiff befand, mächtig an. Jetzt erst war ich voll aufmerksam darauf, wie deutlich und doch auch taktvoll das Geheimnis durch die verschiedene Farbe an den Gewändern der beiden Jesus-Gestalten sichtbar gemacht ist. Schließlich mußte ich mich losreißen; der Abend kam langsam hereingesunken. Ich wanderte zu dem mittelalterlichen Kastell, der machtvollen Stadtburg, die ein drittes, wenn auch ganz weltliches Zentrum der Stadt darstellt. In die inneren Höfe des Kastells konnte man nicht gehen, weil sie für die dramatischen Darbietungen einer Freilichtbühne hergerichtet waren. Kurz entschlossen kaufte ich eine Einlaßkarte für diesen Abend und sah dann inmitten einer riesigen Zuschauermenge einer hochdramatischen Tragödie zu, von deren Text ich allerdings wegen der zu großen Entfernung wenig verstand. Erst als schon der Sternenhimmel funkelte, war die Vorstellung zu Ende. Die grandiose Szenerie der Türme mit ihren Zinnen, zu deren Füßen die Bühne winzig klein erschien; der Ort, an dem man sich befand; das gewaltige spätsommerliche Firmament mit seinen Lichtern: das alles brachte mir erst allmählich zum Bewußtsein, daß ich nun wirklich in Italien war. Am Abend zuvor war ich noch in Stuttgart gewesen.

Am nächsten Tage machte ich mich auf den Weg, die anderen romanischen Kirchen aufzusuchen, insbesondere diejenigen, die die Zerstörung der Stadt durch Barbarossa überstanden haben. So kam ich in allen Himmelsrichtungen durch die große Stadt, weil die alten Kirchen fast alle weit draußen am Rande der Altstadt, um den ganzen Ring herum, liegen. Ich ging nirgends in die Einzelheiten. Vielmehr wollte ich durch den überschauenden Anblick der einzelnen Bauten Fühlung suchen mit der urchristlichen Schicht, gespannt, ob sich mir wie aus Rom so auch aus Mailand die Figur einer geistigen Stadt herauslösen würde. Am Nordrande kam ich, nicht weit vom Kastell, nach S. Simpliciano. Alle diese Kirchen sind, wie mir hier schon auffiel, aus rötlich-braunen Backsteinen erbaut, was zu einem Vergleich mit der so völlig anders gestimmten norddeutschen Backstein-Gotik anregt. Die Portalfassade der Kirche, die in einer stillen Nebenstraße liegt, ist (offenbar durch gute Wiederherstellung) besonders rein und klar. Am Ostrande liegt Santa Babila, ein kleines Kirchlein, das mitten im belebtesten Großstadtgetriebe wie ein Kleinod daliegt, zugleich mit allerlei an die antike Welt gemahnenden Stücken geschmückt. Ganz im Süden liegt San Celso, ein wunderbares frühchristliches Kirchlein, in einem verwilderten Garten ganz versteckt, angeschmiegt an die Rückseite einer bombastisch in die Höhe ragenden Barockkirche (S. Maria presso San Celso). Hier blitzt zwischen den Zeilen des Greifbaren das frühchristliche Milieu fast noch unmittelbarer hervor als in S. Ambrogio. Es bekam für mich noch einen besonderen Akzent durch den wunderbaren großen Sarkophag mit Evangelienszenen, der in einer Kapelle der Barockkirche steht. Ich war froh über diese Entdeckung, da es in der Tat gar nicht so einfach ist, zu dem versteckt liegenden Rest des romanischen Kirchleins vorzudringen. Von hier aus war ich noch einmal lange in S. Ambrogio. Ich hatte die ganze Stadt umwandert. Am Nachmittag suchte ich mir das Kirchlein San Sepulcro, das in der Stadtmitte liegt, gleichsam einen Mittelpunkt andeutend, von dem aus Strahlen zu den an der Stadtperipherie gelegenen Kirchen gehen. Nun ging es südwärts nach San Lorenzo, das als die älteste Kirche Mailands gilt. Aus dem monumentalisch auf allen Seiten barock erweiterten Zentralbau noch etwas von dem ältesten Zustand herauszulesen, ist nicht leicht. Vielleicht war die ursprüngliche Bauform ähnlich wie die von San Vitale in Ravenna. In dieser Kirche befanden sich die Reliquien der Heiligen Drei Könige, bevor sie nach Köln geschafft worden sind. Die Kirche hat am Stadtrande eine ziemlich verwahrloste Umgebung, insbesondere hinter den vielfachen großen Apsisrundungen der Ostseite. Dennoch hat das Milieu einen Reiz, der mir lange nachging und der mich zu dem Wunsch veranlaßt, hier noch einmal genauer nachzuspüren. Ganz in der Nähe sind auch die einzigen antiken Überbleibsel der Stadt: ein Portikus mit vielen Säulen. Noch weiter im Süden, außerhalb des alten Weichbildes der Stadt, liegt S. Eustorgio. Nur noch andeutungsweise ist hier etwas von der alten romanischen Gestalt zu erkennen. Durch die Erneuerungsbauten der verschiedenen Zeiten ist alles ins Riesenhafte gesteigert. Allein schon der Campanile ist, obwohl in den Formen noch romanisch bleibend, in seiner gigantischen Höhe und Wucht bereits ein Ausdruck des Bauwillens, der im Norden die Gotik geschaffen hat.

Auf den Wegen kreuz und quer durch die Stadt sah ich manchen prächtigen Renaissance-Palast mit wunderbaren Höfen, auch noch dies oder jenes Denkmal des hohen Mittelalters wie um die Piazza dei Mercanti herum. Wesentlich war mir jedoch allein die leise aufdämmernde frühchristliche Figur. Zuletzt besuchte ich im Westen vor der Stadt Santa Maria delle Gracie, die schöne Renaissance-Kirche mit dem polygonen Kuppelaufsatz von Bramante. Dort ist im ehemaligen Klosterrefektorium Leonardo da Vincis Abendmahl. Dies ist doch dasjenige Kunstwerk der Renaissance, in welches am unmittelbarsten die urchristliche Strömung einmündet, mehr noch als in die Malereien Michelangelos in der Capella Sixtina, mehr auch als in die Bilder Raffaels in den Stanzen. Schon allein in formaler Hinsicht: die Bilder von der Abendmahlsrunde in den Sakramentskapellen der S. Callisto-Katakombe oder in der Capella graeca von Santa Priscilla kommen hier zur Vollendung. Der Geist und die Stimmung des Coenaculums vom Zionsberge wird beschworen. Zugleich aber ist in die Darstellung der Apostelgestalten schon der ganze schmerzlich errungene Individualitäts-Impuls der mündig werdenden Menschheit mit aufgenommen. Es hat für die neuere Geschichte des Christentums etwas Erschütterndes, sich klarzumachen, daß zu Ende des 15. Jahrhunderts dies Bild gemalt worden ist, drei Jahrzehnte bevor die Reformation durch die verhängnisvolle Diskussion über das Abendmahl den unheilbaren Riß erhielt zwischen Luther und Zwingli und ihren Kreisen.

*

Der dritte Tag meines Italien-Aufenthaltes führte mich in die Stadt, die für diesmal die wichtigste Entdeckung und Begegnung darstellte: ich kam am Nachmittag in *Pavia* an. Zunächst dringt aus der verstaubten Stille des Nestes kein deutliches Wort hervor. Aber das ist ja auch in Ravenna so. Die Ähnlichkeit beider Städte ist groß, wenn sie auch nicht ganz an der Oberfläche liegt. Auch Pavia war neben Verona und Ravenna eine Residenz »Dietrichs von Bern«, des Ostgotenkönigs. Wichtiger aber noch ist die Rolle, die Pavia nach dem Untergang des Ostgotenreiches als Hauptstadt der Langobarden und, nach der Begründung des deutschen Kaisertums durch Karl den Großen, als Residenz- und Krönungsstadt der deutschen Kaiser, insofern sie zugleich Könige von Italien waren, gespielt hat. Das Stadtbild Pavias ist längst nicht so unscheinbar wie das von Ravennna. Der Ticino, der sich ganz in der Nähe in den Po ergießt, belebt, erhöht und dramatisiert das Antlitz der Stadt. Ich ging deshalb auch bald zum Strom hinunter und überschritt die malerische gedeckte Brücke. Vom anderen Ufer her sieht man die reiche Stadtsilhouette mit ihren Türmen. Es zeigt sich sogleich: hier war ein Brennpunkt vieler Geschicke.

Ein Gang durch die Stadt selbst kann im ersten Augenblick sehr enttäuschend sein. Eine trostlosere, unaufgeräumtere Gegend ist nicht leicht vorzustellen als die ineinandersteckenden Plätze um die Kathedrale herum. Der Dom ist brutal gigantisch mit seiner fast 100 Meter hohen Vierungskuppel, die offenbar möglichst nahe an die Kuppel von St. Peter heranreichen sollte. Das Äußere des innen mit Prunk überladenen Barockbaues ist unfertig und ungepflegt. Die Plätze sind nicht einmal eingeebnet. Vielleicht daß der anstoßende Marktplatz, wenn auf ihm die Schätze des Landes feilgeboten werden, aus dem Schlaf der Häßlichkeit erwacht und dann etwas von seinem Leben und Zauber an die Umgebung des Domes abgibt. Um so größer war meine freudige Überraschung, als ich, von der Kathedrale kommend, auf einmal vor der Kirche stand, die wesentlich unscheinbarer, dennoch eines der wunderbarsten Kleinodien alter Baukunst überhaupt ist: San Michele. Die abgelegene Straße war zu jener Stunde völlig menschenleer. Etwas von der staubigen Stille von Ravenna breitete sich um mich herum aus. Ich staunte an der verwitterten grün-gelblichen Sandsteinfassade empor. Über jedem der drei

Portale steht in feierlicher Würde die Gestalt des Erzengels Michael, die Füße auf den besiegten Drachen gestellt, Szepter und Reichsapfel in der Hand. Aber diese Reliefs sind nur die Sammelpunkte für eine schier überquellende Fülle von Figuren, die um die Portale herum und in zahlreichen Bildbandstreifen, horizontal an der Fassade entlanglaufend, in den hellen Stein gehauen sind: das ganze Ingesinde mythischer Tier- und Elementarwesengestalten ist aufgeboten zu einem rätselhaft heidnischen Schmuck am christlichen Gotteshaus. In der Höhe mündet die Fassade in einen flachen Dreiecksgiebel ein, der aber von einer überaus bewegten Giebelgalerie mit romanischen Säulen und Rundbogen belebt wird. Der Augenblick, als ich diese Michaelskirche zum ersten Male sah, gehört für mich zu den seltenen Momenten, wo man sich blitzartig von etwas getroffen fühlt, das der Seele sofort höchste Bewunderung und Verehrung abnötigt. Ich hatte in Deutschland und auch in Italien schon schöne Beispiele der romanischen Tierplastik gesehen, wie sie, scheinbar von den Langobarden stammend, in den Dienst der Baukunst gestellt worden ist: an der Johanniskirche in Schwäbisch Gmünd, in Quedlinburg, in Schwärzloch, einem ehemaligen Kloster bei Tübingen, und dann ja vor allem an Sant' Ambrogio in Mailand. Hier sah ich nun den Höhepunkt und die Vollendung der geistigen Strömung, die so unbekümmert großartig die heidnisch-germanische Schau der Elementarwesenwelt in den Dienst des christlichen Kirchenbaues stellt. Und ich hatte sogleich das Gefühl, hier müsse ich Quelle und Geheimnis dieser Strömung finden. Was mir zuerst klar wurde, ist, daß all das mythologische Tiergewimmel nichts ist als eine vielfältige Variation der Drachengestalt aus der Szene des kämpfenden Erzengels. Michael steht über dem Drachen und seiner Welt: so soll der Mensch über dem Tierreich stehen. Eine stolze michaelische Auffassung vom Menschen schließt sich, aus dem germanischen Norden kommend, mit dem christlichen Impuls zusammen. Das gibt von vornherein eine Haltung, die der des bloß büßerischen Sünden-Christentums geradezu entgegengesetzt ist. –

Nun aber fühlte ich mich wesenhaft vor eine Frage gestellt: Was ist es für ein Michael-Impuls, dem man hier ins Herz sieht angesichts von Denkmälern, die den Jahrhunderten vor den Kreuzzügen, also keinem eigentlichen Michaels-Zeitalter, angehören? Diese Frage klar zu formulieren bedeutete, auch gleich die Antwort zu finden. Ich traf auf eine historische Schlüsselidee von weittragender Bedeutung, die eigentlich so naheliegend und einfach ist, daß ich mich wundern mußte, ihrer nicht längst inne geworden zu sein. Ich sah ein historisches Gesetz vor mir, das sich auf die Erzengelgeschichte über der Menschheitsgeschichte bezieht: Immer bevor sich Michael anschickt, aufs neue Regent eines Zeitalters zu werden, bereitet er sich auf diese Menschheitsaufgabe dadurch vor, daß er die Bildung und Führung einer bestimmten Volkheit übernimmt. Dem michaelischen Zeitalter, dem die Philosophen Griechenlands, die Propheten Israels, die Perserkriege und die Alexanderzüge angehörten, ging als Vorbereitung die Zeit voran, in welcher Michael der Erzengel des alttestamentlichen Volkes war. Ebenso ist dem michaelischen Zeitalter, in das wir seit 1879 eingetreten sind, die michaelische Geschichte des deutschen Volkes vorangegangen. Und die Bildung der deutschen Volkheit, die aus den Wogen der Völkerwanderung heraus wie eine Kristallisation erfolgte, hatte nicht das heutige Deutschland, sondern in erster Linie Oberitalien zum Schauplatz. Insbesondere in Pavia, an dem Ort, der wie kein anderer von der Ostgotenzeit zur Karolinger- und Kaiserzeit hinüberzuführen hatte, kann man glauben, an der Wiege der deutschen Volksgeschichte zu stehen. San Michele di Pavia ist ein wunderbares steinernes Denkmal für die Volkwerdung, die sich dadurch vollzog, daß der Erzengel Michael die germanisch-deutschen Stämme als seinen Leib überschwebte. Das machte das Sendungsbewußtsein in jener Frühstunde des deutschen Volkwerdens aus, daß sich die deutschen Fürsten, Ritter und Stämme unter der Führung Michaels wußten. Der Erzengel war der eigentliche Kaiser, von dem der irdische Kaiser nur ein Abbild sein konnte. Deshalb stellte man ihn auch mit Szepter und Reichsapfel dar. Den Papst dagegen empfand man, wenn ihn nicht der Kaiser selber einsetzte, als den Repräsentanten einer fremden, unmichaelischen Strömung, was alle die Spannungen und

Kämpfe zwischen Kaisertum und Papsttum mit Zwangsläufigkeit heraufbeschwor. Der Papst konnte natürlich seinerseits, wollte er seiner Aufgabe als Hirte *aller* christlichen Völker getreu sein, nicht einfach die michaelische Note zu der seinigen machen, die damals aus der blutgebundenen Geistigkeit eines einzelnen, wenn auch mächtig und herrschend aufsteigenden Volkes hervorging.

Ursprünglich mag San Michele frei über dem Strombett gelegen haben. Jetzt hat sich noch eine Straßenzeile von Häusern dazwischengeschoben. Auf der gleichen Höhe wie San Michele liegt, die alte Lage deutlich hervortreten lassend, noch ein stimmungsvolles romanisches Kirchlein: S. Teodoro. In der Abenddämmerung erst riß ich mich von der Michaelskirche los, um in meinem Gasthof zu Abend zu essen. Als es schon ganz dunkel war, machte ich mich dann noch auf, die Kirche San Pietro in Ciel d'Oro zu suchen. Ich fand sie nicht sogleich und ließ mich durch die besondere Stimmung, die dort waltete, zu einem langen Bummel über die die Stadt umgebenden alten Wälle verleiten. Am nächsten Morgen fand ich dann die romanische Kirche des hl. Petrus »im goldenen Himmel« schnell: ein wunderbares Bauwerk, das mit dem achteckigen Vierungsaufbau an die Baptisterien Ravennas erinnert. Der polygone gedrungene Mittelbau mit seinen roten Ziegeln, wie ihn auch San Michele hat, war nachher ein Entzükken für mich, von welcher Stelle aus ich auch etwas davon zwischen oder über den Häusern erblickte. Zu meinem Erstaunen fand ich im Innern der Kirche das Grabmal Augustins. Daß die Gebeine des Kirchenvaters hierhergebracht worden sind, ist ein Zeichen für die zentrale Bedeutung, die Pavia zur Langobardenzeit für die ganze Christenheit besaß. Noch mehr berührte es mich, in der schönen geräumigen Krypta den Sarkophag des Boethius zu sehen, des letzten griechischen Weisen, der am Hofe Theoderichs des Großen wirkte, dann aber hier in Pavia in den Kerker geworfen wurde, wo er sein Büchlein »Der Trost der Philosophie« schrieb. In der Nähe der Kirche ist in einer stillen Straße ein eigenartig-schönes Denkmal errichtet: auf beiden Seiten der Straße sind kleine Marmorbüsten aufgestellt: Boethius und Petrarka, durch die eine Art geistiges Tor entsteht.

Nicht nur die frühchristliche Schicht klingt in wunderbaren Denkmälern nach: auch das hohe Mittelalter trifft man in prächtigen, wenn auch nicht zahlreichen Andeutungen in Pavia an. Die Universität mit ihren fünf schönen Höfen im klassizistischen Stil ruft etwas wach aus der Zeit der ersten Universitäten, zu denen auch Pavia mit seiner uralten Rechtsschule gehört. Eine Reihe von Adelstürmen, die sich im Nordosten der Stadt erhalten haben, zeigen, daß auch Pavia einmal wie San Gimignano von einem Wald von Türmen überragt gewesen ist. Das Kastell im Norden mit seinen Ecktürmen und seinen Zinnen ist wie ein kleineres Schwestergebilde der Stadtburg von Mailand. In dem Park, der sich an das Kastell anschließt, fand 1525 die Schlacht von Pavia statt. In dem Palazzo Malaspina besuchte ich das kleine Museum, das dort untergebracht ist, das mir aber mehr als durch seine Sammlungen durch das Haus und seine Gärten eine Hilfe war, frühere Gestalten der Stadt wieder emporsteigen zu lassen.

Ich wäre gerne noch tagelang in Pavia geblieben. Obwohl die frühchristliche Strömung dort nicht so ausschließlich und greifbar im Vordergrunde steht, vielleicht auch zum Teil gerade deswegen, schien mir Pavia für meine spezielleren Interessen Ravenna fast die Waage zu halten. Aber ich wollte in wenig Tagen noch viel sehen, und so fuhr ich bereits vor der Mittagsstunde des zweiten Tages weiter.

Ich fuhr zunächst nur bis zur *Certosa di Pavia*, die auf halbem Wege zwischen Pavia und Mailand liegt. Vom Bahnhof aus muß man um den riesigen hochummauerten Bezirk der Klosteranlage fast ganz herumgehen, bis man auf der gegenüberliegenden Seite an den Eingang gelangt. Aber eben dieser Gang durch die fruchtbaren Felder der Po-Ebene war mir fast das Eindrucksvollste an der Certosa, die selbst mit ihrem pompösen Prunk nichts mehr von dem Geist und den Formen der frühchristlichen Strömung hat. Die Klosterkathedrale hat etwas Kalt-Erdrückendes in ihrer allzu irdischen Prachtschwere. Sie stammt aus der Zeit, als in Deutschland die Gotik ihren Höhepunkt bereits überschritten hatte. Damals gingen in Italien die romanischen Formen endgültig in die der Renaissance und des Barock über. Liebt man die romanischen Formen um ihres urchristlichen Elementes willen, so empfindet man bei Bauten wie der Certosa, daß sie hier einer grandiosen Überentwicklung zum Opfer gefallen sind. Eindrucksvoll bleibt die Lage des Klosterganzen, die in den Höfen, insbesondere in dem Grande Chiostro mitspricht. Der letztere ist ein riesiges, mit Rasen ausgefülltes Viereck, um das herum sich in einstöckigem Bauwerk die Zellen herumlegen. Aber es sind nicht die Zellen von Mönchen, sondern von reichen Chorherren. Alles strotzt von Reichtum, wie es eben auch die weite fruchtbare Landschaft rund umher tut.

Noch einmal verließ ich zwischen Pavia und Mailand den Zug: in *Chiaravalle*. Das war nun ein Eindruck, der mich für das Unangenehme der Certosa reichlich entschädigte. Ein ganz kleiner Flecken legt sich um eine wunderbare stolze spätromanische Kirche aus rotem Backstein, bei welcher der Vierungsturm, mehrfach gestuft, eine verwandte hochstrebende Formtendenz offenbart wie die Münster von Bonn und Limburg. Die Kirche und ihr Kloster wurden 1135 von Bernhard von Clairvaux gegründet. Der Name des Ortes ist ja in der Tat nichts anderes als die italienische Form des französischen Wortes Clairvaux: das lichte Tal. In Chiaravalle halten viele Personenzüge nicht, und so hatte ich, um rechtzeitig zur Weiterfahrt in Mailand anzukommen, zu Fuß bis zur nächsten Bahnstation zu gehen, die schon zu den südlichen Vorstädten von Mailand gehört (Rogoredo). Dabei mußte ich nun die fruchtbare Wiesen-, Mais- und Reisfelder-Landschaft verlassen und in den sehr öden proletarischen Vorstadtgürtel, der sich überall um Mailand herumlegt, eintreten. Dieser Eindruck wurde dadurch verstärkt, daß ich in den Strom der Arbeiter geriet, die eben Feierabend hatten und in schwarzen Scharen aus den Fabriken in die Stadt zurückströmten.

*

Es war noch nicht ganz dunkel, als ich in *Piacenza* ankam. Schon in dem etwas verwilderten Gasthof am Bahnhof, in welchem ich der Eile halber Quartier nahm, bemerkte ich, daß hier ein anderer Geist – sofern man da von Geist reden kann – herrscht als in Pavia und Mailand. Das bestätigte sich mir auf dem Gang durch die Stadt, den ich in der Dunkelheit trotz des regnerischen Wetters noch unternahm: ein regelrechtes Drecknest ist dieses Piacenza, das doch einmal in der Geschichte eine so große Rolle gespielt hat. Die Verwahrlosung und Verkommenheit scheint mir auch durchaus mit Einverständnis der gegenwärtigen Stadtbewohner eingetreten zu sein. Trotzdem kann ich nicht sagen, daß das Städtchen ohne Reiz wäre. Es übt sogar eine gewisse Suggestion aus, da es bei aller Niveaulosigkeit des jetzigen Lebens doch nicht an einer einheitlichen Physiognomie des Ortes fehlt. Am nächsten Morgen sah ich genauer, was ich in der Nacht nur den gröbsten Umrissen nach hatte wahrnehmen können. Der Mittelpunkt des Stadtlebens ist die Piazza dei Cavalli, genannt nach zwei Reiterstandbildern aus der Renaissance-Zeit. Der Palazzo Municipale ist sehr schön, einer der frühesten Stadtpaläste dieser Art. Der einstige Adelsstolz spricht noch aus mancher Bauform und kontrastiert heftig mit der jetzt alles beherrschenden lässigen Ärmlichkeit. Der Platz vor dem Dom ist ganz von der Fassade dieses Bauwerkes beherrscht. So recht eine lombardisch-romanische Westseite mit drei Portalen. Die Löwenvorhalle, wie ich sie schon von San Zeno in Verona kannte und nun an sehr vielen verwandten Bauten antreffen sollte, war am Vorabend von der halbwüchsigen Stadtjugend okkupiert gewesen. Die rückwärtigen Teile des Domes sind in späteren Zeiten arg durcheinander umgebaut und liegen ganz versteckt in den umliegenden Häuserblocks. Wenn man allerdings die labyrinthischen Umwege nicht scheut, um auf die Ostseite einige Blicke tun zu können, so entdeckt man gerade am Chor manche Spur der ursprünglichen Baugestalt. Ich erinnere mich noch an einige andere schwarz aufragende Backsteinkirchen, die mehr aus gotischer Zeit stammen. Warm wurde ich allerdings nur in einem ganz alten romanischen Kirchlein aus rotem Backstein, das ich erst zuletzt auf dem Weg zum Bahnhof entdeckte: S. Savino, das im Chor einen schönen Mosaikboden mit einer Darstellung des Tierkreises und darunter eine stimmungsvolle Krypta hat.

Ein etwas weiterer Gang an den Nordrand des Nestes lohnte sich sehr. Ich kam da zur Kirche San Sisto, die dem Papst Sixtus II., dem griechischen Weisen auf dem Papststuhl, geweiht ist, dem Märtyrerpapst, der so recht den urchristlichen Gegenpol zu dem Staatskirchenpapst Silvester I. bildet. Für diese Kirche hat Raffael seine Madonna Sixtina gemalt, zu deren beiden Seiten die heilige Barbara und der Papst Sixtus dargestellt sind. Die Kirche ist die schönste Frührenaissance-Kirche, die ich kenne. Als ich am späteren Vormittag hinkam, war weit und breit keine Menschenseele zu sehen. So wirkte die Säulenhalle des mit Moos und Gras fast zugewachsenen Vorhofes wie ein Stück verzauberte Welt. Und ich konnte mich in der Kirche, deren goldene Vornehmheit in dem schwarzen Piacenza ganz seltsam anmutet, nach Herzenslust ergehen, auch in den weitläufigen Räumen, die es unter dem Kirchenschiff und -chor gibt. Ich hatte mich mit der Gestalt des Sixtus eingehend beschäftigt. Das Verweilen in dieser Kirche vertiefte das Verhältnis, das ich zu ihm gewonnen hatte, sehr. Die Kopie des Raffael-Bildes über dem Hochaltar ist gar nicht einmal schlecht. Es ist doch eine merkwürdige Fügung, daß das verklärteste Bild Raffaels ausgerechnet für diese Stadt gemalt worden ist und hier auch zuerst seine Aufstellung gefunden hat.

Die Weiterfahrt sollte mich nach *Borgo San Donnino* bringen. Diesen Namen hatte ich aber bereits in den Fahrplänen vergebens gesucht. Und als ich dachte, daß der Zug jetzt eigentlich da sein müßte, hieß die Station *Fidenza*. Ich stieg aus und stellte fest, daß man tatsächlich in jüngster Zeit das Städtchen umbenannt hat, indem man auf den Namen, den es im Altertum hatte, zurückgriff. Da war ich nun in der Mittagshitze in ein kleines, verdrecktes und zunächst völlig reizloses Landstädtchen verschlagen. Um mich in die Atmosphäre des Nestes hineinzufinden, durchstrich ich erst einmal die am äußersten Rande gelegenen Straßen. Bald aber konnte ich gar nicht mehr vermeiden, wenn ich nicht die gleichen Wege wiederholen wollte, plötzlich vor dem Dom zu stehen. Kaum hielt ich einen lauten Ausruf der Bewunderung zurück. Welche Schönheit! Die Fassade mit dem Löwenportal ist mit Reliefskulpturen überreich geschmückt. Nur sind es hier nicht mythische Tierplastiken, sondern biblische Szenen, wie sie in anderer Art auf der Bronzetür von San Zeno in Verona zu sehen sind. Dazu Patriarchen- und Prophetengestalten, alles in einer kraftvoll-vornehmen Art, die schon ins Gotische hinübergeht, aber doch auch noch ganz die aus dem Urchristentum nachklingende Kräftigkeit besitzt. Ich glaube, daß dieser Dom unter allen lombardisch-romanischen Kirchen die schönste ist. Auch im Inneren tragen die Säulen wunderbare Plastiken an ihren Kapitälen. Ich erinnere mich an ein besonders eindrucksvolles Michael-Kapitäl, das den Erzengel mit mehreren Engeln im Kampf gegen den Drachen zeigt. Vor lauter Erstaunen darüber, an einem so gottverlassenen Platze ein solches Kleinod anzutreffen, war ich gar nicht imstande, mir besondere Einzelheiten einzuprägen. Ein wenig benommen trat ich die Weiterfahrt an.

An diesem Tage hatte ich noch mehrere Stationen zu besuchen vor: ich wollte mich kurz in Parma und Modena umschauen und am späteren Nachmittag bereits nach Ferrara weiterfahren. Es ist klar, daß ich dabei nur ganz allgemeine Gesamteindrücke von den Städten gewinnen konnte, und daß ich mich auf das Anschauen der romanischen Kirchen beschränken mußte. Tatsächlich war der Weg vom Bahnhof her jedesmal so weit, daß ich in Modena sogar ein Auto zu Hilfe nehmen mußte. Von Piacenza her hellten sich die Städte merklich auf. Schon *Parma* schien mir viel mehr von der Würde seiner großen Geschichte bewahrt zu haben. *Modena* schließlich erschien mir als eine besonders helle, innerlich saubere Stadt. Die urchristliche Schicht liegt weder dort noch hier auf der Hand. Wahrscheinlich ist sie überhaupt nur in ganz spärlichen Rinnsalen hierher gedrungen. Auch die romanischen Dome ragen bereits kräftig in die Morgenröte der Renaissance-Zeit, die das Antlitz dieser Städte bestimmt hat, hinein. Von dem Dom zu Parma habe ich kaum einen besonderen Zug in mich aufgenommen. Das kommt gewiß zum Teil auf die Rechnung des großartigen benachbarten Baptisteriums. Wie groß ist der Abstand zwischen den Baptisterien in Ravenna und dem in Parma. Die achteckige Taufkirche in Parma ist fünfstöckig und ragt mächtig und turmartig in die Höhe. Über und über ist sie von biblischen Skulpturen bedeckt. Die Kräftigkeit der urchristlich-romanischen Formelemente spricht nur noch wie aus dem Hintergrunde mit. Ähnlich ist es beim Dom. Der Adelsstolz des späten Mittelalters prägt alles. Er ist es auch, der dem Stadtganzen doch noch eine gewisse Schwerdurchschaubarkeit und Schattigkeit gibt. Das hellere Wesen von Modena – als wäre in der Stadtaura mehr alte geistbestrahlte Frömmigkeit erhalten – drückt sich sogleich auch in dem Dome aus. Von außen ist das Bauwerk nicht so machtvoll wie der Dom zu Parma. Im Inneren ist alles durch die wunderbaren Ambonen und das breite Skulpturenfeld mit der Abendmahlsrunde an der hohen marmornen Chorschranke bestimmt. Hier scheint sich die Formenwelt, der man in den marmornen Ambonen und Chorschranken der frühchristlichen Basiliken zu Rom, z.B. in San Clemente oder in Santa Maria in Cosmedin, begegnet, in gesteigerter Art fortzusetzen. Mich sollte es wundern, wenn es nicht doch möglich wäre, in Modena auf interessante Spuren der urchristlichen Strömung zu stoßen. Beide Städte verdienten es aber auch ohnedies, daß man sich einmal ausführlicher auf ihr Wesen und Leben einließe.

*

Es dämmerte schon sehr, als ich in *Ferrara* eintraf. Am Abend durchwanderte ich die Stadt noch ein wenig. Ich fühlte mich müde und zugleich aufgewirbelt durch die Fülle der Bilder, die an mir vorübergezogen waren. Ich sah gleich, daß es hier viel zu sehen und zu entdecken gibt, aber ich wußte nicht recht, ob ich mich auf mehr als wieder nur einen gewissen Allgemein-Eindruck würde einlassen können. Alles zusammen wirkte so, daß ich mich ein wenig gehen ließ und mein Bewußtsein nicht auf die Gefährlichkeit des dortigen Sumpfklimas lenkte. Die Folge war, daß ich während der Nacht – ich war wieder in einem reichlich einfachen Gasthof abgestiegen – von Stechmücken so zerstochen wurde wie noch nie. Ganz zerschlagen machte ich mich am nächsten Morgen auf den Weg. Ich wohnte in unmittelbarer Nähe des Kastells, und so war ich denn sogleich mitten in dem Teil der Stadt, der den einstigen fürstlichen Glanz der Stadt der d'Este noch deutlich erkennen läßt. Die viertürmige Stadtburg, in der Gestalt wieder ganz verwandt mit denen in Mailand, Pavia, Verona, ist malerisch mit Wassergräben umgeben und versetzt dadurch den Betrachter schnell in alte ritterliche Zeiten. Palast an Palast schließt sich an. Und auch der Dom gehört zu diesem zentralen Komplex hinzu. Er ist wohl von den lombardisch-romanischen Domen der stolzeste. Die Fassade steigt in drei Stockwerken auf. Dadurch, daß eine der alten breiten Straßen an der südlichen Längswand entlangläuft, ist es möglich, die ganze äußere Gestalt des Bauwerks gut zu überblicken. Ich sah manche alte Plastik an den Wänden und Portalen, hielt mich aber, da ich fühlte, ich sei zu einer Verarbeitung der Details jetzt doch nicht in der Lage, von allem einzelnen zurück. Obwohl mir alle Glieder weh taten, hielt ich es noch für das beste, recht weit die Stadt kreuz und quer zu durchmessen. Im Südosten suchte ich mir das Geburtshaus des Savonarola. Es liegt in einer der Straßen mit niedrigen alten Ziegelsteinhäusern, die den mittelalterlichen Zustand der Stadt so unmittelbar bewahrt haben, daß man geradzu glauben kann, durch ein anderes, besser erhaltenes Pompeji oder Ostia zu gehen. In dem gleichen Stadtteil sah ich mir noch die Casa Romei und den Palazzo Schifanoia an, Beispiele der alten, jetzt romantisch übergrünten Renaissance-Häuser und Paläste, in deren Höfen man träumerisch und ein Märchenerzähler werden könnte. Im Nordwesten ging ich an dem Wohnhause des Ariost vorbei. Auch hier die alten Straßen mit den niedrigen rostroten Häuserzeilen, etwas weniger proletarisch vielleicht als im Osten. Ferrara ist eine Stadt voller Spannungen und Rätsel. Oft meint man, es habe etwas mit Florenz Verwandtes. Aber es ist nicht so klar und durchsichtig. Es hat ja auch manche sehr alte Schicht in sich, die noch stark mitbestimmend ist für das innere Antlitz der Stadt. Ich bin überzeugt, daß in den sehr zahlreichen Kirchen auch noch Teile aus romanischer Zeit aufzufinden sind. Ob aber eine Schicht da ist, die regelrecht urchristlichen Geist atmet, ist mir zweifelhaft.

Gegen Mittag fuhr ich nach *Padua* weiter. Vor zehn Jahren war ich dort ausgestiegen, um die Fresken von Giotto in dem Kirchlein Santa

Maria dell'Arena zu sehen. Diese Kapelle aber liegt nahe am Bahnhof, noch vor der Stadt. So sah ich damals von der Stadt nichts. Jetzt wollte ich über Mittag zwei Stunden lang in der Stadt herumgehen. Daß ich hier auf urchristliche Spuren stoßen würde, erwartete ich gar nicht. Und als ich dann vor der berühmten Kirche des heiligen Antonius stand, deren groteske Weltlichkeit noch weiter weg ist von allem urchristlichen Geist als die Peterskirche in Rom, gab ich es erst recht auf, nach Anzeichen jener alten Schicht zu suchen. Das Kuppel-Getümmel auf Sant'Antonio hat auch nicht einmal mehr einen Anklang an die Kuppelkirchen des Ostens oder an San Marco in Venedig; es mutet einen eher wie ein westlicher Hohn auf die Stimmung des byzantinischen Christentums an. Daß allerdings diese pompöse Grabstätte des heiligen Antonius – eines Zeitgenossen des Franziskus – eine der populärsten Wallfahrtskirchen und einer der wirksamsten Mittelpunkte primitiven Aberglaubens ist, kann man sich leicht vorstellen. »Er war versucht gleich wie wir«, so denkt das Volk von dem Heiligen und geht gerne auf den hier in das Christentum breit eingedrungenen Fetischismus ein. Fast ist sogar Donatellos Reiterstandbild des Gattamelata, das auf dem weiten, schön eingefaßten Vorplatz steht, noch ein christlicher Kontrast zu diesem Gotteshaus.

Als ich so durch die Stadt wanderte, war ich über die wohlhabende Sauberkeit und Nettigkeit erstaunt. An manchen Stellen könnte man fast vergessen, in Italien zu sein, und sich an deutsche Städte erinnert fühlen. Überall ist die Stadt von lebendigen und lebenspendenden Wasseradern durchzogen, die vielerorts etwas Gartenartiges in das Häuser- und Straßengewirr hineinzaubern. Es muß reizvoll sein, ohne bestimmte Vorsätze einmal einige Tage der Muße dort zu verbringen. Am eindrucksvollsten fand ich die beiden großen Plätze, auf denen auch gerade Markt gehalten wurde: die Piazza dei Frutti und die Piazza delle Erbe, zwischen denen das riesige alte Gerichtsgebäude (der Salone oder Palazzo della Ragione) liegt. Dieser große rechteckige Kasten, der oben einen fast 100 Meter langen und 30 Meter breiten, mit Holzgewölbe überdachten gotischen Saal enthält, ist zweifellos das schönste Gebäude der Stadt. Der mit Fresken ausgemalte weite freie Saal versetzt den Besucher unmittelbar in die Entstehungszeit (um 1200). Ich hatte in einer stimmungsvollen Kutscherkneipe nahe bei den Marktplätzen billig und gut zu Mittag gegessen und wollte meine Streifzüge noch ein wenig fortsetzen, da ich mich von der drückenden Müdigkeit allmählich etwas freier fühlte. Daran wurde ich aber durch einen sturzbachartigen Wolkenbruch verhindert, der mich eine halbe Stunde nötigte, in einem der alten verfallenden Palazzi unterzustehen. Um meinen Zug noch zu erreichen und vielleicht wenigstens noch einen Blick auf die Giotto-Fresken zu tun, mietete ich mir eine Pferdedroschke. Aber Santa Maria dell' Arena war leider verschlossen.

Die Fahrt nach Verona unterbrach ich noch einmal kurz in *Vicenza*. Hier suchte ich erst recht nichts Urchristliches. Ich dachte mir aber, daß die Vergleichsmöglichkeit mit einer Stadt, deren Antlitz so ausgesprochen durch die klassizistische Frührenaissance bestimmt ist, auch das Gefühl für die Städte mit frühchristlicher Schicht vertiefen müsse. Vicenza hat schon durch seine Lage eine vornehme Lieblichkeit. Gleich jenseits der Bahnlinie, die am Südrande der Stadt vorbeiführt, erheben sich die schönen grünen, von leichter klarer Luft umblauten Bericischen Berge, die einen frischen Lufthauch und quellklare Wasser heruntersenden. Große Parks, in denen gerade ein Volksfest gefeiert wurde, umsäumen den Weg, den man gehen muß, um ins Stadtinnere zu kommen. Ich fühlte mich wieder so zerschlagen wie am Morgen und beschränkte mich darauf, die Piazza dei Signori aufzusuchen, die in der Tat einer der prächtigsten Plätze ist, die es in Italien gibt. Bei dem noch recht sommerlichen Wetter war ein großer Teil des Platzes mit den Tischen und Stühlen eines Kaffeehauses besetzt, so daß es auch für mich das Bequemste war, bei einer Portion Eis das erstaunliche Milieu auf mich wirken zu lassen. Der Platz ist ganz von Palästen eingerahmt, unter denen mehrere von dem berühmten Renaissance-Baumeister Palladio erbaut sind. Die Art, im Anschluß an die Antike prächtige Säulenfassaden zu bauen, die etwas Gravitätisch-Vornehmes haben, weil die letzte Einfachheit der Griechen ohnehin nicht wieder erreicht werden kann und aus Liebe zum Schmuck gar nicht erreicht werden soll, hat von hier aus Schule gemacht bis nach Berlin und Potsdam hin. Unter den Bauten Palladios an der Piazza dei Signori ist auch ein Bau, der den »Salone« von Pavia nachahmt: die Basilica Palladiana. Sie ist nicht so groß wie der Bau in Pavia und stellt eine doppelgeschossige Umbauung des älteren Palazzo della Ragione mit schönen offenen Bogenhallen dar. Denkmäler, venezianische hohe Säulen und ein Glockenturm beleben den langgestreckten rechteckigen Platz und geben ihm etwas von einem beseelten Wesen. Obwohl Vicenza so gar nicht zu meinem Thema gehörte, verließ ich die schöne Stadt nur ungern so bald schon wieder.

Gegen Abend kam ich in dem mir schon so vertrauten *Verona* an. Aber als ich ganz in der Nähe der Piazza delle Erbe Quartier genommen hatte, fühlte ich mich zu elend, um noch einen großen Gang zu wagen. Ich ging nur bis zur alten Zinnenbrücke und ein längeres Stück am Ufer der Etsch entlang, dann mußte ich mich damit begnügen, noch ein Stündchen an der Piazza delle Erbe zu sitzen, wo das Markt- und Volkstreiben meist erst um Mitternacht verebbt. In der Nacht stellte sich heraus, daß mir die allzuvielen Moskitos von Ferrara eine leichte Malaria zugetragen hatten. Erst gegen Mittag konnte ich mich aufraffen. Aber die Glieder waren mir so schwer, daß ich mich nur mit Mühe in die Arena, das gewaltige römische Amphitheater, schleppen konnte, das wir vor drei Jahren nicht hatten betreten können. Ich kletterte auf die obere Sitzreihe, wo ich dann aber lange im Anblick des gigantischen Ovals ausruhen mußte. Am Nachmittag ging es mir ein wenig besser. So weilte ich ausführlich vor und in San Zeno und entdeckte mit Beglückung in einigen anderen Kirchen, vor allem im Dom und in dem benachbarten Baptisterium San Giovanni in fonte, die frühchristlich-romanische Formenwelt und inmitten derselben Winkel und Ecken von einer ganz wunderbar erfüllten Stimmung. Zu den geplanten Streifzügen, die mich insbesondere an die Stelle des alten Theoderichsitzes hätten führen sollen, langte die Kraft nicht. Aber so hatte ich wenigstens durch einige Beispiele meine Vermutung bestätigt gefunden, daß es in Verona noch sehr vieles gebe, was zu meinem Thema gehört. Am Abend mußte ich schon früh die Waffen strecken, und die Nacht war wieder qualvoll.

Am nächsten Morgen fühlte ich mich so weit wieder wohl, daß ich – im stillen schon geneigt, einen oder zwei weitere Tage zuzugeben – die Fahrt bereits in *Brescia* auf etwa zwei Stunden unterbrach, um auch in diese Stadt einen Blick zu werfen. Brescia ist wohl eine der historisch interessantesten Städte Oberitaliens. Der zeitliche Bogen dessen, was man dort sieht, überspannt Jahrtausende. Das Vorrömische spricht uns an aus der dramatischen Landschaftsgestaltung der unmittelbaren Umgebung. Der Colle Cidneo, nach einem sagenhaften König der ligurischen Vorzeit benannt, trägt zwar heute die mittelalterliche Burg, aber es liegt auf der Hand, daß da schon in weit vorrömischer Zeit eine Burg gestanden hat. Die Römerzeit wird durch Ausgrabungen, die an vielen Stellen der Stadt gemacht worden sind und deren Ergebnisse man vielfach an Ort und Stelle zwischen den heutigen Häusern herumliegen sieht, anschaulich. Dann gibt es ein rätselhaftes frühchristliches Bauwerk, den »Alten Dom«, unmittelbar neben dem neuen Dom, dessen Vierungskuppel nahezu 100 Meter hoch ist. Der Duome Vecchio ist eine Rotunde, ein kreisrunder Kuppelbau, dessen kryptahaft dämmriges Innere durch acht kurze schwere Pfeiler charakterisiert ist. Und unter diesem Raum liegt eine noch ältere langobardische Gruftkirche; man sieht die Reste einer Säulenbasilika. Die Rotunde wird aus dem 11. Jahrhundert sein. Die Unterkirche mag drei Jahrhunderte älter sein. Der Kontrast der beiden Dome, außen und innen, ist ein spannungsreiches Rätsel. Dieses zu erkennen aber ist nur der erste Ansatzpunkt, von wo aus ein Verhältnis zu Brescia und seiner Geschichte errungen werden kann. Zu diesen Anzeichen ganz alter Zeit treten dann die reichen prächtigen Paläste und Türme als Denkmäler des ausgehenden Mittelalters. Eine streitbare Stadt war Brescia. Man kann dort glauben, dem Geist des Revolutionärs Arnold von Brescia, des großen Zeitgenossen Barbarossas, zu begegnen. Das Denkmal, das dem Freiheitskämpfer errichtet ist, ist ein lächerliches Spielzeug gegenüber dem größeren angemesseneren Denkmal, das die Stadt selber darstellt. Ich machte weite Gänge durch und um die Stadt, obwohl das Fieber meine Aufnahmefähigkeit ziemlich abstumpfte. Der kurze Aufenthalt in diesem Stadtdrama war ein großes Staunen. Ich fragte mich, ob es mir wohl später einmal möglich sein würde, den jetzt gewissermaßen nur schnell und von ferne erblickten Spuren in Ruhe nachzugehen.

Am Nachmittag kam ich an die letzte Station meiner Reise: nach *Como*. Am Ufer des Sees zu stehen und die großartige Schönheit der Landschaft in mich hineinzutrinken, das hatte geradezu etwas Heilendes. Ich spürte, daß ich hier, wenn ich mir auch nur ein wenig Zeit lassen würde, bald wieder ganz gesund werden könnte. Ich machte sogleich einmal eine kleine Fahrt auf dem See bis Cernobbio. Und schon war mein Plan fertig: den nächsten Tag in aller Ruhe zuzugeben und eine weite Fahrt zu machen. Das Städtchen ist reizvoll. Mir war immer, als ob dort noch kräftige Seelenspuren aus der Hohenstaufenzeit lebendig seien, durch die hindurch das urchristliche Element leise nachklingt. In der Nähe des pompösen Domes und der benachbarten Bauten aus der Renaissance-Zeit kommt man an der Chorseite des Kirchleins San Fedele vorbei. Der Chorabschluß und eine verschlossene Nebentüre sind mit kräftigen mythischen Tierskulpturen geschmückt. Der kleine Teil eines Kirchleins wie dieser zaubert eine ganze Welt, die aber überall in der Luft liegt, in die Sichtbarkeit hinein.

Den nächsten Tag verbrachte ich von früh bis spät auf dem Wasser. Ich fuhr mit dem kleinen Dampfer bis nach Bellagio und nach kurzem Aufenthalt wieder zurück. Das war ein wunderbarer Sonnentag, so recht dazu angetan, mir nicht nur meine körperlichen Kräfte wiederzugeben, sondern auch die Fülle von Eindrücken, die ich in den letzten Tagen in mich aufgenommen hatte, zu sammeln und zu harmonisieren. Im Anblick der großartigen Formen und Farben der schon mehr deutschen als italienischen Landschaft saß ich auf dem Schiffchen, kümmerte mich um die anderen Fahrgäste nicht und schrieb in mein Heft Gedanken, in denen vor allem das zur Klarheit kam, was mir in Pavia vor San Michele aufgegangen war. Gerade auch auf dem See, an den hohen majestätischen Felsbergen emporschauend, war mir immer, als blicke ich unmittelbar in Geschehnisse der Hohenstaufenzeit zurück. Das romanische Kirchlein in Bellagio, das mir jetzt nur ein Beispiel sein konnte für die zahlreichen romanischen Kirchlein im Gebiete der oberitalienischen Seen, bestärkte diese Vorstellung auf das lebendigste. Am nächsten Morgen fuhr ich noch mit der Drahtseilbahn von Como aus hoch hinauf nach Brunate und wanderte ein gutes Stück weit den Weg, von dem aus man die großartigsten Blicke auf die tief unten liegende Stadt, den See und auf die weite Berglandschaft, ja bis zu den Alpen hin, hat. Der letzte Gang führte mich unten im Städtchen zu der Kirche S. Abbondio, die am Rande der Stadt auf dem langsam emporsteigenden Hang der Berge liegt. Eine romanische Kirche von der Art, die es auch in Deutschland gibt, groß und kräftig mit fünf Schiffen, flacher Decke und sehr schönen Fresken im Chor. So fand all das viele, das ich zu meinem Thema in den acht Tagen hatte sehen dürfen, in diesem Bauwerk einen schönen Abschluß, der zugleich ein Übergang nach Deutschland hin war. Unterdes war die Zeit der Abfahrt ganz nahe herangerückt. Nur in größter Eile erreichte ich den Zug, der mich nach Zürich und dann gleich weiter in die Heimat führte. Ich hatte in acht Tagen unendlich viel gesehen. Einen kräftigen Impuls brachte ich mit zurück. Zu den Empfindungen, die ich nach dieser Reise hatte, gehörte die, daß ich nun eigentlich erst anfangen könne mit dem Eindringen in die Wunder Italiens. Alle bisherigen Reisen, eilig in kurzen Arbeitspausen durchgeführt, waren erste Orientierungen. Mein Wunsch war, in der Zukunft öfters mit wirklicher Muße in Italien weilen und reisen zu können, um die exakte Meisterschaft des Kennens zu erwerben, zu der ich bisher nur die allgemeine Grundlage hatte legen können.

Griechenland

Obwohl ich für das Sehen des Südens durch die Italienreise des vorangehenden Jahres hätte gut vorbereitet sein können, war ich auf die Welt Griechenlands so wenig gefaßt, daß ich meine, die Erinnerungen der griechischen Reise seien kaum aus einem eigenartig verschwimmenden Ineinanderfließen herauszuholen. Vergleiche ich die beiden Reisen von 1925 und 1926, die noch dazu beide in der gleichen Jahreszeit, in den Wochen nach dem Osterfest, unternommen wurden, so muß ich mich wundern, wie von der zweiten eigentlich nur ein großer Gesamteindruck wirklich haften geblieben ist, während die Italienfahrt als eine Kette klarer und konkreter Einzelbilder vor mir steht.

Indem ich mir das zum Bewußtsein bringe, muß ich mir sagen, daß dieser Unterschied eben doch von der grundlegenden Andersartigkeit der beiden Länder herrührt. In Italien wandert man durchaus über den Boden der Geschichte. Was einem dagegen in Griechenland begegnet, ist nicht die Historie, sondern der Mythos. Man ist mehr bei Göttern als bei Menschen zu Gast. Wir sind in Griechenland nicht einfach in dem gleichen Sinn und Maß auf der Erde wie in Italien. Eine rätselhaft andere Sphäre nimmt uns dort auf.

Franz Spunda versucht, in der Einleitung zu seinem Buch »Griechenland«* dieses Geheimnis auszudrücken: »Hier leben noch die alten Götter, unentweiht leuchten Tempel und heilige Orte... Wer... tief in die Landschaft hineinhorcht, kann das Weben der alten Götter noch heute vernehmen.« Aber ist das Rätsel und Wunder Griechenlands so einfach durch die poetische Wendung, daß dort die alten Götter noch leben, zu erklären? Äußerlich ist Griechenland sehr viel

* Insel-Verlag 1938

unscheinbarer und auch unwirtlicher als Italien. Im Grunde sind es nur wenige Plätze, wo aus dem Geröll der bergigen Steinwüsten die Reste einstiger Herrlichkeit herausragen. In Italien wetteifern die vielfältigsten historischen Zeitalter im Vorzeigen ihrer wunderbaren Werke, deren Fülle unerschöpflich ist.

Es gehört zu der grandiosen, göttlichen Eindeutigkeit, auf die wir in Griechenland stoßen, daß es doch im wesentlichen nur *ein* Zeitalter ist, dessen Spuren uns umgeben. Das ist eine viel weiter zurückliegende Zeit als diejenige, aus der es in Italien Denkmäler gibt. Lebte doch Homer, der große Sänger Griechenlands, Jahrhunderte, bevor Rom überhaupt erst begründet wurde. Das eine große Zeitalter, das uns in Griechenland seine Spuren zeigt, vom Trojanischen Krieg bis zu den Alexanderzügen, war die Zeit, in welcher die alten hellseherischen Kräfte der Menschheit zur Neige gingen. Griechenland ist der Schauplatz ihrer letzten Blüte und ihrer Umwandlung in die junge Gedankenkraft des europäischen Geistes. Deshalb ist das griechische Leben gekennzeichnet durch den zu guter Letzt noch einmal feierlich vollzogenen Götter-Umgang und -Verkehr des menschlichen Bewußtseins. Inmitten des Griechenvolkes wandelten und weilten die Götter auf Erden. Zwar wäre es falsch, zu denken, daß die Götter nur die Griechen ihres Besuches und ihrer helfenden Gegenwart erwürdigt hätten. Aber die Griechen waren – im polaren Gegensatz zum israelischen Volk – die Träger des auserwählten *Bewußtseins*, d.h. sie erfuhren das Nahesein der Götter nicht nur durch deren seinshafte Wirkungen, sondern sie nahmen ihre Gestalten und Taten noch leise hellseherisch wahr, wodurch ihr Leben mit dem Hauche des Mythos durchdrungen wurde.

Das Götter-Erleben der Griechen ist erloschen – ebenso wie eineinhalb Jahrtausende später das mythische Bewußtsein des germanischen Nordens. Und zwar war die griechische Götterdämmerung positiv. Es war kein Sterben, sondern eine Verwandlung. Auf die Abendröte des Göttersehens im homerischen Seher- und Sängertum folgte unmittelbar die Morgenröte des Götterdenkens in der Geburt der abendländischen Philosophie. Die »alten Götter« leben nicht mehr. Sie leben auch in der griechischen Landschaft nicht mehr, geschweige, daß sie für die Seelen der heutigen Griechen noch wahrnehmbar wären. Worin besteht aber das Götterrätsel, das heute noch in Griechenland anzutreffen ist?

Es bestand natürlich eine prästabilierte Übereinstimmung zwischen der Seele des griechischen Volkes und der Seele des griechischen Landes. Nicht zufällig hatte das verklingende hellseherische Bewußtsein, durch welches die Götter von den Griechen wahrgenommen werden konnten, jenes Land zum Schauplatz. Die Götter, die sich den Seelen der Griechen zeigten, hatten zugleich in der Natur des Landes passende Wohnstätten. Nun ist die griechische Landschaft seit der eigentlichen Griechenzeit total verändert. Die Entwaldung hat zu einer völligen »Versteppung« (dieses Wort im weiteren Sinne gebraucht) geführt. Es ist von den fruchtbar-seligen Gefilden nur eine kahle Geröll- und Karstlandschaft übriggeblieben. Aber mir scheint, daß sich dennoch die wunderbare Prädestination, der immer schon das hellenische Land unterlag, bis in unsere Tage hinein fortsetzt. Der Absterbeprozeß, der das Land veränderte, hat es zu einer Art Dauerspiegel gemacht. Zwar sind die ätherischen Lebenskräfte des Pflanzenreiches weit zurückgetreten. Aber im mineralischen Bereich hat die Ätherwelt doch durch das überall anwesende Meer ihr Abbild. Und nun zaubert die Sonne im Bündnis mit dem Meer und der durch es hervorgebrachten Atmosphäre fortdauernd ein Bilderweben herbei, in welchem sich *Spiegelbilder* des alten Götterseins konservieren. Der Mythos ist in Form von Licht- und Luftreflexen einfach noch da: er liegt in der Luft. Nicht sind es die »alten Götter« selbst, die dort noch leben, aber ihre Spiegelbilder. Und das macht, unterstützt von dem würzigen Aroma der Duftkräuter, die auf dem verkarsteten Boden wachsen, das Wunder der griechischen Landschaft bis heute aus.

Jeder Berg und Hügel, jeder Strom und Bach, jede Insel hat in Griechenland ihre Sage. Und der Schlüssel des Mythos liegt nahe: Die Wesenheiten der Götter haben in Menschen und auch in die außermenschliche Natur hineingewirkt. Daß der Gipfel des Olymp die Wohnung des Zeus und der ihm untergebenen Götter war, erscheint nur dem als eine überholte Phantasie, der sich in Analogie menschlicher Verhältnisse und Wunschträume dort oben selige Säle und Gemächer vorstellt. Zeus und die Seinen waren eben solche Geist-Wesenheiten, die in den Naturreichen am leichtesten auf solchen urväterlichen Bergesgipfeln wie dem des Olymp erreicht und erfahren wurden. Eine Olympbesteigung, die in die Sturm- und Schneeregionen des Gipfels emporführt und alles andere als ein seliges Elysium antrifft, widerlegt den Glauben der alten Griechen nicht, daß dort oben Zeus wohne. Zeus ist auch eine Elementargewalt, als solche wurde er in Dodona und auf dem Olymp verehrt, wo ihn das alte hellseherische Bewußtsein als besonders nahe und wirksam anwesend wahrnahm. Daß die Götter zugleich in Menschengestalt vor- und dargestellt wurden, rührt davon her, daß sich die gleichen Elementargewalten, sei es in Inkorporisationen, sei es durch Inspirationen, bestimmten Menschen der Vorzeit genaht und sie zu Trägern und Boten erwählt haben. Besonders leicht ist diese Vorstellung zu vollziehen bei den sogenannten »Göttersöhnen«. Die Verehrung des Asklepios in Epidaurus als Sohn des Apollo mag darauf zurückgehen, daß sich dort die Erinnerung an einen großen Eingeweihten der Vorzeit erhalten hat, der dadurch, daß er zum Werkzeug des heilenden Apollo wurde, die Heilkunst inaugurierte. Es mag auch bei den Göttern selbst (nicht nur bei den Göttersöhnen) so sein, daß sie für das mythisch-hellseherische Geschichtsbewußtsein mit großen Eingeweihtengestalten der Vorzeit in eins zusammenflossen, in denen sie sich, um der Menschheit zu helfen, zum ersten Male manifestiert und inkorporisiert haben. So kann man vielleicht die Überlieferungen verstehen, nach denen die Götter in ganz bestimmten Landschaften geboren worden sind: Zeus auf Kreta, Apollo und Artemis auf Delos. In diese Mythen fließt dann auch hinein, was die Griechen in schauender Urerinnerung über die Geistigkeit bestimmter Naturbezirke wußten.

Werden die Götter-Spiegelbilder noch lange in der sonnendurchgoldeten Atmosphäre Griechenlands aufzufinden sein? Oder wird nach den Göttern auch ihr Mythos sterben?

Zu dem Unterschied von Italien und Griechenland gehört die ganz andere Art, wie sich das historische Christentum in das Leben und die Landschaft hineinstellt. In die Geschichtsstimmung Italiens paßt die Welt des römischen Katholizismus, die sich allerdings in die innerlich konträren Strömungen des römischen Urchristentums und der barocken Papstkirche aufspaltet. Nach Griechenland würde der römische Katholizismus nicht hinpassen, es sei denn zuvor der ganze Götterhauch des Mythos dort erloschen. Der griechische Katholizismus aber paßt ganz und gar in die mythische Landschaft von Hellas. So wie sich in den römischen Katholizismus hinein etwas von dem diadochischen Ägypten fortsetzt, so lebt in dem östlichen Christentum etwas von den Mysterien Griechenlands und Vorderasiens weiter, wenn auch in ganz veränderter, durchaus naiver Form. Die Bilder-Liebe des griechischen Katholizismus hält etwas von dem Bildergewoge des verglimmenden Schauens fest. Und die Rolle des Aromas im östlichen Kultus, sei es durch den Duft des Weihrauchs oder des Chrismas, des heiligen Öles, holt die Stimmung der Thymian- und Minze-geschwängerten Landschaftsatmosphäre, das Element der Götter-Spiegelbilder, in die christlichen Gotteshäuser herein. Der östliche Kultus schreitet nicht wie der römische hart und willensmäßig über den Boden der Erde, er schwebt mit den Wolken und mit der Morgen- und Abendröte durch die Lüfte. Er wäre niemals imstande wie der römische, Machtimpulse zu gebären oder zu fördern. Er bleibt, alles Allzu-Irdische, auch alles Allzu-Kopfmäßige vermeidend, absichtlich in einer sonst längst versunkenen Weltstimmung zurück. Die alte Geistigkeit des Kosmos zu bewahren, war ursprünglich auch der Zweck der vom Essäertum übernommenen Sitte der östlichen Mönche, Haar und Bart ungeschoren zu lassen, während das von den Korahiten herrührende Tonsurprinzip der westlichen Mönche und Priester ein Ausdruck ist für die Bejahung des aus dem Kosmos herausgelösten Menschenverstandes. Die östliche Kirche pflegt nicht wie die römische die Predigt. Sie betreibt auch keine Theologie als menschliche Wissenschaft. Sie hält bewußt die alte Geistigkeit fest, in der Überzeugung, damit der »Sophia«, der »göttlichen Weisheit«, der alten Gestalt des »Heiligen Geistes«, am nächsten zu kommen. Aber der Osten möchte sich der Sophia auf alte Art vermählen, nicht auf den Wegen des menschlichen Denkens, sondern durch gemüthaftes Weben in den stehengebliebenen Götter-Spiegelbildern alter Zeit. Die Ikone der Panagia und die Kuppelmosaiken des Pantokrator, überhaupt alle goldenen und silbernen Heiligenbilder, die Freskenmalereien auf dem Athos und in Hosios Lukas: alles das ist wie ein Versuch, die Götter-Spiegelbilder des landschaftlichen Mythos auf christliche Art am Leben zu erhalten.

Das westliche Christentum, wie es sich uns in Italien darbietet, ist petrinisch. Wie ist demgegenüber das östliche zu bezeichnen? Ist es johanneisch? In gewisser Weise schon, aber dann ist es ein der Vergangenheit, der Zeit alter Geistigkeit zugewandter Johanneismus. Oder ist das östliche Christentum paulinisch? Paulus umfaßt Italien *und* Griechenland. In den Paulus-Briefen atmet durchaus das Aroma der griechischen Landschaft. Aber Paulus ist auch das andere. Er ist die Synthese. Eher könnte man sagen, der griechische Katholizismus sei lukanisch.

Im Osten fehlt die Zweiheit, die sich in Italien durch das Auseinanderklaffen des urchristlichen und des päpstlichen Elementes darbietet. Im Osten ist alles von einem urchristlichen Hauch durchseelt, wie denn auch die Kirchen in architektonischer Hinsicht den frühchristlichen Basiliken Italiens noch am nächsten stehen. Aber es ist eben eine solche Ausprägung des urchristlichen Geistes, in welcher das Nachklingen der griechisch-vorchristlichen Geistigkeit ausschlaggebend ist.

GRIECHENLANDREISE FRÜHJAHR 1926

Meine Italienreise im Frühling 1925 hatte einen Bann gebrochen. Ich fühlte deutlich, daß jetzt die Welt für mich von Grund auf verändert war. Ein Kräftebereich ergriff mich, gegen den ich bis dahin wie durch undurchdringliche Zwischenschichten abgedichtet gewesen war. Daß ich aber nach Jahresfrist schon wieder in die Zauberzone des Südens würde reisen können, ahnte ich nicht. Der Plan zu der Reise kam zustande, als ich in Hamburg mit Dr. Victor Thylmann und Johannes Werner Klein Erinnerungen austauschte von den Reisen, an deren Ende wir uns in Rom getroffen hatten: Die beiden Freunde hatten Ägypten und Palästina besucht; ich hatte meine erste Wanderung durch Italien gemacht. Dr. Thylmann hatte in jenen Jahren den Drang, viel zu reisen, als wollte er in kürzester Zeit alle wichtigen Länder der Welt kennenlernen. Seine übergroße Arzt-Praxis setzte ihn dazu instand, nötigte ihn aber auch zu solchem gründlichen Ausspannen. Er liebte es nicht, seine Reisen ganz allein zu machen, und hoffte wohl auf einen anregenden, in der Geschichte des Reiselandes bewanderten Begleiter, als er mich einlud, mit ihm nach Griechenland zu fahren. Ich nahm die Einladung erfreut an. Zwar fühlte ich, daß ich trotz der inhaltsreichen Italienfahrt keineswegs für Griechenland reif und vorbereitet war. Aber was konnte meine begeisterte Sehnsucht lebendiger entfesseln als der Gedanke, in die Götterzone von Hellas zu kommen! In Italien hatte ich höchstens die Vorhalle des wahren Südens betreten.

Zwischen den Hamburger Gesprächen im Herbst und der Reise lagen für mich überaus arbeitsreiche Zeiten. Ich konnte leider keinen Augenblick daran denken, mich auf Griechenland vorzubereiten. Erst recht kam ich, obwohl ich dadurch Thylmann sehr enttäuschte, nicht dazu, mich mit der neugriechischen Sprache zu beschäftigen. Einen um so größeren Raum nahmen in meinem Sinnen und Träumen die Bilder ein, in denen ich mir zum voraus die griechischen Landschaften vorstellte. So gab ich mich Weihnachten 1925 dem Gedanken an Bethlehem als ein palästinensisches Eleusis so ausführlich und innig hin, daß ich glaubte, mich am Tempel von Eleusis so gut auszukennen, als wäre ich bereits dort gewesen.

Gleich nach den österlichen Konfirmationsreisen durch den noch winterkalten deutschen Norden fuhr ich südwärts. Von der Eisenbahnfahrt nach Triest habe ich nur ganz allgemeine Erinnerungen. Ich war von den Anstrengungen, die sich zuletzt sehr gehäuft hatten, müde und träumte in die Berglandschaft hinaus, ohne ihr voll-wache Aufmerksamkeit zu schenken. Die Gedanken, die ich dachte, eilten alle schon nach Griechenland voraus. In Triest war es bereits Nacht. Ich kam gar nicht auf den Gedanken, der für mich sonst überall eine Selbstverständlichkeit war, noch einen Gang durch die Stadt zu machen. In einem reichlich obskuren kleinen Gasthof, wohin mich ein Junge mitschleppte, verbrachte ich die kurze Nacht. Und dann kam die unbeschreiblich sonnenvoll-entspannende Fahrt durch die Adria bis Brindisi, wo ich Dr. Thylmann treffen sollte. Ich saß stundenlang auf dem Deck und ließ mich von dem leichten Wind, dem glänzenden Sonnenlicht, der tiefen oberen und unteren Bläue ganz durchdringen. Eine noch offen gebliebene Verpflichtung drückte mich ähnlich wie am Anfang der Italienreise im letzten Jahre. Ich hatte für eine Monatsschrift einen Aufsatz über den Propheten Elias* zu schreiben versprochen, wofür ich aber im Getriebe nur gerade die Skizze zustande gebracht hatte. Als mich die Seele der Adria ein wenig durchatmet hatte, geschah es zu meinem eigenen Staunen, daß ich mich daran machen und den Aufsatz in einem Zuge hinschreiben konnte. Ich knüpfte an einen Vortrag über »Moses und Elias« an, den ich kurz zuvor auf einer Tagung in Breslau gehalten hatte. Aber mein Gefühl war, als flösse in das, was ich schrieb, noch ein Neues mit hinein, das

* »Moses und Elias« in »Die Drei«, Mai 1926.

mir wie ein beseligendes Geschenk zukam aus der Atmosphäre über dem weiten blauen Meer. Zwar mußte ich des Schreibens wegen darauf verzichten, viel Einzelnes auf den Wogen und an den ferne vorüberblauenden Ufern zu sehen, aber ich möchte die Erinnerung an diese Stunden des geschenkten Gestaltens nicht missen. Mir kam es wohl auch so vor, als ob ich etwas für meine Arbeiten besonders Entscheidendes schriebe. Gerade dieser Aufsatz ist mir nachher die wichtigste Brücke geworden von den Betrachtungen, die ich über alttestamentliche Gestalten in unserer Zeitschrift geschrieben hatte, zu der buchmäßigen Darstellung der vorchristlichen Geistesgeschichte.

Die Fahrt ging durch einen Tag und eine Nacht. Im Laufe des Vormittags kamen wir in Brindisi an, wo ich aber keine Spur von meinem verehrten Dr. Thylmann vorfand. Ich ahnte deutlich, daß es mit den von ihm gebildeten Plänen sehr hapern würde. Verabredet war, daß wir von Brindisi, das Dr. Thylmann auf dem Landwege erreichen wollte, mit einem bestimmten griechischen Dampfer nach Athen fahren würden. Mir war das von Anfang an nicht einleuchtend gewesen. Ich verstand nicht, warum wir nicht mit dem wesentlich schnelleren großen Italiener, den ich von Triest aus benützte, nach Athen fahren sollten. Das Schiff des Lloyd Triestino war zwar zwischen Brindisi und Athen teurer (von Triest bis Brindisi galt ein unglaublich niedriger Papier-Lire-Preis, weshalb ich bis zu unserem Treffpunkt den Wasserweg gewählt hatte), aber die Zeit schien mir wichtiger zu sein als das Geld. Natürlich hatte ich mich wortlos den Wünschen des Gastgebers gefügt. Als ich mich in Brindisi vergeblich nach ihm umgeschaut hatte, erkundigte ich mich sogleich nach den verschiedenen Möglichkeiten des Weiterfahrens. Ich erfuhr, daß das griechische Schiff, auf das Thylmann sich versteift hatte, ein alter Rappelkasten, mit mehreren Tagen Verspätung fahren würde. Es blieb eigentlich nur die Möglichkeit, mit dem Dampfer weiterzufahren, mit dem ich gekommen war. Dieser aber hatte nur eine Stunde Aufenthalt. Schon fürchtete ich, einsam vom Hafen aus das Schiff wegfahren sehen zu müssen – da, genau zehn Minuten vor der Abfahrtszeit, kam Thylmann in einem Pferdewägelchen angerollt. Obwohl er nur äußerst ungern Abschied nahm von seiner Idee, mit dem Griechenschiff zu fahren, gelang es mir, ihn noch rechtzeitig zu überreden. Wir stiegen auf meinen Lloyddampfer, als gerade schon die Passagierbrücken hochgezogen werden sollten. Und gleich darauf zog uns das majestätische Dahingleiten durch die helle, linde Bläue ganz in seinen Bann.

Ich war mit Thylmann noch nie ausführlich zusammengewesen. Jetzt mußte ich dann also zum ersten Male sein großes Repertoire von Arzt-Schnurren und -Witzen zur Kenntnis nehmen. Ich meinte zwar, daß dieser Gesprächsstoff nicht ganz in die Landschaft passe, als wir so durch die Adria fuhren; aber ich schwieg. Dies Schweigen hatte bald, als wir auf die Höhe von Korfu kamen, noch einen anderen Grund. Die See wurde bewegter und bewegter. Dem Spiel der Möven und Delphine zuzuschauen, war mir immer weniger möglich. Schließlich erfaßte mich – zum ersten Mal im Leben – eine Seekrankheit, die an Heftigkeit nichts zu wünschen übrig ließ. Thylmann, dessen Konstitution gegen Seekrankheit gefeit war, wurde immer ausgelassener und wußte durch die Auswahl seiner Schnurren meine Leiden kunstgerecht zu beschleunigen und zu steigern. Es blieb mir nichts anderes übrig, als mich in die Kajüte zurückzuziehen, wo mich dann schließlich ein mildtätiger Schlaf die Nacht über umhüllte. Als ich in der Frühe erwachte, umleuchtete uns über spiegelglattem Meer bereits die göttliche Landschaft Griechenlands. Wir verließen gerade die odysseischen Gewässer – hinter uns waren noch die Inseln, zu denen Ithaka gehört, zu sehen – und fuhren in den herrlichen großen Golf von Korinth ein. Mein Staunen über das Besondere der griechischen Gestade war grenzenlos. Das ganze aromatische Luft- und Lichtelement der Atmosphäre entrückte mich aus dem üblichen Diesseits. Meine Seele breitete sich aus, wie ich es auch in Italien nirgends erlebt hatte. Ich habe später, auf den Reisen nach und von Palästina und Ägypten, noch oft den Lichtduft der griechischen Inseln und Gestade in mich hineingetrunken, der vom Meere her noch viel klarer und deutlicher wahrgenommen werden kann als am Lande selbst. Von jener ersten Fahrt durch den Korinthischen Golf habe ich keine prägnanten Bilder in der Erinnerung behalten. Dieses erste Eintauchen in die griechische Welt war so stark, daß es jene Entrückung über alle erinnerbaren Konturen hinaus bewirkte.

Es kam dann noch die eigenartig beengende, interessante Fahrt durch den Kanal von Korinth. Und gegen Mittag verließen wir im Hafen von Piräus unser Schiff. In der Ferne ragte als Wahrzeichen Athens der tempelgekrönte Hügel der Akropolis empor. Sogleich war mir die innere Unvergleichbarkeit Italiens und Griechenlands deutlich: Italien ist ein auserwählter Bereich menschlicher Geschichte. Griechenland ist ein Schauplatz, auf dem das Verweilen und Tun der Götter immer noch nachklingt. Der Hafen von Piräus, in welchem nur kleine Schiffe, meist Fischerboote und Segler, vor Anker lagen, bot wohl einen ähnlichen Anblick wie schon vor zwei Jahrtausenden. Wir hielten uns nicht auf, sondern fuhren sogleich nach Phaleron, einem Villen-Vorort von Athen, wo wir – eine fixe Idee, auf die sich mein Freund kapriziert hatte – Wohnung nehmen sollten. Bald hatten wir uns im Hotel de Russie einquartiert und fuhren voll gespannter Erwartung mit der schnellen elektrischen Vorortbahn, die in der Stadt zum Teil als Untergrundbahn läuft, weiter, nach Athen hinein. War es nun eine Enttäuschung, statt des Wohnsitzes der Athene und der Musen, statt des Quellortes der Philosophie und des europäischen Geistes eine mit betäubendem Lärm erfüllte, von Menschen überquellende Großstadt anzutreffen? Wir hätten es uns vorher sagen können, daß es notwendig sein würde, durch die Hindernisse des Jetzt zu den Wundern des Einst vorzudringen. Aber es war damals gerade besonders schlimm. Außer der halben Million regulärer Einwohner beherbergte die Stadt wohl noch eine Million Flüchtlinge, die durch die Türken aus den kleinasiatischen Griechenstädten vertrieben worden waren. Nicht nur am Rande der Stadt, sondern auf allen freien Plätzen waren durch Baracken notdürftige Unterkünfte für die Flüchtlinge geschaffen. Alles wimmelte von armseligen bettlerhaften Gestalten. Dazu wurde mit menschlichen und technischen Mitteln ein unvorstellbarer Lärm vollführt. Hemmungslos wurde ohne jeden zureichenden Grund die Schallstärke sämtlicher Autohupen bis zum Extrem ausgenutzt. Diesen Autolärm kannte man damals aus den italienischen Städten, wo er erst viel später verschwand. Aber dies hier war schon eine orientalische Potenz davon. Uns wurde ganz bänglich zumute, als wir durch die Straßen gingen. War das wirklich die Stadt des Perikles, des Sophokles und Plato? Wir entschlossen uns zur Flucht.

Vor uns sahen wir mitten aus dem Häusermeer einen spitzkegeligen Berg emporragen. Wir gedachten, von dem Gipfel desselben zunächst einmal, dem Lärm entrückt, einen Überblick über das Ganze der »heiligen Stadt« zu gewinnen. Der Aufstieg auf den Lykabettos ist steil, aber schnell bewältigt. Oben breitete sich nun wirklich ein wunderbares Rundbild vor uns aus: das Häusermeer der Stadt, überragt von dem felsigen Tempelhügel der Akropolis, weit dahinter das Meer mit den Bergrücken der Inseln. Der Lärm der Stadt drang bis hinauf zu uns, aber wir konnten nun doch anfangen, das Geheimnis von Athen und Griechenland zu erspüren. Unsere Augen wachten für wunderbare Beglückungen auf: da legte sich in feierlich-schöner Größe die Insel Salamis im blauen Meer vor das Festland hin. Und was war das für ein runder Kuppelberg ganz hinten in weitester Ferne, der in der untergehenden Sonne wie pures Gold leuchtete? Als wir den Felsen von Akrokorinth erkannten, wie er sich auf der einen Seite mit milder Stufe ins Meer senkt, wehte der Hauch erhabener Vorzeit über uns hin. – Auf dem Gipfel des Lykabettos steht ein kleines, äußerlich sehr schmuckloses, weißes Kirchlein. Der alte, etwas schmutzige Pope mit weißem Bart, im langen schwarzen Priestergewand und mit der hohen zylinderförmigen Kopfbedeckung, die das ungeschnittene Haupthaar in sich birgt, lud uns ein, seinem Heiligtum einen kurzen Besuch abzustatten. Wir traten ein in den kleinen dunklen, nur von den Lichtlein der ewigen Lampen und dem Widerschein der silbernen und goldenen Heiligenbilder erleuchteten Kapellenraum. Das war nun meine erste wirkliche Begegnung mit dem östlichen Christentum auf dessen eigenem Boden. Nie werde ich den charakteristischen intensiven Geruch vergessen, der mir da zum ersten Male wie eine durchsichtige Weihrauchwolke entgegenkam. Derselbe rührt nicht nur von dem besonderen Weihrauch her, den die griechische Kirche verwendet, sondern in erster Linie von den aromatischen Ölen, die im östlichen Kultus eine Rolle spielen. Welch ein Unterschied zwischen den Kirchenräumen des römischen und denen des griechischen Katholizismus in Hinsicht des Geruches! Fast durchweg riecht es in den römisch-katholischen Kirchen nach Tod! Sei es, daß man nur den meist sehr schalen Nachgeruch des Weihrauchs wahrnimmt, sei es, daß die Muffigkeit der Räume, als befinde man sich in Grabgewölben, hinzukommt. Ich denke mir, daß gerade im Generellen des Geruchs der römisch-katholischen Kirchen etwas von dem Totenkultus Ägyptens weiterwirkt, ein Symptom des Bloß-Vaterhaften, das in dieser christlichen Strömung vorherrscht. Demgegenüber mag sich im Umkreis der östlichen Eucharistie etwas von griechisch-vorderasiatischen Lebenskulten fortsetzen, in denen das Mutterprinzip, das Prinzip des »Heiligen Geistes«, im Vordergrunde stand und eine betonte Verwendung sulphurisch-aromatischer Essenzen und Öle bedingte. Jedenfalls kommt einem in östlichen Kulträumen etwas Kindlich-Junges, Anregend-Belebendes entgegen, während in den Kirchen des römischen Katholizismus die Stimmung des ernsten, strengen Alters wirksam ist. Der alte Pope auf dem Lykabettos strahlte auch als Mensch die herzliche Kindlichkeit aus, der man unter der östlichen Priesterschaft wesentlich öfters als den Spuren einer gedanklichen Bildung begegnet.

Der Überblick, den wir vom Lykabettos aus über Athen hatten, ergab die ahnungsweise Erkenntnis des Urbildes, das der Stadt innewohnt. Hinter den Tempeln der Akropolis sahen wir in der gleichen Blickrichtung am anderen Stadtende einen hügeligen, dunkel übergrünten Bereich: die dritte niedrigste Erhöhung nach dem höchsten Gipfel, auf dem wir uns befanden, und der Akropolis in der Mitte. Wie ein mütterlicher Schoß legte sich die Hügelgruppe des Philopappos hinter die Tempel der Akropolis. Die Figur einer geheimnisvollen Trinität schien uns in das Antlitz Athens hineingezeichnet zu sein. Und die Frage kam uns, ob das tiefe Grün da drüben nicht vielleicht den Mysterienschoß andeute, aus dem einst das athenische Leben in seiner Schönheitsfülle geboren worden ist.

Als wir wieder zur Stadt hinuntergestiegen waren, ging der Tag zu Ende. Ich wäre gerne gerade jetzt in den Abendstunden lange kreuz und quer durch die Straßen gepilgert, achtsam auf das, was der Zufall unseren staunenden Augen darbieten würde. Aber Thylmann war nach dem Nachtmahl für einen Bummel durch die Stadt zu müde. Und so gerieten wir – seltsame Paradoxie – in die Abendvorstellung eines deutschen Zirkus, an dessen Zelt wir zufällig vorüberkamen. – Die Nacht im Hotel de Russie zu Phaleron war zwar für mich ruhig, Thylmann aber konnte wegen der Unzahl der dort einquartierten Wanzen kein Auge zutun. Am nächsten Morgen war er endgültig von seinem Phaleron-Traum geheilt, und wir siedelten in einen Gasthof in Athen selbst über, der uns als relativ wanzenfrei empfohlen worden war.

Nun sollten unsere eigentlichen Entdeckungsfahrten in der Stadt des Perikles beginnen. Thylmann gab meinem Wunsche nach, den Gang auf die Akropolis, zu deren Felsen und Tempeln wir von unten her bereits auf mehreren Seiten emporgeschaut hatten, noch ein wenig aufzuschieben. Ich wollte, nachdem wir auf dem Lykabettos gewesen waren, zuvor auch auf die niedrigeren grünen Hügel am anderen Ende der Stadt gehen. Dorthin lenkten wir also unsere Schritte. Kaum hatten wir den Bereich, der mit niedrigem Kiefergehölz bewachsen ist, betreten, da war uns, als müßten wir den Atem anhalten. Es lag eine merkwürdige geistige Feierlichkeit in der Luft. Uns schien wirklich, als beträten wir die Stätte einstiger Mysterien oder eines ganz besonders götternahen Geisteslebens. Und unser Gefühl erfuhr die schönste Bestätigung, als wir herausbekamen, daß der runde kahle Felsen am Rande dieses Bereiches in der Richtung auf die Akropolis zu als der Areopag bezeichnet wird. Das ist der Hügel des Ares, auf dem sich einst nicht nur der Sitz des Gerichtshofs, sondern auch des geistigen Führerkollegiums befand, durch welches die Geschicke Athens gelenkt wurden. Der Areopag muß überhaupt das älteste, vielleicht schon vorgriechische Heiligtum am Ort sein. Der Felsen soll einst die Flanke des vulkanischen oder halbvulkanischen Erdspaltes gebildet haben, aus dem nach der alten hellseherisch-mythischen

Anschauung die Erinnyen ans Tageslicht emporstiegen. Dazu erfuhren wir, daß sich auf dem flachen Rücken des Philopappos-Hügels das antike Museion befunden habe.

Stehen wir auf dem Areopag-Felsen, so leuchtet majestätisch und groß vor uns jenseits einer leicht sich senkenden Mulde der Athene-Tempel auf der Akropolis vor uns auf. Scheint die Sonne darauf, so glänzt das stolze hohe Heiligtum in seiner ockergelben Färbung wie in purem Golde. Hinter der Akropolis ragt der turmartige Lykabettos empor; und wie uns gestern von dorther der Hügel, auf dem wir jetzt standen, wie ein mütterlicher Schoß erschienen war, so erschien uns jetzt der spitzsteile Felsen des Lykabettos wie ein väterlicher Wächter.

Konnte auf dem Areopag eine andere Szene vor unserer Seele lebendig sein als die im 17. Kapitel der Apostelgeschichte geschilderte? Angesichts des strahlenden Parthenon legte der Apostel Paulus vor den geistigen Führern des griechisches Volkes Zeugnis ab für das Mysterium von Golgatha. In keinem Augenblick tritt die Weltweite des Paulus und die Tiefe seines Verständnisses für das griechische Götter-Erleben deutlicher zutage als in seiner Areopag-Rede. »Ich bin durch eure Stadt gegangen und habe eure Tempel gesehen und fand darunter auch einen Tempel mit der Inschrift ›dem unbekannten Gott‹. Diese Gottheit, die ihr ahnt, die sich euch nur in den innersten Mysterien kundgegeben hat, verkündige ich euch. Sie ist als Mensch unter uns erschienen. Sie ist nicht mehr der ›Unbekannte‹; sie ist aus der Verborgenheit hervorgetreten und hat menschliche Schicksale durchgemacht bis zum Tode am Kreuz. Aber dieses Sterben hat zur Auferstehung geführt. Den Auferstandenen verkündige ich euch. In ihm leben, weben und sind wir!« Nach der Raffaelischen Darstellung der Aeopag-Szene auf den in London befindlichen Kartons für die vatikanischen Teppiche hatte ich mir schon die Großartigkeit der Tempel-Szenerie vorgestellt. Jetzt an Ort und Stelle aber sah ich erst die Größe der Dimension und die klassische Schönheit des Bildes, das sich in jenem stillen Augenblick der Weltgeschichte gefügt hat. An bedeutsamster, urgeschichtlicher Stelle steht der Apostel. Über ihm leuchten die strahlendsten Tempel des Griechentums. Und wenn auch die Zahl derer, die aus Mysterienweisheit heraus für seine Verkündigung Verständnis besitzen, sehr klein ist, so ist doch derjenige darunter, der gewissermaßen stellvertretend für alle Eingeweihten und Philosophen Griechenlands den Übergang zur Christus-Schülerschaft vollziehen kann: der Vorsitzende der neunköpfigen Areopag-Körperschaft, Dionysios Areopagita. Er erkennt in dem Christus-Zeugnis des Paulus die Sonnengottheit wieder, die er dank seiner Einweihung geistig bereits hatte schauen und erfahren dürfen.

Ganz erfüllt von der Größe dessen, was sich uns hier gleich zu Anfang dargeboten hatte, wandelten wir langsam und schweigend auf den nahen turmgekrönten Philopappos-Hügel zu, den Bereich des alten Musen-Tempels und wohl auch der »Schule von Athen« betretend. Wir gingen zwischen dem niedrigen Nadelgehölz einher. Die Kiefernsträucher, die sich nirgends bis zur Höhe eines Baumes erheben, waren es, die den dunkelgrünen Teppich bildeten, den wir tags zuvor vom Lykabettos aus wahrgenommen hatten. Eine Wolke von ganz intensiver harziger Würzigkeit umgab uns. So spärlich die Natur der Stätte auch ist: wir waren in einen wunderbar beseelten friedensvollen Hain eingetreten. Wir konnten uns auf das lebendigste vorstellen, daß es der Umkreis einer einstigen Mysterienstätte war, den wir durchmaßen. Da fiel unser Blick in einer Lichtung auf eine gerade geschnittene Felswand mit drei schwarzen Torlöchern. Wir traten ein und gelangten in zellenartige quadratische Gemächer, fensterlos in den Felsen gehauen. Von der einen Kammer aus führte ein Gang in ein weiteres rundes Gelaß. Ein geheimnisvoller Bann bemächtigte sich unser, als wir einige Zeit in den Felsenkammern geweilt hatten. Und als wir dann wieder in die licht-, wärme- und duftdurchatmete Atmosphäre heraustraten, wo der ragende Akropolis-Felsen mit dem goldenen Athene-Tempel in überraschend neuer Sicht in den blauen Himmel emporstieg, war es wie eine tiefaufatmende Befreiung aus rätselhafter Beklommenheit. Eine Tafel belehrte uns, daß die Felsenzellen »das Gefängnis des Sokrates« seien. Und so trat denn nach Paulus diese andere ältere Verkünder-Gestalt aus dem geistigen Werden Europas vor uns hin. Der freie Geist ringt sich aus den Fesseln einer erstarrenden Tradition los. Ihn berührt es nicht, daß man ihn als gottlosen Verführer des Volkes in den Kerker wirft. Er ist sich seiner Erkenntnis gewiß, und er zögert nicht, den Giftbecher zu trinken, zu dem man ihn verurteilt. Wenn er von den Kammern seines Felsengefängnisses aus zu dem herrlichen jungen Parthenon-Tempel auf der Akropolis emporschaute, konnte er sich da nicht mit Recht sagen, daß er, den man der Gottesleugnung zieh, die Götter besser kannte als seine Richter?

Als wir den kieferduft-erfüllten Hain verließen, versuchten wir, auf der Höhe über der Stadt bleibend, noch von einer anderen Seite her einen Blick auf die Akropolis zu gewinnen, und bogen, noch bevor wir an den Areopag-Felsen kamen, nach links ab. Eine neue Überraschung wartete unser. Ein breites, ebenes Felsplateau breitete sich vor uns aus, an einem Rande durch mehrere stufenartig in den Stein gehauene breite Sitzreihen abgegrenzt. An einer Stelle schiebt sich, aus dem gleichen grauen Felsen gehauen, ein kanzelartiger Vorsprung aus den abschließenden Stufen in die große Steinterrasse hinein. Unscheinbar ist die Stelle heute, obwohl das Felsplateau 120 Meter lang und etwa halb so breit ist. Mehr als zwei Jahrtausende lang hat der Strom der Zeit, als wäre er ein physisch-fließendes Gewässer, den Felsen mit seiner durch Menschenhand bewirkten Gestaltung abgeschliffen, undeutlich und unscheinbar gemacht. Was dem Ort dennoch atembeklemmende, feierliche Größe verleiht, ist der Blick auf die nahe emporgleißenden braunen Felswände und goldenen Tempelsäulen der Akropolis und andrerseits auf die zu unseren Füßen sich ausbreitende Stadt mit ihrem Häusermeer, aus dem sich unmittelbar unter uns der stolze, vollständig erhaltene Theseus-Tempel heraushebt; weit im Hintergrund schließt der steile Lykabettos-Gipfel das Stadtbild ab. Wir stehen auf der Pnyx, dem Schauplatz der athenischen Volksversammlung, und die schlichte steinerne Kanzel ist die Stelle, von der aus Perikles zu seinem Volk gesprochen hat. Die große Weltgeschichte läßt uns ihren Atem verspüren. Das Forum zu Rom und die Pnyx auf dem Hügel über Athen, wie ähnlich und zugleich wie verschieden sind diese beiden Stätten klassischer Volksversammlungen. Die Reden des Perikles auf der Pnyx, die Reden des Marc Anton auf dem Forum! Das Forum liegt unten auf der Talsohle zu Füßen und inmitten der sieben Hügel Roms, bis in unsere Tage ist es in fast wilder Überfülle überbaut. Die Pnyx oben in lichter Höhe über der Stadt, überblaut von dem reinen Firmament, gekrönt von den strahlenden Göttertempeln des Burgfelsens, rein und frei die Fläche dem Himmel darbietend, nie von irgendwelchen Bauten bedeckt.

Der dritte Hügel Athens hatte seinen Reichtum vor uns ausgebreitet: den Areopag, den Felsenkerker im grünen Hain, die Pnyx. Paulus, Sokrates und Perikles waren uns erschienen. Und nun hatte sich uns auch das geahnte trinitarische Urbild im Antlitz der Stadt lebendig ausgefüllt: der Lykabettos-Felsen im Osten, das Vaterprinzip in seiner uralt-ewigen Seinsgewalt offenbarend; die Akropolis in der Mitte, Bild des sohnhaft-schöpferischen Werdens und Gestaltens; der grüne Museion-Hügel im Westen, das kosmische Mutter- und Geistprinzip als den verheißungtragenden Zukunftsschoß andeutend.

Jetzt erst fühlten wir uns vorbereitet, zu den Tempeln der *Akropolis* emporzusteigen. Wir empfanden die stolze Feierlichkeit des Emporschreitens auf den klassischen Marmorstufen, des Verweilens und Sichsammelns in den majestätischen Säulenhallen der Propyläen, und standen schließlich vor dem berühmtesten der griechischen Tempel, vor dem Parthenon, dem Tempel der jungfräulichen Göttin Athene. Das glänzendste, wärmste Sonnenlicht lag auf allem und entzündete die Fülle des hellen Marmors zu einem unermeßlichen Lichtfeste. Dieser Eindruck, in ein Meer von Wärme- und Lichtäther aufgenommen zu sein, beherrschte alles. Ich muß gestehen, daß die Tempel selbst mich nicht in eine solche Entzückung versetzten, wie ich es mir früher vielleicht ausgedacht hatte. Der unübersehbare Reichtum des erhabenen Trümmerfeldes läßt gar nicht zu, daß man sich von einem besonderen Bauwerk als von einem überragenden Wesen bis ins Innerste hinein angesprochen fühlt. Dazu kam, daß die Begegnung, die ich im vergangenen Jahre mit dem Geiste der alten griechischen Tempel in Paestum erlebt hatte, innerlich doch nicht überboten werden konnte. Zwar ist auch der Athene-Tempel auf der Akropolis in dem älteren, noch mysterienverwandten dorischen Stil gebaut. Die leichteren, schlankeren ionischen Bauformen sprachen uns aus den Überresten der übrigen Tempelbauten an. Aber auch in den dorischen Formen des Parthenon spürt man bereits das neue, mysterienlose Zeitalter: alles strebt darnach, lichter und leichter zu werden. So ist der Haupttempel auf der Akropolis doch nur ein jüngeres, zarteres Geschwister des Poseidon-Tempels zu Paestum. Wenn man die dorische Formgebung neben der ionischen vergleicht mit dem romanischen Baustil in seinem Verhältnis zur Gotik, so muß man den Stil des Parthenon in Parallele setzen zu den spätromanischen Formen, die schon einen Übergang zu dem leichteren, vordergründigeren gotischen Stil darstellen.

Was mich aber in dem Tempelbereich auf der Akropolis ganz in Bann schlug, war das Milieu. Und zu diesem gehört alles, was der im Kreise umherschweifende Blick gewahrt. Innerhalb der näheren Umgebung fühlt man sich auf eine ganz eindeutige Weise an einem Mittelpunkt. Ringsherum flutet das Häusermeer der Stadt Athen, landeinwärts durch den steilen Felsenhügel des Lykabettos und dem Meere zu durch den Musenhügel abgegrenzt. Dazu kommen nun durch die Zwischenräume der Säulen hindurch die wunderbarsten Durchblicke, die es wohl in der ganzen Welt gibt. Nach Osten zu sieht man die von Nadelwäldern dunkel gefärbten Höhen des Hymettos. Nach Süden und Westen zu blaut das Meer, überragt von den lichtüberzauberten Inseln Ägina und Salamis. Und in der späteren Nachmittagsstunde war es für uns bereits ein herzerfreuendes Wiedersehen, von neuem in weiter Ferne golden leuchtend die halbkreisförmige Silhouette von Akrokorinth zu entdecken.

Erst allmählich vermochten wir es, uns dem Zauber der brennenden Lichtfülle zu entreißen und uns einzelnem zuzuwenden. Da sahen wir dann den Nike-Tempel in seiner zierlichen Anmut und gewannen von den kleineren Metopen her, die an seinem Giebel entlanglaufen, Interesse für die größeren, die sich an den Architraven des Parthenon erhalten haben. Diese Werke der klassischen Plastik ließen die ganze Welt, die sich an die Namen des Phidias und Praxiteles anschließt, vor uns erstehen. Vor dem Erechtheion waren wir zunächst durch die das Gebälk tragenden Frauengestalten an der Karyatidenvorhalle gefesselt. Welche göttlich-feierliche Ruhe strömt von dem Gesichtsausdruck und der Haltung dieser Gestalten aus! Es sind Menschengestalten, aber ihr Ausdruck scheint durch göttliche Seelen geprägt zu sein. Der Erechtheus-Tempel bezeichnet diejenige Stelle, an welcher auf der Akropolis in Vorzeit dunkle Gottheiten des Erdinneren verehrt worden sind. Und mir schien gerade an diesem Platz ein Nachklang der Urzeit – längst vor dem perikleischen Zeitalter – spürbar und erlebbar zu sein. Es war für mich von großer Bedeutung, daß hier der Gedanke an die vielleicht sogar vor Homer liegende Frühzeit griechischen Lebens in mir aufstieg. Dennoch blieb das Rätsel des Erechtheions, das durch die kontrastierende himmlische Harmonie der Karyatidengestalten nur unterstrichen wird, für mich bestehen.

Schließlich war es ein einziges Grundmotiv, dem wir uns innerhalb des überwältigenden Reichtums ausschließlich zuwandten. Das Erlebnis der griechischen Säule, an das ich bereits in Paestum herangeführt worden war, vollendete sich mir auf der Akropolis. Jede echte Säule aus altgriechischer Zeit ist von einem Mysterium umgeben. Würde man sie heute nachbilden und ganz genau die gleichen Formen treffen, die Nachbildung würde dennoch neben der alten Säule stehen wie eine Rose aus Papier neben der echten Rose, die ein lebendiges Wesen ist. Die griechische Säule ist wirklich ein lebendiges Wesen. Und zwar hat sie mit dem Menschen selbst eine innige Verwandtschaft. Lehnt man sich in eine der Kannelüren hinein, so findet man sich als Menschengestalt von einem verwandten Wesen aufgenommen. Die Genialität der alten Baumeister schuf ohne bewußte Absicht fortwährend die wunderbarsten Variationen über die Proportionen des menschlichen Leibes. Die griechische Säule ist von ätherischen Bildekräften umwaltet, die innig verwandt sind mit den ätherischen Bildekräften, die die menschliche Gestalt formen. Das Geheimnis der Säule besteht darin, daß sie in ihrer Reinheit und Harmonie im tiefsten Grunde unseres Wesens das Urbild der Gestalt anspricht, die wir an uns tragen. Deshalb ist die Säule des griechischen Tempels und das plastische Bild der in Menschengestalt dargestellten Gottheit ein enges Geschwisterpaar. Die griechische Säule hält dem Menschen als solchem einen reinen Spiegel vor, so daß er in seiner göttergebildeten Gestalt ruhen und harmonievoll das Geheimnis der Form erfühlen kann. Deshalb geht von dem griechischen Tempel eine so reine Belebung und formspendende Weihe aus. –

Jetzt, nachdem wir Bekanntschaft geschlossen hatten mit den drei Anhöhen von Athen, fühlten wir uns so weit heimisch, daß wir anfangen konnten, die Stadt kreuz und quer zu durchstreifen. Was uns da besonders anzog, waren die kleinen, alten *christlichen Kirchen*, die wie Zauberkästchen, oder dem Knusperhäuschen des Märchens vergleichbar, an verschiedenen Stellen in das Stadtganze hineingestreut sind. Ein ganz winziges Kirchlein, das, obwohl es kaum für mehr als bloß einen Altar Raum bietet, mit Apsiden reich gegliedert und mit einer kleinen Kuppel gekrönt ist, liegt auf dem Burgfelsen der Akropolis zu Füßen des Tempelbereiches. Um ein weniges größer ist die kleine Metropolis, die in unmittelbarer Nachbarschaft zu der großen Metropolis-Kirche in der Stadt liegt. Ihr hohes Alter – sie ist wohl aus der Zeit, da in Deutschland die frühesten romanischen Kirchen entstanden – deutet sich bereits darin an, daß sie mehrere Meter unter dem heutigen Niveau des Stadtbodens liegt. Sie ist, wie das Kuchenhäuschen von Hänsel und Gretel, mit vielen Platten geschmückt, die alte, zeichenhafte Reliefskulpturen tragen. Der gleiche ausklingende Impuls des alten Hellsehens tritt hier kunstschaffend in die Erscheinung, der an den romanischen Kirchen Mitteleuropas die Fülle der plastischen Figuren hat entstehen lassen. Ein besonders schönes Beispiel für diese alten byzantinischen Kapellenkirchlein ist die Panagia Kapnikarea. Auch sie liegt wesentlich tiefer als die Straßen, die an ihr vorbeiführen, so daß man, um zu ihrem Eingang zu gelangen, eine Treppe hinuntersteigen muß. Trotz ihrer Kleinheit ist sie in vier Längsschiffe gegliedert, die wie kostbare Reliquienschreine nebeneinander liegen, überhöht von dem Kreuz der höheren Teile und dem daraufsitzenden achteckigen, in eine Kuppel einmündenden Vierungstürmchen. An diesen byzantinischen Kirchlein empfand ich damals vorerst nur das dem Märchen Verwandte. Sie waren mir Ausdrücke einer kosmischen Kindlichkeit, die sich insbesondere an das empfindende Herz wendet. Die Verwandtschaft mit den frühchristlichen Basiliken Italiens war mir noch nicht lebendig, obwohl es ja naheliegend gewesen wäre, daß ich mich an die Bauformen von San Vitale oder der Baptisterien in Ravenna erinnert gefühlt hätte. Heute würden mich diese Kirchlein insbesondere durch ihre Verwandtschaft mit den romanischen Kirchen Deutschlands und der anderen mitteleuropäischen Länder interessieren. Es hat aber wohl sein Gutes, daß ich sie zunächst als eine Welt für sich erlebt habe, ohne sie sogleich in größere Zusammenhänge einzuordnen.

Uns auf die vielen einzelnen Sehenswürdigkeiten Athens einzulassen, entsprach unserer Stimmung nicht. So gingen wir, ohne einen besonderen Eindruck davon zu empfangen, an dem Theseus-Tempel vorüber, der uns vielleicht eben deshalb, weil er äußerlich so gut erhalten ist, etwas atmosphärelos erschien. Insbesondere ließen uns die Denkmäler des Römertums, wie die Reste des ungeheuren, von Hadrian errichteten Zeus-Tempels, des Olympieions, kalt. Die einzigen Bauwerke, denen wir unsere Aufmerksamkeit ausführlicher zuwandten, waren die beiden Theater am Fuße des Akropolis-Felsens, das griechische Dionysos-Theater und das aus römischer Zeit stammende des Herodes-Attikus. Zwar tritt hier die Polarität zwischen dem griechischen und römischen Theater nicht so elementar zutage, wie sie mir ein Jahr zuvor in Syrakus entgegengetreten war. Dafür lädt hier die klassische Schönheit des Raumes, insbesondere in dem Dionysos-Theater mit seinen wunderbaren Sitzreihen und Skulpturen, zum Verweilen ein.

Die Zweiheit der klassisch-griechischen und der byzantinischen Formen löste sich uns nicht auf. Es schien uns, als ob ein Übergang vom einen zum andern sich gar nicht denken ließe. Aber gerade dadurch entstand für uns ein lebendiger Kontakt mit dem historischen Werden. Die Gestalt, die der christliche Impuls auf dem Boden der klassischen Griechenschönheit angenommen hat, muß ja doch unterirdisch mit alledem verwandt sein, was der hellenische Genius zu seiner Zeit hervorgebracht hat.

Einen wesentlichen Teil der kurzen Tage, die wir zunächst in Athen zubrachten, hatten wir auf die Gespräche mit Professoren und Assistenten des Deutschen Archäologischen Instituts zu verwenden, an die wir Grüße auszurichten hatten und von denen wir uns für die Fortsetzung unserer Reise beraten lassen wollten.

*

Schon am dritten Tage unseres Athener Aufenthaltes machten wir uns auf die Pilgerschaft nach *Eleusis*. Wir wollten zugleich mit den Denkmälern der Stadt Athen die Mysterienstätte kennenlernen, die einst der Quellort der attischen Hochkultur gewesen ist. Wir brachen schon am frühen Morgen auf, um den Weg auf der alten heiligen Straße zu Fuß zurückzulegen, auf welcher einst die Athener in der Oster- und Michaeliszeit zu den kleinen und den großen Eleusinien in feierlichen Prozessionen hinausgewallfahrtet sind.

Als wir den Bannkreis der Stadt hinter uns gelassen hatten, führte uns der Weg durch ein sanft hügeliges Gelände, das von schütteren Ölbaumhainen bedeckt war. Die knorrigen, wurzelartigen Erdgeiststämme der Ölbäume sowie das heilige Silbergrau der immergrünen Blätter strahlen einen Zauber aus, der mir bereits von Italien her vertraut war. Aber auf dem Boden von Hellas ist das Geheimnis des Ölbaums doch noch viel mehr zu Hause. Hier klingt es noch unmittelbarer mit dem wärmegetragenen Licht- und Duftwunder der Atmosphäre zusammen. Daß die Welt des Ölbaums ihrer räumlichen Ausdehnung nach mit der Welt der Paulus-Reisen identisch ist, wurde mir hier um einen wesentlichen Grad lebendiger.

Ungefähr auf halbem Wege liegt, malerisch in Trümmer gesunken, zwischen dunklen Zypressen die christliche Klosterkirche Daphni. Daphni heißt: der Lorbeer. Und so war uns dieser Name ein Beispiel für das Zusammenklingen des Griechischen und des Christlichen. Ist doch der Lorbeer der dem Apollo geweihte Baum. Wir sollten auf der

Reise noch öfters Beispiele dafür finden, daß der Lorbeer innerhalb des Kultus der östlichen Christen eine bedeutsame Rolle spielt. Ein Teil der zerfallenen Klosterkirche, in deren Bereich man ohne weiteres eintreten konnte, weil weit und breit kein Mensch zu sehen war, ist erhalten geblieben, insbesondere die von einer hohen Kuppel überwölbte mittlere Partie. Aus der Kuppel schaut in erhabener Größe und Strenge das Antlitz des Pantokrator hernieder. Ich sah zum ersten Mal das häufig wiederkehrende Kuppelmosaik, das den Christus als den Weltenherrscher in fast erschreckender Strenge darstellt. Der Christus ist hier ganz mit dem Vaterprinzip der Welt einsgeworden, aber nicht nach der Seite der liebenden Väterlichkeit, sondern nach der Seite der kosmischen Abgründigkeit hin. Als wir noch in das Anschauen der Formen und Farben versunken dastanden, spielte sich eine kleine Szene ab, die für das Leben der östlichen Christenheit charakteristisch ist. Ein alter Priester in armseliger, schmutziger Gewandung kam mit einer Bäuerin, um deren Kind in der Kirche zu segnen, wozu er mit einem Pinsel das Wasser aus einem Weihwasserbecken entnahm.

Wir waren, obwohl wir noch keinen allzugroßen Weg zurückgelegt hatten, durch die heiße, grelle Luft sehr ermüdet und benützten gerne die Gelegenheit, auf einem Bauernwägelchen bis Eleusis mitzufahren. Bald hinter Daphni wurde die hügelige Ölbaumlandschaft abgelöst von weiten Flächen, auf denen Getreidefelder im leisen Winde wogten. Sogleich machte sich die Nähe des Meeres geltend, an dessen Gestade von jetzt an die heilige Straße entlangführte. Wir fühlten uns durch den Geist von Eleusis angeweht, als wir durch die helle, farbige Landschaft fuhren: zur Rechten die grünen Kornfelder, zur Linken das ganz still daliegende blaue Meer, aus dessen Fluten die sonnenüberglänzten Höhen der Insel Salamis emporragen. Eine solche reine Offenbarung des durchseelten Wärme- und Lichtäthers haben wir nur selten noch einmal angetroffen. Wir waren nun erst richtig in Griechenland angekommen. Und die Kornähren an unserem Wege sprachen zu uns von Demeter, der mütterlichen Göttin von Eleusis, die mit der Kornähre in der Hand dargestellt worden ist. Dahinter ahnten wir als die klassische Botschaft der eleusinischen Mysterien das Geheimnis des Samenkorns: das Gesetz von Tod und Auferstehung, wie es dort in prophetischer Art in der Lehre, im Kultus und in den Einweihungen dargelebt worden ist.

Als wir nach Eleusis selber kamen, waren wir zunächst enttäuscht. Wir trafen auf eine kleine Fabrikstadt, deren Schornsteine in der nächsten Nähe des alten Tempelbezirkes rauchten. Ganz auf die unermeßliche innere Größe eingestellt, die Eleusis bis weit in die christliche Ära herein besessen hat, meinten wir, es müsse davon auch etwas in den äußeren Überbleibseln zu sehen sein. Wir setzten unseren Weg auf der anderen Seite der Ortschaft fort in dem Gefühl, daß wir dort vielleicht doch noch auf die Spuren der alten Mysterien treffen würden. Die Felder gingen dort in felsiges Berggelände über, und auf den Gipfeln der Felsen sahen wir die Reste mittelalterlicher Burganlagen. Wir mußten uns also doch zu der Erkenntnis bequemen, nur an dem unscheinbaren Grabe eines einstmals hohen lebendigen Wesens zu weilen. Lebt nicht wirklich heute die Seele Griechenlands in verwandelter Gestalt in unseren Landen und vielleicht auch in unseren eigenen Seelen weiter? Je länger wir uns in das unaufgeräumte Trümmerfeld an den Grundmauern der alten Tempelbauten vertieften, um so lebendiger fing nun doch ein Bild der alten Zeit an, vor uns aufzusteigen. Eigentlich ist überhaupt nur noch eines deutlich zu sehen: der quadratische Grundriß eines großen Tempels, der aber wohl mehr eine festliche Halle als die Stätte eines Götterkultus gewesen ist. Auf der einen Seite sieht man, wie eine feierliche Säulenvorhalle in die Tempelhalle hineingeführt hat. Auf der anderen Seite, da, wo das große Quadrat an eine leichte felsige Erhöhung im Erdboden angrenzt, sind mehrere treppenartig angeordnete, steinerne Sitzreihen erhalten, die sich an der ganzen Tempelbreite entlangziehen. Als wir dort saßen, war uns, als würden wir selber Zuschauer bei dem Mysterienspiel, das einst dort bei den eleusinischen Festen aufgeführt wurde, um den Mythos von Demeter und Persephone und von dem Jüngling Triptolemos, der durch das Stirb und Werde der Einweihung hindurchgeht, darzustellen. Nimmt man die exoterische Seite des eleusinischen Lebens, so ist der Ort das Heiligtum der Demeter, die in Urzeiten die Menschen gelehrt hat, die Erde zu bebauen und sich ihre Fruchtbarkeit nutzbar zu machen. Demeter ist, indem sie den Menschen anleitete, mit den Naturgesetzen zu leben, zugleich eine erste Erzieherin zum Moralgesetz gewesen. Ihre Klage um die verlorene Tochter, die von dem Gott der Unterwelt in sein Reich entführt worden ist, führt zu der esoterischen Seite des eleusinischen Lebens hinüber. Blicken wir auf diese, so ist Eleusis das Heiligtum des Gottes Dionysos. Dionysos ist als der sterbende und auferstehende Gott eine der großen Weissagungen, die das Zeitalter des Mythos besaß, um sich auf das Kommen des Christus vorzubereiten. »Eleusis« ist gleichbedeutend mit dem lateinischen Worte »Advent«: »Ankunft«. Die Mysterien von Eleusis haben in aller Deutlichkeit messianischen Charakter. Diejenigen, die die eleusinische Einweihung durch den Gott Dionysos durchmachten, wurden von den Priester-Hierophanten einen Weg geführt, der durch die Stufen der Passion in den dreitägigen todähnlichen und durch eine Grablegung verdeutlichten Tempelschlaf einmündete. Nach den drei Tagen wurde der Myste als ein innerlich Erneuerter und Erleuchteter auferweckt. Er hatte drei Tage lang in dem Reiche geweilt, wohin auch Persephone, die Tochter der Demeter, immer wieder geraubt wird, weil auch die Seele der Erdennatur dem Menschen immer aufs neue den Durchgang durch Tod und Auferstehung vorlebt.

Dies alles bedachten und besprachen wir, als wir auf den Stufen des Demeter-Tempels saßen. Wir haben dann noch das Trümmerfeld kreuz und quer durchstreift, ohne etwas Bestimmtes zu suchen oder gar eine exakte historische Orientierung anzustreben. Uns war das Wichtigste, bis zu einer gewissen inneren Fühlungnahme mit dem Geist der Stätte zu gelangen. Wir waren dann doch beglückt, unter den herumliegenden Marmortrümmern das Bruchstück einer Metope zu finden, auf welcher zwei große Kornähren abgebildet sind, das Symbol, das in der schlichtesten Natürlichkeit die Demeter- und die Dionysos-Seite des eleusinischen Lebens miteinander verbindet. Gegen Abend fuhren wir mit der Eisenbahn, die in Griechenland jedenfalls damals eine besondere Romantik der Langsamkeit besaß, nach Athen zurück.

*

Wir beschränkten unseren Aufenthalt in Athen auf ganz wenige Tage, da wir uns viel davon versprachen, nachher, nachdem wir ein Stück Griechenland würden gesehen haben, noch einmal dahin zurückzukehren. So traten wir denn eine längere Peloponnesreise an. Unser erstes Ziel war *Korinth*. Mit der kleinen Eisenbahn kamen wir auf diese Weise noch einmal durch Eleusis. Nun erst lernten wir die romantische Gemütlichkeit des griechischen Eisenbahnfahrens in vollem Umfange kennen. Die Züge legten damals auf Pünktlichkeit keinerlei Wert. Die Verspätung betrug meistens eine oder mehrere Stunden. Das hatte seinen Grund darin, daß die Züge an den einzelnen Stationen sehr lange hielten. War ein neuer Bahnhof erreicht, so verließ ein großer Teil der Mitreisenden die Wagen, und es spielte sich ein Volkstreiben auf den Bahnsteigen ab mit Essen und Trinken und viel Schwadronieren. Dabei waren es äußerst bescheidene Genüsse, die sich die Menschen gönnten. Zumeist wurde etwas Brot mit ein paar Oliven und einfachem Schafkäse verspeist. Wenn es hoch kam, leistete man sich eine der in Griechenland überall, auch in Theatern und Kinos, angebotenen Süßigkeiten, in Würfelform geschnittene, kandierte Fruchtpaste. Die Vorliebe für sehr süße Sachen, für die die Türken und Araber berühmt sind, fängt auf der Balkanhalbinsel bereits an. Sehr erheiternd wirkte auf uns die Methode, die man anwendete, um schließlich doch einmal die Weiterfahrt des Zuges zu bewerkstelligen. Zuerst wurde mit einer Glocke und viel Geschrei zum Einsteigen gerufen. Nach längerer Zeit ertönte ein mehrfach wiederholtes Pfeifensignal. Dann dauerte es wieder eine Weile, bis schließlich ein Horn geblasen wurde. Und dann konnte man damit rechnen, daß sich der Zug einige Minuten später in Bewegung setzen würde.

Nach der Fahrt durch die Gegenden des alten Megara, die ganz von der Atmosphäre des Meeres überweht sind, verließen wir den Zug auf der winzigen Station Hexamilia, mitten in weiten, ebenen Wiesen und Felden gelegen. Wir wollten von hier aus die klassische Stätte des alten Korinth erreichen. Den Weg zeigte uns sogleich die Bergkuppe von Akrokorinth an, die in prächtiger, majestätischer Rundung in einiger Entfernung vor uns lag. Weit und breit war keine Menschenseele zu erblicken, und der Gang durch die Felder versetzte uns in jene schwer zu beschreibende Griechenland-Stimmung, die luft- und lichtgetragen mit den Farben der Atmosphäre zwischen Erde und Himmel schwebt. Leider bemerkten wir nach einiger Zeit, daß wir in Gefahr waren, um das ganze Bergmassiv von Akrokorinth herumzuirren, und empfanden nun die Kehrseite der Einsamkeit. Schließlich entdeckten wir von weitem einen alten Bauern, der auf dem Felde arbeitete. Als ich mich zu ihm hinbegab, um ihn nach dem Wege zu fragen, war er zunächst keineswegs geneigt, auf mein Anliegen überhaupt zu hören. Zu meiner großen Überraschung riß er vor mir aus. Ich konnte mir gar nicht denken, was ihn dazu bewegte. Er begab sich aber nur eilenden Schrittes zu einem Ölbaum, an dem er seinen Ranzen aufgehängt hatte, und kehrte ebenso eilenden Schrittes mit einer Flasche zurück, die mit ganz schwarzem Saft gefüllt war. Unterdes war Thylmann auch herbeigekommen, und der Bauer wollte unbedingt, daß wir aus der Flasche trinken sollten, aus der uns aber ein scharfer, terpentinartiger Geruch entgegenkam. Ich versuchte herauszubekommen, was das Ganze sollte, verstand aber nur die Worte, die der Alte immer wiederholte: in der Flasche sei guter Wein. Nachdem dann der Bauer auf meine Aufforderung hin zuerst getrunken hatte, mußten wir wohl oder übel auch die Flasche zum Munde führen. Wir fingen an zu ahnen, daß es sich hier um eine Sitte handelte, die von den alten Gastfreundschaftsgesetzen übriggeblieben ist. Daß aber das scheußlich schmeckende schwarze Gebräu Wein sein sollte, begriffen wir nicht so schnell. Erst nachher erfuhren wir auf unsere Erkundigungen hin, daß die Griechen fast durchweg ihren Wein rezinieren, d.h. mit bestimmten Harzen versetzen, wodurch er bekömmlicher und durststillend wird. Mit der Zeit haben wir uns dann ein wenig an den Geschmack des rezinierten Weines gewöhnen können, zumal derselbe fast nur mit Wasser gemischt getrunken wird.

Nach überstandener Zeremonie erklärte uns der Alte auf sehr liebevolle, herzensgütige Weise den Weg. Und es dauerte nicht lange, da standen wir mitten in den Ruinen des alten Korinth. Wir waren erstaunt über die Kleinheit des Ruinenfeldes. Ich hatte immer, wenn ich an Korinth gedacht hatte, die riesenhafte Welthandelsstadt in der Vorstellung gehabt, von Menschen aller Völker wimmelnd, in der einst der Apostel Paulus geweilt und das Evangelium verkündigt hat. Die enorme Ausdehnung der einstigen Stadt wird heute nur noch angedeutet auf der einen Seite am Fuß von Akrokorinth durch das kleine Ausgrabungsfeld um die Ruine des Apollo-Tempels herum und auf der andern Seite durch das bedeutungslose neue Städtchen, das 6 km davon entfernt am Meeresufer liegt.

Am Apollo-Tempel scheint die Geschichte zu versinken und der Mythos dafür in seiner höheren Dimensionalität emporzusteigen. Die quantitativ geringen Denkmäler haben qualitativ eine um so größere Zauberkraft. Auf den verwitterten Steinplatten, mit denen die antike Straße und der Platz vor dem Tempel gepflastert sind, kann man sich ruckartig in ganz alte Zeiten zurückversetzt fühlen. Von dem Tempel stehen nur noch wenige Säulen, von denen einige durch die darüberliegenden Architravsteine verbunden sind, aber ich muß sagen, dieses Wenige kam für mich eher an die Wucht und Größe des Paestum-Tempels heran als der Parthenon auf der Akropolis zu Athen. Die Säulen in Korinth sind älter. Die gedrungene Schwere ihrer dorischen Form führt noch unmittelbar in mythos- und mysteriengetragene Zeiten zurück.

Man muß sich recht deutlich machen, daß die ausgesprochen dorischen Tempel älter sind als das Zeitalter des Perikles und Phidias. Sie verhalten sich zu den späteren ionischen Tempeln aus der Blütezeit Athens wie die romanischen zu den gotischen Domen. Mir scheint das gerade sehr aufschlußreich zu sein: Die von manchem als plump und unentwickelt empfundene dorische Bauart gehört in die Zeit, da die Mysterien noch lebendig und dicht waren und noch nicht in die äußere Kunst und Kultur ausflossen, wie das im Zeitalter des Äschylos und Perikles bereits geschah. Die dorischen Tempel sind nicht

Denkmäler wilderer, ungesitteterer Zeiten, sondern solcher Zeiten, in denen das Schauen der Vorzeit noch nicht von dem gedanklichen Verstandesbewußtsein abgelöst war. Daher rührt es, daß die dorischen Bauten gleich den romanischen einen magischeren, dem Urchristentum verwandten Geist atmen.

Durch die Säulen des Apollo-Tempels hindurch hat man nach beiden Seiten einen wunderbaren Ausblick. Nach der einen Seite hin schweift der Blick über das nahe blaue Meer hinüber zu den gegenüberliegenden Hügelzügen. Vom Meere her bildet die charakteristisch geformte Felsenkuppe von Akrokorinth den Hintergrund. Insbesondere der Blick auf Akrokorinth hinter dem Apollo-Tempel prägte sich mir tief ein als eine reale Begegnung mit der Seele oder dem Genius des alten Korinth. Ich habe später häufig an diesen Eindruck denken müssen, wenn ich an die Reste anderer alter Städte kam, zu deren charakteristischer Landschaft ein bestimmt gestalteter Berg gehört, an dessen Fuß die Stadt einst lag. Es gibt eben Plätze, wo sich eine Gottheit, die teilnehmend auf das Leben einer Stadt heruntergeschaut hat, in einem bestimmt geformten Stadtberge symbolisiert zu haben scheint. Das klassischste Beispiel neben Korinth fand ich auf einer späteren Reise in Ägypten, als ich von Luxor aus, über den breiten Nil hinweg, die alte Königsstadt Theben liegen sah, überhöht von den an den Abenden purpurrot gefärbten Stadtbergen. Heute ist es in Korinth so, als sei da immer noch eine väterlich überragende Gottheit anwesend, die in sinnender Erinnerung die große Vergangenheit der Stadt bedenkt.

Glücklicherweise wurde es uns erspart, des Quartiers wegen in das neue Korinth gehen zu müssen. Wir bekamen ein Pritschenlager in dem Wärterhause und konnten so nicht nur die Nacht, sondern vor allem die Stunden der Abend- und Morgendämmerung in dem zauberhaften Bereich des alten Korinth zubringen. Wir haben dann zunächst das, was dort erhalten ist, mehrfach umwandert. Es ist außer der Tempelruine nicht viel mehr da als die Reste der Straße und des Marktplatzes und einiger antiker Quellhäuser, die zugleich Heiligtümer gewisser Naturgötter und doch auch wieder für den menschlichen Gebrauch bestimmt waren.

3 Der Apollo-Tempel von Korinth

Als der Tag schon leise anfing, zur Neige zu gehen, stiegen wir nach Akrokorinth hinauf. Von der halben Höhe des Berges an führt der Weg an ausgedehntem Gemäuer vorbei, das von antiken und mittelalterlichen Burg- und Festungsanlagen herrührt. Ein Teil des Gipfels ist mehrfach von hohen Mauern umzogen. In der Farbenstunde des Sonnenuntergangs standen wir dort oben und schauten in die Weite, nach Süden zu in das wellige Hügel- und Bergland des Peloponnes hinein, nach Norden zu auf den jetzt farbig leuchtenden Golf von Korinth hinaus. Auf dem höchsten Punkt wurde damals an den Fundamenten des berühmten Aphrodite-Tempels ausgegraben. In das Leben der antiken Hafenstadt zu Beginn unserer Zeitrechnung hat viel Phönizisch-Asiatisches hineingespielt, war sie doch auch ein Hauptsitz des Kultus der Astarte, die die Griechen Aphrodite und die Römer Venus nannten. Ganze Wellen von leidenschaftlicher und ekstatischer Religion haben den Venus-Tempel auf Akrokorinth umspült. Da schien es uns nun doch von einer weltgeschichtlichen Bedeutsamkeit zu sein, daß Paulus an die Christen gerade dieser Stadt das Hohelied der Liebe im 13. Kapitel des 1. Korintherbriefes gerichtet hat. Von da aus gewannen wir eigentlich erst Kontakt mit Korinth als einer der wichtigsten Paulus-Städte. Als wir nach angebrochener Dunkelheit wieder unten anlangten und nun noch einmal durch den Bereich der alten, einst so lauten Stadt wanderten, wurden uns Bilder lebendig von dem Wirken des Paulus in der Gemeinde von Korinth, deren Glieder aus den verschiedensten geistigen Strömungen, die dort zusammenliefen, hervorgegangen waren.

*

Bei der Weiterfahrt in den *Peloponnes* hinein beschäftigte uns der Mythos, nach welchem die große Halbinsel ihren Namen hat. In Athen hatte uns noch die Stimmung geschichtlicher Zeiten umgeben. Korinth war uns ein Übergang von der Geschichte zum Mythos gewesen. Jetzt gingen wir solchen Stätten entgegen, wo in ausgesprochenstem Maße der Atem der mythischen Urzeit weht. Was ist der Sinn der Sagen von Tantalus, dem Liebling der Götter, der es wagte, als einmal die Götter selbst bei ihm zu Gaste waren, ihnen seinen eigenen Sohn Pelops zerstückelt als Mahl vorzusetzen, und der dadurch für sich und sein Geschlecht den schweren, sich forterbenden Fluch auf sich zog? Die Insel des Pelops zu betreten, kann zu einer Besinnung des Menschen auf sich selbst führen: einmal wich die Menschen-Göttereinheit der Zerrissenheit und Zerstückeltheit des Menschen-Selberseins. Die dem mythischen Götterschoße entfallene historische Menschheit ist das Tantalus Geschlecht und hat Teil an seinem Fluch. Auch uns weicht das Wasser des Lebens, das unsere Füße und Knie umspült, zurück, wenn wir davon trinken wollen. Auch uns schnellen die Früchte vom Lebensbaum empor, wenn wir darnach greifen. Das goldene Zeitalter paradiesischer Gottverbundenheit ist längst versunken. Die Zeit der zerstückelten Sinnenvielheit, die Dissonanz und Krankheit aus sich gebiert, hat bereits ihren Höhepunkt erreicht.

Erwartungsvoll stiegen wir die Wege empor zu der uralten Königsburg *Mykene*, dem Sitz des Völkerfürsten Agamemnon, hinter uns bis zum blau-fernen Meere die weite Ebene, vor uns herbe, felsige Bergeshöhen in mythologisch grün- und rostbrauner Färbung. Auf dem Sattel zwischen zwei Bergkuppen sahen wir schon von weitem in der gleißenden Sonne die Reste der Burg. Der eine der beiden Berge trägt den Namen des Elias, einer der unzähligen Eliasberge in Griechenland, die darauf hinweisen, daß auf dem Boden des alt-griechischen Lebens einmal eine reiche christliche Welt entstanden und bereits wieder verdämmert ist.

Beim Hinaufschreiten zu der Akropolis von Mykene taucht man in eine eigene Sphäre mythischer Bilder ein. Hier wählt man sich nicht Gestalten der Geschichte zu Begleitern wie in den Städten Italiens oder auch noch in Athen. Allerdings ist es auch nicht mehr ganz die Zeit der Götter, die einen hier umgibt. Mit dem Bilde des Helden Perseus, der auszog gegen Riesen, Medusen und Drachen, und der als der Begründer von Mykene gilt, wird einem hier das Zeitalter der Halbgötter und Heroen lebendig, die zwischen Göttern und Menschen den Weg freimachten für künftige Entwicklungen zur Freiheit hin. Zu den Halbgöttern gesellen sich dann die hoheitsvollen Königsgestalten, die zwar schon der Frühzeit der Geschichte angehören, aber doch noch ganz in die Atmosphäre des Mythos eingehüllt sind. An der Spitze seiner Heere verläßt Agamemnon Mykene, um mit den anderen Griechenkönigen gegen Troja zu ziehen. Die Königin Klytämnestra begibt sich mit Iphigenie, in der Meinung, die Tochter dem Helden Achill als Braut entgegenzuführen, in das Lager der Griechenheere, die in Aulis auf günstigen Wind für ihre Schiffe warten. Es ergibt sich aber, daß Iphigenie in Aulis zur Versöhnung der Götter auf dem Altare der Artemis geopfert werden soll. Alles mündet schließlich in die Bilder des sich vollstreckenden Tantalus-Verhängnisses: Klytämnestra erschlägt im Bunde mit dem Buhlen den königlichen Gatten, den Tantalus-Sproß, der nach langem Kampf um Troja in seine Königsburg zurückkehrt. Orestes rächt den Vater an der Mutter und wandert fortab ruhelos durch die Welt, von den Erinnyen verfolgt.

Der Boden des Mythos ist feierlich-prächtig, aber schon längst gänzlich ohne Leben. Die Ruinen der Menschenbauten stehen auf den Ruinen, den steinernen Leichnamen der göttergebauten, einst üppig spendenden Natur. Ist der Tod um uns her nicht auch eine Erfüllung des Tantalus-Fluches? Sündenfallsfolgen sprechen zu uns aus dem toten Gestein. Nur in der kupfernen, heroischen Bräune der kahlen Felsenhänge klingt mit der Stimmung des Mythos ein Ton aus reinen Götterzeiten nach.

Die Berge von Mykene erinnerten mich unmittelbar an die Berge, die ich in den beiden vorangehenden Jahren in Mittelengland, z.B. zwischen Sheffield und Manchester, gesehen hatte. Sheffield, die schlotenreiche, rauchgeschwärzte Industriestadt, ist auf ihren Hügeln rundherum von einer Landschaft umgeben, die uns ohne Zwischenstufen in die mythisch-druidische Vorzeit zurückversetzt. Die runden, kahlen Bergkuppen, von zahlreichen alten Steinwällen überklettert, sind von einer wahrhaft mythologischen rostbraunen Färbung, als wären sie seit urferner druidischer Zeit unverändert geblieben. Die herb-mythische Stimmung der alten Heldenlieder von Ossian und Fingal klingt dort nach. Etwas dieser Ossian-Stimmung Verwandtes weht auch um Mykene. Das vorkeltische und vorchristliche Ureuropa hat dort wie hier etwas von seinem Zauberhauch bewahrt.

In den Sagen der Menschheit wird das Zeitalter, auf dessen Spuren wir in Mykene stoßen, das »Goldene Zeitalter« genannt. Den Schauplatz der längst verlorengegangenen Goldenen Zeit betraten wir auf dem Peloponnes in zweierlei Szenerien: in Mykene, Tiryns und Sparta kamen wir zu den Königen, in Arkadien zu den Hirten des Goldenen Zeitalters.

Was Mykene anbetrifft, so läßt sich hier der Begriff des Goldenen Zeitalters ganz wörtlich nehmen. Als wir später nach Athen zurückkehrten, sahen wir in dem glänzenden und reichen Nationalmuseum den Goldschatz, den Schliemann in Mykene ausgegraben hat. Goldene Kelche, Krüge, Masken, Ketten und Bänder und andere goldene Kultgeräte sahen wir dort staunend in überwältigender Fülle, wie sie in vorhomerischer Zeit in die Gräber und Tempelschächte von Mykene versenkt worden sind. Echter noch als die Goldschätze des alten Mexiko, echter auch noch als diejenigen, die in den ägyptischen Königsgräbern gefunden worden sind, ist das mykenische Gold der physische Ausdruck alter, inspirierter Sonnenweisheit. Aber auch Mykene zeigt uns die Goldene Zeit der unter den Menschen lebenden Göttergedanken im Augenblick des Untergangs. Der Tantalus-Fluch bewirkt die Götterdämmerung. Agamemnon war der letzte König der Goldenen Zeit. Seit er erschlagen wurde, irrt sein Sohn Orestes ruhelos durch die Welt. Orestes ist die geschichtliche Menschheit.

Wir waren oben am Eingang der Burg angelangt und standen vor einem der monumentalsten plastischen Werke jener Urzeit: dem Löwentor von Mykene. Auf den beiden Seitenpfeilern des Burgtores ruht ein gewaltiger Steinkoloß als Querbalken. Über demselben bilden zwei riesige, schlanke Löwenleiber, die sich zu einer Mittelsäule emporrecken, ein Dreieck. Der Löwe ist das königliche Tier des Goldenen Zeitalters, der Bildausdruck der kosmischen Sonnenkräfte. In den Löwenplastiken, wie sie an zahlreichen hochromanischen Kirchen, z.B. das Portal tragend, anzutreffen sind, gehen schließlich noch späte Rinnsale einer Strömung durch die Jahrhunderte, von der wir in Mykene sehen, daß sie ihren Quell im Königsbereich des Goldenen Zeitalters hat.

In den Höfen der Agamemnon-Burg, in die wir schweigend eingetreten waren, von der herben Größe umher in Bann geschlagen, sahen wir zum ersten Mal sogenanntes Zyklopengemäuer, Bauwerke, die aus riesenhaften Blöcken bestehen. Man kann sich der Frage gar nicht entziehen, mit welchen technischen Mitteln es nur möglich gewesen sein mag, solche Steinkolosse zu Mauern aufzutürmen. Solange man noch naiv in den Bildern des Mythos lebte, empfand man diese Frage nicht. Man stellte sich die Zyklopen als ungeschlachte Riesen vor, die, weil sie selbst über alles Menschenmaß hinausragten, auch gigantische Werke zu schaffen vermochten. In Wirklichkeit aber sind auch die Bauten von Mykene, Tiryns usw. von Menschen geschaffen worden, die ihrem physischen Leibe nach nicht anders aussahen als die Menschen unserer Zeit. Der Name Zyklop löst das Rätsel; er bedeutet: »Der im Kreise Schauende«. Die Völkerschaften, die die Könige Altgriechenlands unterworfen hatten und Sklavendienste verrichten ließen, waren noch Träger eines alten, weit vor dem intellektuellen Denken liegenden Bewußtseins. Sie hatten zwar auch die beiden Augen, mit denen wir heute in die Welt der Sinne hineinschauen, aber die Sinneswahrnehmung der physischen Augen war noch durchaus übertönt durch das sphärische, übersinnliche Schauen mit dem einen Auge, von dem es heißt, daß es die Zyklopen auf der Stirnmitte getragen haben. So wie das spätere, an die physische Sinneswahrnehmung geknüpfte Gedankenbewußtsein die Seele des Menschen in die Konturen der physischen Leiblichkeit hinein verkleinert und bannt, so bewirkte das alte zyklopische Hellsehen ein Sichausgießen der Seelenkräfte in die ganze Welt, ein riesenmäßiges Hinauswachsen der Seele über den physischen Leib. Und eine Begleiterscheinung dieses bei den Zyklopen noch andauernden alten traumhaften Bewußtseins war es, daß bei bestimmten Erregungszuständen auch die physischen Kräfte jener Menschen über jedes Menschenmaß hinauswuchsen. Die übernatürliche Steigerung der physischen Kräfte, die heute nur noch in abnormen Fällen bei Geisteskranken beobachtet werden kann, war in Urzeiten für bestimmte Menschengruppen etwas durchaus Normales. Wie die zyklopischen Mauern Griechenlands, so können auch die ägyptischen Pyramiden in ihrem Zustandekommen eigentlich nur durch die Aufschlüsse verstanden werden, zu denen der rechtverstandene Name der Zyklopen den Schlüssel gibt.

In Mykene ist jede der erhaltenen Bauformen wie ein Wort aus der Sprache eines fremden Planeten. Wir stiegen in einem unterirdischen Felsengang in die Tiefe zum Brunnen des Perseus. Zwischen zwei mächtigen, durch große Steinplatten gebildeten Steinkreisen umschritten wir ein rätselhaftes, tiefgelegenes Feld mit Königsgräbern. Ursprünglich schlossen die riesigen Steinplatten in beiden Kreisen lückenlos aneinander an und waren durch weitere Platten überdeckt, so daß die im Kreise herumschreitenden Prozessionen sich im Dunkel bewegten. Heute liegt alles in Trümmern, so daß wir immer wieder in den tieferen inneren Gräberkreis hinunterschauen konnten. Der ganze ungeheure heilige Zirkel ist vielleicht ein Schwestergebilde der druidischen Steinkreisbauten von Stonehenge in England. Auch hier mögen die Priester der ureuropäischen Zeit, dem Gang der Sonne um das Himmelsrund und dem Gang des Schattens um das Erdenrund folgend, den heiligen Kreis umschritten haben, um über dem Königsgräberaltar die Lichtsprache der Gottheit zu erlauschen.

Wir sahen dann noch zwei von den rätselhaften Felsen-Kuppeltempeln, zu deren mit einem Dreieck gekrönten Eingängen man durch lange Gänge zwischen hohen Mauerwänden gelangt. In den ursprünglich ganz finsteren, nach oben sich verjüngenden Rundtempeln ist die mykenische Vorzeit Griechenlands mit den ägyptischen Tempeln verschwistert. Eine Zeitlang hielt man diese rätselhaften Bauten für die Grabgewölbe des Agamemnon und der Klytämnestra. Dann wieder meinte man, es seien alte Schatzhäuser. Beides wird richtig sein und doch noch nicht die ganze Bedeutung dieser Räume umfassen. War nicht im Goldenen Zeitalter ein Goldschatz immer der Tempelhort, auf den sich bei den Gebeten der Priester die Götter niederließen, um die Menschen an ihrer Weisheit teilnehmen zu lassen? Und häufte man nicht das Gold insbesondere über den Gräbern der

Großen auf, um dort mit den Seelen der königlichen und priesterlichen Vorgänger über den Tod hinaus Umgang zu pflegen und durch sie eine Vermittlung zu den Göttern zu erfahren?

Das Wunder zyklopischer Mauern trat uns am Nachmittag des gleichen Tages in noch gesteigerter Art in *Tiryns* entgegen. Aber hier sind die Ruinen der uralten Königsburg nicht von der strengen Größe der rostroten Felsenberge umgeben. Hier herrscht die leichte, bewegte Luft und die hell-blauende Farbigkeit, die vom nahen Meere her über das Land hinweht. Die mythische Königsburg bedeckt hier zwar einen weiten Bereich, aber auf einem ganz flachen Hügel gelegen paßt sie sich in den Höhenverhältnissen mehr dem ebenen Charakter der Landschaft an. Die höchsten Mauern sind wohl auch ursprünglich nur etwa 20 Meter hoch gewesen. Der Zugangsweg führt an der Seite zwischen Mauern von ganz erstaunlich riesenhaften Blöcken sacht empor. Wir verweilten dann zwar auch in den dunklen, engen Gelassen, die in verschiedener Form noch teilweise erhalten sind. Vor allem aber nahmen wir oben auf den quadratischen Grundrißmauern einer uralten Königshalle den Hauch der weiten Landschaft in uns auf. An dieser Stelle soll der Sage nach der Königspalast gestanden haben, in welchem Herakles geboren wurde. Obwohl auch Tiryns seine Geschichte gehabt haben wird unter den Königen im Zeitalter des Trojanischen Krieges, herrscht hier die Stimmung der noch älteren Halbgötter- und Heroenzeit vor, die in Mykene, angedeutet durch den Namen des Perseus, nur den Untergrund bildet. Bei der leichten Lieblichkeit jedoch, die in Tiryns vom Meere ausgeht, ist es nicht einmal leicht, in der Vorstellung solcher ganz alten Zeiten lange zu verharren. Wir brachen schon nach einer Stunde wieder auf und kamen noch vor der Abenddämmerung in dem lieblichen Seestädtchen *Nauplia* an. Das Anmutige, das man hier empfindet, liegt in der Atmosphäre. Das Städtchen selber ist reizlos, und die mittelalterlichen Burgruinen, die, vermischt mit uralten Bauresten, von der überragenden Felsenhöhe auf die Häuser und das Gestade des Meeres herniederschauen, könnten an und für sich eine dunklere, ernstere Note in das Bild mischen. Dennoch ist die ganze Stimmung dazu angetan, in ein wohltuendes, ausruhendes Element unproblematischer Kindlichkeit einzutauchen.

Da es der Vorabend eines Sonntags war, nahmen wir, nachdem wir uns in einem einfachen Gasthof einquartiert hatten, an der Proskomedia, dem Vorbereitungskultus zur Eucharistie, in einer der Kirchen des Städtchens teil. Allerdings wurden wir zu unserem Erstaunen dabei nicht so warm, als wir es uns wohl nach den Gottesdiensten der russischen Christen, wie wir sie aus der Heimat kannten, vorgestellt hatten. Wir mußten uns erst an die orientalisch-grelle und für unser Ohr unschöne Art des Singens gewöhnen, die, wie manches andere, eine gewisse Verwandtschaft der heutigen Griechen mit türkisch-arabischen Elementen erkennen läßt.

*

Am nächsten Tage benützten wir die Gelegenheit, uns mit zwei Engländern zur Miete eines Autos zusammenzutun, und unternahmen den Ausflug nach *Epidauros*. Hier kamen wir nun wieder ganz in die Welt des klassischen Griechentums. Die mythische, vorhomerische Frühzeit rückte uns wieder fern. Die Fahrt führte zwar von dem grünblauen Meere fort, aber in das lieblich gewellte, hügelige Land erstreckt sich doch viel von dem Licht und der Leichte, die das Meer ausstrahlt. Als wir den Bereich des Asklepios-Heiligtums von Epidauros betraten, waren wir aufs höchste erstaunt. Wir konnten bald überschauen, daß wir hier in ein ausgedehntes, überreiches Ruinenfeld kamen, welches nicht der Überrest einer gewöhnlichen Stadt ist. (Die Reste der alten Stadt liegen noch eine gute Strecke weiter am Meere, auf der anderen Seite der Argolis, Nauplia gegenüber.) Alles, was uns hier im Hieron von Epidauros umgab, gehörte zu einer großen und bedeutenden Arztstätte, deren Leben noch weitgehend unter Tempelgesetzen gestanden hat. An diesem Platze, der auch heute noch als eine der gesündesten Gegenden Griechenlands gilt, ist die abendländische Heilkunst entstanden. In weit zurückliegenden Zeiten mag hier durch einen hohen Eingeweihten, der ganz unter der Inspiration des Apollo stand und deshalb als ein Sohn des Apollo bezeichnet wurde, eine Mysterienstätte begründet worden sein, in welcher eine Tempelmedizin ausgebildet, gelehrt und ausgeübt wurde. Dieser hohe Eingeweihte der Vorzeit, Asklepios, blieb dann selber als ein Gott in der Erinnerung der Menschheit lebendig. Sein Zeichen ist der Schlangenstab, der auch unter den plastischen Denkmälern von Epidauros immer wieder auftaucht. Der aufgerichtete Stab, um den sich die Schlange ringelt, trat, alten Überlieferungen zufolge, während der Heilbehandlung vor das innere Auge der Kranken. Und wenn dieses Erlebnis eintrat, so war damit die Sicherheit der Heilung gegeben. Die Schau der Asklepios-Schlange war im Grunde eine Selbstschau, in der der Mensch seines eigenen übersinnlichen Wesens gewahr wurde, das sich um das Rückgrat, durch das er seine aufrechte Gestalt hat, herumschlingt. Läßt sich die Schlange um den geraden Stab legen und dadurch aufrichten, so ist das ein Zeichen dafür, daß die sonst formlos oder einseitig werdenden Kräfte des übersinnlichen Menschenwesens wieder unter die Herrschaft der geistigen Individualität zurückfinden können.

Man kann an den Ruinen leicht den Tempelcharakter erkennen, den hier auch in der perikleischen und späteren griechischen Zeit alles noch besaß. Die Menschen, die aus allen Weltgegenden zusammenströmten, um Heilung zu finden, gingen nicht zu Menschen, sondern zu dem Gotte. Priester waren die Ärzte, die ihre Heilkunst an ihnen ausübten. Überall sehen wir noch die tempelhaften Säulenhallen der Ärztehäuser; zahlreiche an Altäre erinnernde Heilbauten von rätselhafter Gestalt machen uns aufmerksam darauf, daß hier noch durchaus mit Mysterienmitteln geheilt worden ist. Wir wissen auch aus den alten Überlieferungen, daß hier die Kranken vielfach in einen Tempelschlaf versetzt worden sind, aus dem erwachend sie dann selber die von ihnen anzuwendenden Heilmittel schauten. Man stellte also in abgewandelter Form die Gebräuche, die sonst bei der Einweihung der Mysten verwandt wurden, in den Dienst der Heilkunst.

Beim Hereinfahren in den Bereich der Heilstätte kommt man an den Resten eines großen Stadions vorbei. Wir erkennen, daß Sport und gymnastische Übung in der alten Zeit noch priesterlich gelenkt und kunstgerecht als Arzneimittel verwendet worden sind. Das eigentliche Wunder von Epidauros jedoch ist das gewaltige Stufenrund des Theaters, das sich etwas oberhalb der Stadt in den Bergeshang hineinbaut. Dieses griechische Amphitheater ist das besterhaltene unter allen, die wir kennen. Und es ist durch seine feierliche Größe und erhabene Freiheit der Lage wohl auch überhaupt die Königin unter den griechischen Theatern gewesen. In über fünzig Sitzreihen, sowohl vertikal, wie horizontal in vielerlei Abteilungen eingeteilt, steigen die großen, reinen Kreise zum Himmel empor. Wir saßen lange auf einem der obersten Kreise und schauten auf die runde Orchestra, die von unserer Höhe aus bereits ganz klein erschien, hinunter. An dieser Stätte kann man sich gar nicht der Erkenntnis entziehen, daß das Theater ursprünglich einen heiligen Sinn gehabt hat. Es wäre ja durchaus verfehlt, im Anschluß an die Oberflächlichkeit der heutigen Zivilisationseinrichtungen zu meinen, man habe eben auch an jenem Kurort eine Vergnügungsstätte zum Zeitvertreib der Kurgäste eingerichtet. Vielleicht war das Theater überhaupt das wichtigste Heiligtum und Heiltum der Asklepios-Stadt. Das klassische, aus den Mysterien geborene Schauspiel übte eine heilende Wirkung auf die kranken Menschen aus. Kann man sich doch auch heute noch auf das lebendigste vorstellen, daß sogar schon das Verweilen in dem durch seine himmelansteigenden Kreise Harmonie-erfüllten und harmonisierenden Bau heilend gewirkt hat.

Auch hier mußte ich mir den charakteristischen Gegensatz zwischen dem römischen und dem griechischen Theater vor die Seele stellen. In diesem gewaltigen Bau aber konnte ich nicht anders als die mächtigste der römischen Arenen zum Vergleich heranzuziehen: das Kolosseum in Rom. Mir kam eine Szene von der vorjährigen Reise, die ich ganz vergessen hatte, plötzlich wieder in die Erinnerung. Als ich in Rom zum ersten Mal in das Kolosseum eintrat, versetzten mich die düster-gewaltigen Formen des Baues, sowohl die hoch aufsteigenden Zuschauerränge als auch die ausgedehnten unterirdischen Käfigbauten, aus denen die Bestien in die Arena heraufgelassen wurden, auf das unmittelbarste in die Zeit und Welt der Cäsaren mit all ihrem blutigen Prunk und aller genußsüchtigen Grausamkeit. Da kam ein Zug spanischer Pilger – es war das »Heilige Jahr« (1925) der römisch-katholischen Kirche – in das Kolosseum eingezogen, vornehme Priester und Damen. Da wirkte es auf mich außerordentlich überraschend, die Priester zum Gebet niederknien zu sehen vor den Geländern, von denen man in die Käfiglöcher hinunterschaut. Erst allmählich reimte ich mir den dort ganz üblichen Vorgang zusammen: das Kolosseum gilt der vielen christlichen Märtyrer wegen, die dort in der Arena von den Bestien zerrissen worden sind, als Gotteshaus. Im ersten Augenblick aber hatte mir das stolze Auftreten und die vornehme Eleganz der Pilger mehr zu den Cäsaren, an die ich gerade denken mußte, gepaßt. Und mir ging damals durch den Sinn, wie seltsam es doch sei, daß Angehörige derjenigen Nation hier beteten, die zur Zeit der Inquisition nicht weniger Märtyrerblut vergossen hat, als die Cäsaren in Rom.

Wie überirdisch rein und sternenverwandt ist die Stimmung, die von den Bauformen des griechischen Theaters ausgeht. Und wie wühlt das römische Theater dem gegenüber die unterirdischen Leidenschaften auf. Beide Theater haben dem Menschen Selbsterkenntnis gegeben. Das griechische zeigte ihm das von oben kommende Göttliche seines eigenen Wesens, durch das er sich immer wieder heiligen und reinigen kann. Das römische zeigte ihm die aus den Abgründen seines unterbewußten Seelenlebens aufsteigenden, sich und ihn zerstörenden Dämonien. Das griechische Theater gab heilende Selbsterkenntnis durch Anschauung des Übermenschlichen, das römische aufregende durch Anschauung des Untermenschlichen.

Lange waren wir, an diesem besonderen Orte griechischer Formenschönheit weilend, in Gespräche vertieft, die sich auf die Wiedergeburt der Bühne bezogen und auf den neuen Einklang von Kunst, Medizin, Erziehung und Religion, wie er uns in unserem Wirken auf medizinischem und religiösem Felde als Ideal vorschwebte und bereits zur Erfahrung geworden war.

*

Die Fortsetzung der Peloponnes-Reise von Nauplia aus war keineswegs so leicht zu bewerkstelligen, wie wir es uns gedacht hatten. Den ersten Aufenthalt hatten wir in *Argos*, einem Landstädtchen, das seinen Reiz durch die umgebende Hügellandschaft und durch das zwar nicht sehr hygienisch und ästhetisch gepflegte, aber doch echte Volksleben hat. Wir suchten die lange Wartezeit nutzbar zu machen, indem wir landeinwärts gingen. Einmal hatten wir ein wenig die Orientierung verloren, und ich klopfte an einer der ärmlichen Bauernhütten an, um nach dem Wege zu fragen. Ein alter, in Lumpen gekleideter Bauer kam zum Vorschein. Und nun stellte sich heraus, daß wir wieder einmal nicht mit den alten Gastfreundschaftssitten gerechnet hatten. Der Alte wollte sich keineswegs auf Rede und Gegenrede einlassen. Es kam gar nichts anderes in Betracht, als daß wir seiner Einladung in die Hütte folgten, in welcher eine vielköpfige Kinderschar auf dem Lehmboden herumkroch. Sofort wurden alle Hebel in Bewegung gesetzt. Es wurde aufgeräumt und das Beste, was an Vorräten vorhanden war, zu einem Mahle zubereitet. Es war uns ganz unmöglich, uns der Teilnahme an dem eigens für uns hergerichteten Festmahl, das bestimmt ein großes Opfer für die armen Leute bedeutete, zu entziehen. Erst als wir mit der Familie zu essen angefangen hatten, war es möglich, die Frage zu stellen, die der Anlaß meines Anklopfens gewesen war. Leider gelang es uns dann nicht einmal, die Leute zur Annahme einer kleinen Summe als Geschenk für die Kinder zu bewegen, und wir zogen ein wenig beschämt unseres Weges.

Nachher kamen wir an einen Hügel, der aus lauter Trümmern alter Tempelbauten bestand. Die eine Seite der großen Aufschüttung war rötlich gefärbt. Als wir näher zuschauten, entdeckten wir, daß hier der Schutt aus lauter kleinen, zu Scherben und Staub gewordenen tönernen Weihefigürchen bestand. Nach längerem Suchen hatten wir dann auch eine Reihe solcher alten Tempelgaben herausgefunden, die wenigstens noch in so großen Stücken erhalten waren, daß man daran die ursprünglichen Formen erkennen oder erraten konnte. Meistens handelte es sich um die Gestalt einer Göttin mit einem Fruchtkorbe oder einem Kruge auf dem Kopfe. Ich habe von einigen solcher Figürchen, die ungefähr 8 cm groß sind, schöne Bruchstücke mit nach Hause gebracht.

Wir kamen an diesem Tage bis nach *Tripolitza*, einer noch weltentrückteren Landstadt, in der Mitte des Peloponnes, schon höher in den Bergen gelegen. Wir waren dann aber doch zu müde, um noch lange das Volksleben betrachten zu können. Was uns dort vor allem auffiel, waren die vielen Schüler des Priesterseminars. Ihre Gewandung ist genau die gleiche wie die der Popen und Mönche: das lange schwarze Gewand und der zylinderförmige Mörserhut. Die jungen Theologen machten aber auf keine Weise den Eindruck, als ob ihnen theologische Bildung beigebracht würde. Die östliche Kirche hat ja das Hineingehen in die Intellektualität zu vermeiden getrachtet. Da sie keine Predigt kultiviert, braucht sie ihre Geistlichen nicht mit einer besonderen theologischen Erkenntnis- und Denkfähigkeit auszurüsten. Alles lebt und webt ausschließlich in den Verrichtungen des Kultus. Durch das Verharren darin hat man viele Jahrhunderte lang mit Erfolg versucht, die nachklingende alte Spiritualität festzuhalten. Heute aber ist der Eindruck der Rückständigkeit und Unbildung, der vielfach den Grad einer gewissen Verkommenheit erreicht, das Vorherrschende, auf das man stößt. Ein echtes Weiterströmen der längst versiegten alten Rinnsale gefühlsmäßiger Spiritualität ist jedenfalls unter den heutigen Griechen nicht mehr ohne weiteres durch das kultische Leben herbeizuführen.

In Tripolitza lernten wir auch die Methode kennen, nach der wir dann noch vielfach unsere Mahlzeiten eingenommen haben. Die kleinen ländlichen Gaststätten, primitive Lehm- und Bretterhütten, haben zumeist die Herde mit den Kesseln, in denen das Essen brodelt, gleich vorn an der Straße. Da Speisekarten entweder außer jedem Betracht lagen oder für uns unverständlich waren, gewöhnten wir es uns an, einfach von der Straße aus die Deckel der verschiedenen Töpfe aufzuheben und uns durch eigenen Augenschein zu überzeugen, welches Mittag- oder Abendessen für uns das geeignete sein würde. Wir wären auf diesen Ausweg nicht gekommen, wenn wir das nicht den Feinschmeckern unter der eingeborenen Bevölkerung abgeguckt hätten. Schließlich behagte uns diese Methode so gut, daß wir es unter allen Umständen zu vermeiden suchten, in den Hotels zu essen, selbst da, wo es solche gab. Es war zwar wenig Auswahl unter den Speisen. Eigentlich handelte es sich immer nur um verschiedene Variationen in der Zubereitung von Hammelfleisch. An vielen Plätzen gab es dazu dann ausgezeichnet und aromatisch zubereiteten Tomatensalat. Das Gemüse, das wir am häufigsten antrafen, waren in den Schoten gekochte junge dicke Bohnen. Die Bevölkerung selbst ernährt sich aber meistens von Brot, Oliven und Ziegenkäse.

*

Am nächsten Tage drangen wir bis *Megalopolis* vor. Wir waren gespannt, in welcher Weise sich unsere Weiterreise nach Sparta gestalten würde, wohin es keine Eisenbahn gab. Durch Zufall kamen wir an die Stelle, wo die Bevölkerung selbst in alten, überbepackten Personenautos die Reise antrat. Es waren so viele Menschen da, die mitwollten, daß wir nicht viel Hoffnung hatten. Dadurch jedoch, daß wir einen höheren Fahrpreis anboten, kamen wir schneller, als wir gedacht hatten, in einen der Wagen hinein. Dieser hatte mit dem Fahrersitz nicht mehr als sechs Plätze. Schließlich aber waren wir zu elft zusammengepfercht, wozu noch eine unvorstellbare Menge an Gepäck kam, das zum Teil außen rund um den Wagen herum angeschnallt wurde, zum Teil aber auch noch zu uns hereingenommen werden mußte. Von der Landschaft war bei der Fahrt natürlich kaum etwas zu sehen. Dazu kam, daß der Fahrer ein ganz wahnsinniges Tempo anschlug. Wir machten zum ersten Mal Bekanntschaft mit der Art der südländischen Chauffeure, die selbst auf den steilsten und gefährlichsten Geröllwegen im Gebirge nicht daran denken, ihr satanisches Tempo zu verringern. Das hatte etwa auf der Mitte der zweistündigen Fahrt die Folge, daß mehrere alte Bauern sehr seekrank wurden und wir dadurch doch einen gewissen Zeitverlust erlitten. Als wir schließlich auf dem Marktplatz von *Sparta* standen und unsere Glieder reckten, atmeten wir tief auf. So explosiv fanden wir uns auf dieser Reise an keine der alten Stätten versetzt.

Das Städtchen nun machte auf uns einen sehr merkwürdigen Eindruck. Inmitten der gewaltigen Berglandschaft lag es nicht nur armselig da, sondern wirkte in einer besonderen Art von Ungepflegtheit und durch die wenig sympathische Bewohnerschaft fast ein wenig abstoßend. So gingen wir aus dem Stadtbereich hinaus und begaben uns zu den spärlichen, dicht überwachsenen Mauerresten der alten Stadt. Dort lagerten wir uns unter Ölbäumen zwischen Dorngesträuchen, von ganzen Wellen würzigen Duftes umweht. Seitlich vor uns lag das Städtchen, das die Einwohner mit Vorliebe als Klein-Paris bezeichnen.

Da hatten wir dann doch ein Schauspiel, welches uns wenigstens aus der Landschaft heraus etwas von dem mysteriengetragenen Heldengeist der alten Lakedämonier erspüren ließ. Die Sonne kam uns zu Hilfe. Sie zog die Hülle des schweren Gewölkes von den Bergen weg, die jenseits der Ebene des Eurotas-Flusses steil emporragen. Und staunend erblickten wir die Kette der Taygetosberge, die wie eine Phalanx von riesenhaften Heroen mit ihren uralten, in der südlichen Sonne gleißenden Schneehäuptern auf Sparta herniederschauen. Die unerbittlich strengen Felsenhänge, einer neben dem anderen, durch tiefgeschluchtete, enge Talklüfte getrennt, oben sich zu erhabenem Göttersitz vereinend – so ließen die Taygetos-Riesen langsam die Welt des alten Sparta vor uns erstehen.

Dann zogen uns die Berge an sich heran. Wir wanderten durch die Ölbaumhaine des Tales und stiegen die Hänge empor. Da wartete eine der seltsamsten Überraschungen der ganzen Reise auf uns. Noch völlig damit beschäftigt, den Atem des uralten Sparta-Lebens in uns aufzunehmen, standen wir plötzlich vor einer gänzlich andersartigen Welt: der riesige, steile Berghang war weit in die Höhe und Breite dicht mit den zerfallenen Häusern einer einst gewaltigen Stadt bedeckt, ohne daß im weiten Umkreis auch nur eine einzige Menschenseele zu sehen oder zu vernehmen gewesen wäre. Man kann gar nicht unmittelbarer das Erlebnis der »verzauberten Stadt« haben, von der die Märchen sprechen.

Wir waren in *Mistra*, wo in mythologischen Zeiten die Könige von

Sparta ihre Paläste hatten, wo Paris dem Menelaos die schöne Helena geraubt haben mag, und wohin im späteren Mittelalter die Herrscher Ostroms ihren Sitz verlegten, als sie durch die Wirren der letzten Kreuzzugszeit aus Byzanz vertrieben worden waren.

Wir machten uns in der rätselvollen Einsamkeit daran, von Ruine zu Ruine emporzuklettern und die verzauberte Stadt womöglich auf ihren eigenen Straßen in verschiedenen Richtungen zu durchmessen. Wir hatten schon in ungezählte der zerfallenen Häuser hineingeschaut, als wir vor den breiten, fensterreichen Ruinen-Fassaden eines Kaiserpalastes standen. Wir durchschritten die einstmals prunkvollen Tore und stiegen in die jetzt offen daliegenden dunklen Turmverliese hinab.

Mit einem Male gesellte sich ein Kind zu uns. Es war schlechterdings nicht herauszubekommen, woher es in dieser scheinbar völlig menschenleeren Trümmerwildnis gekommen war. Wir vertrauten uns seiner Führung an und hatten es ihm zu verdanken, daß wir nun in das Innere zahlreicher Kirchen mit eingestürzten Kuppeldächern kamen. An den meisten dieser zum Teil ganz kleinen Gotteshäuser war noch dieselbe schmuckkästchenartige Bauform zu erkennen, die uns zuerst an den byzantinischen Kirchlein von Athen entgegengetreten war. Der eigenartige Zauber, der um diese Kirchlein herum waltete, schloß uns immer mehr den magischen Zauber der ganzen ausgestorbenen Stadt auf. Die Welt von Byzanz hüllte uns dicht ein. Mehrfach hingen in den Kirchen in irgendeiner Apsis, über der das Dach erhalten war, noch wunderbare Heiligenbilder auf rotgoldenem Grunde. An den Mauern erkannten wir immer wieder die alten Farben- und Formenreste frühchristlicher Freskenmalerei. Häufig sahen wir aber auch durch Erdspalten Haufen von menschlichem Gebein und Totenschädeln unter den Häusern und Kirchen. Waren das die irdischen Reste frommer Mönche, die hier in den Klöstern gelebt hatten? Oder stießen wir hier auf die blutigen Spuren der Türkenzeit? Was war überhaupt schließlich der Anlaß gewesen, daß diese Stadt einmal von ihren Bewohnern so restlos im Stiche gelassen worden ist? Wurden die Menschen von diesem an Geschichte so reichen Orte

4 Der Apollo-Tempel von Bassae

durch die Gewalt anderer Menschen oder durch den unheimlichen Schrecken der Pest vertrieben? Schauervolle Rätsel woben sich uns in die romantische Schönheit der Stätte hinein.

Das Kind führte uns auf halber Höhe des Berges in die verhältnismäßig noch gut erhaltene Metropolis, die alte Bischofskirche. Auch sie ist von außen unscheinbar und gleicht wie alle die kleinen byzantinischen Rundbauten dem Knusperhäuschen des Märchens. Im Innern aber umgab uns eine erstaunliche warme Pracht von goldenem, silbernem und purpurnem Schmuck und Gerät. Den kostbaren Mosaikboden mit Bildern in samtartigem Braun und Violett wagten wir kaum zu betreten. Aus dem dämmrigen Halbdunkel hoben sich immer leuchtender die Bilder an den Wänden und in den Kuppeln hervor, die Gestalten der Heiligen mit ihren scharfgeschnittenen, jenseitig-sprechenden Konturen, die sich wie Siegel in die Seele prägen. Vor dem Altar war noch die Ikonostase, die Bilderwand, erhalten, hinter der sich in der östlichen Kirche, wie hinter einem Vorhang, das Mysterium der Wandlung vollzieht. In der Mitte der Bilderwand steigt die Gestalt des Christus aus einem Kelche empor. Auf der einen Seite trägt Johannes der Täufer als Engel des Gerichts mit gewitterhaften Sturmwindflügeln sein eigenes Haupt in der blutigen Schüssel. Neben ihm steht der Erzengel Michael. Auf der anderen Seite erkennen wir den Evangelisten Johannes und den Erzengel Gabriel. So oder ähnlich sahen wir auf der Reise noch häufig die Bilder angeordnet, in deren Anblick die Frommen der östlichen Kirche das verborgene Altargeschehen der Eucharistie mitgebetet haben und noch heute mitbeten. Aber so seltsam stark wie in der Metropolis von Mistra berührten uns nirgendwo die Reste dieser untergegangenen und untergehenden Strömung eines Christentums, das in seiner Liebe zu den Bildern den Nachklang alter schauender Zeiten bewahrt hat.

Weitaus am besten erhalten ist auf dem Berge von Mistra das Kloster Pantanassa. Es liegt ganz oben und ist mit seinem architektonisch reichgegliederten Kirchlein wie ein Adlernest dicht an die senkrechten Felsen geschmiegt. Zu unserer Verwunderung fanden wir das Kloster bewohnt. Eine wohl fast achtzigjährige Äbtissin fristete dort mit zwei Nonnen in äußerster Ärmlichkeit ihr Leben. Wir wurden mit einer Freundlichkeit und Vornehmheit aufgenommen, die nicht nur zu dem Zerfall ringsum, sondern auch zu der zerlumpten Gewandung der alten Frauen in einem merkwürdigen Kontrast stand. Wie es dort üblich ist, wurden wir mit einem Gläschen Mastika, einem sehr scharfen Arrak, und einem Täßchen Mokka bewirtet. Und die alte Äbtissin erzählte uns in gebrochenem Französisch von der Geschichte des Klosters.

Wir stiegen noch auf den Gipfel des Berges, der eine dem Taygetos-Gebirge vorgelagerte Höhe ist. Er ist von den Trümmern ausgedehnten mittelalterlichen Festungsgemäuers gekrönt. Bis die Dämmerung hereinbrach, schauten wir auf die steil zu unseren Füßen liegende prächtig-unheimliche Welt und ließen den Blick weit in das Land hinaus schweifen, über die fruchtbaren Ebenen von Sparta in der fern sich dehnenden Tiefe, durchzogen von dem silbernen Band des Eurotas-Flusses. Unsere Gedanken folgten den Wegen, die das Geistesleben Griechenlands von hier aus genommen hat. Neben den Palästen der letzten byzantinischen Kaiser hatte Gemistos Plethon seine Philosophenschule, in der er den Geist der klassischen Zeit lebendig zu halten bemüht war. Im Jahre 1439 begleitete er den oströmischen Kaiser Paläologus als dessen Ratgeber auf das Konzil zu Florenz. Er fuhr mit dem gleichen Schiff, auf dem der große Kardinal Nikolaus Cusanus in die Heimat zurückkehrte, nachdem er in Byzanz Verhandlungen geführt hatte über die Wiedervereinigung der östlichen und der westlichen Kirche. In Florenz begründete der 80jährige Gemistos Plethon die Platonische Akademie, die die Geburtsstätte des Humanismus wurde, und übertrug so das verglimmende griechische Geistesleben in den Westen. Im hellen Mondschein stiegen wir wieder zu Tale und kehrten nach Sparta zurück.

Wir waren schon vor den Schrecknissen der spartanischen Nächte gewarnt worden, und insbesondere Dr. Thylmann fürchtete sich vor den mutmaßlichen Tieren unseres Gasthofs, der, obwohl er der beste am Ort war, in Schmutz starrte. So machten wir aus, wir wollten so spät schlafen gehen wie möglich, um durch unsere Müdigkeit den tiefen Schlaf zu erzielen, der uns vielleicht über die Schrecknisse der Nacht hinwegtragen würde. Das berüchtigte »Klein-Paris« bot uns allerdings keine anderen Aufenthaltsmöglichkeiten als eine verräucherte, überfüllte Bauernschenke, in welcher auf zitherartigen Instrumenten zu plärrendem Gesang eine merkwürdige Musik gemacht wurde. Obwohl wir merkten, daß wir nun eine reiche Beute etwas kleinerer Ungeheuer mit nach Hause bringen würden, die uns unsere Wirtshausgenossen in den Pelz setzten, hielten wir tapfer aus. Wir wurden dafür belohnt, als man gegen Mitternacht ein außerordentlich schmutziges, zerrissenes Tuch aufspannte und darauf ein Stück aus einem Chaplin-Film abrollen ließ. Schließlich mußten wir uns dann doch dazu bequemen, unsere Lagerstätte aufzusuchen. Alle unsere Mühen waren umsonst gewesen. Kaum lagen wir fünf Minuten in unseren Betten, als mein lieber Reisegefährte bereits mit schallenden Verwünschungen aus dem Bett sprang, eine Kerze anzündete und nach energischem Zugreifen bereits fünf Wanzen erledigt hatte. Da ich voraussah, daß er die ganze Nacht hindurch seine Jagdabenteuer fortsetzen würde, verschmähte ich es, seine Trophäen zu besichtigen, und schlief dann auch trotz seines Lärmens allmählich ein. Wir waren froh, als wir am nächsten Tage in einem ähnlich überfüllten Auto wieder nach Megalopolis zurückfahren konnten.

*

Zum Teil mit der Eisenbahn, zum Teil mit dem Auto fuhren wir nunmehr in das Bergland von Arkadien hinauf. Wir nahmen Quartier in dem freundlichen und überraschend sauberen Städtchen *Andritzena*. Der Ort liegt in dem Tal eines Gießbaches, das sich als eine mit gartenhafter Vegetation gesegnete Mulde in den verhältnismäßig steilen Abhang des Berges hineinschiebt. Eine wohltuende Frische umwehte uns. Wir empfanden den Gegensatz zu den staubigen und schmutzigen Landstädtchen, zumal zu dem in vieler Hinsicht unsympathischen Sparta. Von Athen aus waren wir an einen Griechen namens Christos Christoboulus gewiesen worden, einen rechtschaffenen und hilfsbereiten Mann, der mit seiner Familie darauf eingestellt war, Fremde bei sich aufzunehmen. Die ärmliche, aber saubere Wohnung, die nur aus zwei großen Räumen bestand, war zu diesem Zweck durch Lattenverschläge in Kammern eingeteilt. Als wir einen Abendspaziergang durch das Städtchen machten, dachten wir, daß wir hier vielleicht einen relativ echten Eindruck davon hätten, wie auch in klassischen Zeiten das Leben in ländlichen Gegenden gestaltet war.

Am nächsten Morgen ritten wir auf Maultieren in die Berge hinauf. Jetzt umgab uns wirklich die Landschaft von *Arkadien*. Täler und Klüfte durchschneiden abwechslungsreich das Land. Rinnsal über Rinnsal von steilen Gebirgsbächen und Wasserfällen hatten wir zu überqueren. Aber kein Wasser floß darin. Seit Jahrhunderten ist dieses Land, in dem einst eine so große Seligkeit des Hirtenlebens gewaltet hat, zur Steinwüste geworden. Immer wieder kamen wir durch niederen Eichenwald, der aber keineswegs mit den dichten, schattigen Wäldern der Heimat verglichen werden kann. Weiter nach oben gibt es nur vereinzelte uralte Eichbäume mit hohlen, innen schwarz gebrannten Stämmen, an denen nur noch wenige Zweige lebendig sind. Spärliches Dorngestrüpp wächst auf dem karstigen Felsboden. Längst sind die schattigen Wälder, die einst hier standen, verschwunden. Die Najaden und Nymphen der Bäume und Bäche leben nicht mehr. Die Panwesen schießen nicht mehr ihre Kapriolen, um mit Herden und Hirten ihr Spiel zu treiben. Trotzdem erklingt die ganze Landschaft von den Glocken der Ziegen, die von zerlumpten Kindern an den steilen Hängen geweidet werden und das spärliche Blattwerk des Dorngebüsches abnagen.

Trotz der harten Erstorbenheit um uns her belebte sich um uns die uralte Zeit. Wir fühlten, daß wir uns auf dem Hirtengebiete des Goldenen Zeitalters befanden. Waren die Könige des Goldenen Zeitalters in Mykene, Argos, Tiryns durch die feierliche Weisheit der alten Sonne ausgezeichnet, so waren die Hirten des Goldenen Zeitalters in Arkadien dadurch bevorzugt, daß sie die paradiesische Unschuld des menschlichen Zusammenlebens bis weit in unkindlichere Zeiten hinein bewahrten.

Die Religionsgeschichte mag recht haben, wenn sie herausarbeitet, daß die arkadischen Berge in Urzeiten der Sitz wilder orgiastischer Kulte gewesen seien. Dennoch ist der Traum von Arkadien und seinem paradiesischen Hirtenidyll, wie er von Klopstocks Zeiten an im deutschen Geistesleben lebendig war, bestimmt nicht nur ein romantischer Irrtum. Mit der Liebe zu Griechenland, die als Heimweh nach Arkadien im Goetheschen Zeitalter so elementar auflebte, sind zweifellos reale Erinnerungen an die im griechischen Leben vorhandenen Nachklänge der Frühzeit durch die Seelen der schöpferischen Genien gezogen. Schon die Schäferpoesie der Rokokozeit entstand ganz aus der rückschauenden Sehnsucht nach Arkadiens goldenen Tagen. Die unschuldsvolle Liebe der Hirten und Hirtinnen war das immer wiederkehrende Thema der Kunst, der Poesie und der Musik in jenen Tagen bis in die großen Pastoralsymphonien hinein. In Klopstockschen Oden mischt sich durch die ossianische Bardenstimmung die Königsströmung und durch die Schäferlieder die arkadische Hirtenströmung des Goldenen Zeitalters. Bis zu den Bildern von Anselm Feuerbach, die den flötespielenden Hirtenknaben und die träumerisch-lauschende junge Hirtin am Wasserfall zeigen, erstreckt sich die kunstgebärende Arkadien-Reminiszenz des deutschen Geisteslebens im vorigen Jahrhundert.

Ich mußte, als wir durch die heute erstorben daliegende Landschaft ritten, spontan an dieses Wiederaufleben Arkadiens im deutschen Geistesleben denken. Mir war mit einem Male, als hörte ich in den Lüften das Echo einer Musik. Es waren Klänge, die in der neueren Zeit entstanden sein mußten, deren Geheimnis aber darin bestand, daß in ihnen die musikalische Grundhaltung und vielleicht auch unmittelbare Melodiebestandteile aus klassisch-griechischer Zeit weiterlebten. Ich hatte damals noch keine Gelegenheit gehabt, Glucksche Musik zu hören, aber mir war, als würde ich das, was mir aus den Lüften entgegenkam, am ehesten bei Gluck wiederfinden. Und damit hatte ich einen Anhaltspunkt, die Berglandschaft, in der wir uns befanden, mit Bildern eines noch kindlich-seligen Lebens arkadischer Frühzeit zu erfüllen. Die Töne der Hirtenflöte beherrschten alle diese

Bilder. Diese Töne aber hatten die Menschen der elementarisch-ätherischen Umwelt abgelauscht. Der Flöte des Pan war die Schalmei der Hirten nachgebildet. Die ziegenbock-gestalteten Panwesen, das Gefolge des Dionysos, stellte sich die mythische Anschauung vor, wie sie auf der Syrinx flöteten, die aus dem Schilfrohr gebildet war, in das der Gott die Nymphe verwandelte, um sie vor der Verfolgung Pans zu schützen. Die Unschuldsfreude der kindlichen Arkadier hatte darin ihren Ursprung, daß sie sich noch dem Flötenspiel und dem dionysischen Reigen der Faune und Satyrn anschließen konnten, die sie als die ihre Natur beseelenden Elementarwesen zu fühlen oder gar noch dunkel zu schauen vermochten. Die Flöte des Pan ist eines der klanglichen Urelemente, die dort immer in der Luft gelegen haben.

Als wir etwa 1½ Stunden geritten waren, wurde der Pflanzenwuchs auffallend ärmer. Die Maultiere mußten ihren Weg durch rauhes Felsgeröll finden. Wir kamen auf eine Paßhöhe, wo uns frischer Wind umwehte. In weiter Ferne leuchtete uns vom Westen das Meer entgegen. Im Süden schweifte der Blick über die messenische Ebene, die von dem charakteristischen, oben flach abgeschnittenen Felskegel des Ithome beherrscht wird. Im Südosten erblickten wir die fernen Schneegipfel des Taygetos.

Als wir auf der nach der anderen Seite sich leise wieder abwärts neigenden Höhe einige Zeit weitergeritten waren, bot sich uns eine der lichtvollsten Überraschungen der ganzen Reise dar. Mitten in der hohen Felseneinsamkeit stand plötzlich ein wunderbar strahlender Tempel ganz von Licht durchflutet vor uns: der Apollo-Tempel von Bassae, den im Auftrage der Phigalier Iktinos, der Baumeister des Parthenon, erbaut hat. Obwohl die Säulen dieses Tempels wesentlich jünger und also auch schlanker sind als die dorischen Säulen des Paestum-Tempels, war das Erlebnis völlig ähnlich wie ein Jahr vorher die Begegnung mit dem Poseidon-Tempel im alten Poseidonia, an den ich in der Abenddämmerung herankam. Das Erblicken des Bassae-Tempels gehört zu den Augenblicken, in denen wir uns am unmittelbarsten von dem Genius Griechenlands berührt fühlten. Es ist klar, daß dazu in allererster Linie die phantastische arkadische Landschaft und auch der verwitterte Ruinenzustand des Tempels beigetragen haben. Aber alle diese Umstände ermöglichten es, daß wir der besonderen Lichtoffenbarung ganz hingegeben sein konnten, die hier vor uns hintrat. Es ging schon auf den Mittag zu. Die gleißende Sonne ließ die edel-gewaltigen Säulenhalle, die teils aus Kalkstein, teils aus Marmor gebaut ist, in strahlendster Helligkeit aufleuchten. Das grau-grüne Gesträuch ringsumher und die ebenso ins Grünliche schimmernden Nachbarberggipfel bildeten den Hintergrund für das besonders gesammelte Lichtwunder. Wie Saiten einer breiten Leier, auf denen die Sonne selber spielte, waren die schlanken Säulen. Wir betraten die Innenräume des Tempels. Die Sonnenstrahlen drangen einzeln wie mächtige Götterlanzen zu uns herein. Um uns war ein einziges Klingen und Tönen von Licht. Uns wurde die lebendigste Erfahrung zuteil von der tönenden Leier des Apollo, deren Saiten die Sonnenstrahlen sind. »Die Sonne tönt nach alter Weise, in Brudersphären Wettgesang.« Sie tönt auf ihren eigenen Strahlen. Das ist die Leier des Apoll.

Damit waren wir dem zweiten musikalischen Grundmotiv, das die Atmosphäre von Arkadien in sich enthält, begegnet. Wir mußten glauben, daß Apollo und Dionysos gemeinsam dort musiziert haben. Vielleicht war wirklich das alte arkadische Leben von einem besonderen Zusammenklang des dionysischen und apollinischen Elementes bestimmt. Darin könnte sich auch der Widerspruch der Vorstellungen ausgleichen, die sich die Goethe-Zeit und die neueren religionsgeschichtlichen Forschungen über das arkadische Leben gebildet haben. Wir sannen lange dem Zusammenklange nach zwischen der Flöte des Pan und der Leier des Apoll.

Von dem Wunder dieser Bergeshöhe ganz gefangengenommen, schickten wir die Maultiertreiber mit ihren Tieren zurück. Wir wollten nicht so schnell zurückkehren und lieber dafür nachher zu Fuß nach Andritzena zurückkehren. Als wir dann den Tempel von allen Seiten betrachteten, fiel uns auf, daß er, was ihn von allen anderen griechischen Tempeln unterscheidet, nicht in der Ost-West-, sondern in der Nord-Süd-Richtung gebaut ist. Es war die Mittagsstunde, als wir dies entdeckten. Die heißen, hellen Strahlen fielen unmittelbar in den länglichen Raum hinein, den die Säulenreihen begrenzen. Vielleicht liegt darin auch die Lösung des Rätsels, das dieser Tempel aufgibt. Der Zusammenhang des Apollo mit der Sonne wird hier zu einem äußersten Maß von physischer Deutlichkeit gebracht, indem der Tempel auf die Mittagssonne, die aus dem Süden erstrahlt, hinorientiert ist.

Auf dem Heimwege hatten wir noch ein kleines Abenteuer zu bestehen. Es treiben sich vielfach große wilde Hunde durch die einsame Felslandschaft. Einige davon kamen uns in den Weg. Vielleicht reizte es sie, daß mein lieber Reisegefährte unsicher wurde. Jedenfalls kam eines dieser wieder zu reißenden Wölfen gewordenen Tiere mit heiserem Gekläff auf uns zu. Glücklicherweise kam ich auf die Idee, mit Steinwürfen, bei denen ich mich aber vorsah, das Tier unmittelbar zu treffen, gegen es vorzugehen. Dadurch hatte ich, wie uns nachher die Leute in Andritzena sagten, das einzige Mittel gefunden, mit dem diese Bestien vertrieben werden können.

*

Am nächsten Tage machten wir uns schon vor Tagesanbruch auf den Weg. Wir hatten Maultiere gemietet, um durch die Berge nach *Olympia* zu reiten. Von diesem fast zehnstündigen Ritt sind mir kaum Einzelheiten in Erinnerung geblieben. Es ging durch felsige Gegenden, die allerdings nur selten die romantische Größe der gestern durchmessenen Landschaft erreichten, von Zeit zu Zeit auch durch ärmliche Dörfer. An manchen Stellen war der Weg nicht ungefährlich, aber die Maultiere gingen sicheren Fußes steile Böschungen hinunter und durch endloses Geröll in felsigen Schluchten, durch die im Winter Sturzbäche zu Tale fließen. Endlich am Nachmittag nahm die Landschaft einen anderen Charakter an. Sie milderte sich, und als wir dann an einen Fluß kamen, den wir auch ein paarmal zu durchreiten hatten, wurde die Ebene, in die uns das Tal des Flusses hineingeleitete, immer freundlicher, bis wir das Gefühl hatten, in einen reichen Garten aufgenommen zu sein. Der Fluß war der Alphaios der Alten, und die Gartenlandschaft, in die wir kamen, war der Bereich von Olympia.

Es war das erste Mal, daß wir in Griechenland in dichte, schattige Wälder kamen. Die Lebensfluten, die uns aus der Vegetation des großen Gartens entgegenkamen, waren für uns ein ganz neuartiger Gruß.

Olympia ist nie eine Wohnstatt gewesen. Es war immer ein heiliger Tempelbezirk, zu dem auch die Kampfplätze, auf denen die olympischen Spiele ausgetragen wurden, durchaus als ein organischer Bestandteil hinzugehörten. Wir ergingen uns genießerisch viele Stunden in dem Garten von Olympia. Die Überreste der mächtigen Tempel, von denen die wichtigsten dem Zeus und der Hera geweiht waren, unterstreichen nur das Parkartige, das die ganze dortige Welt heute hat. Es war insbesondere das klassische Griechenland der »edlen Einfalt und stillen Größe«, wie es ein Winckelmann verkündete und wie es dem Goetheschen Zeitalter als Ideal vor der Seele stand, von dem wir uns hier aufgenommen fühlten. Kaum daß der dunklere Kronos-Hügel, der sich mitten in dem großen Garten erhebt, uns an die mythischen, urgriechischen Zeiten gemahnte, aus denen bereits die olympischen Spiele stammen; gilt doch z.B. auch Pelops, der Tantalus-Sproß, als einer der ersten Sieger in den olympischen Spielen.

Zahlreiche große Schildkröten bewegten sich langsam durch das Grün des großen Gartens hindurch. Sie trugen nicht wenig dazu bei, daß uns die grünende Gartenwelt, die uns doch so lebendig in das Diesseits hineinstellte, zugleich ein wenig transparent erschien für eine sich andeutende Urbildersphäre. Die gymnastischen und künstlerischen Wettkämpfe waren in Olympia das, was in Eleusis die Eleusinien waren: das volksmäßige Hervortreten der Mysterieninhalte. Das Besondere aber von Olympia wird darin gelegen haben, daß hier das esoterische Leben der Mysterien restloser in exoterische Kultur umgesetzt wurde. Hier ist eine der Geburtsstätten derjenigen Kulturströmungen, die mit der Liebe zum schönen Schein ganz in die Vordergründigkeit des Lebens aufzugehen strebten und damit einen undurchdringlichen Vorhang gewoben haben vor die übersinnliche Welt mit ihren tieferen Geheimnissen. – Wie die Eleusinien in der Oster- und Michaeliszeit stattfanden, so wurden die olympischen Spiele in der Johanniszeit gefeiert. Der wichtigste Tag war der erste Vollmond nach der Sommersonnenwende. Johannis-Stimmung erfüllt in der Tat den ganzen Garten von Olympia. Dort webt die Natur Geistiges, das den Menschen götter-beschenkt macht und seiner Erdenverkörperung froh sein läßt.

Unter den wichtigen Schätzen des Museums, das an Ort und Stelle unterhalten wird, interessierte uns mehr als die großartigen plastischen Gruppen vom Giebel des Zeus-Tempels der Hermes des Praxiteles, der den Dionysos-Knaben auf dem Arm trägt. Diese Plastik, die zu den schönsten Werken des griechischen Genius gehört, schien uns etwas von dem Sinne Olympias aufzuschließen. Gewiß stand in Olympia die mächtige golden-elfenbeinerne Zeus-Figur des Phidias im gewaltigen Tempel des Göttervaters, dennoch kann man wohl sagen: Olympia ist die Stätte des lichten Götterboten Hermes, wie Eleusis die Stätte des Dionysos und Delphi die Stätte des Apollo ist. Der Olympia-Mensch ist der von Hermes oder Merkur mit lebendiger Regsamkeit Beschenkte, der, an Natur und Kunst hingegeben, in seinem Inneren das seiner selbst bewußte Ich als das Kind seiner Seele reifen lassen und tragen kann. Der Dionysos-Knabe auf dem Arme des Hermes ist das kindlich-aufkeimende Ich im Wesen des götter-beschenkten Menschen. Der Sommergarten der Olympia-Natur ist eine Offenbarung der Sphäre, aus welcher die Götter dem Menschen helfen, künstlerisch zu schaffen und ein Ich-Mensch zu werden.

Als wir von Olympia Abschied nahmen, fühlten wir uns wie in einem Sommernachtstraum. So hatte uns die dichte Vegetation an der Stelle der alten Wettkämpfe eingehüllt. Wir fuhren von Olympia mit der Eisenbahn um die ganze Nordwestecke des Peloponnes herum. Viele Stunden währte die Fahrt, die zuallermeist nahe an der Meeresküste entlangführte. Die Peleponnes-Reise war an ihr Ende gekommen. Wir ließen alles, was wir gesehen hatten, halbträumend in uns nachklingen. Dazu half uns das Hinausschauen auf das Meer, worin wir nur unterbrochen wurden, wenn unser idyllischer Eisenbahnzug mit lautem Geläute mitten durch eine Ortschaft fuhr. Am Nachmittag kamen wir in *Patras* an. Der noch ganz altertümliche Hafenbetrieb bei diesem Städtchen war an jenem Tage besonders rege, und wir fanden auch schnell ein Schiff, das behauptete, bereits in einer Stunde die Fahrt in den Korinthischen Golf nach Itea, von wo aus wir Delphi erreichen wollten, anzutreten. So begnügten wir uns mit einem kurzen Gang durch das Städtchen und stärkten uns, statt durch eine ausführlichere Mahlzeit, nur in einem der Kafenions, um nicht zu spät auf das Schiff zu kommen. Als wir dann aber auf dem Deck des Schiffes Platz genommen hatten, sahen wir dem gemächlich betriebenen Ein- und Ausladen zu und ahnten gleich, daß wir noch sehr lange auf die Abfahrt würden zu warten haben. So haben wir wohl noch ungefähr drei Stunden dort im Hafen gelegen. Zuerst waren wir ein wenig ungehalten. Dann aber entdeckten wir die Vorzüge der Verzögerung. Wir hatten einen wunderbaren Blick auf die Stadt Patras, wie sie, von ihrem Burgberge überhöht, an der runden Bucht liegt. Und es ging uns so, wie wir es immer wieder bei griechischen Städten und Inseln erlebten, daß der Anblick, den sie vom Meere aus bieten, nicht nur viel reizvoller ist als das, was man am Lande sieht, sondern daß man im licht-durchfärbten Überblick dem Genius des Ortes außerordentlich viel näher kommt. Uns schien schließlich der Blick auf Patras eines der unverlierbarsten Bilder der Reise zu sein, zumal als wir anfingen, uns vorzustellen, daß vielleicht auf dem Abhange des alten Burgberges das Kreuz gestanden hat, an welchem der greise Apostel Andreas den Märtyrertod erlitt. Wir waren schon mehrfach den Spuren des Apostels Paulus begegnet. Die apostolischen Wanderwege eines der zwölf Jünger zu kreuzen, versetzt einen dann aber doch noch wieder in eine ganz besondere Stimmung. Andreas, der Bruder des Petrus, war als Senior des Jüngerkreises dazu prädestiniert, der Vater der östlichen Kirche zu werden, die immer charakterisiert geblieben ist durch die wieder ganz kindlich werdende Frömmigkeit des hohen Greisenalters.

Erst als die Dunkelheit schon über alles hereingesunken war, fuhr unser Schiff los. Diese Nachtfahrt war nicht angenehm. Das Deck des Schiffes war überfüllt von Passagieren, die ihr ärmliches und nicht gerade von Sauberkeit beherrschtes Volksleben dort fortsetzten. Dazu wurde es in der Nacht sehr kalt. Wir hatten auf der Peloponnes-Reise, auf die wir nicht einmal unsere Mäntel mitgenommen hatten, mehrfach sehr frieren müssen, so daß Dr. Thylmann einmal schon drauf und dran war, unseren Griechenland-Aufenthalt abzubrechen und mit mir die Reise im wärmeren Kreta und Ägypten fortzusetzen. In dieser Nacht war die Kälte weitaus am unangenehmsten, und wir waren froh, als das Schiff im Morgengrauen in die märchenhafte Bucht von *Itea* einfuhr, über der wir schon von weitem die Schneegipfel des Parnaß leuchten sahen. Als wir an Land gestiegen waren, zeigte man uns steil über der Bucht auf einer felsigen Höhe, die dem eigentlichen Parnaßmassiv vorgelagert ist, die Ortschaft Delphi. Das sah alles in der klaren Morgenluft so nah aus, daß wir sogleich beschlossen, zu Fuß hinaufzusteigen. Wir freuten uns nach der frostigen Nacht darauf, durch kräftiges Ausschreiten und Klettern warm zu werden. Wir fühlten auch, daß wir jetzt an einen besonders wichtigen Punkt der Reise kommen würden, und wir hatten doch schon mehrfach die Erfahrung gemacht, daß die wichtigsten Eindrücke durch einen besonderen körperlichen Einsatz errungen werden wollen.

Wir hatten bis an den Fuß der Berge eine beglückende Wanderung zu machen durch weitgedehnte, dichte Ölbaumhaine. Stärker als je zuvor tauchten wir in die Atmosphäre des Ölbaums ein. Das Licht der eben machtvoll emporsteigenden Sonne flimmerte durch die silbrigen Kronen der Bäume, die durch ihre zum Teil hohlen, trocken und wurzelhaft erscheinenden Stämme das Aussehen eines greisenhaften Alters haben. Am Ende der Ölbaumebene von Itea begann der Aufstieg, der steil über felsiges Geröll emporführte. Da dauerte es nicht lange, bis wir die Frostigkeit der Nachtstunden radikal vergessen hatten, denn jetzt wurde uns so heiß unter der immer glühenderen Sonne, daß wir nur unter Aufbietung aller Kraft die Kletterei fortsetzen konnten. Mit völlig durchgeschwitzten Kleidern kamen wir etwa nach 2–3 Stunden, in denen wir uns kaum eine Rast gegönnt hatten, in *Delphi* an.

Wir hatten von Athen her eine Empfehlung für einen Gasthof in dem Dorfe Delphi und wurden auf dieselbe hin, obwohl wir, wie wir nachher bemerkten, in ein falsches Haus geraten waren, mit großem Eifer aufgenommen. Der Mann, bei dem wir zuerst eintraten, wollte sich die Einnahme auf keine Weise entgehen lassen. Vor dem Besuch des heiligen Tempelbereiches mußten wir uns allerdings – wenn auch in etwas anderer Art, als das die Pilger in alter Zeit getan haben – ausführlichen Reinigungszeremonien unterziehen. Wir konnten unsere Kleider erst wieder anziehen, nachdem sie in der Sonne getrocknet und dann von dem unendlichen Staub befreit worden waren. Dann aber machten wir uns erfrischt auf den Weg zu den Tempeln. Das Dorf liegt an einer breiteren Landstraße, auf der man nach etwa 20 Minuten an die etwas höher gelegene Kastalische Quelle und damit an den Eingang des heiligen Bezirkes kommt. Im Dorfe entwickelte sich ein lebhaftes Sonntagsleben. Es war nach dem östlichen Kalender Palmsonntag, und von überallher strömten die Bauern und Hirten zusammen mit Lorbeerzweigen auf den Hüten und in den Händen. Es machte auf uns einen seltsamen Eindruck, die Zweige des edlen Apollobaumes als Zeichen eines christlichen Festes zu sehen. Es war das einer der Momente, wo die verborgenen inneren Beziehungen zwischen der vorchristlichen und der christlichen Welt anschaulich vor uns aufblitzten.

Auf dem Wege zu den heiligen Stätten prägten sich uns zwei Landschaftselemente ein, die uns unmittelbar in die majestätisch-feierliche Größe hineinversetzten, die der Welt von Delphi in jeder Hinsicht innewohnt. Oberhalb des Ruinenfeldes, das am Abhange des Berges emporsteigt, tauchten die erhabenen, steilen Felswände der Phädriaden vor uns auf. Da bedurfte es keiner Erklärung mehr dafür, daß die Alten diesen Götterhintergrund der Orakelstätte als die »Glanzfelsen« bezeichnet haben. In der nun schon hoch am Himmel stehenden

Sonne schienen die Phädriaden aus blitzendem Gold zu bestehen. – Zur Rechten sahen wir in die unendlichen Räume der Bucht von Itea hinunter. Tief unten zu unseren Füßen waren die Ölbaumhaine, die wir durchwandert hatten, wie ein dunkleres, grüneres Meer vor den lichtüberglänzten blauen Fluten des Korinthischen Golfes. Diesen Blick in die Tiefe, der so charakteristisch für die Lage von Delphi auf stolzer Bergeshöhe ist, hätten wir wohl nicht in einer solchen Stärke erlebt, wenn wir mit einem Auto auf der serpentinenförmigen Landstraße heraufgefahren wären.

Der Platz des Kastalischen Quells, wo sich einst die Delphi-Pilger wuschen, bevor sie den Bereich des Heiligtums betraten, wirkte zunächst enttäuschend auf uns. Der spärliche Rest von rieselndem Wasser ist von lauter Verwahrlosung umgeben. Man sieht, daß die Menschen dort in aller Achtlosigkeit heute ihren Unrat von sich werfen. Erst als wir den Blick auf die Kastalische Schlucht lenkten, an deren Fuß der einstmals heilige Quell entspringt, fingen wir an, die Bedeutsamkeit des Ortes zu entdecken. Wir kletterten auch ein Stück weit in die heute mit Geröll zugeschüttete Felsenschlucht hinein. In Urzeiten ist ja die Kastalische Schlucht ein tiefer Erdspalt gewesen, aus dem die Dämpfe des Erdinnern hervorquollen, in denen das alte Bilderbewußtsein den Drachen Python wahrnahm. Apollo, der Michael Altgriechenlands, hat dem Mythos zufolge den Drachen Python besiegt, ihn in die Schlucht gestürzt und gebannt und dann in seinen Dienst gestellt. An der Stelle, auf der der Apollo-Tempel errichtet worden ist, stand in historischer Zeit der Dreifuß der Sibylle, die durch die emporsteigenden Dämpfe der Kastalischen Schlucht in den pythischen Schlaf versetzt wurde, in welchem sie als Mund der Gottheit zu weissagen vermochte. Indem man die Sibylle Pythia nannte, ließ man erkennen, daß hier die gebändigten Drachenmächte des Python durch Apollo gezwungen worden sind, dem Orakel zu dienen als einem Mittel, durch welches die Menschen den Rat der Götter erfuhren. An den heute noch vorhandenen Spuren der Kastalischen Schlucht kann man sich eine Vorstellung bilden von jenen wilden Urzeiten, in denen hier ungebändigte, halbvulkanische Elementargewalten wirksam waren, bis sie durch den Gott der Harmonie und des sonnenhaften Wohlklangs gebändigt worden sind. Die Verehrung des Apollo ist in der Tat das Denkmal eines urzeitlichen Erlösungsereignisses, durch welches die Menschheit aus der Übermacht wilder, ungezügelter Tiefenkräfte den Weg gebahnt erhielt in die Sphäre der Harmonie und Schönheit.

Durch solche Gedanken vorbereitet, wagten wir es schließlich, die heilige Straße emporzusteigen, die von der Quelle aus nach links in den Tempelbezirk emporführt. Es gibt keine feierlichere aus der Alten Welt erhalten gebliebene Straße als dieses Stück breiten, langsam ansteigenden Weges, der noch das alte Steinplattenpflaster trägt. Man kann gar nicht anders, als langsam nach der Art der alten Prozessionen hier vorwärtszuschreiten.

Das Ruinenfeld enthält eine Fülle von kleineren antiken Bauten: Weihgabenhäuser, von den verschiedenen Stadtstaaten Altgriechenlands errichtet. Dann aber fühlt man sich mit einem Male so sehr in das Herz der Stätte aufgenommen, daß man geradezu das Empfinden hat, sich an dem Mittelpunkt einer ganzen Welt zu befinden. Uns ging es wenigstens so, daß uns sogleich das Gefühl überkam, als verständen wir jetzt bereits, warum in alten Zeiten Delphi als der Omphalos, der Nabel der Welt, bezeichnet worden ist. Da standen wir denn an der Stätte des uralt-heiligen Apollo-Tempels, über dessen Eingang das Motto des wachen Menschentums gestanden hat: »Erkenne dich selbst«. Von dem Tempel stehen keine Säulen mehr.* Es liegt nur das längliche Rechteck der Grundrißmauern vor unserem Blick in der anmutig-jugendhaften Proportion 2 : 5. Man fühlt sich auf diesem apollinischen Fundament in wunderbarer Weise frei. In der Richtung zum Meer hin senkt sich der überbaute Bereich, wie auch die anschließende bewaldete Landschaft abwärts. Man sieht zwar nicht bis zum Meere, aber man fühlt die stolze Höhe, auf der man steht. In der Richtung zu den Höhen des Parnaß hin erheben sich väterlich schüt-

* Heute sind vier Säulen wenigstens bruchstückhaft wieder aufgerichtet und geben dem heiligen Bezirk einen deutlich herausragenden Akzent.

zend die Felsenhänge, die nach der Seite der Kastalischen Schlucht hin aus den Phädriaden bestehen. Das einzigartige Raumgefühl, das einen hier überkommt, wird abgeschlossen und vollendet durch die dichten Kreise des Amphitheaters, das sich unmittelbar hinter uns über dem Apollo-Tempel in den Berghang hineinrundet.

Wir haben wohl an keinem anderen Orte Griechenlands so unmittelbar den Wunsch nach einem längeren Verweilen verspürt. Uns war wirklich, als seien wir am Ziel der Reise angelangt. Als wir auf einer der Sitzreihen des nicht sehr großen Theaters saßen und auf das apollinische Tempelrechteck zu unseren Füßen herniederschauten, wurde die ganze Welt des delphischen Lebens vor uns rege. Wir konnten uns gar nicht losreißen. Es gehörte dann auch untrennbar zu diesem Eindruck hinzu, daß wir immer wieder eine Reihe großer Adler über den Glanzfelsen ihre majestätischen Kreise ziehen sahen. Als wir in der Abenddämmerung immer noch in das große, göttliche Bild versunken dasaßen, leuchtete das Gefieder der Adler hoch droben purpurrot in den Strahlen der untergehenden Sonne auf.

Steigt man von dem Apollo-Tempel und dem Theater noch eine Strecke weiter empor, so bietet sich noch einmal ein Anblick dar, der die wunderbare apollinische Geschlossenheit und Freiheit atmet: das erstaunlich gut erhaltene Stadion bettet sich hier oben auf freier Höhe in das Felsgestein. Die lange Rennbahn ist elliptisch von stufenförmig angeordneten steinernen Sitzreihen eingerahmt. Von hier aus sieht man nicht die Einzelheiten des heiligen Bezirkes, aber man atmet den freien, stolzen Himmel von Delphi zu Füßen der Glanzfelsen ein. In dem Stadion und in dem Theater haben wir während der beiden Tage, die wir in Ruhe auf den delphischen Höhen verbracht haben, viele Stunden gesessen, und es schien uns ganz besonders hierher zu passen, die Goethesche Faust-Dichtung erklingen zu lassen, die wir uns dann vom Anfang bis zum Ende dort vorgelesen haben.

Uns wurde hier oben auch die Dreiheit der griechischen Mysterienstätten deutlich, die wir nun schon hatten besuchen dürfen. Eleusis, die Stätte der Demeter und des Dionysos, liegt am Meere. Delphi, die Stätte des Apollo, liegt auf felsigen Adlerhöhen. Olympia, die Stätte des Zeus und des Hermes, ist der große Garten. Die Figur einer den griechischen Geist offenbarenden Trinität stieg nach dem Besuch dieser drei Stätten vor uns auf.

Um den Aufenthalt in Delphi durch Zugabe eines Tages ausdehnen zu können, hatten wir uns entschlossen, lieber die Rückfahrt nach Athen durch Aufwendung höherer Reisekosten zu beschleunigen. So mieteten wir uns in Delphi ein Auto, das uns in schneller Fahrt nach Levadia brachte, landeinwärts auf der anderen Seite des Höhenzuges, zu dem auch der Parnaß gehört. Von dort aus konnten wir mit der Eisenbahn nach Athen zurückfahren. Dabei kamen wir durch die abwechslungsreichen Landschaften von Böotien, nach der einen Seite weite Ebenen, nach der anderen Seite, schnell hinter uns zurückbleibend, die Schneehöhen des Parnaß. Wir kamen an dem altgriechischen Theben vorbei und sahen den klassischen Löwen von Chaironea. Aber auch auf dieser Fahrt war es uns wichtiger, das Gesehene nachklingen zu lassen, als viele neue Einzelheiten in uns aufzunehmen.

In *Athen* konnten wir nun, nachdem wir in Delphi länger, als ursprünglich geplant, geblieben waren, nur wenig mehr als einen Tag verweilen. Wir hatten aber auch keinen rechten Appetit auf die lärmvolle Großstadt. Wichtig war es uns jedoch jetzt, das Nationalmuseum ausführlich zu besuchen. Da sahen wir vor allem die Goldschätze von Mykene, die so eigenartig unsere Herzen bezaubern. In den Antlitzen, die uns aus den Goldblechschalen oder -masken entgegenschauten, liegt eine solche Magie der Vorzeit, daß wir uns, nachdem wir nun doch die Stätten der Goldenen Zeit selber hatten besuchen dürfen, von dem Genius des vorhomerischen Zeitalters wie von einem lebendigen Wesen berührt fühlen konnten. Von den vielen Motiven, die uns in diesem Museum eingehender beschäftigten, sei wenigstens noch eines herausgegriffen: Wir sahen nebeneinander eine Gruppe von wundersam edlen Pferdeplastiken und eine stolzragende Athene-Figur. Der Helm der Athene hat vorn die gleiche gerade, schlanke Linie, wie sie auch durch die Stirne und die Nüstern des Pferdes gebildet wird. Wir sahen dann auch mehrfach das Haupt des Perikles, der den gleichen Pferdekopfhelm trägt wie die Göttin. Uns schien dieses Motiv einen Schlüssel zu bilden für die Geistigkeit des perikleischen Athen. Das Pferd mit dem edlen Nüsternkopf ist der Ausdruck der Intelligenz, wie der Löwe der Ausdruck der königlich-sonnenhaften Herzenskräfte ist. Athen steht unter dem Zeichen des Pferdehauptes wie Mykene unter dem Zeichen des Löwen. Weil Athene die Gedankenspenderin ist, selber wie ein wesenhafter Gedanke dem Haupte des Zeus entsprungen, deshalb trägt sie den edlen, weit vorspringenden Pferdekopfhelm.

Wir erfuhren zufällig, daß die Akropolis in Vollmondnächten offen zugänglich sei, und so weilten wir bis Mitternacht dort oben in dem Bereiche der Tempel, was den denkbar schönsten Abschluß des bisherigen Teiles unserer Reise bildete. Man kann gar nicht beschreiben, in welche Welt man eintaucht, wenn die Marmorsäulen der Propyläen und des Parthenon von dem gleißenden hellen Silberlicht des Mondes überspült sind. Wir fühlten uns auf eine ganz rätselhafte Weise heimisch dort oben. Vielleicht kam es daher, daß jetzt das Allzuvielerlei und die Konturen des Nebensächlichen zurücktraten. Vor allem aber wird es uns jetzt zugute gekommen sein, daß wir in so mannigfaltiger Ausprägung die Stätten des griechischen Lebens hatten sehen dürfen. Jetzt konnten uns die Tempel von Athen als die Frucht ganzer historischer Entwicklungen erscheinen, deren Stationen, Schauplätze und Denkmäler an uns vorübergezogen waren.

*

Wir waren mit unserer Zeit aus einem ganz bestimmten Grunde geizig. Unser Plan war, das östliche Osterfest in den Athos-Klöstern mitzufeiern. Und da wir uns vorstellten, daß zum Karfreitag von Saloniki aus Pilgerschiffe dorthin fahren würden, wollten wir den Anschluß nicht verpassen. So fuhren wir in der Nacht vor dem Gründonnerstag östlicher Rechnung mit der Eisenbahn von Athen nach *Saloniki*. In Athen hatte uns vor der Abfahrt der Areopagfelsen noch einmal zu sich gezogen. Athen war uns noch einmal als eine der Paulus-Stätten deutlich geworden. Als wir nun dem Thessalonich des

Paulus entgegenfuhren, ging mir immerfort der Inhalt der Thessalonicher-Briefe durch den Sinn. Warum hat Paulus gerade an die Gemeinde in jener Stadt von der Wiederkunft Christi geschrieben und vom Kommen des Antichrist, das dem Kommen des Christus vorangeht? Mit dieser Frage in der Seele sah ich in die wechselnden Landschaften hinaus. In der Abenddämmerung zogen die Schneeberge des Parnaß an uns vorüber. Dann sahen wir bei hellem Vollmondlicht in das weite Nebelsilbermeer, das auf der Ebene bei den Thermopylen lag. Später ging es an steil-stürzenden Gebirgsklüften entlang, und im Morgengrauen sahen wir den Schneegipfel des Olymp.

Der erste Eindruck, den die Stadt Saloniki auf uns machte, war der eines schwer entwirrbaren Durcheinanders von Gegensätzen. Überall grenzt die ganz orientalische Altstadt an solche Stadtviertel, die nach dem großen Brand der Stadt im Jahre 1917 völlig uneinheitlich, zum Teil mit hohen modernen Geschäftshäusern, wieder aufgebaut worden sind. Die Orientierung war auch aus dem Grunde schwierig, weil damals vom Balkankrieg her, nachdem die Wogen des Weltkrieges über die Stadt und das Land dahingegangen waren, die Umstellung von den türkischen auf die griechischen Verhältnisse noch nicht voll durchgeführt war. Zum Teil waren die Straßen noch mit den türkischen Namen bezeichnet, so daß wir einige Adressen, an die wir gewiesen worden waren, nur mit großen Schwierigkeiten fanden. Die ganze Stadt war von einem bunt gemischten Völkergewimmel erfüllt. Menschen in griechischen, türkischen, bulgarischen und mannigfachen anderen Trachten, alle in großer Ärmlichkeit und Verkommenheit, fluteten durcheinander. Wir sahen zum ersten Mal in größerer Zahl Hirten aus dem mazedonischen Bergland. Vor allem aber trafen wir zum ersten Mal wirklich auf den Orient, der sich hier nach Europa herein ergießt. Die Straßen waren wie Märkte. Alles rüstete sich auf das Osterfest, das wir in der Heimat vier Wochen vorher gefeiert hatten. Aber hier verlief alles in einem farbenreichen, temperamentvollen, lärmenden Getriebe, das weit entfernt ist von der Stimmung, die bei uns in der Karwoche waltet.

Nachdem wir die nötigsten Besorgungen erledigt hatten, flohen wir zunächst einmal aus dem dichtesten Gewühl. Wir gingen zum Meeresstrand. Das Meer lag mit seiner großen runden Bucht tiefblau in der weißstrahlenden Sonne vor uns. Die weltweite Größe, die den dortigen Landschaftsbildern innewohnt, sprach sofort zu uns. Wir bedurften keiner Überleitung. Der Blick auf das Meer hinaus trifft auf ein Bild von der großzügigsten Einheitlichkeit und Geschlossenheit. Die wenigen Schiffe, die im Hafen lagen, unterstrichen eigentlich nur die ruhevolle Klarheit und Ungestörtheit des runden Bogens, den der fast ganz geschlossene Golf hier bildet. Zur Linken ragt über das Gestade der Bucht der majestätische Schneegipfel des Olymp empor, der von hier aus in unbestritten gebieterischer, aber auch väterlicher Gestalt erscheint. Das ist ein Anblick, den man nie vergißt. Als ein inneres Wahrzeichen bleibt fortan das Bild des Olymp mit jedem Gedanken an Saloniki verbunden. Wie Paulus zu den Athenern sprach angesichts der weißen Göttertempel auf der Akropolis, so hat er zu den Thessalonichern gesprochen angesichts des schneegekrönten Götterberges, den die Alte Welt als die Wohnung des Göttervaters erlebte. Das ist nicht belanglos für die Vorstellung, die wir uns von der Wirksamkeit des Paulus machen müssen. Der Völkerapostel stand nicht so zum Heidentum wie der juden-christliche Flügel der ersten Christenheit oder gar die Kreise, die bis in unsere Tage hinein das Christentum konfessionell eingeengt haben. Er wußte, daß in Christus »die Fülle der Gottheit« lebt, auch die Fülle dessen, was den Griechen ihre Götter bedeutet haben.

Wenn wir uns am Meeresufer zur Stadt herumwandten, hatten wir ein fast ebenso geschlossenes Bild. Es traten von hier aus die schreienden Gegensätze, auf die man in den Straßen der Stadt stößt, zurück. Das Stadtganze klettert an dem Abhang des uralten Burgberges empor, auf dem einst die Akropolis stand und auf dem sich heute die Zitadelle aus mittelalterlichem Burggemäuer befindet. Im Kreise herum ist die Stadt bis zur Burghöhe hinauf von einer mächtigen alten Mauer umschlossen, die wie die Zitadelle mit zahlreichen Türmen befestigt ist. Wieder trafen wir auf ein Beispiel dafür, daß durch die

Bergeshöhe, an deren Fuß eine alte Stadt liegt, die Stadtseele selber anschaulich zu werden scheint.

Wir wollten keine Zeit versäumen und begaben uns bald in das Haus des Metropoliten, wo wir Auskunft zu bekommen hofften über die Möglichkeiten, nach dem Athos zu gelangen. Wir erfuhren, daß der Metropolit, der in der östlichen Kirche etwa die Würde eines Erzbischofs bekleidet, beim Gottesdienst in der Kirche sei. So begaben wir uns auch in das große Gotteshaus. Hier drängte sich summend und ab- und zugehend das Volk. Frauen strebten mit ihren schreienden Kindern durch die Menge nach vorn. Bettler plärrten in der Nähe des Eingangs ihre Sprüche. Vom Altar hinter der Bilderwand ertönten die monotonen liturgischen Gesänge der Priester. Rechts und links vor der Ikonostase wurde von zwei Männern aus dem Volk, die an erhöhten Lesepulten standen, in lautem, krächzendem Ton, der den Lärm der Menge übertönen sollte, eine endlose Litanei gesungen, die in Responsorien verlief. Im Vordergrunde hielt ein junger Priester von der Kanzel aus eine Ansprache, aber niemand hörte darauf. Zu Füßen der Kanzel teilte ein greiser Priester an alle, die an ihn herantraten, eine Art Segen aus, indem er ihnen mit einem Weihwasserpinsel ein Kreuz auf die Stirne zeichnete. Mütter brachten ihm ihre Kinder, damit er ihnen die Hand auflegte. Etwas mehr im Innern der Kirche vollzog ein Priester, an einer Säule stehend, eine Art Beichtsakrament, indem er denen, die einzeln vor ihm niederknieten, aus einem Büchlein einen Absolutionsspruch vorlas. In der Mitte der Kirche, über all das bunte Treiben hinausragend, saß auf seinem Thronsessel der Metropolit. Unruhig und ungeduldig blickte er durch den Raum hin und her; auf uns, die Fremden, fiel bald sein nervös-prüfender Blick. Wir erlebten auf eine Weise, in die wir uns erst hineinfinden mußten, eine das ganze Volk ergreifende große Ostererregung, die für die östliche Kirche charakteristisch ist und die hier schon in der Karwoche begann.

In Athen hatten wir ein kurzes Gespräch mit dem dortigen Metropoliten gehabt, um von ihm das übliche Empfehlungsschreiben zu erbitten, das man brauchte, um zu den Athos-Klöstern Zugang zu erhalten. Wir hatten dort hauptsächlich zu verhandeln gehabt mit einem stattlichen, klugen Priester mit würdevollem schwarzen Bart, der offenbar der Sekretär des Metropoliten war. Er sprach ein wenig Deutsch und war stolz darauf, eine Zeitlang in Deutschland studiert zu haben. Der Metropolit von Athen selbst war ein ehrwürdiger gütiger Greis mit langem Silberhaar. In ihm waren wir einem Träger jener kindlichen, gemüthaften Geistigkeit begegnet, durch welche die östlichen Kirchen ihre liebenswerte Substanz haben. Allerdings hatten wir uns sagen müssen, daß dieses Kirchenoberhaupt ganz abseits von der eigentlichen Kultur und dem immer ernster werdenden Schicksal der Gegenwart lebte.

Als wir nun nach beendigtem Gottesdienst zu dem Metropoliten von Saloniki kamen, fanden wir in ihm einen griesgrämigen, nervösen und unfreundlichen alten Mann. Er sowohl wie sein Sekretär hörten gar nicht recht hin auf unsere Fragen, sondern nahmen einfach an, daß wir um das Zugangsschreiben für die Athos-Klöster bitten wollten, und stellten uns dieses, das wir schon von Athen her hatten, zum zweiten Male aus. Wir mußten, als wir wieder hinauskomplimentiert werden sollten, hartnäckig sein, um dann doch die gewünschte Auskunft über etwaige Pilgerschiffe zu bekommen. Wir erfuhren, daß es gar keine solchen Schiffe gab, und mußten auf eigene Faust sehen, eine Überfahrtsmöglichkeit zu entdecken. Als wir das Haus des Metropoliten verließen, beschäftigte uns doch sehr lebhaft die Frage, was wohl aus der griechischen Kirche werden würde, wenn sie innerhalb der heraufkommenden Schicksalsstürme unserer Zeit keine anderen Führer besaß als diejenigen, die wir nun kennengelernt hatten.

Im Hafen erfuhren wir, daß erst am Karfreitagabend ein Schiff zur Athos-Halbinsel abginge. Wir waren ganz enttäuscht, den Karfreitag, den wir schon in den Klöstern hatten mitmachen wollen, zu verfehlen. Erst nachher wurde uns klar, welch geringe Rolle eigentlich der Karfreitag in der östlichen Kirche gegenüber dem Osterfest selbst spielt. Nun hatten wir fast zwei Tage vor uns und konnten uns in aller Gelassenheit in das bunte Leben der Straßen mischen.

Was besonders unsere Aufmerksamkeit auf sich zog, waren die byzantinischen Kirchen, die in der Türkenzeit, also bis vor kurzem, als Moscheen benützt worden waren, und neben denen die Minaretts zum Teil noch standen, zum Teil in Trümmer gelegt waren. Vor einer Kirche sahen wir einen besonders stimmungsvollen Vorplatz. Die Glocken der Kirche hingen in den riesigen, alten Platanen, in deren Schatten das Kirchlein mit seinen Kuppeln stand. Ein Schuljunge nahm uns ins Schlepptau und führte uns in eine alte, große, rundgebaute Kirche. An ihrer Seite stand ein eingestürztes Minarett. Wir sahen, wie man in ihrem Innern mit Ausgrabungen beschäftigt war. Das ganze Schicksal der Stadt spiegelte sich in den Funden: griechische Götterbilder, römische Vasen, Münzen und Heereszeichen, mittelalterliche Heiligenbilder und mohammedanische Geräte und Architekturteile. An den Wänden sind noch Reste von großartigen byzantinischen Mosaiken zu erkennen. Der Knabe führte uns auf das oberste Dach der mächtigen Kuppel. Da sahen wir die bunte Völkerstadt zu unseren Füßen, sahen die steilen, zur Burg emporführenden Gassen, sahen die blaue Bucht mit den Masten der Schiffe und sahen in der Ferne das weiße Haupt des Olymp.

Als wir längere Zeit dort oben auf dem moosüberwachsenen Gemäuer gesessen hatten, umwehte uns immer deutlicher die Menschheitsstimmung dieser seltsamen Stadt und ihrer Geschichte. Es mag kaum eine zweite Stadt geben, die so auf der Grenze vieler Welten liegt und eine so bewegt-wechselvolle Geschichte hinter sich hat.

Die anderen alten Kirchen fanden wir fast durchweg in ganz verkommenem Zustande. Die größte, dem heiligen Demetrius geweiht, war ganz eingestürzt und unzugänglich. Eine andere war in eine Badeanstalt, wieder eine andere in ein Warenlager verwandelt. Eine, die durch Architektur und türkische Inschriften noch ganz ihren Charakter als Moschee erkennen ließ, diente Hunderten von kleinasiatischen Flüchtlingen, die dort ein bejammernswertes Dasein führten, als Asyl.

Als es schon anfing, dämmrig zu werden, stiegen wir in die Teile der Stadt hinauf, die am Bergeshang liegen. In ungezählte schmale

Gäßchen gliedert sich hier die Altstadt. Uns überkam ein seltsamheimatliches Gefühl. Die Häuser hatten die schönsten Erker, die Dächer bildeten märchenhafte Ecken und Vorsprünge. Die Dämmerung legte einen gütigen Schleier über Schmutz und Verwahrlosung. So kam es, daß wir uns an den Kopf faßten und fragten: sind wir denn wirklich in Saloniki oder in Nürnberg? Dieses Haus oder jenes könnte wahrhaftig das Haus von Hans Sachs oder Albrecht Dürer sein. Wir mußten uns erst der Illusion entreißen und im genaueren Hinsehen doch den Schmutz und die Zeichen des Elends wahrnehmen, um wieder zu wissen, wo wir waren. Wir waren in die Stadtteile gekommen, die einst von den Venezianern angelegt worden sind. So hatten wir glauben können, in ein zweites Venedig oder Nürnberg entrückt zu sein.

Wir überließen uns lange dem magischen Zauber jener steilen und engen Gassen. In der Dunkelheit, die immer mehr hereinsank, weil der Mond erst später aufging, ergriff uns die Illusion noch restloser, die uns in die Zeiten des späten Mittelalters versetzte. Außer in Jerusalem habe ich es später nie wieder erlebt, daß eine Stadt einen so unmittelbaren Zauber der Vergangenheit ausüben kann. Leider ist einige Jahre darauf gerade dieser Teil von Saloniki einer Feuersbrunst zum Opfer gefallen.

An den Straßenecken standen Verkaufsbuden aller Art. Vor allem wurden Kerzen für die Ostergottesdienste verkauft. Die Menschen waren alle von einer kindlichen Zutraulichkeit und Freundlichkeit. Es war, als wären wir mitten in der Welt der Märchen von Tausendundeiner Nacht. Durch ähnliche Straßen und Gassen muß der verkleidete Harun al Raschid mit seinem Großwesir gegangen sein, wenn er auszog, um das Volk zu belauschen. Uns war freilich zumute wie Kindern, denen Märchen erzählt werden. Wir blieben in der Zitadellengegend, bis wir das Meer im Mondenglanz schimmern sahen. Als wir dann hinabstiegen, sahen wir vor allen Kirchlein dasselbe wunderbar ergreifende Bild. Bis weit auf den Vorplatz hinaus stand die andächtige Volksmenge. Jeder hielt eine brennende Kerze in der Hand. Von drinnen ertönten die liturgischen Gesänge der Priester.

An einer Kirche gelang es uns, bis dahin vorzudringen, wo wir in das Innere hineinschauen konnten. Da sahen wir im warmen Licht ungezählter Kerzen die Priester in besonders reichem, goldgeschmücktem Ornat ihre Kultushandlungen verrichten. Zum ersten Mal berührte uns die wirkliche Osterstimmung der östlichen Kirche, obwohl wir in den Tagen standen, die wir in der Heimat in der Stimmung der Passionszeit durchleben.

Am nächsten Morgen – es war der griechische Karfreitag – fanden wir überall in den Kirchen aus Blumen, meist aus Akazienblüten, einen sargähnlichen Aufbau. Oben darauf lag ein großes Christus-Bild und eine Bibel. Alles strömte hinzu, um Bild und Buch zu küssen. Die Kinder mußten unter dem Sarge durchkriechen und konnten sich verständlicherweise nicht genug dabei tun.

Die Zeit bis zur Abfahrt unseres Dampfers nützten wir zu einer Bootsfahrt weit hinaus in die blaue Bucht, dem Olymp entgegen. Als wir vom Meere her das Gesamtbild der Stadt, das wir gestern schon anfänglich in uns aufgenommen hatten, in noch größerer Geschlossenheit und Beseeltheit vor uns hatten, sammelte sich uns die Fülle der Eindrücke. Unsere Gedanken kehrten zu Paulus zurück. War nicht vielleicht schon in den Tagen des Paulus Thessalonich eine Stadt der sich mischenden Völker und Zeiten? Und hängt es nicht vielleicht damit zusammen, daß der Apostel in seinen Briefen an die Christengemeinde dieser Stadt von den apokalyptischen Geheimnissen der Wiederkunft Christi gesprochen hat? Thessalonich war eine Völkerstadt und ist es bis in die Gegenwart hinein durch ihr reichbewegtes Schicksal auch geblieben. Und das Mysterium der Wiederkunft Christi setzt Menschen voraus, die die Prüfung der inneren Heimatlosigkeit bestanden haben und zu Menschheitsmenschen geworden sind. Je mehr wir in die Zeit hineinkommen, in der sich die Prophetie der Thessalonicher-Briefe erfüllt, um so mehr nimmt ganz Europa zwangsläufig einen Zustand an, wie er im kleinen in einer buntgemischten Völkerstadt wie Thessalonich immer schon vorgebildet gewesen ist.

*

Die Nachtfahrt von Saloniki zum *Athos* verbrachten wir, wie die meisten Schiffsreisenden in Griechenland, auf dem Verdeck des Schiffes. Bei der Ausfahrt aus dem Golf hatten wir noch einmal den uns nun schon so vertrauten Blick auf die Stadt. Dann mischten wir uns, da wir unterdes schon genügend orientalisiert und ermüdet waren, unter das levantinische Völklein, das auf den Planken des Schiffes die Nacht durchschlief. Im Morgengrauen sahen wir die Halbinsel Athos mit dem »heiligen Berge«, Hagion Oros, vor uns. Der »heilige Berg« selbst, aus Marmorgestein bestehend, bildet die Südspitze der schmalen, langgestreckten Landzunge, der östlichsten der drei fingerartigen Halbinseln der Chalkidike. Es war ein erhabener Augenblick, als wir den Berg Athos zuerst gewahrten, wie er in seiner feierlich-ruhevollen Gestalt, von einem Schneehaupte gekrönt, aus dem Meere emporsteigt. Trotz der Schmalheit der Halbinsel, die auch am Südende, wo sich seine Basis befindet, nicht mehr als 12 km breit ist, steigt er steil in über 2000 m Höhe empor, das Schiefermassiv der Landzunge überragend. Eine ernste Weltabgeschiedenheit sprach uns sogleich aus dem Landschaftsbild an, dem wir schnell näherrückten. Wir stiegen in der flachen Bucht von Daphni, an der mittleren Westküste der Halbinsel, ans Land und traten nach den üblichen Grenz- und Zollzeremonien mit einem Engländer und einem Amerikaner, die wir auf dem Schiffe kennengelernt hatten, auf Maultieren den Ritt in das höhergelegene Innere an. Bald schon umfing uns eine rätselhaft reiche Vegetation. Diese war nicht in dem Sinne üppig wie unsere schattigen Wälder es sein können. Über allem lag ein gewisser unirdischer und fast theatralischer, aber doch auch paradiesischer Zauber. Ganze Wälder von Lorbeerbäumen und Stechpalmen, die immer nur eine gewisse Höhe erreichen, umgaben uns. Dazu dichtes, fast urwaldhaftes Gebüsch von tausenderlei niegesehenen Strauch- und Baumarten. Würziger Duft schwang mit dem schweren Sonnenlicht durch die Atmosphäre. Das Aromawunder, dem wir in Griechenland schon so oft begegnet waren, war hier in letzter Steigerung ausgebreitet. Die Luft kam uns wie ein großes, wenn auch fremdartiges Seelenwesen vor.

Wir befanden uns auf dem Boden der Mönchsrepublik, die seit mehr als einem Jahrtausend kein weiblicher Fuß betreten hat. Wie jeder fremde Besucher mußten wir uns zunächst in das Städtchen Karyas, das hoch oben so ziemlich in der Mitte der ganzen Halbinsel liegt, begeben, um auf Grund des mitgebrachten Empfehlungsschreibens von dem Athener Metropoliten den Erlaubnisbrief zum Besuch der Klöster zu erbitten. Auf dem Wege zu diesem Städtchen durften wir schon einmal einen Blick in eines der Klöster werfen. Es war das Kloster Xiropotamu. Wir gewannen den ersten Eindruck von der Bauart der Athos-Klöster, die alle ein großes Quadrat bilden um das Kirchlein herum, das in der Mitte des viereckigen Hofes steht. Wir lernten auch die Bewillkommnungsgabe kennen, mit der die Mönche jeden Fremden empfangen. Sie besteht aus einem kleinen Täßchen schwarzen Kaffee und einem Gliko, d.h. einem süßen Würfel aus kandiertem Fruchtsaft, wozu ein Glas Wasser gereicht wird. Statt des Kaffees gibt es vielfach ein Gläschen Mastika, einen scharfen Arrakschnaps, der, wenn man ihn auch nur mit einem Tropfen Wasser verdünnt, sofort milchweiß wird.

Karyas hat ein bißchen den Charakter eines Jahrmarktes. Es gibt dort wirklich eine Straße, wie auch sonst in einem Städtchen. In jedem der Häuser sind Verkaufsläden, in denen die Holzschnitzereien und sonstigen Arbeiten, die die Mönche in den verschiedenen Klöstern machen, feilgeboten werden. Die Mönche haben eine wunderbare Fertigkeit auf Grund jahrhundertealter Traditionen, Löffel zu schnitzen, deren Stiele die Form eines Fisches oder einer Schlange oder anderer Tiere haben. Daneben gibt es dann aber geschnitzte Evangelienszenen in großer Mannigfaltigkeit, allerdings in jedem einzelnen Falle nach offenbar streng festgelegten Formtraditionen angefertigt. Wir nahmen einige solche Löffel mit. Ich erwarb mir dann nachher noch in einem der Klöster ein kleines breites Kreuz, auf dem vorn die Jordantaufe und hinten die Golgatha-Szene eingeschnitzt ist. Ich hatte damit sogleich ein Beispiel für die Gefühlsweisheit der östlichen Bildertheologie. Dem Kreuzestode steht als Geburtsszene nicht etwa Bethlehem gegenüber: die Jordantaufe ist ganz selbstverständlich als der Beginn des Christus-Lebens aufgefaßt.

Wir begaben uns in das Haus der »heiligen Synode«. Das ist ein Ältestenrat aus fünf älteren Mönchen, der von den Insassen der etwa zwanzig Klöster und der vielen kleineren Niederlassungen immer auf eine bestimmte Anzahl von Jahren gewählt wird. In einem großen, altmodischen Zimmer nahmen wir auf den an den Wänden entlanglaufenden Plüschbänken mit den alten Mönchen Platz. Auch hier ging dem Gespräch die übliche Bewirtung mit Zuckerzeug, Schnaps und Kaffee voran. Dann begann eine Art freundschaftlichen Verhörs über Namen, Vater und Vaterstadt, Reise und dergleichen, wobei die einzelnen Fragen sicherlich auch wieder auf uralten, vielleicht sogar antiken Regeln beruhten. Es war aber unvermeidlich, daß das Verhör bald in ein Gespräch über Politik überging, das Lieblingsthema der Mönche, über das sie auch fortwährend unter sich debattieren. Zuletzt zog jeder der fünf das ihm zugeteilte Teilstück eines runden Siegels heraus, das Siegel wurde zusammengesetzt und zur Unterstempelung des Briefes verwendet, der uns der Gastfreundschaft der Klöster empfahl.

Von den ersten Repräsentanten der Athos-Mönche hatten wir keineswegs einen vielversprechenden Eindruck. Ihnen war deutlich ein mit Liebe betriebenes Wohlleben anzusehen, und die Kindlichkeit ihrer Seelen wirkte nicht ohne weiteres so auf uns, als sei sie mit einer besonderen religiösen Innerlichkeit verbunden. Wie ich denn auch gleich vorweg sagen will, daß wir von der einst so weltberühmten Frömmigkeit und mystischen Erleuchtung der Athos-Mönche, die selbst Solowjew noch von dem »inneren Athos« sprechen ließ, kaum noch letzte Spuren angetroffen haben.

Wir setzten unseren Weg mit anderen Maultieren fort, nunmehr auf der anderen Seite des Grates, der Ostküste der Halbinsel entgegenstrebend. Schließlich sahen wir unten in der Nähe des Meeres die ausgedehnten Baulichkeiten des Klosters vor uns, dem unser erster ausführlicher Besuch gelten sollte. Prächtig schob sich das riesenhafte Viereck, aus dessen Mitte sich die eng zusammengeschobenen Kuppeln des Kirchleins erhoben, vor die tiefblauen Fluten. Sogar nach der Landseite hin bestehen die Klosterbauten, die den großen, quadratischen Hof einrahmen, aus mehreren Stockwerken, von denen jedes lange Reihen von ungezählten Fenstern enthält. Vom Meere aus gesehen erheben sich die Klöster vielfach zu einer ganz erstaunlichen Höhe, da immer die senkrecht abfallenden Felswände in den Außenwänden der Bauten nach oben weitergebaut worden sind. Das Kloster, dem wir uns näherten, hieß *Iwiron* (Iberon), weil es von georgischen Iberern begründet worden ist.

Die Mönche nahmen uns freundlich auf. Wie die Kinder strömte eine ganze Anzahl von ihnen im Klosterhof zusammen, neugierig die fremden Gäste musternd. Nach der üblichen Bewillkommnung brachte uns der Fremdenschaffner, Pater Benjamin, der englisch sprach, weil er früher in Amerika Kellner gewesen war, auf die uns angewiesenen Zimmer ein einfaches Mittagessen. Wir machten gleich Bekanntschaft mit dem Brauch, der in zahlreichen Athos-Klöstern gilt, daß nämlich jeder Mönch sich nach seinen Wünschen die Mahlzeiten zubereiten und in seinem Zimmer servieren läßt. In Klöster, die demgegenüber die Sitte der Tischgemeinschaft pflegen, kamen wir erst später. Es war gut, daß wir noch einen Teil des Nachmittags vor uns hatten. So konnten wir uns in die seltsame Atmosphäre und Stimmung einleben, die in den Baulichkeiten, in dem großen Klosterhof, im Kirchlein und in dem Ganzen waltete. Wir standen lange am Strande und sahen an den Felswänden empor, auf denen sich die breite Zeile der einen Außenwand erhebt. In dem grob gepflasterten Hofe nahmen wir die Bilder tief in uns auf, die sich uns boten, wenn wir an den dunklen Zypressen und dem vielkuppligen Kirchlein vorbei und über die gegenüberliegenden Häuserwände hinweg auf die Berge emporschauten. Der Blick, der uns jedoch am meisten fesselte, war der, den wir von dem Fenster unserer Gastzelle aus auf das Meer hinaus hatten. Da lag hinter der näheren größeren Insel Thasos, fern im Osten, feierlich-königlich wie ein blaugrüner Edelstein das Felseneiland Samothrake vor uns. Der Name Samothrake bedeutete für uns bereits eine ganze Welt. Wir wußten, daß diese Insel die Stätte allerältester europäischer Mysterien gewesen ist, und sahen schon dem Tage mit Spannung entgegen, wo es uns möglich sein würde, die Insel selber zu besuchen. Wir konnten den Blick gar nicht von der heiligen, majestätisch aus dem Meere steigenden Insel wenden. Wir mußten über den Namen des Klosters nachsinnen, in dem wir weilten. Gewiß hat er zunächst einfach darin seinen Ursprung, daß gegen das Ende des ersten Jahrtausends einige iberisch-keltische Männer aus dem Kaukasusgebiet dieses Kloster mit der Unterstützung eines Griechenkaisers aufgebaut haben. Wie eine Frage zogen dann aber doch Bilder viel älterer Zeiten vor unserer Seele vorüber. Sind nicht vielleicht auch in den frühen, weit vor unserer Zeitrechnung liegenden Zeiten, als die Mysterien von Samothrake blühten, von den westlich-druidischen Mysterien immer wieder Boten durch diese Gegenden gekommen, die eine Verbindung herstellten zwischen Samothrake und den Gebieten, auf denen später die keltischen Iberer wohnten? Unsere Phantasie sah Botenschiffe über das Meer fahren zwischen den Heiligtümern von Samothrake und den urkeltischen, hibernischen Mysterien des Westens. Durch solche Vorstellungen tauchten wir in den Ewigkeitsatem ein, der dort über der Landschaft liegt. Die Zeit steht dort stille. Der Atem der Geschichte drang in die Welt der Athos-Klöster damals nur dadurch hinein, daß der griechische Diktator Pankalos im Begriffe stand, die Vorrechte der Mönchsrepublik aufzulösen und die Halbinsel durch Errichtung von Sanatorien in den Dienst des Staates zu stellen.

Mit großer Spannung sahen wir den Osterliturgien entgegen. Die Nacht war prächtig und sternstrahlend hereingesunken. Um Mitternacht wurden wir in die Kirche geführt, wo die Mönche an den Wänden entlang im Chorgestühl bereits versammelt waren, halb sitzend, halb stehend, jeder mit langem schwarzem Schleiertuch, das hinten von den hohen Mörserhüten über den Rücken herunterhing. Jeder hielt eine brennende Wachskerze in der Hand, und auch uns wurde eine solche übergeben. Von dem vielfältigen Kerzenschein und durch die zahlreichen »ewigen Lampen« flimmerte der goldene und silberne Glanz der Geräte und Bilder auf, mit denen die Wände und Nischen dicht behangen waren. Die metallbelegten Heiligenbilder und auch die Gestalten in den Fresken und Mosaiken der Wände und Decken begannen ein geheimnisvolles Raunen, das von noch schauenden versunkenen Jahrhunderten sprach. Die Mönche fingen an, eine merkwürdige Litanei zu singen. Musikinstrumente gibt es in den Kirchen der Athos-Klöster nicht. Die Musik ist dort verbannt wie die Seelenstimme der Frau. Die Mönche sangen einzeln im Kreise herum den alten Osterspruch: »Christus ist auferstanden von den Toten, im Tode den Tod tötend und den in den Gräbern Liegenden das Leben schenkend.« Zuerst wurde der Spruch in einer eigenartigen traumfeierlichen Melodie immer wieder im Kreise herum gesungen. Dann ging er in monotonere, fremdartiger klingende Variationen über. Die Art, wie gesungen wurde, berührte uns zunächst unangenehm. Durch die an das mohammedanische Singen anklingende gaumenmäßige und nasale Tongebung klang die Liturgie grell und schrill. Zeitweise, als nämlich mehrere Reihen von Mönchen gleichzeitig den Rundgesang fortsetzten, schien uns der Gesang in ein unbeherrschtes Durcheinanderschreien auszuarten, das keine Andacht in unserem europäischen Sinne aufkommen ließ. Wir bemerkten allerdings, daß die Mönche, obwohl viele alte zwischen dem Singen in ihren Stühlen einnickten, durch das Singen in ein ganz bestimmtes, halb-ekstatisches Bewußtsein gerieten. Nach etwa zwei Stunden wurden dann die Weisen monotoner, und jetzt fühlten wir, trotz der Unschönheit der Stimmen, deutlicher die magische Wirkung, die davon ausging. Obwohl im christlichen Bereich bleibend, waren wir nicht nur in weit zurückliegende Vergangenheiten, sondern scheinbar auch in ganz fremde Kontinente der menschlichen Seelenentwicklung entrückt.

Die Litanei brach ab. Die Mönche bildeten, geführt von der Priesterschaft in prunkvollem Ornat, eine Prozession, mit der auch wir aus der Kirche in den offenen Klosterhof hinauszogen. Da intonierte dann einer der Priester das Osterevangelium. Aber kaum war das erste Wort ertönt, da knallten von allen Seiten donnernde Schüsse aus alten Flinten und Pistolen in die Nacht. Die Mönche erhoben ein wildes Geschrei wie ausgelassene Kinder. Dieser Ausdruck der Osterfreude in der weltentrückten, der Natur nach so zauberhaft-paradiesischen Einsamkeit erschreckte uns fast ein wenig. Wie weit war doch, was wir hier erlebten, von dem stillen, verhaltenen Jubelklang entfernt, den wir vor einigen Wochen in der Heimat an unseren eigenen Osteraltären empfunden und mit den Worten der Ostergebete zum Ausdruck gebracht hatten: Jubel ist meines Atems strömende Kraft...

Als der ekstatische Lärm verrauscht war, umarmten und küßten sich die Mönche gegenseitig zum Ostergruß. Auch wir wurden herzhaft abgeküßt. Dann gingen die Litaneien in der Kirche mit abgewandelten Melodien bis gegen 4 Uhr morgens weiter. Als die Mönche schon in ihre Zellen zurückgekehrt waren, lauschten wir noch lange in die feierliche Frühlingsnacht hinaus. Die duftgeschwellte Luft, vom Mondensilber durchschimmert, war prächtig erfüllt von dem Konzert ungezählter Nachtigallen im Gebüsch und noch viel größerer Heere von Fröschen unten am Meer.

Vom Ostermorgen an begrüßte man sich auf dem Athos-Berge wie in der ganzen östlichen Kirche mit dem Gruß »Christus ist auferstanden«, gleichviel ob man sich auf dem Wege traf, ob man mit den Ostereiern aneinanderstieß oder ob man sich mit Wein oder Schnaps zutrank.

In der Ostermesse am leuchtend hellen späteren Vormittag wurde das Evangelium, wie Christus dem Thomas erscheint, in einer feierlichen, für uns überraschenden Weise verlesen. Vor der Ikonostase wurden sechs oder sieben Lesepulte im Abstand von ungefähr fünf Schritten hintereinander aufgestellt, so daß die letzten drei bereits außerhalb der Kirche in den Klosterhof zu stehen kamen. Und nun wurde von mehreren Priestern abwechselnd das gleiche Evangelium in verschiedenen Sprachen gesungen: Griechisch, Kirchenslawisch, Türkisch, Rumänisch und zwischenhinein zu unserem größten Erstaunen auch in gebrochenem Deutsch. Obwohl alles in größter Kindlichkeit geschah, kam dadurch in die dortige Märchenwelt etwas von Menschheitsweite hinein. Nach dem Gottesdienst suchten wir den

Vater Ambrosius auf, der das Evangelium in deutscher Sprache geradebrecht hatte. Er war ein stiller, gütiger, in sich gekehrter Mann, der als Lehrer in dem Kloster wirkte. Zu unserer Enttäuschung sprach er kein Wort Deutsch. Der Grund, weshalb er schon seit Jahren am Ostermorgen das Evangelium in deutscher Sprache las, war eigenartig: im Kriege sei er auf Mytilene gewesen bei einem Freunde. Da habe er erfahren, was für schreckliche Menschen die Franzosen seien, und deshalb liebe er seither die Deutschen.

An diesem Ostersonntag erlebten wir nun besonders deutlich, welche große Rolle Essen und Trinken in den Athos-Klöstern spielt. Das Kloster Iwiron ist ein besonders wohlhabendes, und so mochten sich dort noch mehr als anderswo Männer zusammengefunden haben, denen es in kindlich-materiellem Egoismus um einen geruhsamen und nahrhaften Lebensabend zu tun war. Gearbeitet wurde unter den Mönchen von Iwiron überhaupt nicht. Dort wurde, wie in den meisten Klöstern, die schwere Garten- und Feldarbeit nicht von den Mönchen, sondern von einer besonderen Klasse von Laiendienern verrichtet, unter denen sich auffallend viele Mikrozephale befanden. Unter diesen Leuten herrschte bereits nach dem Mittagessen eine ziemlich unbeherrschte Betrunkenheit. Die Mönche, die auch dem Wein und dem Schnaps eifrig zugesprochen hatten, verstanden sich etwas besser zu beherrschen. Der Eindruck der Vergröberung und Veräußerlichung, den wir hatten, wurde dadurch sehr verstärkt, daß wir uns in einem der sogenannten idiorhythmischen Klöster befanden. Der Name bedeutet, daß jeder Mönch auf seine eigene Weise lebt, bezieht sich aber heute ganz ausschließlich auf die Gepflogenheit, daß jeder seine Mahlzeit für sich herstellen läßt und einnimmt. Wir beobachteten, daß jeder – was aber natürlich an einem so hohen Festtage auch wieder verständlich sein kann – sehr darauf bedacht war, seine Lieblingsspeisen zu bekommen. Uns schien das, wo uns alles so neu und unerwartet war, ein mächtiger Absturz von den Zeiten her zu sein, in denen die christlichen Klöster Weisheits- und Einweihungsstätten gewesen sind und wo insbesondere die Athos-Klöster als Pflegestätten eines zum inneren Licht und zum Schauen der

Seele führenden hesychastisch-mystischen Meditationslebens berühmt waren. Die Sitte des individuellen Essens, der zuliebe das gemeinsame Mahl mit all seinen Geheimnissen aufgegeben worden ist, kam uns wie eine unverzeihliche liberalistische Entartung vor. Heute ist mir klar, daß diese Sitte ursprünglich wohl einen guten Sinn gehabt hat. Sie wird entstanden sein gerade in der Zeit, als das mystisch-meditative Element noch echt war und ernsthaft betrieben wurde. Da zogen sich die einzelnen Mönche trotz des Zusammenlebens wie Eremiten in die meditative Einsamkeit zurück; man nahm Abstand von dem gemeinsamen Mahl, weil man überhaupt auf Speise und Trank kaum Wert legte und alle Kräfte der Seele auf die Versenkung und auf das Anzünden des inneren Lichtes konzentrierte.

Vater Benjamin freute sich sehr über sein Amt als Fremdenschaffner, weil er mit den Gästen aß und zur Zusammenstellung der Mahlzeit über alle Vorräte des Klosters ungehemmt verfügen konnte. Eine ähnliche kindliche Freude haben wir nachher auch bei den Archondariten der anderen Klöster angetroffen. Unser guter Vater Benjamin war aber auch außerordentlich eitel. Er hatte einen prächtigen schwarzen Bart, der in uns den Verdacht erweckte, daß er ihn nicht ganz ungeschoren ließ, wie es die alte, von den östlichen Mönchen übernommene Essäerregel verlangt. So sagte ich einmal zu ihm: »Ich glaube, du gehst mit der Schere an deine Haare und an deinen Bart und hilfst so deiner Schönheit etwas nach.« Er antwortete darauf mit den lebhaftesten Beteuerungen, daß er niemals Haar und Bart schneide. Nur kam nach einem hervorgesprudelten Wortschwall nachher noch der leise gesprochene Nachsatz, wobei er mit den Fingern die Geste einer außerordentlichen Winzigkeit machte: »nur jeden Tag sooo ein ganz klein bißchen«.

Die Athos-Mönche unterscheiden sich von den großen Mönchsorden des Westens auch dadurch, daß sie auf keinerlei theologische Bildung Wert legen. Sie betonen sogar häufig mit Nachdruck, daß sie keine Bücher lieben und lesen. Die prächtigen Bibliotheken, in denen kostbarste mittelalterliche Handschriften aufbewahrt werden und noch große Entdeckungen gemacht werden könnten, stehen unbenützt da. Es ist charakteristisch, daß es nichts gibt, was den Kreuzgängen der romanischen und gotischen Klöster des Abendlandes entspricht, die ja immer auch ein aristotelisch-peripatetisches Element des Philosophierens ausdrücken. Die östliche Kirche hat bewußt nur *einen* ununterschiedenen Mönchsorden entstehen lassen. Die reiche Gliederung des abendländischen Ordenswesens fehlt ganz, die durch das Nebeneinander von Benediktinern, Dominikanern, Franziskanern usw. der Ausdruck ist für einen Reichtum kulturell-differenzierter Bildungsströmungen.

Die Ablehnung der intellektuellen Bildung war im athonitischen Mönchstum ursprünglich wohl einmal tief berechtigt. Man vermied das kopfmäßige Denken systematisch, weil man sich dadurch ungestörter und reiner dem meditativen Streben nach dem inneren Licht, dem Schauvermögen des Herzens, hingeben konnte. Heute ist nur die zur Unbildung gewordene Verneinung der intellektuellen Theologie übriggeblieben. Die Sphäre erleuchteter Frömmigkeit, die durch diese Verneinung geschützt werden sollte, ist erloschen.

Vater Benjamin liebte es auch, zu beteuern, daß er nichts von Büchern halte. Er kenne nur ein einziges Buch, das sei die Bibel. Als er uns sein Zimmer zeigte, bat ich ihn unverhofft, er möge mir doch einmal seine Bibel leihen. Meine Vermutung bestätigte sich: nach einer Viertelstunde mußte er eingestehen, daß er seine Bibel leider im Augenblick nicht auffinden könne.

*

Zur Fortsetzung unserer Wanderung wurden uns in Iwiron Maulesel zur Verfügung gestellt. Wir ritten also auf bergigen Wegen, die der Ostküste der Halbinsel folgten, nach Süden. Nach einem kurzen Besuch in dem Kloster Philotheou sahen wir dann bald auf den Bergen, hoch über dem Meer gelegen, ein Kloster vor uns, das durch den alten, hohen, viereckigen Turm fast den Charakter einer Burg erhielt. Solche Türme haben die meisten Klöster. Sie stehen in irgendeiner Ecke des großen Innenhofes, aber in Iwiron, das wirklich fast eine kleine Klosterstadt genannt werden kann, waren uns die Türme, zumal dieselben modernisiert sind, nicht so aufgefallen. Das Kloster, das vor uns lag, war wesentlich kleiner, und der Turm überragte den Komplex mit seinen alten Zinnen so charakteristisch, daß wir von da an auf das Festungsartige der Klosteranlagen mehr geachtet haben. Seltsamerweise hieß das Kloster, dem wir uns näherten, *Karakallou*. Zweifellos rührt der Name von irgendeinem mit der Klostergründung in Verbindung stehenden Mönch des hohen Mittelalters her. Die Mönche aber bringen in ihrer naiven und phantastischen Art der Geschichtsbetrachtung den Namen mit dem römischen Cäsar Caracalla zusammen, von dem sie die unsinnige Mär erzählen, er habe sich trotz seiner Wildheit schließlich doch zum Christentum bekehrt und dieses Kloster gestiftet. Als wir den Bereich des Klosters betraten, wehte uns sogleich ein ganz anderer Geist an, als wir ihn in Iwiron angetroffen hatten. Die Mönche waren von einer großen Bescheidenheit, Freundlichkeit und Innerlichkeit. Man sah sofort, daß hier noch die alte Askese in ihrem Recht geblieben war. Es fehlten auch die Diener, die sonst den Mönchen die Arbeit abnehmen. Die Mönche von Karakallou verrichteten alle leichte und schwere Arbeit selbst. Wir wurden zuerst in das Kirchlein hineingeführt, wo eine seltsame Überraschung auf uns wartete. Der Boden des Gotteshauses war mit einer dicken Schicht von Lorbeerblättern bedeckt, die nun schon anfingen, ein wenig trocken zu werden und einen überaus starken würzigen Duft verbreiteten. Der ganze Raum war von einer durchsichtigen Wolke von Würzigkeit erfüllt. Alle die Duftwunder, die uns in den bergigen Landschaften von Griechenland begegnet waren, wo in der brennenden Sonne Thymian, Lavendel und Rosmarin und die vielen anderen Duftkräuter ihr Aroma ausatmeten, faßten sich hier zusammen. Dann wurden wir zu Tisch zum Mahle geführt, das, da dieses Kloster zu der kenowitischen (von Coenobium = das gemeinsame Mahl) Gruppe gehört, von den Mönchen gemeinsam in dem schattigen, bildergeschmückten Speisesaal eingenommen wurde. Am Kopfe der langen Tafel saß der Igoumenos, der Abt, eine wirklich ehrfurchtgebietende Asketengestalt mit streng funkelndem und zugleich verinnerlichtem Blick. Bevor man zu essen anfing, klopfte er mit seinem langen Abtstabe, der oben eine silberne Kugel trug, dreimal auf die Erde und sprach ein Tischgebet. Die Mahlzeit zeigte, daß man sich hier nicht wie in den idiorhythmischen Klöstern der Feinschmeckerei hingab; es wurde auch auf das Osterfest in dieser Hinsicht keine Rücksicht genommen: es gab Stockfisch und dicke Bohnen. Während des Essens unterhielt man sich bei Tisch nicht, vielmehr trat einer der Mönche seitwärts an ein Lesepult und las aus einem Homilienbuche Betrachtungen über die Erscheinungen des Auferstandenen vor. In den Betrachtungen wurde eine vergleichende Zusammenschau der vier Evangelien in ihrer geistigen Eigenart durchgeführt. Uns begegnete also hier noch eine Spur alter, weisheitsvollbildhafter Theologie, wie sie auf einem solchen Mysterienboden in alten Zeiten lebendig gewesen sein muß. Zwar ist die Denkungsart, die aus einer solchen Homilie sprach, fern von dem Intellektualismus der abendländischen Theologie und ergeht sich ganz kindlich in dem Nebeneinanderstellen der Evangelienszenen, als wären sie gemalte Bilder. Aber man spürt deutlich, daß auf diese Art in früheren Zeiten noch wirkliche Gemütsweisheit gepflegt worden ist. Auf ein erneutes Klopfzeichen des Igoumenos fingen die Mönche an, sich zu unterhalten. Das Mahl ging seinem Ende entgegen. Der Abt verließ feierlichen Schrittes den Saal, und die Mönche schlossen sich ihm in geregeltem Zuge an.

Wir machten auch in diesem Kloster einen Ostergottesdienst mit. Auch darin war alles ganz anders als bei den reichen Mönchen von Iwiron, nicht nur durch den starken Duft der den Boden bedeckenden Lorbeerblätter, der sich jetzt mit dem des Weihrauchs vermischte. Die Art des Singens in den nächtlichen Liturgien, die der Form nach die gleichen waren wie in Iwiron, war so, daß wir unser Gefühl viel leichter damit verbinden konnten. Die Mönche sangen leise und mit wirklicher Hingabe. Es war eher ein Summen als ein Singen in einer schwer zu beschreibenden meditativen Art. Wir verstanden jetzt schon etwas besser, was sich durch diese Art von Melodien ausspricht, wenn auch das türkisch-orientalische Element für uns immer noch fremdartig klang. Der Abt selbst zelebrierte die eucharistische Handlung. Von ihm ging eine starke, herbe geistige Kraft aus. Leider war er recht unnahbar und zog sich immer so schnell wie möglich in seine Zelle zurück, so daß wir kein Gespräch mit ihm führen konnten. Der Fremdenschaffner, ein sehr freundlicher, alter Mönch, führte uns auch einmal auf den mächtigen Burgturm, von wo wir weit über die Berge hinsahen und auf das Meer hinab. Aus dem Meere erhoben sich wieder die Inseln, die wir von unserem Fenster in Iwiron schon gesehen hatten. In der Ferne fesselte uns aufs neue die Mysterieninsel Samothrake.

Von Karakallou aus begaben wir uns zu Fuß auf die weite Wanderung zu unserem nächsten Ziel. Viele Stunden mußten wir tüchtig ausschreiten. Wir kamen durch steile, prächtige Klüfte und Täler und über hohe Bergeskämme, von denen wir in der Tiefe das Meer an die Felsen branden sahen. Während eines großen Stückes unseres Weges begleitete uns ein deutsch-russischer Mönch aus einer kleinen Siedlung in den Bergen. Da kamen wir mit einem interessanten Schicksal in Berührung. Wahrscheinlich gibt es auf dem »Heiligen Berge« häufig solche Schicksale. Der Mönch war Ingenieur und russischer Offizier gewesen. Zuerst Protestant, dann Atheist. Im Kriege war er durch tragische Erlebnisse veranlaßt worden, der griechisch-katholischen Kirche beizutreten, und war auf den Athos gepilgert mit dem Plane, dort einige Wochen lang zu weilen und in einsamem Gebet seine Seele ins Gleichgewicht zu bringen. Nun lebte er bereits acht Jahre dort. Er sagte, die Zeit sei ihm wie ein Tag vergangen, so daß er immer noch nicht seiner Frau Nachricht gegeben habe, wo er sich befinde. Er trug zerrissene, ärmliche Kleidung, die die Spuren harter Ackerarbeit erkennen ließ. Obwohl er doch früher zur sogenannten gebildeten Klasse gehört hatte, war er jetzt ganz in die naiv-kindliche und auch zum Teil phantastische Denkungsart der Athos-Mönche hineingekommen. Er hätte uns gar zu gerne zu griechisch-orthodoxen Christen gemacht. Mit einer fast fanatischen Begeisterung erzählte er uns von den religiösen Ansichten, die man auf dem Athos hege. Manches davon war für uns außerordentlich interessant. Er sagte, viele Mönche auf dem »Heiligen Berge« wüßten, daß wir der Endzeit entgegengingen; das Ende der Tage stehe bevor. Bald käme Christus wieder. Eines der wichtigsten Zeichen der Zeit war für ihn, daß neulich in Amerika ein jüdischer Rabbiner zur griechisch-orthodoxen Kirche übergetreten sei. Mit der Bekehrung der Juden, die, wie er meinte, durch die Antiquariate im Besitze der wichtigsten Geheimbücher der Menschheit seien, fange die neue Welt an. Wir hatten durchaus das Gefühl, als ob unter den mancherlei naiven und ins Materialistische gehenden Verdrehungen und Verwechslungen noch ein Rest alter esoterisch-christlicher Überlieferungen zum Vorschein kommen wolle. Wir bekamen aber nicht viel mehr aus ihm heraus. Er wiederholte, was er gesagt hatte, immer wieder aufs neue. Nur zuletzt vertraute er uns noch an, es gäbe eine alte, verschwiegene Weissagung auf dem »Heiligen Berge«: in der Endzeit, wenn die Wiederkunft Christi bevorstände, würden im *deutschen* Volke große Christen aufstehen. Diese Zeit sei jetzt da. Wir seien Deutsche, also brauchten wir nur Christen (d.h. Mönche der griechisch-orthodoxen Kirche) zu werden; dann sei auch diese Verheißung erfüllt.

In unseren Gesprächen gab es auch manche amüsante Episode. So fragte ich ihn einmal, wie es denn komme, daß so viele Athos-Mönche in das gute Essen vernarrt seien und dem Weine in solchem Maße huldigten. Offenbar hatte unser Wanderkollege auf diese Frage schon längst die Antwort parat. Er nahm mich beim Rockknopf und sagte: »Nun hör einmal zu. Wer ist heiliger, derjenige, der sich um Heiligkeit bemüht, dieselbe auch erreicht hat und das die Leute merken läßt, oder derjenige, der heilig ist und außerdem noch die Bescheidenheit besitzt, das nach außen hin zu verbergen?« Wir mußten über diese schlaue Rede herzhaft lachen, und schließlich stimmte der Mönch auch in dieses Lachen mit ein. Den Abschluß unseres Zusammenseins bildete es, daß wir miteinander in einer uralten heiligen Quelle badeten. Das Wasser der Quelle kam hoch aus den Felsen heruntergestürzt, und es hatte in dieser heißen, steinigen Welt etwas wunderbar Erfrischendes, sich unter diesen Wasserfall zu stellen. Der uns begleitende Mönch kehrte hier um, denn die Quelle war sein Ziel gewesen. Er knüpfte an das Baden in derselben fromme, aber zugleich ganz abergläubische Hoffnungen.

Wir hatten noch ungefähr zwei Stunden zu wandern. Dann kamen wir an der Süd-Ost-Ecke der Athos-Halbinsel zu dem ausgedehnten Kloster der »*Großen Lavra*«. Wie eine riesige alte Burg thront Megisti Lavra über dem Meere. Seine Bauten bilden zusammen ein langgestrecktes Rechteck, weil der Innenhof aus zwei großen Quadraten besteht. Mächtige Türme sind in die Umfassungsmauern bastionenartig hineingebaut. Kommt man von den Bergen herunter auf das Kloster zu, so sieht man aus den Innenhöfen zwischen den schwarzen Zypressen die vielen Kuppeln der Kirchlein, von denen es hier mehrere gibt. Das Kloster ist das älteste von allen Athos-Klöstern. Die Schmuckkästlein der Kirchen und kirchenähnlichen Heiligtümer sind, da sie noch das Gepräge älterer Zeiten bewahrt haben, viel reizvoller und anheimelnder als die Kirchen von Iwiron.

Wir merkten sofort, daß wir uns wieder in einem idiorhythmischen Kloster befanden. Uns berührte die Art und Weise der Mönche nun schon außerordentlich unsympathisch. Dazu kam, daß man sich um uns überhaupt nicht recht kümmerte. Alles war in großer Aufregung. Einige Zeit vor uns war nämlich im Auftrage der Regierung eine Kommission angekommen, die die Klöster in Hinsicht auf die Pläne der Säkularisierung besichtigen sollte. Diese hohen, ohnehin schon sehr wohlgenährten griechischen Herren hatten sich wohlweislich die Osterzeit für ihre Visitation ausgesucht. Sie hatten sich nicht verrechnet; es wurden wahrhaft lukullische Mähler für diese Gäste, die man dadurch in ihren Entschlüssen zu beeinflussen hoffte, zubereitet. Wir mußten stundenlang warten, bis man uns überhaupt Zimmer anwies. Es hieß, die eigentlichen Gastzimmer seien nun alle vergeben. Das kam aber daher, daß man jedem der Herren der Kommission mindestens zwei Zimmer eingeräumt hatte. Und so wurden wir in einer dunklen Kammer mit einem Pritschenlager abgefertigt.

Als wir dann auf eigene Faust darangingen, die wunderbaren Schätze gerade dieses großen Klosters zu betrachten, kamen wir aus dem Staunen nicht heraus. Wenn ich auch damals noch nicht genügend vorbereitet war, die Malereien und Mosaiken der Athos-Klöster im Zusammenhang der ganzen frühchristlichen Kunst zu sehen und auf die Einzelheiten ausführlichere Aufmerksamkeit zu verwenden, so habe ich doch in der Großen Lavra die Athos-Kunst für mich entdeckt. Wenigstens im allgemeinen ging sie mir auf. Wir kamen darauf, daß ein Gebäude in den Innenhöfen, das wir zuerst für ein zweites Kirchlein gehalten hatten, in Wirklichkeit die Trapeza, der alte Raum des gemeinsamen Mahles, war. Es hatte also auch dieses Kloster früher zu der Gruppe gehört, die die Tischgemeinschaft pflegt. Die wunderbarsten alten Steintische und -bänke ziehen sich an den Wänden dieses einzigartigen Raumes entlang. Nur gedämpftes Licht fällt durch die kleinen Fensterchen in den kirchenartigen, oben mit offenem Gebälk überdachten Raum. Die Wände sind über und über mit Malereien bedeckt. Obwohl die Wandbilder kaum weiter als in das 16. Jahrhundert zurückgehen, sind sie zur frühen christlichen Kunst zu rechnen, da sie, wie das berühmte Malerbuch vom Berge Athos erkennen läßt, nach den unverbrüchlichen Regeln gemalt sind, in denen sich Traditionen aus ganz alter Zeit fortsetzen. Nicht nur die fromme Bilderliebe der byzantinischen Kirche, sondern auch die noch von altem Hellsehen getragene Bilderweisheit Griechenlands lebt hier weiter. Nachdem wir uns zuerst der zauberhaften Stimmung des Raumes im ganzen hingegeben hatten, wurden wir auf einzelne Bilder aufmerksam. In der Hauptapsis des kreuzförmig gestalteten Raumes befindet sich ein Abendmahlsbild mit der Überschrift »Das mystische Mahl«. Die Jünger sitzen nach der Art östlicher Heiligengestalten mit der leuchtenden Gloria um das Haupt zu Tisch. Judas greift weit vorgebeugt mit langgestrecktem Arm nach der Mitte des Tisches, wo eine Schüssel mit einem Fisch steht. – Eine Bilderreihe stellt die großen Gestalten des Alten Testamentes dar. Da sitzen die drei Patriarchen mit langen weißen Bärten unter seltsam geformten Bäumen, und ein jeder trägt in seinem Schoße in einem großen Tuch eine Vielzahl menschlicher Gestalten: die von ihm abstammenden Völker. – Der Prophet Elias ist dargestellt in tiefes meditatives Sinnen versunken. Er lauscht den Raben, die zu ihm herankommen und ihm höhere Kunde und Brot bringen mitten in der steinigen Wüste. – Zu unserem großen Erstaunen sahen wir dann auch eine ganze Reihe von Gestalten griechischer Weisen, die nicht viel anders dargestellt sind als die christlichen Heiligen. Darunter befinden sich Solon, Homer, Pythagoras, Plato, Plutarch, Galenos, Aristoteles und die Sibylle. Es berührte uns doch ganz merkwürdig, diese griechischen Dichter und Philosophen als Vorläufer Christi mit den Propheten des Alten Testamentes gleichgeordnet zu sehen. So kindlich die Geschichtsauffassung im einzelnen auch sein mag, die sich hier zu erkennen gibt: welche menschheitsumfassende Weite spricht sich doch darin aus, die Großen der heidnischen Vorzeit auf diese Weise mit zu dem Bereich des Christus zu rechnen!

In dem alten Speisesaal hatten wir nun Appetit bekommen, mehr von den Malereien zu sehen, und vertieften uns auch in die Bilder des »Katholikon« genannten Kirchleins, die, wie auch in den anderen Klöstern, vielfach Szenen aus der Offenbarung Johannis wiedergeben. Auf unser mehrfaches Bitten hin schloß man uns schließlich auch die Bibliothek auf. Uns schien, als ob hier noch größte ungehobene Schätze ruhten. So sahen wir mittelalterliche handschriftliche Botanikbücher mit bunten Zeichnungen, in denen zweifellos noch ganz alte Wissenstraditionen zur Darstellung gebracht sind. – Ich habe in späteren Jahren, als ich den ganzen Bereich der frühchristlichen Kunst gründlicher überschaute, oft den Wunsch gehabt, die Athos-Malereien wiederzusehen, von denen ich leider damals nur einen allerersten gefühlsmäßigen Eindruck aufnehmen konnte. –

Was mir insbesondere noch aus der Großen Lavra im Gedächtnis geblieben ist, ist der Blick aus den großen Innenhöfen an den Kirchenkuppeln vorüber auf den hier ganz nahen Gipfel des Heiligen Berges selbst.

Zur Weiterreise ließen wir uns von Mönchen mitnehmen, die in einem Boote um das Südende der Halbinsel herum zu einem Kloster der Westseite fuhren. Das war eine prächtige Fahrt, den steilragenden Berg Athos zu umkreisen. Wir bekamen von einer ganz neuen Seite her ein Gefühl für die Mysterien der seltsam durchchristeten Atmosphäre, die hier waltet.

Wir gingen an der Stelle ans Land, von wo aus man zu dem Kloster Ajiou Pavlou emporsteigt. Dieses Kloster hat, da es oftmals abgebrannt und erneuert worden ist, wenig von der alten Stimmung. Die unerwartete Sauberkeit kann einen nicht ganz dafür entschädigen. Wir waren hier in der Kirche noch Zeugen eines recht charakteristischen Vorgangs. Bauern, die nicht im Mönchsgewand waren, brachten in alten Hirtentrachten riesenhafte Kuchen und große Körbe mit Eiern in das Kirchlein und ließen diese Gaben durch die Priester segnen. Das gehört auch zu den Ostergebräuchen, die die östliche Kirche in großem Reichtum, das ganze Leben durchsetzend, ausgebildet hat.

Wir hatten aber jetzt eigentlich das Gefühl, genug von den Klöstern gesehen zu haben, und waren schon ein wenig ungeduldig darüber, daß wir, wollten wir nicht die Regeln der Gastfreundschaft verletzen, an jeder Station länger verweilen mußten, als es unserem Vorhaben entsprach. Noch einmal wurden wir im Boot weitergefahren. Diesmal allerdings war es keine so lange Fahrt wie von der Großen Lavra aus. Da sahen wir vom Meere her Klöster, die die phantastischsten Landschaftsbilder bieten. Das Kloster Dionysiou liegt über einem ins Meer vorstoßenden schwarzen Felsen, der nicht viel Raum zur Ausbreitung gelassen hat. Und so sind die Stockwerke, von schrägem Gebälk gestützt, weit vorgekragt und reichen so weit heraus, daß man aus den Fenstern senkrecht unter sich das brandende Meer sieht. Den allerunglaublichsten Anblick bietet das Kloster Simonos Petras, das wir von weitem liegen sahen. Es ist mit Recht die Himmelsburg unter den Athos-Klöstern genannt worden. Auf steilster Felsenhöhe türmt es dennoch ungezählte Stockwerke aufeinander, die von breiten Galerien umlaufen sind. Wir besuchten noch das unten am Fuße der steilen Felsenküste liegende Kloster Gregoriou, aber wir waren nun doch nicht mehr imstande, die sich wiederholenden Eindrücke in noch größerer Zahl aufzunehmen. Es hatte uns eine rätselhafte Antipathie gegen die Mönche und ihr allzu veräußerlichtes Leben ergriffen. Wir beschlossen daher, zumal wir nun eine ganze Anzahl von Nächten infolge der nächtlichen Gottesdienste oder in Ermangelung von annehmbaren Nachtlagern nicht ordentlich geschlafen hatten, uns irgendwo in den Wäldern zum Schlafen hinzulegen, bis wir durch das Signal eines Schiffes geweckt würden, das uns in die nun schon herzlich ersehnte Welt zurückführte. Wir wanderten noch bis zur Daphnibucht, wo die Schiffe anlegen, und legten uns oben auf den Bergen in das dichte Lorbeergebüsch. Als wir einige Stunden geschlafen hatten, hörten wir in der Tat das Signal eines Schiffes. Ohne uns vorher zu erkundigen, welchen Weg es nehmen würde, baten wir, man möge uns gestatten, nach Saloniki mitzufahren. Wie haben wir aufgeatmet, als wir den Bannkreis der Klöster verlassen konnten. Daß es uns damals so erging, ist vielleicht nicht verwunderlich, da wir doch einer Welt zum ersten Mal begegneten, die sowohl im Guten wie im Unangenehmen mit ungeheurer Intensität auf uns einwirken mußte. Als ich später Palästina kennenlernte, ist mir nachträglich vieles vom Berge Athos aufgegangen. Es herrscht auf dem »Heiligen Berge« tatsächlich, wenn man einmal von allem Störenden absieht, eine atmosphärische Stimmung, die mit derjenigen an manchen Plätzen im »Heiligen Lande« verwandt ist. Und sogar in den Klöstern ist irgendein Seelenelement vorhanden, an das ich doch in Palästina sehr häufig erinnert worden bin. Ursprünglich sind ja auch die Athos-Klöster wohl entstanden als eine Zwischenstation von Pilgern, die sich auf der Wallfahrt zum Heiligen Lande befunden haben. Aber es muß die Verwandtschaft noch besondere landschaftliche und schicksalsmäßige Wurzeln besitzen, über die ich mir wohl nur dann ganz klar werden könnte, wenn es mir möglich sein sollte, den Berg Athos noch einmal zu besuchen.

Das Schiff brachte uns nicht viel Glück. Es fuhr an den ganzen Küsten der Chalkidike entlang und unterbrach die Fahrt an ungezählten allerkleinsten Anlegeplätzen. So brauchten wir, um nach Saloniki zu gelangen, zwei volle Tage. Der Zeitverlust reute uns sehr angesichts der Pläne, die wir alle noch hatten, zumal wir bemerkten, daß wir ein schnelles Schiff bekommen hätten, wenn wir nur ein wenig mehr Geduld aufgebracht hätten. Auf dem Schiff ging es außerordentlich primitiv zu. Es gab keine andere Schlafgelegenheit als auf den Planken des Verdecks. Zu essen konnte man uns auch nichts geben. An den Anlegeplätzen bekamen wir nur gerade ein wenig Brot und ein paar Oliven, an deren Geschmack wir uns damals aber noch nicht gewöhnt hatten. Das Beste war noch unsere große Müdigkeit, die es uns möglich machte, während des größten Teils der Fahrt zu schlafen. In Saloniki benützten wir dann den ersten möglichen Zug und fuhren mit der Eisenbahn nach Dedeagatsch (heute Alexandropoulos), von wo aus wir hofften, nach Samothrake zu kommen.

*

Die Fahrt durch das thrakische Küstenland fesselte uns nicht besonders bei unserem ermüdeten Zustand. Ich dachte nur im Durchfahren durch die weiten Tabak- und Getreidefelder, daß hier in der Nähe Philippi gelegen haben müsse, das ja auch im Leben und unter den Briefen des Apostels Paulus eine wichtige Rolle spielt.

Dedeagatsch war ein kleines, reizloses Städtchen am Meer, das den türkischen Charakter noch nicht völlig abgestreift hatte. Mindestens eine Stunde lang wurden wir von den Polizeibehörden mit Beschlag belegt, die in einer fast komischen Spionageangst tausenderlei Verhöre anstellten. Als wir das überstanden hatten, war unser ganzer Eifer darauf gerichtet, möglichst schnell eine Überfahrtsgelegenheit nach Samothrake ausfindig zu machen. Wir kamen schließlich an den Besitzer eines Segelbootes, der den Verkehr zwischen der Küste und einigen vorgelagerten Inseln besorgte. Er ließ sich Kapitän Lukios nennen und war eine hohe, hagere Gestalt mit scharfgeschnittenem Gesicht. Aber er war von der Malaria ganz ausgezehrt und gebeugt. Als er erfuhr, daß Dr. Thylmann Arzt war, konnte er sich nicht genug tun, um unsere Wünsche zufriedenzustellen, da er von uns etwas zur Besserung seines körperlichen Zustandes erhoffte. Er eröffnete uns dann allerdings, daß um Samothrake herum immer, mit ganz geringen Pausen, die heftigsten und heimtückischsten Stürme herrschten.

Momentan sei das Meer viel zu unruhig, als daß er die Überfahrt wagen könnte. Er hoffe aber, daß der Wellenschlag am Abend stiller würde; er würde uns dann sofort holen, wenn die Fahrt angetreten werden könnte.

So hatten wir also einen guten Teil des Tages vor uns. In den schon ganz orientalisch anmutenden Handwerker- und Bazargäßchen des verstaubten Nestes erreichten wir schließlich, daß ein Schuster unser total ruiniertes Schuhzeug wenigstens notdürftig wieder zusammennagelte. Dann beschlossen wir, die Zeit zu nützen für einen kleinen Ausflug zu der Höhle des Polyphem, die sich der Volksüberlieferung nach dort an der Küste in einem Felsmassiv befinden sollte. Hoch über den hellblauen Meeresfluten führt ein Gang tief in die Küstenfelsen hinein, der sich im Innern in eine Höhle erweitert, die kaum größer ist als ein Zimmer. Wir mußten uns sehr bücken, um in den Raum zu gelangen, wo nach der lokalen Tradition Odysseus mit seinen Gefährten von dem Zyklopen Polyphem gefangengehalten worden ist. Es lebt also jedenfalls in den heutigen Bewohnern Thraziens nicht die Vorstellung, daß die Zyklopen riesenhafte physische Leiber hatten.

Der einzige Reiz der thrazischen Küste und auch des Städtchens Dedeagatsch lag für uns in dem Blick auf die Insel *Samothrake*, die sich uns in einer ergreifenden feierlichen Prächtigkeit darbot. Man kann sie, so wie sie vom Lande her gesehen aus dem Meere aufsteigt, nur mit einer mächtigen Königskrone vergleichen. Den ganzen Tag, soweit er uns noch zur Verfügung stand, haben wir im Anblick dieser blau-grünen, von großen Kumuluswolken überschwebten Silhouette zugebracht.

Abends sagte Lukios, er könne nun doch die Überfahrt nicht wagen, wir sollten ruhig in unserem Gasthof zu Bett gehen, und wenn das Meer sich im Laufe der Nacht beruhige, würde er kommen und uns wecken. Nachts um eins kam er dann auch wirklich. Der Himmel war bewölkt, und der Mond leuchtete nun schon nicht mehr während des ersten Teils der Nacht. Im Schein einer Laterne führte uns der Grieche zu seinem Boot, das bereits mit etwa zehn Leuten aus der Gegend und mit ungeheuer viel Gepäck beladen war. So fuhren wir auf das nächtliche Meer hinaus. Der Wind pfiff tüchtig in die vollgesetzten Segel ein. Da dem Boot außerdem ein kleiner Motor eingebaut war, kamen wir recht schnell vorwärts. Aber als wir ungefähr 1½ Stunden gefahren waren, brach unvermittelt ein heftiger Sturm aus. Der Kapitän beschloß trotzdem, weiterzufahren und nicht umzukehren. Er meinte, das Wetter könnte sich wieder beruhigen. Unser Schifflein tanzte und hüpfte auf den wilden Wogen hin und her. Die Passagiere mußten sich festbinden. Wir taten das auch. Bald aber mußten wir dem Gehilfen des Kapitäns, der das Steuer bediente, an den Segeln helfen. Von den mitfahrenden Bauern wurde einer nach dem andern seekrank. Ich wunderte mich, daß dieses Übel mich diesmal so völlig verschonte. Eigentlich neigte ich immer dazu, ihm zu verfallen. Aber ich bemerkte, daß das hier auf einem kleinen Schiffchen, das man mit seiner Natur, vor allem wenn man sich aktiv betätigen kann, irgendwie zu beherschen vermag, anders lag. Die Fahrt wurde immer abenteuerlicher. Das Schlimmste war, daß auch Lukios selbst nach einiger Zeit nicht mehr konnte. Ihm wurde schwindlig, und er mußte sich in eine Ecke des Bootes verkriechen. Sein Gehilfe übernahm das Steuer, und wir beide haben dann die Segel bedient. Dazu brauchten wir allerdings bei dem mächtig brausenden Winde alle unsere Kraft. Aber es war etwas Herrliches, so mitten in den tobenden Elementen zu stehen und zu sehen, daß das Fahrzeug doch immer noch, trotz seiner oft bedenklich schiefen Lage, gehorchte.

Der Sturm hielt noch an, als das erste Schimmerlicht des kommenden Morgens die nun schon nicht mehr fernen Umrisse der Insel vor uns auftauchen ließ. Erst als es heller wurde, beruhigten sich die Elemente. Der Kapitän Lukios kam wieder zum Vorschein und steuerte unser Boot, da er jetzt nicht mehr zu dem entfernteren üblichen Anlegeplatz fahren wollte, auf die Stelle der Insel zu, wo die alten Tempel gestanden haben. Man nennt diesen Platz heute Paläopolis, die alte Stadt. Uns konnte das nur recht sein, die Insel sogleich da zu betreten, wo auch in ganz alten Zeiten die Schiffe angelegt haben, obwohl es keineswegs einfach war, zu landen. Mit Mühe und Not wurde ein Brett immer weiter vorwärts auf die Klippen gelegt, so daß wir schließlich doch noch einigermaßen trockenen Fußes an Land kamen. Gewaltig ragten die Felsenhöhen der Insel vor uns empor. Es mag gegen 7 Uhr morgens gewesen sein, als wir endlich das Abenteuer der Überfahrt überstanden hatten.

Ich rechne aber gerade diese Fahrt mit ihren Gefahren und Anstrengungen zu den besonderen Fügungen der Reise, hatte ich doch immer wieder die Erfahrung gemacht, daß es zu einer besonders intensiven Verbindung mit den Kräften einer Landschaft führt, wenn man, um dorthin zu gelangen, außergewöhnliche körperliche Anstrengungen auf sich nehmen muß. Im Jahre vorher war es vor allen Dingen die Nacht nach dem Besuch der Paestum-Tempel gewesen, die mit ihren abenteuerlichen Anstrengungen dazu beigetragen hatte, daß alles, was mit Paestum zusammenhing, den unbestrittenen Höhepunkt der Reise bildete.

Das Gefühl, mit dem wir nun am Strande der Mysterieninsel standen, kann ich gar nicht mit Worten beschreiben. Ein Element von Urweltgröße umgab uns, als wären wir überhaupt nicht mehr auf der Erde, sondern auf einen anderen Stern versetzt. Lukios und die anderen Passagiere waren längst zu dem hoch in den Bergen gelegenen Dorf aufgebrochen. So waren wir in dieser Götterlandschaft ganz allein, und wir haben auch den ganzen Tag hier zugebracht. Der Tag ging uns vorbei, als ob es nur eine Stunde gewesen wäre. Da gingen wir nun von Entdeckung zu Entdeckung. Nicht weit vom Strande sahen wir die Trümmerfelder der alten Marmortempel. Die Reststücke der Säulen und Architravsteine lagen bunt herum. Hier ist bisher niemals eine Ausgrabung größeren Stils vorgenommen worden und erst recht kein Versuch zur Wiederaufrichtung der alten Tempelbauten. Weiter im Inneren der Insel kamen wir an die völlig verwitterten Reste eines Amphitheaters. Rätselhafte Grundrißmauern ließen uns auf den Gedanken kommen, an der Stätte von Bauten zu stehen, die in klassisch-griechischer Zeit einen Zusammenhang mit den Mysterien der Insel gehabt haben mögen. Auf einem etwas höher gelegenen, von Dorngebüsch überwachsenen Platze stießen wir auf die Reste machtvoller, anscheinend wesentlich älterer Bauten mit großen unterirdischen Gelassen. Auf den steilen Felsen, die dem eigentlichen Urgesteinsmassiv der Insel vorgelagert sind, stehen noch Trümmer von alten Burgen, die aber wohl nicht weiter als in das frühe Mittelalter zurückgehen. Es sind mächtige quadratische Türme, die zwar im wesentlichen aus Blöcken des dortigen Felsgesteins gebaut sind, an denen man aber doch überall eingebaute Fragmente der klassischen Marmortempel entdeckt. Das Überdimensionale des Platzes, an dem wir uns befanden, kam aber vor allem zum Ausdruck in den gewaltigsten Zyklopenmauern, die wir überhaupt bis dahin gesehen hatten. Diese zogen sich weit hinauf bis auf die höchsten Gipfel, die etwa 1450 m hoch sind.

Im Nachklange der Sturmfahrt belebte sich mir den Tag über die Atmosphäre mit allerlei Bildern. Lebendige Ahnungen sowohl von der urältesten Zeit des Kabiren-Kultus, als Samothrake eine der wichtigsten Geburtsstätten des europäischen Geisteslebens war, dann aber auch aus der Zeit des klassischen Griechentums, zogen durch meine Seele. Und schließlich mußte ich immer wieder zu der Stelle in der Apostelgeschichte zurückkehren, die davon berichtet, wie Paulus in Samothrake zum ersten Mal den Fuß auf europäischen Boden gesetzt hat, nachdem durch ein bedeutungsvolles Nachtgesicht in Troas der Ruf nach dem Westen an ihn ergangen war (Apostelgeschichte 16, 8–11). Die Luft war voller Balladen, die von den Winden selber gesungen wurden. Zu meiner Verwunderung war ich immer wieder genötigt, mir Samothrake als den Sitz eines mächtigen Gottes der Winde vorzustellen. Die Bilder zogen in großer Überfülle so schnell vor mir vorüber, daß ich Sorge hatte, ob es mir wohl gelingen könnte, wenigstens einen kleinen Niederschlag davon festzuhalten.

Als der Tag zur Neige ging, begaben wir uns in die Hütte eines Fischers, die nicht weit von den Tempeltrümmern entfernt war und wohin uns Lukios gewiesen hatte. In dieser ärmlichen Hütte fanden wir freundliche Aufnahme. Wir saßen mit den Fischersleuten und ihren zahlreichen Kindern um den niedrigen Tisch herum, der, weil es dort so wenig Holz gibt, nur aus einer kleinen Erhöhung des steinernen Bodens bestand, und aßen mit ihnen aus der großen Schüssel in der Mitte. Auch hier gab es dicke Bohnen, die in jungem Zustand mit den Schoten gekocht werden. Wegen des Sturmes hatte der Fischer keine Fische fangen können, und er klagte uns sehr sein Leid, daß die Zeiten, in denen er auf Fischfang ausgehen könne, immer nur so kurz seien. Auch in der Familie des Fischers mußte Dr. Thylmann wohl oder übel als Arzt in Funktion treten, da die Leutchen über alle möglichen Übel zu klagen hatten. Wir schliefen auch als Gäste des Fischers, mußten uns aber zu diesem Zwecke, wie die Familie es tat, in dem etwas erhöhten Teil der einstubigen Hütte auf den Fußboden legen. Dazu wurden uns aber wenigstens ein paar Decken zur Verfügung gestellt, die sonst von den Leuten selbst benützt wurden.

Am nächsten Morgen stiegen wir zu dem hochgelegenen Dorf Chora empor, einem ganz ärmlichen Gebirgsnest von 2–3000 Einwohnern mit primitivsten steinernen Hütten. Hier war unser Erscheinen eine wahre Sensation. Zwei Jahre vorher waren zum letztenmal Fremde auf der Insel gewesen, ein Österreicher und ein Franzose. Und davor war auch eine Frist von mehr als einem Jahr vergangen, seit die letzten Besucher dagewesen waren. Wir mußten uns von Haus zu Haus begeben, wo wir überall ähnlich bewillkommnet wurden, wie das in den Athos-Klöstern üblich ist. Die meisten Leute setzten uns den starken Arrakschnaps vor, so daß wir nach zwei, drei Besuchen bitten mußten, uns statt dessen lieber einen Gliko oder derartiges anzubieten. Zu denen, die auf unseren Besuch Wert legten, gehörte leider auch hier wieder die Polizeiwache, die uns mit viel Umständlichkeiten und Argwohn ausfragte. Die Bewohner des Nestes quartierten uns schließlich bei dem armenischen Arzt ein, der, obwohl er Junggeselle war, bei weitem das geräumigste Haus besaß. Dieser Armenier war nun aber ein Typ für sich. Wir konnten, nachdem wir seine Gäste gewesen waren, gut verstehen, daß die Armenier in vielen Ländern Osteuropas und Vorderasiens so wenig geschätzt oder gar verhaßt sind. Der dicke, schmutzige Mann wurde durch die Einquartierung bereits in große Verlegenheit gebracht. Wie wir sahen, gab es zwar in dem Hause zwei andeutungsweise Bettgestelle, nachher wurde uns klar, daß das die einzigen dieser Art auf der ganzen

Insel waren. Aber es war unserem Gastfreund außerordentlich peinlich, daß wir überhaupt von der Existenz dieser Möbel Kenntnis gewonnen hatten. Erst am nächsten Morgen verstanden wir den Grund, als nämlich eine von den Bäuerinnen, die auch mit uns herübergefahren waren, unter Mitnahme des ganzen Bettzeuges aus dem Hause des Arztes verschwunden war, worüber dieser in die ungehemmteste Aufregung geriet. Offenbar war er zu geizig gewesen, um den Damenbesuch freiwillig mit den notwendigen Geschenken zu bedenken, und so hatte derselbe zur Selbsthilfe schreiten müssen. Die Gastfreundschaft, die wir in dem Hause erfuhren, bestand darin, daß uns ein völlig leerer, steinerner Raum zur Verfügung gestellt wurde, in den uns dann andere Bewohner des Dorfes ein paar rauhe Decken brachten, so daß wir wenigstens zum Schlafen eine Unterlage hatten.

Das Dorf ist um einen phantastisch geformten Felskegel herum gebaut und wird auf der anderen Seite von den Trümmern einer mittelalterlichen Burg überragt. Man hat den großartigsten Blick auf die tiefer gelegenen Teile der Insel und auf das Meer. Aber wir fühlten uns nicht sehr zu Hause und zogen es vor, in den Bergen herumzuklettern, wo wir insbesondere in der Umgebung der Zyklopenmauern verweilten. Vielfach wuchsen aus dem schiefrigen Felsgestein rhomboedrische Feldspatkristalle hervor. Ich schlug eine Anzahl von diesen weißen schöngeformten Steinen ab, um sie meinem Kind als Steinbaukasten mitzubringen. Unten am Tempelgestade hatte ich ein schönes Bruchstück von einem marmornen Architravstein aufgehoben und nahm es als Andenken mit.

Viele Stunden haben wir auf den Felsen gesessen und in die Tiefe und in die Weite hinausgeträumt. Da habe ich denn auch in Form eines anspruchslosen, kleinen Mythos versucht, etwas von den Bildern festzuhalten, die mir nach der abenteuerlichen Landung durch die Seele gezogen waren. Ich füge das damals Niedergeschriebene hier ein:

»Vor vielen Jahrtausenden lebte auf der Insel Samothrake ein König, der über alle mächtig war, obwohl ihn nur wenige kannten. Um seine Burg wehten die Winde fürstlicher, sprangen die Wogen trotziger als irgendwo sonst in der Welt.

Das Geheimnis des Königs Äolus lag in der vielfach abgestuften Heldenrunde, die seinen Thron umgab. Er selber war wie die Sonne im flammenden Lichtkreis.

Der äußerste Kreis war die Runde der tausend träumenden Ritter. Ihre Träume pflanzten sich in alle Länder der Erde fort und erfüllten die Seelen der Menschen. Oft aber rief der Wink des Königs die Träumer ans Werk. Dann stiegen sie erwachend vom felsigen Gestade in das sich regende Meer. Sie verwandelten sich in tausend schäumende Wogen und trieben ihr Wesen im jagenden Spiel mit den Geistern der Luft, im demütigen Dienst vor den Geistern des Lichts. Die Wellen, von ihnen bewegt, trugen strömendes Leben in alle Bäche, Flüsse und Ozeane der Welt. Träume umwogten die Erde, wenn der König Äolus schwieg; quellendes Leben durchströmte die Welt, wenn er winkend die Ritter rief.

Den innersten Kreis um den König bildeten vier erhabene Herzöge, in wallende Mäntel gehüllt. Wenn sie dieselben entfalteten, so erhoben sich die Winde, sanft sausend oder mächtig brausend. Sie waren die Führer und Helfer der tausend Ritter. Winkte der König, so hob einer oder mehrere von ihnen den Schwingenmantel, und von den Winden beseelt gingen die Ritter ans Werk. Die vier beherrschten die Richtungen des Himmels. Boreas im Norden trug Adlerzüge, im Osten stand Eurus mit einem Löwenantlitz, Notus im Süden glich einem Stier, und Zephyrus im Westen schaute mit ernstem, fast traurigem Menschenantlitz weit hinaus. Über den Häuptern der Herzöge wurden in den ersten und letzten Strahlen des Tages vier Geistgestalten sichtbar mit den Zügen alter weiser Frauen: die Mütter. Eine jede trug etwas in ihrer Hand: die Mutter im Norden eine Handvoll Erde; die im Osten ließ ein Band in den Lüften flattern; die im Süden trug eine Feuerflamme auf ihrem Haupt; die im Westen goß Wasser aus einer heiligen Schale.

Aus den Kreisen zwischen dem äußersten und dem innersten leuchtete einer besonders hervor: zwölf Jungfrauen ließen mit wunderbar farbigen Edelsteinen das Licht des Thrones auf zwölffachprächtige Weise zurückstrahlen.

Nie kam ein gewöhnlicher Sterblicher in die Burg. Zwar erstaunten am Festlande die Menschen, wenn sie die Insel gleich einer Königskrone aus dem Meere steigen sahen. Aber das Spiel der Wogen und Winde erschien ihnen nur als gefahrbringendes Wetter. Kam trotzdem einmal einer an das Gestade, so sah er bloß rauhes Felsgestein. Alle Pracht versank, wenn der Blick unvorbereiteter Menschen darauf fiel.

Nur wer das Geheimnis des Opfers kannte, fand Eingang in das wahre Reich von Samothrake. Mit Worten war dieses Geheimnis nicht zu beschreiben. Es war dargestellt in den seltsamen Figuren dreier Opferkrüge, die inmitten der Kreise vor dem Throne standen. Ein unfrommer Mensch hätte wohl über die Gestalten der Gefäße, wenn er sie hätte sehen können, gelacht, denn sie zeigten die lustigsten Gesichter aus dem Reiche der Elementargeister. Aber für den, der das Geheimnis des Opfers kannte, waren die Kabiren Diener der höchsten Götter. Er kannte ihre Namen: Axiokersos, Axieros, Axiokersa. Er sah abends und morgens aus den drei Krügen, die mit kostbarsten Essenzen gefüllt waren, den Opferrauch emporsteigen und sich zu offenbarenden Göttergestalten formen.

Jahrtausende vergingen. Es gab immer weniger Menschen, die das Geheimnis von Samothrake kannten. Eine Zeitlang fanden sich noch Menschen, die wenigstens eine der drei Figuren kannten. Sie sandte der König als Sendboten in die Welt, als Leiter heiliger Tempelstätten. Immer seltener geschah es, daß Äolus einem Gast einen der Herzöge als helfenden Begleiter mitgab. Immer häufiger mußten die vier Gewaltigen als Boten der Strafe hinaus, um Schiffbruch über einen Frevler hereinbrechen zu lassen.

Das Antlitz des Königs wurde faltig und finster drohend. Mißmutig wurden die tausend Ritter, da sie so oft launisch aus ihrem Traum gerissen wurden. Wild und verzerrt wurden die Angesichter und Flügel der vier Herzöge. Die zwölf Jungfrauen verloren ihre strahlende Anmut und blickten traurig zu Boden. Samothrake wurde ein Ort ständiger Gewitter und Stürme. Zu jener Zeit kamen Angehörige des Griechenvolkes und siedelten sich auf der Insel an. Alle spürten Heiligkeit und erbauten ihre weiß-leuchtenden Tempel, aber nur wenige wußten, wo sie sich eigentlich befanden. Und auch diese ahnten nur, daß die Säulen ihrer Tempel über den unscheinbaren Felsenhallen standen, wo Freunde des Königs den Dienst der heiligen Kabirenkrüge immer noch vollzogen. Schließlich kamen fremde Eroberer auf das Eiland, zerstörten die Tempel und Wohnungen der Griechen und setzten wilde Burgen an ihre Stelle. Aber die Burgen fielen in Schutt wie die strahlenden Tempel.

Zuletzt kam in einer Nacht noch einmal ein Gast nach Samothrake, der das Geheimnis kannte. Ihm öffnete sich mit dem ersten Schritt, den er auf die Insel tat, der plötzlich wieder hell aufleuchtende Kuppelsaal. Das war der Apostel Paulus.

Einige Tage vorher hatte er in Kleinasien drüben, nicht weit von der alten Priesterfeste Troja, ein seltsames Erlebnis gehabt. Als er dort betete, war ihm eine schattendunkle Gestalt mit wallendem Flügelmantel erschienen. Das Menschen-Antlitz war ihm vertraut vorgekommen, aber er kannte es nicht. Diese Gestalt hatte ihn nach Europa gerufen, dort die Christus-Botschaft zu verkünden.

In Samothrake betrat Paulus zum ersten Male den Boden Europas. Voll Verwunderung nahm er die Trauer und den Unmut wahr auf den Gesichtern derer, die in ihren Runden den Thron des Äolus umgaben. Das uralt-ernste Gesicht des Königs war steinern zu Boden gerichtet. Wild zerzaust war das Gefieder der Herzogsflügel, irr und unstet der Blick der Windgebieter im Norden, Osten und Süden.

Der menschengestaltete Herzog im Westen hatte das einzige friedvoll-erlöste Antlitz im ganzen Saal. Wie erstaunte Paulus, als er in ihm denjenigen erkannte, der ihm in Troas mit dem Ruf nach Europa erschienen war.

Der Herzog im Westen sprach zu ihm: Auf den Gesichtern im Kreise siehst du den Gram über den Tod der Mysterien. Aber durch den, dessen Apostel du bist, wird Antlitz auf Antlitz erhellt. Wenn ein Märtyrer stirbt, so wird ein Ritter erlöst. Ich bin als Bote des Herrn in den Westen gezogen: Jakobus, der Apostel der Meere. Als ich den Tod erlitt, wurde der Herzog des Westwinds erlöst. Jakobus wurde der Zephir des Christus.

Geh jetzt und vollende als der neue Apostel des Westens mein Werk. Nach Westen strebend vertrau dich dem Meere. Und wenn dir dein Schiff durch meine Brüder zerschellt, die wildvergrämten Fürsten der Winde, so sei dir das ein Zeichen für die nahe Erfüllung des Lebens.

Wirkt, ihr Boten des Auferstandenen, bis zum letzten Opfer; so erlöst ihr die Helden, die du im Kreise erblickst. Der Adler wird zum Bilde jubelnden Atems, der Löwe macht allen Herzen Mut, Innigkeit spendet der Südwind. Die Mütter beschenken uns wieder, und die Jungfrauen werden neu geschmückt. Zu Bringern der Wasser des Lebens werden die tausend träumenden Ritter. Mit dem Geheimnis der Insel auferstehen die Wogen und Winde. Zuletzt wird auch der Vater erlöst, der greise König in der Mitte. Die Sonne des Christus wird aus seinem Antlitz leuchten zu neuer Ritterschaft und Tafelrunde. –

Von nun an wirkte Paulus im Westen. Bis nach Spanien, in das Apostelgebiet des Jakobus, trug er das Wort. Und wem die Fülle der Kraft und des Wirkens, die ihm beschieden war, gar zu unbegreiflich dünkt, der bedenke außer dem Tag von Damaskus die nächtliche Stunde, da der Apostel das Gestade von Samothrake betrat und die Burg der Wogen und Winde.«

Es war für mich eine schöne Überraschung und Bestätigung, als uns die Bewohner der Insel, nachdem ich die Legende niedergeschrieben hatte, erzählten, daß Samothrake die Insel des Königs Äolus sei, der dem Odysseus als Gastgeschenk die Winde der Welt in Schläuchen mit auf den Weg gab.

Der Kapitän Lukios hatte uns gesagt, wir sollten uns darauf gefaßt machen, unter Umständen eine ganze Reihe von Tagen auf der Insel festgehalten zu werden, da er für die Rückfahrt unbedingt ein ruhigeres Wetter abwarten müsse. Wir drängten weiter. Nach dem Zeitverlust, den wir in den Athos-Klöstern erlitten hatten, waren wir in Sorge, ob uns die Zeit noch reichen würde, um zum Abschluß der Reise, wie wir es geplant hatten, nach Konstantinopel zu fahren. Und so setzten wir dem guten Seemann am dritten Tage heftig zu, die Fahrt doch zu wagen. Er wollte zuerst nicht darauf eingehen, dann aber änderte sich das Wetter plötzlich, und er rief uns. Wir eilten zum Schiff hinunter, wo sich nun noch eine lustige Geschichte zutrug. Schweißüberströmt und prustend kam der dicke Armenier die Felsenwege heruntergerannt und versuchte, der Bauernmagd das mitgenommene Bettzeug wieder zu entreißen. Eine Sturzflut von Schimpfwörtern begleitete seine Unternehmung. Aber die anderen anwesenden Inselbewohner nahmen die Partei des Mädchens, und so mußte der Dicke unverrichteter Dinge wieder nach Hause gehen. Von seiner völligen ärztlichen Unfähigkeit hatten wir uns wohl überzeugen können, und er hatte uns gegenüber, weil Dr. Thylmann auch Arzt war, sogar seine Karten ziemlich aufgedeckt. Sein ständiger Klageruf war nämlich, die Leute seien zu wenig krank auf der Insel. Vor allen Dingen gäbe es zu wenig Schwindsüchtige, und deswegen verdiene er nicht viel Geld. Er hatte aber phantastische Pläne. Er wollte die heiße Schwefelquelle, die es irgendwo an der Küste der Insel gibt, ausbauen und malte uns schon die Märchenschlösser aus, die er sich von dem verdienten Gelde zu erbauen gedachte. –

Das Boot war wieder mit viel Menschen und Gepäck beladen. Aber wir waren zuversichtlich, den Zug vielleicht doch noch zu bekommen, der nachmittags von Dedeagatsch in der Richtung auf Konstantinopel abgehen würde. Lukios war weniger zuversichtlich, und er schien Recht zu behalten. Es ging nun auf einmal überhaupt kein Wind, und wir konnten nur mit der Kraft des kleinen Motors vorwärtskommen, der aber dem Schifflein kein großes Tempo zu geben vermochte. Lukios meinte, wenn das so weiterginge, würden wir erst am späten Abend anlangen. Die Fahrt war wunderbar sonnig. Wir waren ganz glücklich, als nachher doch eine lebhafte Brise einsetzte, die uns pfeilschnell vorwärtsgelangen ließ. Lukios tat wirklich, was er konnte, um uns noch zu dem Zuge zu bringen. Leider war aber der Zeitverlust, den wir in den ersten drei Stunden der Fahrt erlitten hatten, so groß, daß wir in Dedeagatsch ankamen, als der Zug gerade vor einigen Minuten abgefahren war.

Nun waren wir aber durch die Fülle des Erlebten eigentlich gar nicht ernsthaft darauf eingestellt, noch mehr Eindrücke aufzunehmen. In Samothrake hatte sich uns alles in krönender Weise zusammengefaßt, was wir aus der Geschichte des frühen und klassischen griechischen Lebens gesehen hatten. Auf dem Athos hatten wir die Welt des byzantinisch-christlichen Lebens in besonderer Art und Fülle vor uns ausgebreitet gesehen. So fiel uns der Entschluß nicht schwer, den noch am gleichen Nachmittag abfahrenden Zug zu benützen, um sogleich die Heimfahrt anzutreten. Wir haben aber die dreitägige Fahrt zum allergrößten Teil verschlafen, was zeitweise wegen Überfüllung des Zuges für mich nur möglich war, indem ich mich einfach draußen in dem Gange des 3. Klasse-Wagens auf den Boden legte. Unsere Müdigkeit war so groß, daß ich auch weiterschlafen konnte, wenn serbische oder slowakische Bauern über mich wegkletterten. Zuerst fuhren wir noch ein Stück weit durch türkisches Gebiet, dann ging es durch Bulgarien. In der bulgarischen Hauptstadt Sofia hatten wir einen halben Tag Aufenthalt und durchstreiften die staubigen Straßen, ohne einen besonderen Eindruck von der Stadt zu haben. Dann ging die Fahrt über Belgrad und Agram ins Österreichische hinein. Schon die slovenischen und slowakischen Bauerndörfer und die Trachten der dort wohnenden Menschen zu sehen, heimelte uns an. Aber als wir dann in München wieder durch deutsche Straßen gingen, fiel uns doch auf, daß wir noch nicht recht wieder in die Zivilisation hineinpaßten. Wir müssen wirklich wie Balkanräuber ausgesehen haben, und da insbesondere unsere Füße vielfach durch die Schuhe hindurchsahen, blieb uns gar nichts anderes übrig, als zunächst einmal in einem Schuhladen neues Schuhwerk zu erstehen. Nur langsam fanden wir uns wieder in die Gegenwart zurück, nachdem wir so viele alte Jahrhunderte durchmessen hatten. In unsere beiderseitige Wirksamkeit konnten wir nun eine Fülle von Anregungen hineintragen, die wir in uns aufgenommen hatten und die erst im Laufe der Jahre, für mich vor allem im Zusammenhang mit späteren Reisen, ganz aufgegangen sind.

Palästina

Das Evangelium hat eine innere und eine äußere Landschaft, und der Zauber des Heiligen Landes beruht, wenn man nicht bei den Einzelheiten stehenbleibt, sondern sich an eine überblickende Gesamtanschauung herantastet, in der wunderbarsten Übereinstimmung und Durchsichtigkeit alles Äußeren für das Innere. Palästina ist nicht nur das Land der historischen Menschwerdung Christi; es ist vielmehr eine zentrale Stätte für die irdische Verleiblichung und Verwirklichung übersinnlicher Sphären überhaupt.

Das ist der Grund, weshalb die beiden folgenden Tagebücher einem weiteren Kreise wertvoll sein mögen, obwohl sie nichts als karge, schlichte Notizen, während der Reisen selbst geschrieben, enthalten. Vielleicht kann die Schilderung der äußeren Szenerie die Anschauung von der inneren Landschaft des Evangeliums konkreter machen und befestigen, die doch jeder auf mehr oder weniger bewußte Art in sich trägt. Das Schlicht-Erzählende hilft zur Verwurzelung der ideenmäßigen Vorstellung im Gebiete der äußeren Wahrnehmung. Die Wahrnehmung ist hier mehr als anderswo die Knospe der Idee; man kann die Idee von den Evangelien aus der irdischen Wahrnehmung noch einmal geboren werden lassen.

Es mag seltsam erscheinen, daß die Notizen von zwei ziemlich gleichlaufenden Palästinareisen, ohne auf die Vermeidung von Wiederholungen bedacht zu sein, nebeneinander gestellt sind. Ich möchte das mit dem inneren Gang der eignen Erlebnisse begründen.

In Palästina zu reisen, ist schwierig. Man hat dort keineswegs die Hilfen großer Baudenkmäler und Kunstschätze wie in Ägypten, Griechenland oder Italien. Dem Auge bietet sich zunächst ein in vieler Hinsicht unscheinbares Land dar. Ohne daß man vorher durch ein langes intensives Leben im Evangelium etwas von der inneren Figur Palästinas gefunden hat, kann einem die Landschaft leicht stumm bleiben. Als ich zum ersten Male das Heilige Land sah, trug ich den Ertrag einer jahrelangen intensiven Beschäftigung mit der Bibel in mir; den unendlich befreienden und erleuchtenden Wegweisungen Rudolf Steiners folgend, hatte ich mich um die Komposition und Struktur, also auch um die innere Landschaft des Evangeliums bemüht. Dennoch fing die Reise für mich erst eigentlich an, als sie vorbei war. Da ordneten sich die vielen Bilder und brachten durch die sich nun bildende Figur solche erstaunlichen und aufschlußreichen Polaritäten zur Erscheinung, daß ich geradezu darauf brannte, mit den jetzt zur Klarheit gekommenen Erkenntnissen alles noch einmal zu sehen. Vor allem war es die in tiefe kosmische Hintergründe hineinreichende Polarität von Judäa und Galiläa, die mich je länger je mehr überraschte und fesselte. Ich konnte gar nicht begreifen, daß diese Entdeckung sich nicht längst schon den Theologen und Palästina-Reisenden aufgedrängt hatte. Wichtigste Klarheiten ergaben sich daraus für das Verständnis der Evangelien. Ich versuchte, sie so gut wie möglich anzudeuten in den Begleittexten zur Übersetzung der Evangelien und in einer Reihe von Aufsätzen in der Zeitschrift »Die Christengemeinschaft«, aber je deutlicher diese Ausblicke sich eröffneten, um so mehr hatte ich das Bedürfnis, sie durch die Wahrnehmung noch einmal zu erhärten.

Und so folgte ich den vielfach auftauchenden Wünschen und richtete für das Frühjahr 1934 eine Gesellschaftsreise ein, an der nahezu 50 Freunde der Christengemeinschaft aus verschiedenen Ländern teilnahmen. Ich wollte dabei versuchen, die nun klar gewordene Struktur des Landes zur Komposition einer Reise zu machen und so eine Anzahl Freunde an der Gesamtanschauung Palästinas teilnehmen zu lassen. Die Reise ist auf das schönste geglückt und hat uns allen die in Palästina zusammentreffenden kosmischen Kontraste unverlierbar eingeprägt.

Mir selbst war die erste Reise vor allem eine Hilfe gewesen in der Bemühung, den Erdboden der irdischen Historie für die leicht in der imaginativen Schicht schwebenbleibende Evangelientheologie zu erreichen. Die zweite Reise vertiefte die geschichtliche Ebene bis in die Sphäre der Erdgeschichte, die Geologie, hinein. Immer deutlicher wurde mir, daß der Jordangraben, der tiefste Punkt der Erdoberfläche, der Schauplatz wichtiger Ereignisse der Erdentstehung gewesen sein muß, ehe er zum Schauplatz der alt- und neutestamentlichen Heilsgeschichte wurde. Die in dem Buche von Guenther Wachsmuth »Die ätherischen Bildekräfte« vertretene Anschauung, daß die Entstehung des Jordangrabens in engem Zusammenhang mit jenen Prozessen und Umgestaltungen der Erdoberfläche gesehen werden muß, die die Trennung des Mondes von der Erde hervorgerufen hat, wurde mir immer einleuchtender und zum Ausgangspunkt weiterer erdgeschichtlicher Perspektiven. Darüber konnte das Tagebuch der zweiten Reise nur die ersten Andeutungen enthalten. Das im Jahre der zweiten Reise erschienene Buch »Urgeschichte«, der erste Band in der Reihe »Beiträge zur Geistesgeschichte der Menschheit«, enthält die ausführliche Darstellung der »biblischen Geologie« Palästinas. Aber es mag aus den von der ersten zur zweiten Reise sich vollziehenden Erweiterungen des Erkennens berechtigt erscheinen, von beiden Reisen die Notizen auch hier vorzulegen.

Ich teile beide Tagebücher vollständig mit, obwohl der Palästina-Abschnitt im ersten Heft von Reise-Eindrücken in Ägypten und Italien eingerahmt ist. Für mich persönlich war es von Wichtigkeit, Palästina zunächst zwischen den dunkleren magisch-willensmäßigen Ländern der Pharaonen und Cäsaren und dann von zwei wunderbaren Fahrten durch die helle Inselwelt Griechenlands umrahmt zu erleben. Es war das wie ein Vordringen von der hebräisch-lateinischen zur griechischen Bibel. Der helle Genius des Griechentums ist ein guter Führer für die innere Landschaft des Evangeliums. Helligkeit und freudiger Enthusiasmus wird aus den neu erschlossenen biblischen Büchern in die Seelen strömen. Ein kleiner Beitrag dazu möchten die hier vorgelegten Reisenotizen gerne sein.

ÄGYPTEN-PALÄSTINA-REISE 1932

ÄGYPTEN

Es traf sich so, daß ich genau sieben Jahre nach meiner ersten Italienreise wieder eine Reise in den Süden unternahm, die eine Epoche in meinem Leben bedeutete. Ich hatte nun wirklich in gewisser Hinsicht das Reisen gelernt. Alle vorangegangenen Reisen erwiesen sich als wertvolle Vorübungen. Ich war nicht nur 1925 und 1928 in Italien, 1926 in Griechenland gewesen: unterdes hatte ich auch Holland, England, Frankreich, die Schweiz und die Tschechoslowakei kennengelernt und war in Deutschland so oft und so weit herumgekommen, daß mir alle bedeutenden Städte, dazu so ziemlich alle historisch wichtigen Plätze vertraut waren. Es war sogar so, daß ich mich nach den ununterbrochenen Unruhen des Reiselebens von ganzem Herzen nach einer Zeit des stillen Ausruhens und Verarbeitens sehnte. Ich war reisemüde und fühlte mich geradezu in meiner Gesundheit bedroht, falls ich jetzt nicht mit Reisen pausieren könnte. Daß ich einer Auffrischung meiner körperlichen Kraft und Gesundheit bedürfte, war auf meinen Vortragsreisen vielen aufgefallen. Und nun war einer Schar von Freunden aus der Berliner Gemeinde der Gedanke gekommen, mir zu der notwendigen Wiederherstellung zu verhelfen, indem sie mir die Mittel für eine Palästina-Reise zur Verfügung stellten. Als ich das zum Weihnachtsfest 1931 erfuhr, kam ich in eine ziemliche Verlegenheit. Meinem Wunsch entsprach die Reise keineswegs. Dennoch fühlte ich sogleich, daß hier eine übergreifende Möglichkeit des Schicksals an mich herantrat, die ich nicht verneinen durfte. Zumal im Hinblick auf meine Arbeiten über die Evangelien und an der Übersetzung des Neuen Testamentes, womit ich damals so recht im Zuge war, fühlte ich den Ruf einer höheren Verpflichtung, als mir das gutgemeinte Geschenk übergeben wurde. Es konnte ja nicht anders sein, als daß es für eine geistige Neueroberung der Bibel die wichtigste Förderung bedeutete, die Landschaft des Evangeliums selbst zu sehen. Muß nicht dieses Stück Erde in ganz besonderem Sinne die Verkörperung einer allgegenwärtigen Seelenlandschaft sein, die jeder in seinem eigenen Wesen trägt? Muß dort nicht mehr als irgendwo sonst im Kosmos »alles Vergängliche nur ein Gleichnis« sein? So brachte ich alle meine Ausruh-Wünsche zum Schweigen und machte mich daran, die Figur der Reise vor mir erstehen zu lassen. Bald träumte ich bereits davon, wie wunderbar es sein würde, nachdem ich eine vorläufige Übersetzung der neutestamentlichen Briefe herausgebracht hatte, am Ufer des Sees Genezareth an die Übersetzung der Evangelien selbst heranzutreten.

Die Reise sollte in der Tat durch das Bild, das sich mir von Palästina ergab, etwas heraufführen, das ich zu den wichtigsten Ergebnissen meines Lebens rechnen darf. Nachträglich muß ich auch erkennen, wie richtig es war, daß ich mir noch eine ziemlich gründliche Anschauung von Ägypten aneignete, ehe ich zum ersten Male das Heilige Land betrat. Ägypten bildete so den letzten gravitätisch-feierlichen Abschluß in der Reihe der Vorbereitungs-Stufen. –

Die Ostertage haben noch einen festlichen Verlauf genommen durch die Konfirmationsfeiern in den Gemeinden Berlin und Hamburg. In große andächtige Gemeinden ist von den jungen Menschen, die ihre Konfirmation empfingen, etwas von dem Jugendglanz dieses österlichen Sakramentes hineingedrungen.

Und nun geht Tag und Nacht die Fahrt nach dem Süden. Am Mittwoch, dem 30. März, komme ich im kalten dämmerigen Morgennebel durch Mailand. Überall liegt dicker Reif auf den Feldern. In Genua aber ist heller, warmer Sonnenschein. Ich treffe dort die beiden Prager Freunde Eduard Lenz und Lota Bulíř, die für die gleiche Zeit seit langem eine ähnliche Reise nach Ägypten und Palästina planten und nun ihre Pläne den meinigen angeglichen haben.

Mittags setzt sich das große, aber mit nur ganz wenigen Passagieren besetzte Schiff (Ausonia) des Lloyd Triestino in Bewegung. Das Meer ist im Golf von Genua stürmisch bewegt, und da ich durch die Anstrengungen der letzten Woche und der eiligen Eisenbahnfahrt wenig Widerstandskraft besitze, schütze ich mich gegen die Seekrankheit durch einen langen tiefen Schlaf.

31.3. Morgens ist das Meer in wunderbarem Sonnenglanze spiegelglatt und gesundend schön. Von ferne taucht Ischia blauend auf, ein großes, dem Golf von Neapel vorgelagertes Eiland. Dann steigt der Vesuv empor, und wir fahren an dem urchristlichen Paulus-Hafen Puteoli vorbei. Dann liegt lange Zeit das magisch geformte Capri, die Insel der Sirenen, vor unserem Blick.

Der Gruß, den Italien noch mitzugeben bereit war, wurde uns in Neapel zuteil. Der Dampfer unterbrach dort für einen halben Tag seine Fahrt. Die prächtigste wärmste Sonne war aufgegangen und ließ uns endlich empfinden, daß wir die Schwelle des Südens überschritten hatten. Wir ließen uns in sausender Fahrt durch ein Auto nach *Pompeji* entführen. Zauberhaft lagen die im blendenden Sonnengold gleißenden weißen Ruinen unter dem tiefblauen Himmel und vor der theatralischen Kulisse des rauchenden Vesuvs. Die dichte Ruhe der Mittagsgöttin breitet sich aus; zahlreiche große Smaragdeidechsen spielen und huschen über Wege und Ruinen dahin. Da ich auf Einzelnes jetzt, wo ich bereits zum dritten Male hier war, nicht mehr so sehr achtzugeben brauchte, konnte ich mich um so restloser dem luziferisch-schönen Schein hingeben, der in den Gesamtbildern lebt, wie sie sich allerorten darbieten.

Wir steuern gradeswegs auf die Villa dei Misteri, die eleusinische Mysterienvilla, zu, auf die ich beim letzten Italienaufenthalt, obwohl sie außerhalb des eigentlichen Ausgrabungsbezirkes liegt und damals noch wenig bekannt war, durch einen Zufall stieß. Sie ist jetzt viel vollständiger freigelegt als damals, und die überall feilgebotenen Abbildungen zeigen, daß sich ihr die öffentliche Aufmerksamkeit in hohem Maße zugewandt hat. Die wunderbare, von griechisch-dionysischem Geist beseelte Bilderfolge rund an den Wänden des Hauptraumes, in welcher die Einweihung szenenhaft dargestellt ist, spricht durch das abgeschattete Sonnenlicht von Minute zu Minute stärker zu uns. Ich werde auf wunderbare violette Tönungen aufmerksam, die mir das letzte Mal verborgen blieben. Mächtig prägen sich der Seele der kräftig-strahlende rote Hintergrund der Szenen und der in die Ferne gerichtete Blick einzelner Gestalten ein. – Wir erhalten noch Zutritt in einen breiten Tonnengewölbe-Kellergang, der wie ein mittelalterlicher Kreuzgang im Viereck um den Bereich des Hauses herumführt und an die Mysterieninhalte heranführt, die sich scheinbar bis in die Zeit des pompejanischen Untergangs in diesem Hause lebendig erhalten haben. Vielleicht würden die Bilder, die sich uns darüber bilden, noch deutlicher, wenn auch der Mittelkeller zugänglich wäre, in den von dem offenen Hofe der Villa aus ein überdachter schräg abwärtslaufender Gang hinabführt. Das Ganze ist zugleich ein Gruß aus Griechenland. Mitten aus einer theatralischen Szenerie, die so recht die Gegenwelt zu dem darstellt, was in Palästina zwischen der Jordantaufe (30) und der Zerstörung Jerusalems (70) vor sich gegangen ist, leuchtet uns ein Denkmal der, wenn auch schon überreifen und überständigen, so doch noch einen Rest von Echtheit enthaltenden griechischen Mysterien entgegen. Die Verzauberung des Platzes und die Wärme der Sonne lösen uns endgültig aus den Gefühlen des Nordens heraus. Die Welt des Südens ist jetzt unsere Welt.

Als wir wieder in Neapel sind, haben die Freunde Sorge, die Abfahrt des Schiffes zu verpassen und gehen sogleich wieder an Bord. Ich aber benütze die reichliche Stunde, die noch bleibt, um durch die älteren Teile der Stadt, die an den steilen Berghang angelehnt sind, zu streifen. Ich kenne mich da gut aus, aber nie habe ich hier eine so leichtbeschwingte Sonnenstunde erlebt wie jetzt. So wie jetzt ist mir die singende und tänzerische Seele der einstmals so verführerischen Stadt noch nie entgegengekommen. Alles vibriert von Leichtigkeit und Beschwingtheit trotz aller Verkommenheit und allen Schmutzes, so daß ich gar nicht recht weiß, wie mir ist, als ich knapp vor der Abfahrt wieder an Bord unseres großen Dampfers komme.

Nach der Ausfahrt zeigt sich uns Capri in den verschiedensten Masken. Einmal sieht es in der Tat wie eine liegende ägyptische Königsmumie aus. Am Festland sieht man aus nächster Nähe Sorrent liegen. Aber als wir ganz aus dem Golf heraus sind, sinkt schnell die Nacht herein, und es ist kein Gedanke daran, den Poseidon-Tempel von Paestum zu sehen, nach dem ich geradezu Heimweh verspüre. Wir bleiben noch bis spät auf dem Deck. Die Sterne geben ein wunderbares Schauspiel, voran Venus, Sirius und Jupiter.

1.4. Um 5.30 Uhr in der Frühe sehen wir aus dem grauen Morgendunst den Ätna emporsteigen, der mit seinen grandiosen flachen Abhangslinien in das Meer hinabgleitet und mit seinem olympischen Schneegipfel den Himmel berührt.

In Syrakus bleiben wir 1½ Stunden liegen, ohne an Land zu können. Die breite Bucht rundet sich um uns. Die trümmerhafte und verwahrloste Stadt zieht uns nicht an. Wieder ein Paulus-Hafen. Hier ging er an Land, als er auf der Reise nach Rom war. In mir wird die Erinnerung lebendig an die Eindrücke, die ich hier vor sieben Jahren, vor allem in den ausgedehnten machtvollen Katakombengängen, von der Welt des Urchristentums hatte.

Immer stärker wird der homerisch-griechische Charakter des Mittelmeeres. Südlich von Sizilien ist das Meer unter wolkigem Himmel unruhig. Ich verbringe ziemlich den ganzen Rest des Tages und die folgende Nacht auf meinem Lager, ohne Seekrankheit zu verspüren. Die 18 Stunden Schlaf, nur von Zeit zu Zeit unterbrochen durch ein englisches Plauderstündchen mit einem anhänglichen arabischen Studenten aus Amerika, der nach Mekka pilgert, tun mir sehr wohl.

Sonnabend früh entdecke ich in weiter Ferne die majestätische Alpenkette der kretischen Berge. Fast den ganzen Tag begleitet uns dieser Anblick. Die Sonne beginnt langsam ihre südliche Zaubermacht zu entfalten. Es ist schön, auf dem Deck liegend in diese Welt hineinzuträumen.

Die neapolitanischen Bauern, die in meiner Klasse mitreisen und väterlich um mich besorgt sind, trauen sich auch von Zeit zu Zeit an die frische Luft. Der kleine Omar liegt wie ein Hündlein neben meinem Liegestuhl in der Sonne. Das Meer umfängt uns. Fast fürchten wir uns vor dem Zeitpunkt, da die Seefahrt zu Ende sein wird. Es ist ein Gefühl vorhanden, als könnte man etwas versäumen und würde vor der Vollendung eines inneren Werde-Prozesses herausgerissen. Plötzlich in fremdem Land wieder festen Boden zu betreten, wird sein wie ein Übergang aus jener in diese Welt.

Vom Hinterdeck aus sehen wir einen wunderbaren Sonnenuntergang. Der Himmel wird zu einer breiten leuchtenden Goldwalze, oben in ein südlich leuchtendes helles Blau mit brennenden Rosenwolken übergehend. Als die Sonne ins Meer versunken ist, flammen die Farben höher herauf. Und zugleich nimmt die Venus schnell an Leuchtkraft zu, bis sie dem Monde gleich einen breiten Silberstreifen im Wasser zu uns herschickt.

Der Blick in die breite Runde dieses Abendfarbenspiels ist eine wohltuende Abrundung für alle Eindrücke, die das Meer gegeben hat.

Sonntag, den 3.4. Früh gegen 7 Uhr taucht das erste Stück Palmenküste auf: *Alexandria.* Ein neuer Kontinent. Und doch ist es die Stadt des Clemens und Origenes, die zu den Bahnbrechern hellen europäischen Geistes gehörten. Erst legt das Schiff draußen vor dem Hafen an zur Quarantäne. Die Welt vor uns sendet uns einen ganz bestimmten intensiven Duft entgegen. Es ist eine fremdartige Süßigkeit in der Luft, die doch auf das innigste mit der frischen Sonnenwärme übereinstimmt. Die Landung ist mit viel Geschrei und Betrug verbunden. Die Rassen tummeln sich. Bereits entfaltet sich die Farbenpracht der Trachten. Wir haben gleich bei der Fahrt durch die Straßen einen guten Eindruck von dem händlerischen Volksleben dieses Landes. Auf einem unfreiwilligen großen Umweg, der uns eine lustige Chauffeur-Carambolage verschafft, kommen wir an den Hügel mit dem unterirdischen Katakombenturm. Tief unten betreten wir inmitten der Grabkammern einen Kultraum. Das ist ein rechter Übergang von der Villa dei Misteri zum alten Ägypten: hellenistisches Ägypten. Die Welt, in der die Septuaginta, das griechische Alte Testament, entstanden ist. Die Welt des Ammonius Sakkas und des Jamblichus. Links und rechts des Eingangs außen Götterstatuen in Menschengestalt. Neben der Türe majestätische Schlangen mit zwei Hörnern, die sich aufrichten an dem Hermesstab auf der einen, an dem Thyrsusstab auf der anderen Seite. Über der Türe breitet der Sonnenvogel seine weiten Schwingen aus. Innen an der Mittelwand eine Einweihungsszene. Die Seele wird über der liegenden Mumie emporgetragen. Die Initiatoren sind als Göttergestalten mit Tierköpfen darum versammelt. Ur-Ägypten geht unter spätgriechischem Einfluß in Symbolismus über. Die ägyptischen Ursymbole scheinen wie auf gedankliche Formeln gebracht.

Die »Säule des Pompejus« auf der Trümmerstätte des alten Serapis-Tempels erweckt mit der hügeligen Landschaft die Erinnerung an den Areopag in Athen. Manchmal hat man in der weit angelegten Stadt, obwohl sich viel Neues auf die alte Zeit gelagert hat, angesichts der großen Gärten den Eindruck, den die parkähnlichen Umgebungen der Häuser der Hypathia und des Plotin hervorgerufen haben mögen.

Die letzte halbe Stunde vor der Abfahrt unseres Zuges ist der wirklich abenteuerlichen Verfolgung eines Herrn gewidmet, der uns mit einer Summe Geld durchgebrannt ist. Des Interesses halber lasse ich mich auf diese Komödie ein und telephoniere, nachdem ich den Namen des Gauners herausgebracht habe, in der Stadt herum. Das vielfältige Stimmengewirr der Völker tost mir am Apparat lärmvoll aus den Hafenkneipen entgegen. Wichtiger als der kaum erhoffte Erfolg, der uns wieder in den Besitz der 70 Piaster setzt, ist mir der Kontakt mit dem heutigen Betrieb des Landes, den ich dadurch erhalte, wenn sich dabei auch die Gegenwart laut auf die leisen Schichten alter Zeit legt.

Die Fahrt nach Kairo führt an einer Überfülle kleiner malerischer Volksszenen vorbei. Im Nildelta überqueren wir vielfach Kanäle und fahren an Lehmdörfern vorbei, deren Häuser mit kleinen Kuppeln geziert und mit Mist zugedeckt sind.

Ganze Familien reiten auf einem einzigen Esel; langgestreckte Arabergestalten wiegen auf Kamelen vorüber; Viehtreiber, Frauen mit Traglasten auf den Köpfen, marschieren; in den Feldern hocken die Fellachen, Ochsen ziehen den Balken des Wasserhebewerks unablässig im Kreise herum. Die schönen Araberköpfe schauen aus weißen, blauen, bunten Gewändern hervor. Einzelne Städte mit Minaretts und Totenhäusern liegen am Weg. Friedhöfe, wo jedes Grab ein Haus oder ein ländlicher Backofen zu sein scheint.

In *Kairo* beziehen wir ein kleines Hotel, billig, in zentraler Lage. Wir waren durch das Verfolgungsabenteuer in Alexandrien darauf gekommen. Auf der Straße engagiere ich einen älteren Araber mit einem schmutzigen grünen Kaftan als Führer. Er hat verschmitzte, weinselige Augen und besitzt offensichtlich viel Humor. Nachher entdekken wir, daß wir ein rechtes Faktotum, das in der ganzen Stadt bekannt und geschätzt ist, erwischt haben. Er wird überall nur der »Philipp« genannt. Glänzend wird er mit seinen Landsleuten fertig, er bleibt niemandem eine Antwort schuldig. Er führt uns sogleich durch die Bazare und kauft und handelt für uns auf die gelungenste Art. Der Orient mit seinem bunten wimmelnden Leben umflutet uns. Überall in der alten Stadt stehen die ungezählten Moscheen in ihrer phantastisch-malerischen Gestalt. Der Islam mit seiner Formensprache tut uns seine ganze Wunderwelt auf. Philipp führt uns in das »Buchbinderhaus«, einen Palast aus Tausendundeiner Nacht. Man ist wie in die Tage des Harun al Raschid entrückt.

Schließlich nehmen wir noch einen Wagen und fahren zur Sultan Hassan-Moschee, zur Alabastermoschee und zur Zitadelle hinauf. Die Sonne ist schon untergegangen. Aber es liegt ein ganz unbeschreiblicher goldener Widerschein auf der Alabastermoschee und dem Mokkatam-Hügelzug. Über Stadt und Niltal rundet sich immer goldener brennend der Himmel. Hoch oben leuchtet die Venus, schnell an starkem Glanz zunehmend. Weit vor uns ragen die Spitzen der Pyramiden von Giseh über den Horizont. Links in der Ferne eine andere größere Pyramidengruppe.

Es wird schnell dunkel. Wir fahren mit dem gleichen Wagen durch engste volkwimmelnde Gassen zum Hotel zurück.

Nach dem Abendessen holt Philipp uns zu einem Bummel durch die Stadt ab. Er zeigt uns die großen Luxushotels und den Königspalast. Dann führt er uns in ein Lokal, wo es arabische Gesänge und Tänze gibt. Der primitive Raum ist dicht besetzt. Die meisten Gäste sind Einheimische, aber auch Fremde sind gruppenweise mit ihren

Führern da. An unserem Tisch sitzen zwei vornehme Herren, mit denen ich mich Französisch unterhalte. Einer gibt sich als Chef der Geheimpolizei aus und erklärt uns jeweils, was an den Darbietungen eigentlich verboten ist. Es ist aber alles sehr harmlos. Zu nächtlichen Genüssen, die uns von den »Nachtführern« auf der Straße angeboten werden, erklärt uns Philipp, welche Reinfälle wir dabei erleben könnten. Er weiß über allerlei Leute manches zu erzählen. Er schildert uns die Gauner deshalb so gut, weil er selbst ein Obergauner ist. Aber er ist kindlich und treuherzig lustig und macht so vorteilhafte Abschlüsse für uns, daß wir ihn für die nächsten Tage behalten.

4.4. Wir fahren früh mit einem Auto aus der Stadt, über den Nil und durch das Niltal an einem Nebenkanal entlang nach Süden. Es flutet viel Volksleben an uns vorüber. Kamele in langen Zügen, Gemüsekarawanen. Wir befinden uns in dem schmalen Streifen Fruchtbarkeit zwischen den beiden Wüsten. Links die Mokkatam-Berge, rechts der Dünenzug, der die Pyramiden trägt. Warum baute man die Pyramiden in die Wüste? Sie ist die Szenerie des Totenkultus. Spärliche Palmenhaine bilden den Übergang vom Nilstreifen zur Wüste. Wie anders ist ihre Welt als die Laubwälder des Nordens! Wir kommen im Süden bis an die Stätte des einstigen *Memphis*, der Königsstadt des alten Reiches. Der heilige See liegt einsam da. Palmenhaine mit dünnem Baumbestand auf sandigen Hügeln darum herum. Hie und da einige Trümmer. Einige Lehmhausdörfer reichen nahe heran. Das ist der Rest der königlichen Hauptstadt uralter majestätischer Kulturen. Die Alabastersphinx und der liegende Ramses-Koloß in einem Museumsschuppen geben nur eine fast irreführende Andeutung der alten Zeit.

Wir studieren die ersten typischen Hieroglyphen- und Bildzeichen, z.B. die gekrönten Frauengestalten zwischen den Füßen der Riesen.

Auf dem Hügelzug weisen viele Pyramidengruppen weit in den Süden hinein. Wir kommen nach Sakkara und halten auf die Stufenpyramide zu. Neben ihr entdecken wir noch andere Pyramiden, die jetzt nur noch Schutthaufen sind. Eine, ein wüster Steinhaufen, zeichnet sich dadurch aus, daß sie vier Eingänge besitzt. Wir gehen in die Gräberhäuser, die es dort im Boden der Wüste in ungezählter Menge gibt. Ganze Bücher von Bildern und Zeichen sind auf die Wände geschrieben. Es ist das Totenbuch.

Ein Urphänomen arbeitet sich uns heraus: die mehrfache Türe. Wie eine vielfältige Schiebetür sieht sie aus. In der Mitte ein schmaler Spalt. Vor dem Spalt ein Altar. Oft steht in dem Spalt eine visionär gestaltete menschliche Figur. Es ist das vierfache Tor der jenseitigen Welt. Durch diese Türe gibt die Seele des Verstorbenen über der Mumie ihre Inspirationen. Philipp sagt, die Seele besuche dort ihre Mumie. Was ist der Inhalt der Inspirationen, die aus dem Toten- und Mumienkult hervorfließen? Die vielverzweigte irdische Kultur. Man darf die vielen Reliefszenen nicht okkult deuten wollen. Es ist die Welt der irdischen Berufe, die erst inspiriert werden mußte in diesen Gräberheiligtümern.

Es gibt wunderbare Kunstwerke an den Wänden dieser Kammern, vor allem in der letzten, kleinsten Behausung, dem Grab des Ptahhotp.

Der stärkste Eindruck ist das Serapeum, grandiose finster-unterirdische Tonnengewölbegänge mit den 24 Riesensarkophagen der heiligen Apisstiere. Ein Erkenntniskultus über den Stiermumien erklärt allein die Anlage solcher Bauten. Das magische Machtgefüge des alten Ägypten meldet sich an.

Wir fahren in erfrischendem Tempo an einem anderen Kanal entlang nordwärts nach *Giseh*. Philipp will uns durch grausige Warnungen am Besteigen der Cheops-Pyramide und am Besuch des Pyramideninnern verhindern. Wir gehen zur Sphinx. Die Verschiedenartigkeit, der großartige Dualismus zwischen Sphinx und Pyramide, spricht. Man muß die Fülle der zugehörigen Tempelbauten hinzudenken. In dem Unterschied der Kulte im Innern der Pyramiden und der Sphinx muß eine wichtige Polarität des ägyptischen Geisteslebens zutage getreten sein. Wir gehen doch in das Innere der Pyramide und sind über die enormen Maße erstaunt in dem gewaltigen Schacht, der emporführt, und in der Königskammer oben in der Mitte, wohin man nach dem Durchkriechen niedriger Gänge gelangt. Grandiose Blöcke sind in die Höhe emporgebracht worden. Wir haben das Glück, daß die elektrische Beleuchtung eine Zeitlang versagt.

Unterdes hat Rà, die scheidende Sonne, ihre Zauberkünste zu entfalten begonnen. Es ist, als ob die Cheops-Pyramide von innerem Feuer glühte. Alpenglühen. Die ganze Heimfahrt ist voll von diesem Sonnenzauber. Der Nil, alles glüht in rotem Gold. Greift man in die Luft, so wundert man sich, daß die Hand nachher nicht blutrot gefärbt bleibt.

Ein Bad ist nötig und tut gut nach dem Tag im Sand der Wüste. – Wir setzen uns, um auszuruhen, in ruhigerer Stadtgegend in ein einfaches Lokal, aus dem Musik hervortönt. Es spielt dort vor ganz wenig Leuten eine Kapelle von fünf Wienerinnen, die mit naivster und unschuldigster Hingabe musizieren und die letzten deutschen Schlager singen. Offensichtlich sind die guten Wesen in blauen Backfischkleidern und mit weißen Spitzenkragen aus besseren Kreisen und passen eigentlich nicht hierher.

5.4. Der Tag soll ruhiger verlaufen und dem Ausruhen dienen. Den Vormittag verbringen wir in dem großartigen und reichen Museum. Viel einzelnes wird klarer. Steinaltäre mit den vielen Opferkuhlen erwecken das Tempelbild vieler aufleuchtender Flammen. Trinitäten in Skulptur. Lazarus-Gräber mit dem Horusfalken.

Der Clou ist die Welt des Goldes aus dem Tut-ench-Amun-Grab. Eine Fülle von Pracht. Ein Rückfall Ägyptens, ähnlich der späteren Dekadenz Mexikos? Das Gold der Erde statt des Goldes der Himmel. Das ist die Welt, aus der Moses die Seinen herausführte.

Echnaton-Gestalten mit herben Jünglingshäuptern und weiblichen Leibern. Hermaphroditische Impulse der späten Zeit. Ein großes Relief zeigt Hermes in wunderbarer schreitender Bewegung mit dem Merkurstab.

Nachmittags machen wir kürzere Autofahrten und haben eine Reihe wichtiger Milieu-Eindrücke. Zuerst besuchen wir in Alt-Kairo die beiden koptischen Kirchen Abu-Sergiou und Moalakka. In der ersten ist der Keller erhalten, in dem sich Maria und Joseph mit dem

Jesuskind versteckt haben sollen. Wunderbare Holzbilder des Abendmahls, der Christgeburt und des dreifachen Sieges über den Drachen. Das, was stark wirkt, ist die Atmosphäre der Kirche. Die dichte Stimmung mancher orthodoxen Kirchen in Griechenland und auf dem Athos ist hier noch potenziert durch einen Einschlag aus der Welt ägyptischer Tempeldunkelheit. In der zweiten Kirche, die auf alten römischen Turmtrümmern erbaut ist, vereinigen sich arabistische und christliche Kunst. Große islamische Prachtentfaltung. Manches weist auf die Aposteltätigkeit des Evangelisten Markus hin, der einst in diesen Gegenden wirkte. Die eigentlichen Ikonostasebilder, beherrscht durch die Zweiheit von Gabriel und Michael, befinden sich oben hoch über den prächtigen Intarsientüren.

Die Fahrt zu den Mamelukengräbern führt über öde Trümmerfelder an einem Höhenzug entlang, der mit Windmühlen bedeckt gewesen ist. Jetzt stehen davon nur noch Turmstümpfe.

Mamelukengräber in der Totenstadt. Türkisches Wesen. Die zwei Gesetzestafeln, die in den Hieroglyphenbildern auch auftauchen, stehen hier immer als kleine Türme am Haupt- und Fußende der Sarkophage. Man wohnt in der Wüste zwischen den Gräbern.

Dann sehen wir die Moscheen Ibn Tulun und Sultan Hassan. Ibn Tulun ist mit seinen fünf breiten Säulengängen von majestätischen Ausmaßen. Wie eine Festung ist es mit einem großen Außengang umgeben. Das mächtige Quadrat scheint nach Mekka gebaut. In der weiten, freien Mitte steht der Kuppelbau, das Minarett ist turmartig mit einer äußeren Wendeltreppe. Auch die Sultan Hassan-Moschee hat großartige Dimensionen, nur ist sie märchenhafter, nicht so burgenartig. Das ist die Welt des Arabismus in stolzer Größe.

Von der Zitadelle aus sehen wir den Sonnenuntergang. Die Magie der Stunde ist diesmal nicht so stark. Die Pyramiden im Süden verschwinden im Nebel. Es rundet sich aber durch den großen Blick auf die Stadt und das Niltal die Vielheit der Eindrücke ab. Ein geruhsamer Abendspaziergang beendet den Tag.

6.4. In der Frühe begeben wir uns zur El Azhar-Moschee, der lebendigen Universität des Islam. Durch den weiten Säulenraum schwirren die Gespräche vieler größerer und kleinerer Gruppen, die auf Teppichen um die Stühle der Lehrer dicht herumgelagert sind. Die meisten Lehrer tragen frei vor, andere lesen Stücke aus dem Koran vor und erklären dann das Gelesene. Wieder andere disputieren eifrig mit ihren Schülern, wobei dann immer ein Teil unaufmerksam bleibt. An Trachten und Gesichtern ein buntestes Gewimmel. Studenten aus allen Ländern des Islams mit Fez und Burnus und Turban. Ergreifend die angespannte Aufmerksamkeit einiger blinder Studenten. Man ist wie in frühere Jahrhunderte und fremde Welten verirrt.

Dann fahren wir zu den Kalifengräbern. Da betreten wir eine grandiose Totenstadt auf der anderen Seite von Kairo. Eine Unzahl von prächtigen Grabmoscheen mit Minaretts und Kuppeln im Staube der Wüste. Wir gehen, um ein Beispiel zu haben, in das Innere der Kait Bei-Moschee. Wie früh der Islam doch schon seine Architektur besaß! Längst bevor die romanische Kunst in Europa blühte, war die maurische Architektur bereits zur äußeren Vollendung ihres schönen Scheins gediehen. Das Eindrucksvollste ist das Ganze der Kalifengräberstadt. Wie eine verzauberte Stadt aus den Märchen von Tausendundeiner Nacht ist sie an den schaurig toten Felsenhügel des Mokkatam-Gebirges angelehnt, selbst in die ödeste Wüste hineingebaut. Die Schauer des Märchenschönheitszaubers, der doch tot bleibt, überrieseln uns.

Wir fahren durch das Bab en Nasr wieder in die Stadt ein. Einst hat ein imposantes Festungswerk mit Türmen und Mauern und überdeckten Gängen in den Mauern die ganze Stadt umgeben. Hier ist ein Stück davon erhalten. Ausgiebig klettern und schreiten wir durch das Innere der Mauern; lange Zeit brauchen wir, um oben auf der Mauer wieder zurückzukehren. Die Spuren der verschiedenartigsten Zeiten begegnen uns. Steine mit Hieroglyphen aus der Zeit Thutmosis I. sind in die Mauer mit eingebaut, und Inschriften der napoleonischen Armee legen Zeugnis ab von dem Ägyptertraum des großen Korsen. Der koptische Gottesdienst ist bereits beendet, als wir kommen. Philipp hat eben eine große Antipathie gegen alles Christliche, deshalb hat er es so eingerichtet. Mittags und nachmittags bringen wir es nur noch zu allerlei Besorgungen.

Um 7 Uhr abends fährt unser Zug nach Süden ab. Kairo, die zauberhafte seltsame Stadt mit der sphinxartigen Seele liegt hinter uns.

7.4. Morgens um 4 Uhr bei nächtlicher Finsternis steigen wir nach schneller Fahrt in Baljana aus. Die Menschen sind freundlich und weniger habgierig als in Kairo. Ein zerlumpter Zeitungsverkäufer besorgt uns ein Auto. Das fährt uns durch die Nacht nach *Abydos*, einem der ältesten und heiligsten Tempelzentren Ägyptens. Überall schlafen in den Feldern und Chausseegräben die Fellachen und rühren sich gerade. Schon schaukeln schwer beladene Kamelgruppen vorbei. Die ersten Morgenfarbenspiele zeigen uns, als sie den Himmel überziehen, vor einem langgestreckten Hügelzuge das Dorf, bei dem der Abydos-Tempel liegt. Als die ersten vorausgeworfenen Goldtöne der noch nicht aufgegangenen Sonne die zwölf Pfeiler des Tempeleingangs und die monumentalen Figuren, die in sie eingeschnitten sind, bestrahlen, treten wir in den Tempel ein. Das ist erst das wirkliche Alt-Ägypten. Dichteste Tempelatmosphäre umweht uns in dem Wald von Säulen, die wie gütig-kräftige Urgestalten ausschauen. Alles erscheint mir wie eine riesige Steigerung und Übersetzung des Poseidon-Tempels in Paestum. Aber in Ägypten ist die Säule etwas anderes als anderswo. Die schweren Papyrus-Kapitäle auf den monumental eindeutigen Säulen erwecken den Eindruck geschlossener Mysterien. »Geschlossenheit« in jedem Sinne und Urechtheit spricht aus diesem einzigartigen Bauwerk.

Vorne bilden die zwölf breiten Pfeiler die Front, hinten tritt man nebeneinander in sieben Kapellen ein, von denen eine sich in eine ganze Flucht von Kultkammern mit wunderbaren Wandbildern erweitert. Im Hintergrunde links schließt sich an den Tempel noch ein reichgegliederter, labyrinthähnlicher Mysterienpalast an, wo es unter anderem einen Saal gibt, der mit seinen um die Wände herumführenden Steinbänken den Eindruck eines Lehrsaales erweckt. Die Hieroglyphen an den Wänden betonen und wiederholen in langen Reihen die wie ein offenes Gehörsorgan geöffnete Lotosblume, als solle sie das Lauschen der Lernenden gegenüber dem Götterwort der Lehrenden zum Ausdruck bringen.

Wir sind an einem zentralen Quellort des ägyptischen Götterlebens. Hier waltet nicht die Welt der Toten und der aus ihr inspirierten äußeren Kultur, hier ist die Welt der Götter und des Himmels, die Welt des Mythos anwesend.

Abydos enthält das Grab des Osiris, das Urheiligtum, das heilige Grab des auferstehenden Gottes. Vom Dache des Sethos-Tempels sieht man unten in den Felsen die Räume dieses esoterischen Urtempels, der der Grund war, weshalb die ältesten Könige Ägyptens und die Frommen Alt-Ägyptens keinen größeren Wunsch hatten, als in Abydos begraben zu sein. Wir betreten das Osireion, das man gerne als ein Scheingrab Sethos I. abtut. Wir erstaunen. Ein langer schräg abwärts geneigter Weg führt in das Felsengestein hinab. Links und rechts sind die Wände mit Figuren bedeckt, die sich alle in einer riesig-langen Sonnenbarke befinden. Der Boden derselben unterstreicht die ganze Längswand mit breitem, rotem Striche. Lauter Einweihungsszenen sind zu sehen, seltsame Gruppen, Menschen ohne Köpfe mit schwarzen und roten Leibern, Paare von liegenden Mumien, die eine mit dem Antlitz nach oben, die andere nach unten gekehrt usw. Es entsteht die Vorstellung, als gleite man selbst in der kosmischen Barke in das Reich des Osiris hinab.

Ein großer dunkler Felsenraum überrascht uns unten. Wir sehen zum ersten Male an der Decke die Hathor-Gestalt, die sich um den ganzen Himmel rundet, aus Mund und Schoß eine Sonne gebärend: die Himmelsgöttin. Das Osiris-Grab hält uns fest, bis wir fort müssen.

Wer ist Osiris? Ist er nicht auch eine der vorchristlichen Spiegelungen der Christuswesenheit? Und was hat eigentlich Moses von Ägypten mitgebracht? Welches ist das Verhältnis von Jahve und Osiris?

Wir fügen am gleichen Vormittag zwischen zwei Zügen, was eine ungeheuere Strapaze bedeutet, noch den Besuch von *Denderah* hinzu. Am Bahnhof von Kena nehmen wir um 11 Uhr, als gerade die heißeste Mittagsstunde hereinbricht, Esel und galoppieren in rasendem Tempo durch die Stadt. Die Treiber kommen gar nicht nach. Da ich in der Eile das kleinere Tier erwischt habe, reißt das Zaumzeug mehrfach. Das Tier stürzt einmal, ohne daß uns etwas passiert. Dann werden wir samt Tieren und Treibern über den Nil gesetzt auf einem menschenreichen Fährboot. So intensiv wie durch das Reiten und das Übersetzen sind wir noch nicht in die Landschaft eingedrungen. Wir reiten weiter über heiße Sandsteppen, wo sich die Treiber bei jedem Schritt die Füße verbrennen und deshalb ihre Mäntel und Kleider vor sich hinwerfen, um darauf zu springen. Durch armselige Lehmhausdörfer kommen wir; alles brütet in der glühenden Mittagssonne. Wir müssen durch eine unwegsame Geröllwüste. Die Treiber rennen unermüdlich mit, obwohl der Ritt 1 ½ Stunden dauert. Denderah, ein riesiger Tempelkoloß aus der späten ptolemäischen Zeit, ein Dokument des Ägyptens der Kleopatra und der Cäsaren, ist in ausgedörrtes, totes Wüstengebiet, das einem rauchenden Aschenhaufen gleicht, hineingebaut. Der Gegensatz Abydos–Denderah umfaßt die ganze ägyptische Geschichte: von Osiris bis Kleopatra.

Der Tempel ist gut erhalten. Auch die Umfassungsmauern stehen noch und geben in ihrer schwarzen bröckligen Lehmigkeit dem Ganzen einen etwas unheimlichen Charakter. Der Tempel gehört der Göttin Hathor-Venus. Ihr rundes mondähnliches Gesicht schaut aus den gewaltigen Kapitälen aller Säulen hervor. Die Decken des Säulensaales hängen voll mit Tausenden großer schwätzender Fledermäuse. Die Säulen sind massig und groß, aber sie haben nichts mehr von dem Erhaben-Edlen derer in Abydos. Unten an den Säulen, die überall mit Bildern und Zeichen geschmückt sind, sehen wir die Formen großer Herzen. Alles geht in harten Symbolismus über.

Das Allerheiligste ist ein Tempel im Tempel. Drum herum schart sich ein Kranz von vielen Nebenkapellen. Wir gelangen über den langsam ansteigenden dunklen Gang auf das Dach empor. Oben hat man in der prallen Sonnenglut einen grandiosen Eindruck. Wieder spricht das Vulkanartig-Tote. Das Ganze ist wie ein Stück Geschichte, durch das die Natur zu einem erloschenen Krater wurde. Im scharfen Kontrast zu dem Gesamteindruck steht eine Einzelheit. Man blickt auf den zum Tempel gehörigen »heiligen See« herab, der in rechteckige Mauern eingefaßt ist und in dem noch eine kleine Spur von frischem Grün leuchtet. Einige Grashalme sind von den letzten Resten der Feuchtigkeit lebendig geblieben am unteren Rande einer flachen schönen Treppe, die zum Wasserbehälter hinabführt.

In den Kiosken und oberen Seitenkapellen trifft man überall auf merkwürdige hellenistisch-ägyptische Symbolik. Wieder sehen wir die Gestalt der den Himmel umrundenden Hathor. In einem Raum bildet ein Tierkreishimmel in Gestalt einer kreisrunden Scheibe die Decke (das Original ist im Louvre zu Paris). Vor allem fällt uns in dem gleichen Raum die stufenweise Darstellung des Todes und der Auferstehung des Osiris auf. Ein Einweihungsvorgang entfaltet sich in Stationen ähnlich wie in der Villa dei Misteri in Pompeji. Durch die Ehe zwischen Griechenland und Ägypten entstanden wohl die späteren hellenistischen Mysterien, wie wir sie aus der Geschichte kennen. Denderah ist eine Stätte der ägyptischen Spätzeit, in der die Dekadenz der Mysterien bereits eine abgründige war. Welche dunklen Prozeduren mögen hier wohl gespielt haben? Vielleicht ist dieser Tempel eine der Quellen gewesen für die magische Entartung der machtgierigen Diadochen und Cäsaren.

Nach eiligem Ritt erreichen wir, allerdings in sehr mattem Zustand, mit dem Anflug eines Sonnenstiches, den Zug, der uns zwischen 3 und 5 Uhr von Kena nach *Luxor* bringt. Die Hitze und der Staub kulminieren.

In Luxor finden wir in dem blumenreich gelegenen Savoy-Hotel, dessen Besitzer ein biederer Hallenser ist, eine Bleibe. Der Garten liegt am Nilufer. Drüben liegen die Berge von Theben, die bereits im ersten Anschauen ihre königliche Wesenhaftigkeit offenbaren. Nach Sonnenuntergang sehen wir das Feuer der Zuckerrohrfelder auf dem anderen Ufer in phantastischen Farben. Eine schwere dichte Schwüle erfüllt die Luft.

Am Abend bummle ich, notdürftig wieder hergestellt, mit einem Araber durch das Städtchen und gewinne interessante Einblicke in das dortige Volksleben. Die Luft kühlt sich erst gegen 11 Uhr ab.

8.4. Am nächsten Morgen brechen wir früh mit dem Führer, an den uns Philipp gewiesen hat, nach *Theben* auf. Ein Segelboot setzt uns über den Nil. Drüben erwartet uns ein Wagen. Wir nehmen den umgekehrten Weg, als sonst üblich ist, um nicht unter das Fußvolk der Reisegesellschaften zu geraten, und entdecken nachher, daß wir auf diese Weise die richtige Reihenfolge gewählt haben. Wir fahren auf die Berge zu, die sich in charakteristischen Formen väterlich majestätisch hinter dem Orte des hunderttorigen Theben erheben. Hier also lag die gewaltige Königsstadt der mittleren und neueren Reiche, die Memphis abgelöst hat. Zuerst kommen wir an zwei Steinkolosse, die beiden Memnonsäulen, die bei der winterlichen Überschwemmung des Nil mit dem Sockel im Wasser stehen. Diese riesigen Gestalten sind wie ein Eingangstor zu einer ganzen Welt. Die eine hat, wie die alten Schriftsteller bezeugen, die Fähigkeit des Tönens bei aufgehender Sonne besessen. Offenbar durch besondere architektonische Vorrichtungen, die versagten, als man den Standort der Säulen veränderte.

Wir gelangen nach Medinet Habu, einem majestätischen Tempel. Dieser und die anderen Theben-Tempel zeigen die Geburt des Krieges. An die Stelle der Götter treten die Heroen. Macht lebt auf. Die Zeit der Kolosse ist da. Ramses II., der Pharao der Moses-Zeit, ist offenbar der große Schöpfer und Erstling des heroischen politischen Willens, der aber doch zugleich auch den Verlust der Göttersphäre bedeutet. Wunderbar geschlossene Säulensäle und Osiris-Höfe. Osiris-Gestalten in heroischem Ausmaß stehen da, die Füße geschlossen beieinander, mit den beiden Händen Szepter und Geißel an die Schulter haltend. Das ist das grandiose Stillestehen der Offenbarung, aus dem später z.B. die katholische Kirche ihre statische Größe empfangen hat.

Im Tal der Königinnen steigen wir in zwei Gräber; eins ist das einer Prinzessin, das andere das eines Prinzen. Tief in das Erdinnere hinein führen die Gänge. Umgekehrte Pyramiden, unter die Erde gebaut. Kunstwerke des Reliefs und der Malerei bedecken die Wände. Sie stellen anderes dar als die in Sakkara, wo aus älteren Zeiten die Früchte des Mumiendienstes zu sehen sind. Hier ist das Thema: der Verkehr mit den Göttern.

Der Tempel Ramses III. macht die Moses-Zeit lebendig. Kolosse liegen am Boden. Ein Relief zeigt den König unter dem Sykomoren-Baum (ein ähnliches Bild ist in Karnak), der Gott Hermes schreibt mit dem Griffel auf die Blätter des Baumes. Also hat auch das späte Ägypten das Bild des Sitzens unter dem Bodhi- oder Feigenbaum als Darstellung der Einweihung. Immer gehören die Berge im Hintergrund dazu wie zu der Tempelstätte in Delphi der Parnaß.

Deir el Bahari ist so recht die gravitätische Mitte des königlichen Berghanges von Theben. Es liegt auch genau dem Eingang von Karnak auf der anderen Nilseite gegenüber. Es ist der Tempel der Königin Hatschepsut, ein großartiges Zeugnis beginnender Machtentfaltung der letzten Vor-Moseszeit. Die großartige Anlage ist nur augenblicklich durch die Renovierungsarbeiten gestört. Aber die breite Symmetrie der von links und rechts emporführenden Treppen spricht doch. Im Allerheiligsten im oberen Teil, dem dritten Stockwerk, stand der heilige Apisstier. Die Reliefs sind bereits Triumphbilder. Es kehrt überall das Bild des Siegers wieder, der ein ganzes Volk an einem Schopfe in die Höhe hält. Man erinnert sich dabei an die Bilder, in denen Abraham dargestellt wird, wie er ein ganzes Volk im Schoße trägt.

Das Tal der Könige liegt oben in den heißgebrannten toten Felsen, die etwas von einer Vorhölle haben. Dort ist auch das berühmte Grab des Tut-ench-Amun, das mit seinen Goldschätzen nur dadurch erhalten worden ist, daß ein anderes Grab darüber angelegt wurde, woraus hervorgeht, daß der Ort der Königsgräber geheimgehalten worden ist. Schon bei Lebzeiten wurde wohl die unterirdische Pyramide als Einweihungsgrab gebaut und nachher als Bestattungsgrab verwendet und geschlossen. Manche Gräber führen hundert Meter in die Tiefe. Eine große Fülle von Kunstentfaltung bekleidet die Seitenwände der Gänge und Kammern. Bilder des Totenbuches geleiten in die Unterwelt hinab. Der Kultus der toten Berge, die doch königlich sind.

In Theben muß man sich Josephs königliche Wirksamkeit und die Jugend des Moses vorstellen.

Nachmittags machen wir in einem alten großen Boot eine Segelfahrt auf dem Nil. Das fügt wieder auf eine neue intensive Art in die Seele der Landschaft ein. Hier ist es erst richtig ägyptisch. Der Nil in seiner breiten Urweltmajestät ist mit keinem anderen Fluß der Welt zu vergleichen. Er ist ein urväterliches Wesen. Von den Bergen hinter Theben löst sich der Blick nicht los. Wir haben in Europa kaum Dichter, die man auf dem Nil lesen könnte. Europa ist dazu viel zu jung.

Überall kommen bei der Sonnenuntergangsdämmerung die Frauen aus den Dörfern, um Wasser zu holen. Die schwarzen Nonnenkleider schürzen sie auf und schreiten weit in die Fluten hinein. Nachher tragen sie die schweren Krüge elegant schief auf dem Kopfe heim. Ein lebhaftes Geschnattere begleitet diese Arbeit in der Stunde des Aufatmens. Ein ähnliches Geräusch, nur viel stärker, dringt nach Sonnenuntergang aus allen Dörfern zur Stille des Stromes herüber. Das ist ein Naturereignis wie das tausendfältige Vogelzwitschern vor Sonnenaufgang und das Froschgequake in der Nacht.

Eine wunderbar-ägyptische Sternenkonstellation leuchtet auf. Genau über der untergegangenen Sonne steht die zarte Mondsichel und dicht darüber die Venus. Später wird gleich links neben dem Monde der Aldebaran deutlich. Orion und Sirius leuchten wie kostbare Geschmeide in den schnell dunkel werdenden Himmel hinein.

9.4. Wir besuchen *Karnak* und *Luxor*. Karnak ist ein heiliger Bezirk: Theben ist die Stadt der Könige, Karnak die der Priester. Feierliche Kultusszenen steigen empor: Große langsame Priesterprozessionen sieht man schreiten durch die Allee der Widdersphinxe, von der heute nur noch kurze Stücke stehen, die sich aber einst kilometerweit am Nil entlang von Karnak bis Luxor hinzog. Der junge Moses mag in diesen Prozessionen mitgezogen sein.

In Karnak verschaffen wir uns zuerst einen Überblick über den ganzen großen Tempelbezirk vom Dache des Torbaues aus. Man sieht vier Tore, die miteinander das Kreuz von Karnak bilden. Im ganzen standen zwölf Pylone. In der Vierung, dem Schnittpunkt des Kreuzes, stehen noch zwei Obelisken, der eine von Hatschepsut errichtet. Die Obelisken, die die Sonnenkräfte feiern, waren einst an ihren Spitzen mit Gold überzogen, so daß sie wie Fackeln den Sonnenaufgang meldeten.

Das Gewaltigste und Atemberaubendste ist der große Säulensaal mit weit über hundert schwergedrungenen, von Hieroglyphen überdeckten Säulen. Man fühlt sich wie in einem vervielfältigten Abydos-Tempel, wenn auch die größere Weite die magische Dämmerung mildert. Alle Säulen links und rechts des großen Mittelganges tragen die streng geschlossenen verschwiegenen Papyruskapitäle. Die den Mittelgang unmittelbar umsäumenden Säulen dagegen, die in noch riesenhaftere Höhe emporragen, haben die wunderbar nach oben sich öffnenden Lotoskapitäle, von denen die Stimmung sich erschließender Mysterien ausgeht. Wie durch einen Götterwald, so schreiten wir zwischen den Säulen einher und wagen kaum zu sprechen.

Geht man durch den großen Mittelgang nilwärts, so sieht man weit drüben, jenseits des Nils auf halber Höhe der Theben-Berge den Tempel von Deir el Bahari. Die Lotossäulenstraße setzt sich vom Tempelbezirk aus in einer mit Widdersphinxen umsäumten Prozessionsstraße, die senkrecht zu der nach Luxor führenden Sphinxallee steht, fort bis an das westliche Nilufer. Von dem hochgelegenen Königstempel führt also ein geradliniger Weg über den Nil herüber in das Zentrum der großen Priestertempelstadt hinein. So sind Theben und Karnak auf das engste zusammengeordnet.

In dem Mondtempel am Eingang des Tempelbezirks sehe ich noch ein typisches »Geburtshaus«. Die ägyptische Madonna, Isis mit dem Kinde, ist oftmals in den Reliefs zu sehen. Ägypten ist das Land des Totenkultus. Aber in verschwiegener Art fügen sich auch Geburtsmysterien hinzu. Vielleicht haben die Mysterien des Todes und des Lebens sich auch in der Doppelheit von Pyramide und Sphinx ausgesprochen. Die Pyramide steht in ihrer strengen geometrischen Figur für die Welt der Berechenbarkeit und des Gesetzes, wie sie aus dem Totenreich heraus inspiriert wurde. Die Sphinx, als rätselhaftes lebendiges Wesen gestaltet, steht für das Unberechenbare des neuen Einschlages, des Zukunftselementes, das aus dem Reiche der Ungeborenen hereindringen will. Die Dekadenz der Pyramidenströmung findet in dem kalten Golde des Tut-ench-Amun ihr Symbol; die der Sphinxströmung, die in den Geburtshäusern ihre Stätte gehabt haben mag, trat in der cäsarischen Machtgier zutage, die auf einem Mißbrauch der Kindheitskräfte, auf einem dauernden »pharaonischen Kindermorde«, beruhte.

Wir fahren noch am Nil entlang zu den Tempeln von Luxor. Man ist dabei, die lange Prozessionsallee wiederherzustellen mit den umrandenden Sphinxen. Die Ruine des ägyptischen Tempels ist mit den Resten einer christlichen Basilika, die später in die Säulenhallen hineingebaut wurde, durchsetzt. Und über das Ganze erhebt sich das Minarett einer mohammedanischen Moschee. Der Luxor-Tempel lag einst unmittelbar am Nilufer. Hier muß sich wohl die Szene mit dem Moses-Kästchen abgespielt haben.

Am Nachmittag wiederholen wir die zweistündige Segelbootfahrt auf dem Nil. Die Luft ist föhnig und von grünsilbriger glastender Schwüle. Die Sonne rötet sich im Untergehen nicht, sondern nimmt etwas Mondhaft-Fahles an. Es ist uns, als ob uns von Westen her das mondartige Steppenantlitz des afrikanischen Erdteils anschaute. Die königlichen Berge von Theben prägen sich aber auch in diesem Lichte unvergeßlich tief ein.

10.4. In aller Frühe brechen wir mit einem Auto nach *Edfu* auf. Wieder fliegen interessante Bilder von Landschaft und Leben an uns vorbei: Dörfer, Städte, Taubenhäuser, Friedhofhügel, die große Stauwerkbrücke über den Nil bei Esne.

Der Edfu-Tempel, auch aus der Ptolemäer-Zeit, liegt idyllischer und näher am Nil als Denderah, ist auch im ganzen nicht so wuchtig groß. Der Pylon im äußeren Umfassungsbau ist gewaltig hoch, alle Architekturformen sind auffallend gut erhalten. Die Anordnung der Seitenkapellen des Kioskes, des seitlichen Aufgangs, des Allerheiligsten, worin eine Sonnenbarke gestanden hat, ist die gleiche wie in Denderah. Von der Höhe des Pylons überschaut man den Grundriß der Anlage. Ein Umgang führt zwischen hohen monumentalen Mauern im Viereck herum.

Das Tempelganze mit den leise abgeschrägten Quaderwänden gemahnt ein wenig an die Pyramidenform, hat aber durch das obere Gesims, das sich nach außen umbiegt, auch etwas von einer sich öffnenden Lotosblüte.

Wichtig ist der Nilmesser. Die Schichten der Quadersteine in dem runden Turm, in den von unten das Nilwasser emporsteigt, zeigen den Stand des Niles an. Wir sind in einem Lande, wo es nicht regnet. Das ist das Land, wo die Unberechenbarkeit der Meteorologie ausgeschaltet ist und wo das Gesetz wohnt. Die Natur wird berechenbar. Aus diesem Lande zog Moses, der Gesetzgeber, aus.

Der Tempel ist Horus, dem Sohne des Osiris und der Isis, geweiht. Der Horusfalke steht in dem feierlich stillen Hofe vor dem Säulensaal.

Auf der Rückfahrt sehen wir die Reste des ptolemäischen Tempels von Esne an. Er steckt heute tief in der Erde, mitten in der Stadt, deren Niveau mit dem des Tempeldaches zusammenfällt. Nur der Säulensaal ist erhalten.

Nach langer schneller Autofahrt kehren wir spät mittags heim. Edfu war der südlichste Punkt, den wir erreichten.

Ich habe das Verlangen, nach den ptolemäischen Tempeln noch einmal Karnak zu sehen und wandere alleine dorthin. Das Sonntagsleben um die koptische Kirche herum belebt den Weg.

Dann treten wir die nächtliche Schnellzugsfahrt nach Kairo an. Im Zuge habe ich durch manche Gespräche mit Arabern und ägyptischen Reisenden wertvolle Einblicke in das Wirtschaftsleben des heutigen Ägypten.

11.4. Früh um 7 Uhr langen wir in Kairo an. Der Vormittag führt uns noch einmal kreuz und quer durch diese unendlich vielseitige Stadt.

Nachmittags fahren wir mit der Tram zu den Pyramiden hinaus. Ich ersteige den Gipfel der Cheops-Pyramide. Das ist nicht ohne Anstrengung und Gefahr, da die Blöcke oft Stufen von einem Meter Höhe bilden. Oben ist noch Helligkeit genug, um den Schatten der Pyramide weithin reichen zu sehen. Majestätische Höhe und Größe atmet man an diesem Orte ein. Die Sonne geht über den endlosen

Sandwellen der Sahara unter. Sogleich danach setzt Wind und Dämmerung ein. Als ich wieder unten bin, ist es bereits dunkel. Die Mondsichel, jetzt schon hoch über die Venus hinausgerückt, leuchtet stärker und stärker. Ich finde die anderen Freunde, die in das Pyramiden-Innere gestiegen waren, nicht mehr und wandere weit in die Wüste hinein. Es gibt wunderbar zarte silbrige Bilder. Der Sirius steht auf der Spitze der Chefren-Pyramide. Nachher sitze ich lange vor der Sphinx, die jetzt im Mondensilber stark spricht: Zünde schweigend die Fackel an! Sternschnuppen fallen. Schließlich kehre ich nach Kairo zurück, voll des seltsamsten Gefühls.

12.4. Ich fahre mit einem schmutzigen wackligen Eingeborenen-Omnibus los und komme nach mehrmaligem Umsteigen nach *Alt-Heliopolis.* Matariye heißt der Ort heute. Ich trete ein in den Balsamgarten mit dem alten Sykomorenbaum, unter dem die Heilige Familie gerastet haben soll. Nebenan der Brunnen, der ein ausnahmsweise süßes Wasser hat, was auf das Baden des Jesuskindes zurückgeführt wird. Hinter der Sykomore eine Palme. Die Welt der apokryphen Kindheits-Evangelien scheint Gestalt anzunehmen. Allmählich wird mir die Eigenart des Ortes bewußt. Auch am Rande der in die Wüste hineingebauten Stadt Kairo gelegen, steht er doch in scharfem Gegensatz zur Szenerie der Kalifengräber. Man findet sich plötzlich inmitten einer lebendigen oasenhaften Gartengegend. Es muß dort wie bei so vielen christlichen Marienstätten ein altes Quellenheiligtum zugrunde liegen. Nebenan in der Jesuitenkirche gibt eine Bilderfolge auf ihre Art die Zusammenschau des neutestamentlichen Geschehens mit dem Hintergrunde des ägyptischen Lebens zu erkennen: Die Rast der Heiligen Familie am Nil: auf den Trümmern einer Sphinx. Die Rast unter dem Baum: im Hintergrunde die Pyramiden. Einzug in Heliopolis: Einsturz der Tempel.

Das alte Heliopolis, die Sonnenstadt, die im Alten Testament On genannt wird, ist nur noch durch einen einzigen Obelisken angedeutet. Hier empfing einst Joseph seine ägyptische Einweihung; hier war später Plato 13 Jahre lang Schüler der ägyptischen Priester. Äußerlich ist also fast nichts mehr zu sehen von der Mysterienstätte, die eine wichtige Grundlage für die geistige Geschichte der Menschheit gebildet hat. Ähnlich wie Eleusis in der Nähe von Athen und St. Denis im Norden von Paris, so liegt es heute im Norden von Kairo und lag einst als die zugehörige Mysterienstätte in der Nähe von Memphis.

Der Abschied von Kairo am Nachmittag ist nun leicht. Es ist ein sonderbarer Gedanke, morgen früh schon in Jerusalem zu sein. Wir fahren auf den Suez-Kanal zu und denken an den vierzigjährigen Zug, der die Israeliten durch die Wüste von Ägypten aus nach Palästina führte.

PALÄSTINA

Wir fahren lange am Suez-Kanal entlang. Große Staubwolken umhüllen den Zug und dringen durch alle Poren ein. In Kantara werden wir mitten in der Nacht übergesetzt. Wir haben den Schritt von Afrika hinüber nach Asien getan. In wunderbaren Farben sehen wir nachher die Sonne über palästinensischem Gebiete aufgehen. Welch ein Gegensatz zu Ägypten! Der Landstrich, den wir durchfahren, das Land der Philister am Mittelmeer, ist von einer unendlichen Lieblichkeit, Fruchtbarkeit und Freundlichkeit. Die Berge von Judäa umsäumen mit blauem Bande den östlichen Horizont. Die ganze Furcht vor dem Übergang in einen anderen Kontinent und noch dazu in das Heilige Land ist verschwunden. Es nimmt uns ein heimatlich anmutendes Gefilde auf. Ägypten-Afrika hat etwas Bronzehaft-Dunkles wie das Innere eines Tempels. Palästina ist an der Meeresküste entlang, wie wir nachher durch die großen Kontraste des Landes erkennen, mehr Europa als Asien. Die Sonne Homers gießt vom Mittelmeer aus einen griechischen Hauch darauf aus. Wie die großen Küstenstädte Kleinasiens europäisch-griechische Kultur hatten, so muß auch das Westjordanland statt zur Alten zur Neuen Welt hinübergeschaut haben.

Nach dem Umsteigen in Lydda fährt der Zug in die Berge hinauf. Jetzt wird das Landschaftsbild rauher, steiniger. Es ähnelt zunächst dem, das ich von Arkadien her kenne: nur noch mit dornigem Gesträuch bewachsene Steinhänge. Die Trachten sind andere. Die Beduinen tragen um ihre Kopftücher geflochtene Doppelringe aus schwarzen Haaren.

Jerusalem zeigt sich uns nicht sogleich von der besten Seite. Am Bahnhof liegen die etwas auseinandergehenden neueren Vorstädte. Wir geraten dort unter die Meute der Hotelagenten. Schließlich überlassen wir uns dem fixesten, sitzen plötzlich in einem vornehmen Auto und werden in einem feudalen, teuren Hause abgesetzt. Wir bleiben aber nicht, sondern gehen in das französische Klosterhospiz Notre Dame de France. Hier ist angenehmste Ruhe und Kühle. Riesige Korridore enthalten die vielen Eingänge zu den kleinen, aber wohnlichen zellenartigen Zimmern.

Nachdem wir uns von dem Staub und der Ermüdung der Nachtfahrt befreit haben, mache ich zuerst allein einen Gang aufs Geratewohl in die Stadt. Nirgends will sich mir ein volles Stadtbild zeigen. Der Tempelplatz bleibt noch verborgen. Dafür komme ich durch einige wundervoll stille Straßen, umsäumt von hohen Mauern, hinter denen friedensvolle Gärten liegen. Die Stadtmauer läuft diesen Gärten parallel. Nachher erst orientiere ich mich und erfahre, daß ich auf dem Zionsberg gewesen und geradewegs auf das Haus der Abendmahlseinsetzung zugegangen bin. Das stillere älteste Jerusalem, der Stadtteil, der am meisten die Stimmung alter Zeiten und Geheimnisse unmittelbar bewahrt hat, hatte mich aufgenommen, ehe ich in das Labyrinth der vielen Jahrhunderte und Völker und Konfessionen geriet.

Nach dem Essen gehen wir durch die Via dolorosa und sehen in den steilen engen Gassen der Stadt, die mit buntem Basarleben erfüllt sind, die Stationen der Kreuztragung und den Ecce-homo-Bogen. Wir geraten beim Pilatus-Palast in das Prätorium mit seinen unterirdischen Gängen und Grotten und Kerkerhöhlen. Sind wir da in den Bereich des Mithras-Kultus eingetreten, der zur Zeit des Mysteriums von Golgatha den römischen Legionen bereits seinen Stempel aufdrückte?

Es beeindruckt uns, wie stark die Kreuzzugszeit überall in der Altstadt noch in der Architektur lebendig ist. Die Straßen sind vielfach mit gotischen Gewölben überdeckt und sehen wie Ordensrittersiedlungen aus. – Plötzlich stehen wir auf dem uralten Tempelplatz. Hier weht ein Geheimnis. Erhabenstes und strengstes Schweigen waltet wesenhaft auf den menschenleeren Steinflächen – wir erfahren erst nachher, daß der Platz bereits seit dem Mittag nur noch für die Muslim zugänglich ist. Stechende Sonne glüht über den phantastischen Architekturformen des Felsendoms und des Kranzgemäuers, das mit seinen hohen Bogenöffnungen die seltsamsten Durchblicke ermöglicht. Hier ist also die Stätte der alttestamentlichen Kultuskonzentration, der zuliebe alle Naturheiligtümer eingezogen wurden, heilige Berge, heilige Haine, heilige Grotten, die, wie uns nachher jeder Tag der Reise zeigt, in keinem Lande der Erde in so reicher Fülle bestanden haben wie in Palästina. Monotheistischer Geist waltet in strenger Größe hier, wo die Abstraktion in die Religion eingezogen ist. Man spürt die Greisenkräfte, die im Alten Bunde die Menschheit führten. Hier lebte etwas, das die Menschheit alt gemacht hat. Der Islam, der heute die heilige Stätte des salomonischen Tempels besitzt, ist durch seinen potenzierten Intellektualismus der rechtmäßige Erbe des unverwandelt bleibenden Alten Bundes. Schauer einer naturfeindlichen Heiligkeit wehen aus uralten Zeiten in unsere Seele.

Durch das Stephanustor steigen wir in das Kidrontal hinab mit seinen unabsehbaren Gräberhängen und klettern auf der anderen Seite den Ölberg hinan. Von jeder Höhe aus ändert sich der Blick auf die Stadt. Je höher man kommt, um so deutlicher hebt sich die Fläche des Tempelplatzes aus allem heraus. Oben auf dem höchsten Gipfel liegt hinter hohen Mauern ein Park, von dem man bereits außen spürt, daß er ein Wunder birgt. Ich suche mir, da weit und breit kein Mensch zu finden ist, einen Zugang und stehe auf einmal in einem Hain von Ölbäumen und Zypressen, in welchem ein geradezu überirdischer Friede waltet. Eine Sphäre wie die einer gütestrahlenden kosmischen Seele umfängt mich. Nur ein paar Kinder spielen still im Gras. Ich schreite durch die heilige Stille und werde am anderen Rande des Gartens durch einen ganz überwältigenden Anblick überrascht. Ganz tief unten liegt das Tote Meer, umrahmt von den durch die Sonne rotviolett gefärbten Bergen der Wüste Juda auf dieser und des Moabiterlandes auf jener Seite. Das ist ein Blick in das Innere der Erde. Majestätisch tut sich die Todeswelt von Judäa hier vor mir auf. Ich wandere ganz benommen durch den Hain hin und her, bis ich an eine kleine Kapelle komme, wo in griechischer, arabischer und armenischer Sprache die Erscheinungen des Auferstandenen geschrieben stehen, der von den Jüngern Speise nimmt und mit Thomas spricht. Zwei Säulen deuten wohl auf die beiden Gestalten hin, die nach der Himmelfahrt zu den Jüngern als den Männern aus Galiläa sprachen. Mir fällt ein, daß dieser Park wohl der sein könnte, der »Viri Galilaei« genannt wird. Ja, hier könnte schon der Ort sein, wo die Jünger den Auferstandenen schauten. Die Baumwipfel scheinen von dem kosmischen Geheimnis der Auferstehung zu raunen. Das Geheimnis, das hier waltet, ist dem des Tempelplatzes entgegengesetzt. Hier ist das jüdische Prinzip der Naturentgötterung umgekehrt worden: Göttliches strömte wieder in die Naturreiche ein. Ist es nicht von neuem ein »heiliger Hain«, durch den jetzt der Farbenzauber des Sonnenunterganges hindurchflutet?

Zuletzt komme ich an das Herzstück des Gartens. Eine kleine Kapelle steht in einem Steinhof, der schlicht ummauert ist. Und auf der Mauer lese ich ringsherum in großen griechischen Buchstaben den Urtext der Himmelfahrtsgeschichte. Die griechische Sprache hat etwas wunderbar mit der Abendröte, dem Weben der Elemente und dem Rauschen der Bäume Verwandtes. Hier ist die Stätte der Himmelfahrt, und Auferstehung und Himmelfahrt bedeuten das Sicheinen der Christuswesenheit mit der Sphäre der Erdenelemente. Die Stimmung des Ortes ist eine Steigerung dessen, was in Trefontane und an den anderen Märtyrerstätten in Rom zu spüren ist.

Mit dem Gefühl, dem Geheimnis von Jerusalem begegnet zu sein, verlasse ich den Ort. Ich verharre am Abhang des Ölberges, der apokalyptischen Jüngerunterweisung gedenkend, die Christus hier hielt angesichts des Tempels, im Vorausblick auf seine Zerstörung. Hier oben muß Christus oft lehrend zu den Jüngern gesprochen haben.

Die Freunde kommen aus der Stadt, und wir sehen nun noch das volle Wunder des Sonnenunterganges, der heute besonders prächtig ist. Dann steigen wir hinab. Die Stadtmauer droben schneidet den Himmel für uns, je tiefer wir kommen, in den verschiedensten Farbhöhen ab, so daß einmal die Stadt unmittelbar in ein tiefes Violett übergeht. Gestern sahen wir noch die Sonne über der nordägyptischen Landschaft untergehen, vorgestern hatte ich ihrem Scheiden von der Spitze der Pyramide aus zugesehen.

Trotz der Dunkelheit können wir noch in den Gethsemane-Garten eintreten. Der schmale Raum gibt doch einen gewissen Eindruck durch die kleinen alten Ölbäume, deren filigranierte Silhouetten schön vor dem silbrigen Abendhimmel liegen. Das kosmische Geheimnis, das oben auf dem Gipfel so seelenvoll sprach, deutet sich hier bereits an, wenn auch schweigsamer. Haben hier auch einst die Menschen versagt, so mögen doch Strauch und Baum die bereits im Opfer leuchtend sich verströmende Christus-Seele gespürt und empfangen haben. Die Kirche ist von belastendem Prunk. Aber der alte Felsen, der überall herausschaut vor und hinter dem Altar, läßt noch eine Ahnung entstehen von dem nächtlichen Vorgang. Ist nicht der Kitsch auch schicksalsgemäß? Die Jünger schliefen hier ein und merkten nichts von dem, was geschah. Von ihnen ging dann die Kirchenströmung aus, die nun wieder durch ihre äußere Prachtentfaltung alles so verschüttet, daß die Seelenspuren des wahren Geschehens nicht mehr gespürt werden.

Ich gehe im Mondlicht noch in das Kidrontal hinab. Das Absalom-Grab und die anderen großen und kleinen Gräber liegen phantastisch unter dem bleichen Schimmer des Abendhimmels. Der Kidronbach rauscht. Eine dunkle Zypressen-Allee führt zu dem Quader der Stadt empor. Von der Szenerie, die mich hier umgibt, kann ich mich gar nicht trennen. Ich verstehe sie langsam, und um so mehr zieht sie mich in ihren Bann. Dieser Teil des Kidrontales ist das Tal Josaphat, an das sich die eschatologisch-messianischen Zukunftshoffnungen des Judentums anknüpften. Hier, so glaubte man, tun sich die Gräber auf, wenn der Messias kommt. Deshalb breitet sich hier das Feld der vielen tausend Gräber. Ist nicht, wenn auch auf unscheinbare, mehr innere Art, diese Weissagung in Erfüllung gegangen, als Christus mit den Jüngern in der Gründonnerstag-Nacht, umstrahlt von der Glorie des Sakramentes, hier herunterschritt und anfing, sein Leben auszuströmen an die Welt des Todes und des Grabes? Ein Quell kosmischen Lebens entsprang mitten in der Wüste von Judäa. Die Kultuskonzentration des alttestamentlichen Tempelplatzes kehrte sich um zu der sakramentalen Ausstrahlung des kosmischen Christus-Opfers. Brot und Wein waren die Erstlinge einer neuen Naturdurchgeistigung. Der Weg, der von der Stadt oben, mit Zypressen umsäumt, in das Tal der Gräber hinunterführt, scheint mir auf einmal wie von ferne in einem sakramentalen Lichte zu leuchten. Er offenbart sich als der »Abendmahlsweg«. Von nun an ist er das Ziel mancher Gänge, die ich in Jerusalem mache.

14.4. Wir wandern aufs Geratewohl durch die Stadt. Die Basare sind sehr interessant und bunt, zum Teil viel ursprünglicher als die in Kairo. Man sieht alle Handwerke sich betätigen in den meist gotischen Gewölbenischen zu beiden Seiten der dicht gefüllten Gassen.

Wir stoßen auf dem Zionsberge auf das »Haus des Kaiphas«, das in einem schönen stillen Garten liegt. Ein Stück Mosaikboden soll die Stätte der Verleugnung Petri andeuten. Ganz nahe dabei finden wir den Saal des Abendmahles. Eine überraschend feierliche gotische Halle. Kreuzfahrerstimmung. Haben die Tempelritter sie so ausgebaut? Sie ist heute im Besitz der Mohammedaner, denen sie nur als Vorhalle zur Moschee des David-Grabes gilt. In einem Nebengelaß steht eine Nachbildung des Grabes Davids, das in einem tiefergelegenen Raum des Hauses, für die »Ungläubigen« unzugänglich, sich befindet. Wenn die Tradition von dem David-Grabe auch nur einen echten Kern enthält, so ist dadurch die Abendmahlseinsetzung bereits des privaten Charakters entkleidet. Das Haus ist eine Kultstätte gewesen, das Coenaculum gehörte einer Bruderschaft, vielleicht einer Gruppe des Essäerordens, die sich in besonderem Sinn als »Söhne Davids« empfand. Je länger wir im Coenaculum verweilen, um so dichter füllt es sich mit der Substanz jenes opfernden Aussichherausgehens Christi, das dort seinen Ausgangsquell hatte und das den Abendmahlsweg umwebt und über Golgatha hinaus die Oster- und Himmelfahrtsereignisse erfüllte.

Zuletzt kommen wir noch an die Grabeskirche. Sie ist über Mittag geschlossen. Das verschafft uns den Vorzug, zunächst einmal alles von oben her betrachten zu können. Wir finden durch das Kapellengewirr einen Weg auf die Dächer. Dort sind die abessinischen Asketen, derwisch-ähnliche Christen, ansässig. Sie hausen dort. Es ist der einzige Teil der Grabeskirche, der ihnen eingeräumt wurde. Aus ihren Augen leuchtet der Glanz kindlicher Güte. Diese Schwarzen sind sympathischer als die streitenden Christen mit weißer Haut. Auf dem Dach eines griechischen Klosters haben wir einen guten Blick auf die Stätte des Kreuzes und des Grabes, die beide von je einer Kuppel zugedeckt sind. Golgatha liegt also jetzt mitten in der Stadt, nachdem es einst draußen lag. Die alte Stadt hat wohl einen Grundriß gehabt wie ein islamischer Halbmond, der den Venusstern des Golgatha-Hügels umschloß.

Das Religionsgewimmel ist ebenso interessant wie das mohammedanische Volksleben in Kairo. Überall hausen die Mönche in der Grabeskirche und befehden sich. –

Nachmittags fahren wir mit einem Pferdewagen nach *Bethlehem*. Wir passieren die Stelle, wo sich Judas erhängte, wo Kaiphas die geheime Beratung hielt, das Grab der Rahel usw. Die Landschaft ist wunderbar in ihrem seelenvollen Wechsel von Berg und Tal. Auf einmal ist man aus der Todeswelt von Judäa wie entrückt. Die Gegend um Bethlehem muß eine Insel des Lebens in der Wüste Juda sein.

Bethlehem liegt auf einem Berge. Die Trachten sind wieder ganz andere. Das Matronenelement tritt hervor durch den hohen Kopfputz der Frauen, in dem der Silberschatz der Familien aufbewahrt wird.

Wir besuchen die Geburtskirche. Eine schöne altchristliche Basilika mit vier Reihen goldbrauner Marmorsäulen. Die griechisch-katholische Strömung ist trotz des Kitsches leichter zu ertragen als das Römische. Sie schmückt alles in kindlicher Art mit bunten Glaskugeln und Lampen, als wäre es ein Weihnachtsbaum.

Unter der Kirche liegt die Geburtsgrotte tief in der Erde. Man kann sich da schon den vorchristlichen Kultusinhalt uralter Grottenmysterien denken. Unmittelbar anschließend an die Grotte der Krippe liegt, den Römern gehörig, die Grotte, wo der herodianische Kindermord geschehen sein soll. Das gibt zweierlei Aufschlüsse. Erstens, daß die Erzählung vom Kindermord die bildhafte Umschreibung eines schwarzmagischen Kultus ist, zweitens, daß die Geburtsgrotte kultischen Charakter hatte. Zweierlei Kultus nebeneinander.

Es ist noch die Hieronymus-Grotte zu sehen mit den Gräbern des Hieronymus, der heiligen Paula und der heiligen Eustachia. Das ist also die Stätte von »Hieronymus im Gehäus«, die im Kreise der Humanisten eine so große Bedeutung hatte und so oft dargestellt wurde. Hier entstand die Vulgata, die lateinische Bibelübersetzung. Hieronymus wußte wohl, weshalb er diesen Ort wählte. Kosmische Geburtskräfte suchte er für die Sprache fruchtbar zu machen. Und welches Ergebnis hat er erzielt? Er schuf die magische Bibel für die römische Machtkirche. Nichts vom lichten Weisheitsweben des griechischen Textes blieb übrig.

Die Bethlehem-Kirche ist im ganzen doch sehr stimmungsvoll. Es weht ein kindlich-weihnachtlicher Geist darin, den auch die Landschaft trotz der grandios toten Wüste, die ganz nahe herankommt, inselhaft auszustrahlen scheint.

Die Rückfahrt geschieht bereits im Dunkeln und wird dadurch belebt, daß der Kutscher ein flüchtiges Arabermädchen einfängt, das dann schimpfend und lachend und sich fortwährend juckend mit uns in Jerusalem Einzug hält.

15.4. Automobilfahrt von Jerusalem durch die Berge der judäischen Wüste hinab nach *Jericho*. An Bethanien und an der Apostelquelle fahren wir schnell vorbei. Die Berge nehmen einen immer seltsameren, schreckhaft-großartigen Charakter an. Sie bestehen zwar nicht aus Vulkangestein, aber dennoch muß diese Welt gewaltigen uralten Feuerkatastrophen ihr Dasein verdanken. Alles ist ein enormes Schlacken- und Aschenfeld kosmischer Brände. Steinerner Tod. Was die Bibel als den Untergang von Sodom und Gomorrha schildert, ist wohl ein mythisches Bild für diese vorgeschichtlichen Katastrophen. Hier und da sieht man, noch hoch in den wüsten Bergen, Korallenbänke in das Gestein eingesprengt. Ist einmal wirklich hier ein fruchtbares Meeresgestade gewesen? Größte geologische Rätsel harren hier ihrer Lösung. Ich fühle deutlich, daß ihre Lösung zugleich von kosmischen Entwicklungen her verständlich machen wird, warum dies Stück Erde zum Heiligen Lande wurde.

Wir fahren immer mehr abwärts. Die Erde hat einen Riß. Man gerät tief in den Schoß der Erde hinein, aber es ist, als ob ungute Kräfte des Abgrundes hier zutage treten wollten, und so spürt man nicht bloß die gute Mutter Erde.

Wir verstehen das Gleichnis vom barmherzigen Samariter tiefer, wo es heißt, es sei ein Mann von Jerusalem nach Jericho gegangen. Jerusalem liegt hoch oben und hat sogar im Sommer kühle Tage. Jericho hat schon fast die Höhe des Toten Meeres, das 400 m unter dem Meeresspiegel liegt; dort herrscht selbst im Winter tropische Wärme. Vom Ölberg blickt man annähernd 1300 Meter in die unterirdische Tiefe hinab.

Der alte Weg von Jerusalem hinab nach Jericho ist von Zeit zu Zeit sichtbar, wenn man die Autostraße verläßt und etwas landeinwärts geht. Von einem Geröllhügel aus sehen wir in ein steiles tiefes Schluchttal hinab. Ein weißes Kloster ist wie ein Taubennest phantastisch an den steilen Hang gebaut. Manche Einsiedlerhöhle wird in den Wänden der Schlucht sichtbar. Das cañonartige Tal heißt Wadi Kelt. Unten fließt als dünner Silberfaden der Bach Krith, wo der Prophet Elias weilte in der Zeit der Not und von Raben ernährt wurde. Am Bache entlang geht der alte Wanderweg. Hier sind wir auch in die Welt Johannes des Täufers eingetreten. Die »Wüste«, in der seine Stimme zur Sinneswandlung rief, ist nicht als flache Sandwüste, sondern als dramatische Gebirgswüste vorzustellen. Die Szenerie entspricht seiner Gestalt. Wir müssen elementar daran denken, daß ja der Essäerorden sein palästinensisches Zentrum und seine Klöster und Einsiedeleien in der Nähe des Toten Meeres hatte. Sicher ist das Georgskloster, das da unten vor unseren Blicken liegt, auch an der

5 Blick auf Jerusalem

6 Das Coenaculum, der Saal der Abendmahlseinsetzung,
auf dem Zionsberg

7 Der »Abendmahlsweg« vom Zionstor in das Kidrontal.
Links das Absalomgrab

8 Die heilige Treppe am Zionsberg

9 Die Synagoge zu Kapernaum

10, 11, 12 Kapernaum. Plastische Motive an den Architraven

13 Mosaikfußboden der urchristlichen Basilika bei Tabgha

14 Tabgha. Mosaik mit Brot und Fischen an der Stelle des Altars

15 Die Wüste Juda oberhalb vom Wadi Kelt

16 Luftbild des Jordantals

17 An der Jordanquelle

18 Der Jordan

19 Die Felsenlandschaft am Toten Meer

20 Der Berg Tabor – der Berg der Verklärung

21 Dolmen auf der Höhe über dem See Genezareth

22 Der See Genezareth

Stelle eines alten Essäerklosters gebaut worden: Essäerlandschaft, Elias-Johannes-Szenerie.

Unten in der Tiefe, am Rande der Bergwüste, wo die breite Jordansteppe sich zu dehnen beginnt, an die einstige Größe des Jordans gemahnend, liegt Jericho. Drüben auf dem jenseitigen Jordan-Ufer sieht man am Rande der Moabiterberge die Bäume von Gilgal. Unter den Bergen drüben ist irgendwo auch der Berg Nebo, das Grab des Moses.

Jericho liegt in einem schmalen Fruchtbarkeitsstreifen zu Füßen der Wüste Juda. Das ist der letzte Rest der einst zauberhaften Gärten der Kleopatra und weiter zurück auch wohl des Sodom-Reichtums. Bananen und Apfelsinen von ganz besonderer Güte wachsen hier. Die Leute sind auffallend schwarz und zigeunerhaft. Von der alten Stadt waren nur spärliche Trümmer zu sehen. In späteren Jahren haben die seit einem halben Jahrhundert laufenden Ausgrabungen an eine wichtige Station geführt, durch die sich Rückblicke in uralteste Zeiten und in die Uranfänge des Bauens überhaupt eröffnen. Steinbauten wurden freigelegt, die älter sind als alles, was man bisher an Entsprechendem, etwa im Boden Ägyptens, fand. Vor allem waren das ein ganz in das harte Felsgestein eingeschliffener Graben, 10 m breit und 2½ m tief, der außerhalb am Mauerwall entlang um die Stadt herumführte, sowie innerhalb der Umgrenzung ein aus Pflastersteinen gebauter Turm mit einer innen emporführenden Treppe aus kunstgerecht behauenen Steinen. Die Archäologen datieren diese Steinbauten mit guten Gründen auf 6000 vor Christi Geburt, so daß sie zur Zeit Josuas schon mehr als 4500 Jahre bestanden hätten, und heute 8000 Jahre alt wären. Da man sich die Entwicklung in jeder Hinsicht als aus dem Primitiven in das Vollkommenere führend vorstellt, steht man staunend vor der Tatsache, daß in einer Zeit, als die übrige Welt noch in wildem Zustand lebte, Jericho als erste ummauerte Stadt bereits reich war, mit einer Bevölkerung von etwa 3000 Einwohnern, »mit starkem Bürgerbewußtsein, guter Gemeindeorganisation und hoher Zivilisation«. Natürlich erheben sich da ungezählte Fragen, z. B. die, gegen wen Graben und Turm als Befestigung dienten – daß die ursprüngliche Bestimmung solcher Bauwerke eine kriegerische war, setzt man als selbstverständlich voraus –: Gab es bereits konkurrierende Menschengruppen auf ähnlicher Zivilisationsstufe oder wollte man sich gegen die Angriffe barbarischer Horden schützen? Paßt aber der innerhalb der Stadt stehende Turm, der offensichtlich keine Plattform und keinen Überbau besaß, in das Bild einer kriegerischen Befestigungsanlage?

Man sollte an solche Ur-Plätze mit einem aufgeschlossenen Sinn für ihren kultisch-magischen Charakter herantreten. Nicht das Primitive steht am Anfang der Kulturen. In irgendeiner Art bildeten immer Mysterienstätten den Ausgangspunkt irdischer Zivilisationsgestaltung. Speziell bei Jericho gehört die Vorstellung einer unbezwingbar mächtigen Vegetation zum Bilde des ursprünglichen Milieus. Erst die späteren tellurischen Katastrophen, die in der Bibel mythisch als der Untergang von Sodom und Gomorrha beschrieben sind, trugen den Wüsten-Charakter dorthin. Nur die Zaubergärten von Jericho, auf deren Besitz Kleopatra so versessen war, blieben als letzter Rest des ursprünglichen Zustandes übrig.

Die mythischen Traditionen bezeichnen durchweg Jerusalem als die älteste Stadt der Welt. Ist dies nun durch die Erforschung von Ur-Jericho widerlegt? Könnte es nicht sein, daß es sich da um zwei polarische Urzentren gehandelt hat: das der Sonne in Jerusalem und das des Mondes in Jericho? Dann würde das beweisbar gewordene Alter von Jericho eine Anregung bedeuten, auch in der Geschichte Jerusalems zurückzutasten, weit hinter alles bisher äußerlich Belegbare hinaus.

Über den Trümmern der alten Stadt liegt der Berg der Versuchung, tief einprägsam durch seine Gestalt. Von seinem Gipfel aus muß man tief in die Reiche der Welt, nach Asien, hineinschauen können. Eine ganze Zeile von Klosterbauten klebt hoch oben am Abhang mitten im toten Gestein wie Vogelnester. Nach der Jordantaufe ist Jesus vierzig Tage in der Eremitenlandschaft der Essäer und des Täufers geblieben.

Wir fahren durch die hügelige, endlos sich hinziehende Steppenebene an den *Jordan*. Die Stelle der Taufe Jesu. Der Jordan fließt langsam und lehmig seinen Weg. Wir sind schon deutlich in der Welt des

Toten Meeres. Alle Grundereignisse des Christentums stehen im Bildeinklang mit dem Kosmos. Die Jordantaufe hat den tiefsten Punkt der Erdoberfläche zum Schauplatz – die vom Himmel zur Erde niedersteigende Christuswesenheit steigt der gestürzten Erde und Menschheit in die Tiefe des Todes nach. Die Taufstelle ist ein stiller unscheinbarer Ort. Wieder wird uns deutlich, wie sehr die Christus-Ereignisse sich im Stillen und Kleinen abgespielt haben.

Von der Taufstelle aus fahren wir in großem Bogen an das *Tote Meer*, das glänzend und groß zwischen den Bergen liegt. Der Anblick des Wassers nach dem Weilen in der toten Steinwüste scheint von einer anderen Welt zu künden. Aber selbst das Wasser, das Element des Lebens, ist hier mineralischer Natur, da es fast zu 30 % aus Salz besteht. Alles offenbart den steinernen Tod. Landschaft des Sündenfalls. Wir baden im Toten Meer und spüren die Seltsamkeit dieses Wassers, das auch den Nichtschwimmer trägt und außerordentlich stark auf den menschlichen Organismus wirkt, aber sich als giftige Lauge bemerkbar macht, wenn es in Mund und Augen dringt. Nachher ist man von einer klebrigen Salzschicht überzogen, aber in einer Bretterbude kann man diese mit Süßwasser abspülen.

Die Achse unseres Wagens ist gebrochen, und wir entdecken durch Betrachten der Bruchstelle, daß sie schon nur noch in Millimeterbreite zusammenhielt, als wir in echt orientalischem Tempo die steilen Hänge der Wüste herunterfuhren. Wir lassen einen neuen Wagen von Jericho kommen und sind nach kurzer schneller Fahrt wieder in Jerusalem. Den seltsamen Bann der Wüste und der unterirdischen Tiefe fühlt man erst ganz deutlich, wenn man ihm wieder entronnen ist. –

Nachmittags gehen wir zur Via dolorosa, um die Prozession zu sehen. Sie besteht nur aus einer kleinen französischen Pilgertruppe und den zum Singen beorderten Franziskanern. In der Grabeskirche ist ein buntes Durcheinander von Religionen. Die Griechen haben Gottesdienst. Die Gesänge ähneln nicht denen der Russen, sondern sind unkultiviert und unschön, wie ich sie schon in den Athosklöstern hörte, wenn man auch an ihnen hie und da das große Alter der musikalischen Figuren erkennt. Von nebenan dröhnt der Gesang der Franziskaner und der römischen Chorknaben hinein. Beide Parteien steigern die Stimmstärke, um sich zu übertönen.

Wir gehen in die Kalvarienkapelle hinauf. Die Stelle, wo auf Golgatha das Kreuz gestanden hat, wird von einem griechischen Mönch gehütet. Aber auch die römischen Pilger tauchen ihre Rosenkränze und die anderen zum Weihen mitgebrachten Gegenstände in die Öffnung unter dem Altar. Von dem Hügel Golgatha ist hier kein Bild mehr zu gewinnen. Wir kriechen auch in das Tempelchen über dem Grab. Der religiöse Kitsch der Jahrhunderte hat sich hier zusammengetan. Wer glaubt, hier am Heiligen Grabe dem Christus besonders nahe sein zu können, wird enttäuscht. Man versteht die Tiefe des Wortes, das hier die Engel zu den Frauen sprachen: »Er ist nicht hier, er ist auferstanden.« Erst wenn man vor den offiziellen »Sehenswürdigkeiten« der christlichen Religion erkennt: »Hier ist er nicht«, läßt man sich durch die Frage: »Wo ist er denn?« zu den stilleren und mehr kosmischen Stätten Jerusalems führen, wo die Seelenspur des Christus-Lebens noch angetroffen werden kann.

Die Architektur in der Grabeskirche ist ebenso wild gemischt wie der Kultus. Das Kreuzfahrertum gibt aber dem Ganzen noch einen Stempel.

Das Eindrucksvollste ist die tiefgelegene Kapelle der Kreuzfindung, die auf die Kaiserin Helena zurückgeführt wird. Vier schöne breite Säulen tragen den runden Raum. Er gehört jetzt den Armeniern. Noch tiefer in der Erde liegt eine Felsenkapelle. Hier waltet etwas von der Stimmung der Schatzhöhle und des Adam-Grabes. Wenn hier wirklich Golgatha ist – es ist das ja erst seit der constantinischen Zeit Tradition – so ist hier eine Andeutung der Melchisedek-Grotte. In einer Kapelle direkt am Haupteingang wird das Adam-Grab gezeigt. Aber die Kapelle gibt keinen Eindruck und ist offensichtlich erst späten Datums. Links und rechts neben ihrer Pforte sind Gottfried von Bouillon und Balduin begraben. Das Schwert Gottfrieds und das fünffache Kreuz, das er trug, wird in einer lateinischen Sakristei gezeigt. In der Kreuzfindungskapelle sind überall an den Wänden, zum Teil heute mit Stuck überdeckt, die Kreuze der Kreuzfahrer eingegraben. Jeder grub ein Kreuz in die Wand, die Führer ein großes, die Gefolgsmannen ein kleines.

Der Streit der Konfessionen am Heiligen Grab ist groß. Die Kopten haben nur noch ein kleines Kapellchen für teures Geld erwerben können. Die Abessinier hausen auf den Dächern. Römer, Griechen, Armenier haben die Macht. Protestanten sich dort vorzustellen, ist völlig unmöglich. Der Welt der abendländischen Abstraktion ist man hier entrückt. Der Pförtner ist ein Mohammedaner, weil nur ein solcher über den zankenden Parteien steht. Merkwürdig ist es auch, der Prozession den festlich geschmückten Muselmann mit der Peitsche voranschreiten zu sehen.

Wir gehen zur Klagemauer. Aber erst um 6 Uhr, bei Anbruch des Sabbath, sammeln sich dort mehr Juden an. Die Zeit bis dahin verbringen wir oben auf der Stadtmauer über dem Nadelöhrtor, von wo aus wir einen wunderbaren Blick haben auf die bereits goldrot gefärbte Stadt und in das Kidrontal hinab. Dort oben lagert eine Gruppe lustiger Beduinen, die, weil sie bei Juden arbeiten, jetzt ohne Beschäftigung sind. Mit ihnen unterhalten wir uns und gehen dann wieder zur Klagemauer. Wir begnügen uns allerdings mit einem kurzen Hinblicken, denn es ist beleidigend, wie aus den Klagegebeten der Juden ein Schauspiel gemacht wird, indem ganze Gesellschaften von nichtjüdischen Europäern und Amerikanern dort photographieren und den schallenden Vorträgen ihrer Führer zuhören. Es stehen Juden von jeder Art da, von den Gassenjungen mit schiefer Mütze bis zu den alten bärtigen Patriarchengestalten mit bunten Samtkaftanen und Pelzbaretten; von den still intellektuell Betenden bis zu denen, die durch rhythmische Körperbewegung ihr Bewußtsein ekstatisch zu steigern suchen.

Abends besuchen wir ein jüdisches Kaffee, wo getanzt wird. Von 9 Uhr an füllt sich das Lokal. Aber es bleibt eine ganz müde, bleierne Stimmung. Mit Humor und Lust an freier Geselligkeit sind diese Menschen nicht gesegnet. Man brütet im eignen Kreise lustlos uralte Schicksale aus.

16.4. Wir schalten einen Ruhetag ein. Ich gehe vormittags in die Grabeskirche, wo es ganz still und friedlich ist. Nur der Insektenschwarm von Leuten, die sich als Führer anbieten oder wenigstens Kerzen verkaufen wollen, ist am Werk. Ich verjage sie, indem ich schimpfe, daß sie die geweihten Kerzen von den Altären stehlen, um sie zu verkaufen. In der Höhlenkapelle unter der tiefgelegenen Kreuzfindungskirche bin ich geraume Zeit ganz ungestört.

Nachmittags verweilen wir lange auf dem Ölberg in dem griechischen Hain, der immer ganz menschenleer und weihevoll ist. Die Baumwipfel führen mit ihrem Raunen aus dem Weltenäther unmittelbare Bilder der Vergangenheit herbei. Wir gehen dann auch in die russischen Gärten hinüber, die mehr besucht werden und die offizielleren, aber innerlich weniger lohnenden Ölberg-Sehenswürdigkeiten beherbergen. Es pfeift ein heftiger Sturm. Am Himmel ballen sich Wolken zusammen. Dort oben ist das Walten der Elemente von besonderer Art.

Wir suchen uns den alten Fußweg über Bethphage nach *Bethanien*, den zu gehen mit dem Blick auf die Wüste Juda die unmittelbarste Empfindung des Jesus-Lebens hervorruft. Ein Bauer zeigt uns in dem ärmlichen Nest Bethanien die tiefen unterirdischen Hallen, die fast unter allen Häusern vorhanden sind.

Das Lazarus-Grab liegt in einem tiefen unterirdischen Turm. Gleichviel, ob viel oder wenig in späterer Zeit hinzugebaut worden ist, so bleibt doch der Eindruck eines uralten Grottenheiligtums. Der Ruf: Lazarus, komm herauf! wird plastisch. Die palast- und tempelartigen Ruinen des Hauses, das als das Haus Simons des Aussätzigen bezeichnet wird, lassen auf ganz andere religionsgeschichtliche Hintergründe schließen, als man sie sonst annimmt. Bethanien ist das »Haus der Armut«. Aber es muß dort mancherlei Mysterienhaftes gespielt haben. Was heißt es, daß das Evangelium von dem armen Lazarus und die Legende von Lazarus als dem reichen Königssohne spricht?

Der Blick in das durch die Abendsonne vergoldete Land läßt uns nicht los. Wir wandern auf der Landstraße zurück und gehen durch das Tal Josaphat, das durch den jetzt schon fast vollen Mond gespensterhaft erleuchtet ist. Der Zypressen-umsäumte Weg, den Jesus mit den Jüngern nach dem Abendmahl benützte, um in das Kidrontal hinabzusteigen, führt in prächtiger Steigung zu dem Quader der Stadtmauer empor. Er sieht von dem Gräberfelde des Tales Josaphat aus, als zittere wirklich über ihm noch etwas von dem kosmisch-sakramentalen Geschehen der Gründonnerstag-Nacht.

17.4. Es ist Sonntag. Morgens lesen wir zusammen aus den Vorträgen Rudolf Steiners über das Leben Jesu. Aus der Landschaft heraus wird alles neu lebendig. Vieles von der Atmosphäre der Evangelien leuchtet auf.

In der Grabeskirche treffen wir einen römisch-katholischen Pilgerzug aus Port Said, und wir hören die französische Predigt des Franziskaners mit an. Das ist ohne innere Beteiligung rauschende Beredsamkeit. Man muß sich vorstellen, wie ein Grieche oder Armenier oder Kopte das anhört. Das so anspruchsvoll auftretende menschliche Wort am Heiligen Grabe muß auf die predigtlosen Kirchen des Ostens als freche Anmaßung wirken.

Nach dem Essen Fahrt nach *Hebron*. Fruchtbare frische Landschaft wird durchmessen. Der verjüngende Glanz von Bethlehem strahlt südwärts aus. In der ernsten toten Landschaft von Judäa ist die Gegend Bethlehem bis Hebron wie eine Insel des Lebens.

Noch weit vor Hebron sehen wir in den Feldern die Trümmer und Fundamente eines riesigen Tempels mit Zyklopengemäuer. Man sagt uns, es sei die Stelle, wo Jakob bei der Heimkehr Esau begegnet sei. Es heißt aber auch, daß hier das eigentliche Heiligtum Abrahams gestanden habe. Wieder ein Hinweis darauf, daß die Abraham-Zeit keineswegs so primitiv und tempellos vorgestellt werden darf.

Die Stadt Hebron ist die zweitgrößte Stadt des Landes. Die Menschen von dort stehen offenbar in keinem guten Ruf. Man sagt, sie stammen von den Amalekitern ab und seien unzuverlässig und raubgierig. Die Moschee mit den Gräbern von Abraham und Sarah, Isaak und Rebekka erinnert daran, daß hier das Zentrum des alten Israel war. Heute ist es ein Zentralheiligtum der Mohammedaner. Wir sehen eine alte kleine Glasbläserei und kaufen bunte Glasketten. Das Beiramfest aber hat alle Arbeit stillgelegt.

Das Land hat gar nichts Jüdisches. Die Patriarchenzeit muß auch wirklich noch ganz unjüdisch gewesen sein. Der jüdische Charakter ist ja schließlich nur durch das einseitige Hervortreten des einen unter den zwölf Stämmen entstanden.

Von Hebron fahren wir noch zu der Abrahams-Eiche an der Stelle des alten Haines Mamre. Ein kleiner Hain daneben enthält etwas von dem Manas-Element heiliger Orte und bietet einen schönen Blick in das Land hinein.

Auf dem Heimweg sehen wir uns die salomonischen Teiche näher an. Drei große talsperrenartige Teiche, von denen die zwei unteren noch die alte Gestalt erkennen lassen, zeigen die Eindringlichkeit und Großzügigkeit der äußeren Kulturimpulse, die zur Zeit Salomos und der Gründung Roms überall erwachten. Die David-Zeit ist selber nirgends zu fassen. Eher die Patriarchenzeit und die jüdische Zeit. Wir fahren nach Bethlehem. Wie schön an diesem lieblichen Fleck Erde die Menschen sind. Und alles strahlt vor Vergnügen und lacht einem freundlich zu.

Noch einmal betreten wir den schönen Raum der Geburtskirche und die große Hallenkirche unten im Schoß der Erde. Diesmal ohne Kerzenlicht. Nur die spärlichen Flammen einiger ewiger Lampen erhellen die Räume. Erdenkindheit atmet hier.

Wenn auch widerwillig, so muß uns der Chauffeur doch noch zu dem Felde der Hirten und der unterirdischen kleinen Kirche fahren, die den Ort der Begegnung der Hirten und Könige andeutet. Die Landschaft ist in der Abendsonne märchenhaft. Der Pflanzenwuchs ist nicht mehr gewaltig. Die silbrigen kleinen Ölbäume schmücken die Hänge. Aber es ist etwas von idyllischen Zeiten, etwas vom goldenen Hirtenzeitalter lebendig geblieben. Ein anderes Arkadien.

18.4. Wir nehmen ein Auto und fahren nach *Transjordanien*. Zuerst wieder den bekannten Weg »hinab nach Jericho«; dann durch die unendliche Jordan-Ebene, die mit hügeligem Schwemmland angefüllt ist, bis an die Jordanbrücke, wo die Grenzformalitäten erledigt werden müssen. Das ist das einzige, was von dem Erlebnis dieser Schwelle (Jakobs Kampf mit dem Engel, Josua-Durchzug durch den Jordan bei Gilgal, Jordantaufe) übriggeblieben ist. Jenseits ist die Landschaft geheimnisvoll wie ein Land, wo die Riesen wohnen. Die Moabiter und die Edomiter, die Esau-Söhne, sind für die Bildersprache der Bibel wohl auch Riesen gewesen. Hier in den Bergen nahm Moses im Anblick des verheißenen Landes Abschied von seinem Volk. Westlich vom Jordan ist mehr Europa als Asien: Neue Welt. Hier im Ostjordanland umwuchten uns wirklich asiatische Dimensionen. Die Alte Welt dringt bis hierher.

Zuerst fahren wir lange durch ein Tal, das mit einer Fülle von leuchtenden roten Blüten an hohen Sträuchern geschmückt ist. Die Menschen sind ganz anders. Jetzt sieht man Reiter auf stolzen Pferden, die Flinte auf dem Rücken, richtige malerische, schwarzbärtige Arabergestalten, fast zum Fürchten und doch mit kindlich gutmütigen Augen. Nach dem Städtchen Es-Salt geht es auf weiten steilen und schlechten Wegen in grandiose Landschaften hinauf. Arabien, jenseitiges Land für die biblische Geschichte. Einmal durchqueren wir lange Zeit eine Landschaft, die von oben im Überblick aussieht wie die Mulde eines ehemaligen Sees.

Nach fünfstündiger Fahrt durch menschenleere Bergwüsten sind wir plötzlich mitten in den Trümmern einer prunkvollen hellenistisch-römischen Stadt: Gerasa. Die Straße, deren alte Pflasterplatten noch liegen, ist mit langen Säulenreihen umsäumt; sie geht aus von einem mit Säulen umkränzten majestätischen kreisrunden Forum. Trümmer großer Marmortempel ragen zu beiden Seiten der Straße empor, und von zwei großen Amphitheatern in griechischer Bauart runden sich noch die stolzen aufsteigenden Kreise.

Wenn dies Gerasa vielleicht auch nicht selbst der Ort der biblischen Szene ist, wo die Dämonen des Besessenen in die Schweineherde getrieben wurden, so ist es doch wichtig als zeitgeschichtlicher Hintergrund des Urchristentums. Wir verweilen lange auf den Trümmern des größeren Theaters und lassen die alte Welt vor uns erstehen. Gerasa muß in manchem Palmyra ähnlich sein. Es liegt wie jenes abseits in der Wüste und ist vielleicht auch eine hellenistisch weitergeführte alte Mysterienstätte gewesen.

Noch einmal sehen wir auf dem Rückwege das Tote Meer, Jericho und die Wüste Juda. Zum letzten Male kommen wir an der Herberge des barmherzigen Samariters vorbei. Die Ermüdung des Tages reut uns nicht, wir lernen die Landschaft des Landes kennen, wie sie nach allen Himmelsrichtungen hin von wichtigsten Polaritäten beherrscht ist.

19.4. Der letzte Tag in Jerusalem. Ich mache noch einen Rundgang um die Stadt herum, zum Teil, um Bilder aufzunehmen.

Es gibt noch viel, was wir nicht gesehen haben. Die riesigen Salomonischen Keller werden als Steinbrüche bezeichnet. Aber in ihren gewaltigen Ausmaßen möchte man sie anders verstehen. Sie erweitern sich an manchen Stellen zu großen Tempelsälen, haben noch mehrere Stockwerke von Gängen unter sich und gehen im Erdinnern bis zu einer Quelle hin, die, wie gesagt wird, nahe unter dem Teiche Bethesda liegt. Es ist also ein großer Teil der Stadt unterhöhlt. Unterhöhlt man eine Stadt bloß, um Steine zu gewinnen? Vielleicht hängen diese unterirdischen Räume doch auch mit dem Geheimnis der »Schatzhöhle« und des »Adam-Grabes« zusammen. Sie könnten eine Hindeutung sein auf die Mysterienstätte Melchisedeks, des Königs von Salem.

Ganz in der Nähe liegt die Jeremias-Grotte. Auch eine große Felsen-Kuppelhalle mit manchen Seitengängen und -räumen. Hier soll Jeremias seine Klagelieder geschrieben haben. Auch diese Grotte mag in uralte Zusammenhänge gehören.

Mein Weg führt an der Nord- und Ostfront der Stadt entlang. Ich besuche noch den russischen Teil der Gethsemane-Gärten, voll von würzigem Geruch der Nadelbäume und Zypressen. Das Kidrontal mit seinen vielen Tausenden von Gräbern und dem »Abendmahlsweg« zieht mich noch einmal stark in seinen Bann. Ich verweile lange dort und steige schließlich auf dem alten Wege zur Stadt hinauf. Es ist ein drückender Schirokko-Tag. Eine glühende stechende Hitze lagert auf allem. Für einen Augenblick betrete ich noch den Garten vor dem alten Kaiphas-Hause und eile heim.

Nachmittags fahren wir nach *Emmaus*. Auf dem Autowege ist das sehr weit. Aber auch der Fußweg ist viel weiter, als man es sich im Zusammenhang der Ostergeschichte vorstellt. Wir sehen den hohen Gipfel des Samuel-Berges Mizpa; eine Ahnung der königlich purpurnen Zeit vor und mit David geht davon aus. Wir sehen Rama, die Stadt, wo Saul zum König gesalbt wurde. Überraschend ist Emmaus durch seine Lage. Man stellt es sich nicht nur nahe bei Jerusalem, sondern auch der Landschaft nach ähnlich wie dieses vor. Es liegt aber auf einer ganz eignen freien Höhe, von der man weit auf das Mittelmeer herniedersieht. Wenn die Luft durchsichtig ist, sieht man die Karmelberge. Sodann liegt Emmaus zwischen dem Hügel Gibeon und dem Tale Ajalon, also mitten in der Sonnenlandschaft der Josua-Kämpfe. In biblischen Zeiten müssen dort die Nachwirkungen wichtiger kosmischer Mysterienstätten noch lebendig gewesen sein.

Noch gerade vor Sonnenuntergang bringt uns der Wagen auf der anderen Seite der Stadt nach Bethanien. Die Luft ist nicht so farbig wie sonst beim Sonnenuntergang. Die schwüle Hitze verschleiert alles ein wenig. Ich mache mich sogleich auf den Weg, um noch bei einigem Lichte auf dem Ölberg zu sein. Der Himmelfahrtspark ist bereits ganz dämmerig und saugt sich schon voll Mondlicht. Ich nehme noch einmal in vollen Zügen die Atmosphäre und den jenseitigen Frieden des Ortes in mich auf.

Beim Hinabsteigen, als es schon ganz finster ist, schlägt mir der rechte Fuß so stark um, daß er ganz aus dem Gelenke springt. Zwar kann ich ihn gleich wieder einrenken, aber als ich dann doch noch bis unten humpeln muß, schwillt er mächtig an. Im Hospiz geleitet man mich in das nebenan liegende Hospital der französischen Schwestern, wo ich den Fuß verbunden bekomme. Das ist nun ein Signal für eine völlige Änderung des Reisestiles. Mir kommt das gar nicht ungelegen. –

Wir führen unser Programm durch und fahren am Mittwoch, den *20. April*, früh nach *Galiläa* ab. Der Weg führt auf Wegen, auf denen sich die Wanderungen Jesu und seiner Jünger gut vorstellen lassen, nach Norden. Wir sehen Silo und kommen nach Nablus (Neapolis), dem früheren Sichem. Es liegt zwischen Ebal und Garizim, den wichtigsten der alten Höhenheiligtümer. Ob es wohl heute noch viele Samaritaner gibt? Sie sterben in der Zeit aus, für die sie die Ankunft des Messias erwarten.

Ich kann des Fußes wegen nicht mit in die tiefe Krypta des Jakobs-Brunnens steigen. Hier war das Gespräch mit der Samariterin. Ganz nahe dabei liegt das Grab Josephs. Also auch hier wieder hat die neutestamentliche Szenerie kultischen Charakter. Ein Stück heiliger Geschichte des Alten Bundes grenzt unmittelbar an.

Die Fahrt geht nun ohne Unterbrechung durch Samaria weiter. Die alte Hauptstadt des Nordreiches lag majestätisch, selbst ein Höhenheiligtum, auf einem Bergesgipfel.

Beim Weiterfahren kommen wir an einem Hügel vorbei, der sich seiner ganzen Natur nach von der umliegenden Landschaft abhebt. Es könnte ein künstlicher Berg, ein Tumulus, sein in der Art des Hügels St. Michel im bretonischen Carnac. Es soll die Stelle sein, wo Joseph von seinen Brüdern in »die Grube« geworfen und nach Ägypten verkauft wurde.

Nun tut sich Galiläa auf. Große fruchtbare Ebenen umgeben uns, die Ebenen Ephraim und Jesreel. Das Karmelgebirge zeigt am Horizont die Küste des Meeres an. Wie anders ist doch Galiläa gegenüber Judäa. Ich ahne von weitem das Geheimnis einer grundlegenden Polarität in der Landschaft des Evangeliums. Bald wird auf der Bergeshöhe Nazareth sichtbar und zur Rechten die runde göttliche Kuppel des Taborberges. Nain und Endor liegen beide nicht weit vom Tabor.

Als wir uns Nazareth nähern, fahren wir auf die schroffen drohenden Felsen zu, von denen die Nazarener Jesus herabstürzen wollten. Nazareth liegt hoch am Berge und bietet weite Blicke ins Land. Hier war also die alte Essäerkolonie, der Schauplatz der Gloria-umstrahlten Jesus-Kindheit.

Es ist höchste Mittagshitze und immer noch steht die Schwüle unbeweglich über der Welt. So sehen wir nicht viel und fahren sogleich weiter. Als wir an Kana vorbei sind, sehen wir auf einmal tief unten den *See Genezareth* in seiner vollen Größe im Schoß der Berge liegen. Dieser Anblick allein rechtfertigt unsere Reise vielfach. Er erweckt eine unaussprechlich heimatliche Urerinnerung. Ein irdisches Abbild der vorgeburtlichen Welt scheint der See Genezareth zu sein, der Teich, aus dem der Storch die Kinder holt. Jedenfalls ist es einen Augenblick so, als ob die Erinnerung über die Geburt hinaus zurückschnellte in die Welt der Vorgeburtlichkeit hinein.

Wir fahren auf Serpentinenwegen abwärts, erreichen bald die Meereshöhe, müssen aber noch weitere 200 Meter in die Tiefe. Tiberias liegt leuchtend weiß an der blauen Schale des Meeres. Wir fahren durch die überaus schwüle Stadt sogleich hindurch weiter nach Tabgha, nicht weit von Kapernaum, zu einem kleinen deutschen katholischen Hospiz, von dem wir durch Zufall gehört hatten. Dort mieten wir uns ein.

Der ganze Betrieb des Hospizes wird von drei katholischen Schwestern besorgt. Eine steht von morgens 5 bis abends 10 Uhr in der Küche und macht mit zwei bis drei Beduinenfrauen alle Arbeit. Eine jüngere Schwester aus der Augsburger Gegend, die überall gerufen und gern gesehen wird, weil sie Humor hat und zuweilen den alten Tanten kleine Streiche spielt, hält die Zimmer in Ordnung und ist außerdem Mädchen für alles. Eine alte Schwester besorgt die Hauseinteilung. Für alle sonstigen Hilfeleistungen werden Beduinen aus dem benachbarten Zeltlager, das aus ganz alten schwarzen Zeltwohnungen besteht, herangezogen. Die Wildnis grenzt unmittelbar an die Oase an.

Das Haus ist voller Engländer. Es gibt viele interessante Gespräche, in denen die religiösen und weltanschaulichen Unterschiede recht anschaulich werden. Amüsant ist es geradezu, bei den Gesprächen dabei zu sein, die der dicke und behäbig-lustige Pater Täpper aus Essen, der das Heim leitet, mit einem Baptisten, einem amerikanischen Theologieprofessor, und einem englischen Maler, der als Nonkonformist ein extremer Protestant ist, führt. Nur einen deutschen Gast gibt es außer uns, einen Maler und Architekten aus Düsseldorf, der die Mosaiken, die nebenan kürzlich ausgegraben wurden, kopieren und konservieren soll.

Man steht offenbar vor großen Ausgrabungsunternehmungen. Zur Zeit des Mysteriums von Golgatha stand hier eine größere Stadt. Das ganze Seegebiet war einmal sehr menschenreich. Gewiß wird vieles zu finden sein. Einen Knotenpunkt menschheitlicher Strömungen muß man sich am Nordwestufer des Sees denken. Hier führte auch die uralte Wanderstraße entlang, die Via Maris, die von Ägypten über Damaskus nach Babylonien ging.

Die Atmosphäre des Sees ist gewaltig stark. Die lastende Schwüle bringt eher das Geheimnis noch mehr zur Empfindung. Es ist etwas Unwirkliches in der Landschaft. Man versteht, wie die Evangelien zwischen der physischen und der imaginativen Realität schweben. Man ist hier durch die Natur leicht entrückt. Das Jüngerbewußtsein, das noch etwas von der Waage zwischen Nacht und Tag gehabt haben muß, wird hier verständlich.

Die Stelle, wo wir wohnen, ist der Ort der Speisung, des Meerwandelns und der Überlieferung zufolge auch der Erscheinung des Auferstandenen, von der das letzte Kapitel des Johannes-Evangeliums erzählt. Ich überlasse mich ganz dem Eindruck; die durch den Fuß hervorgerufene physische Dumpfheit stört mich nicht. Man nennt den Ort das alte *Bethsaida*, das Haus der Fische.

Tiberias ist eine römische Siedlung, die 20 Jahre nach Beginn der christlichen Zeitrechnung entstand. Es muß zur Zeit Jesu in sehr schlechtem Ruf gestanden haben. Offensichtlich hat sich Jesus mit den Jüngern dort nicht aufgehalten. Wo der Name vorkommt – allein bei Johannes – da ist immer nur auf die Nähe der Stadt gedeutet. Tiberias war wohl eine Art extremer Exponent Galiläas, des Landes der Völker, nach der Schattenseite des Mischwesens hin. Es heißt, daß man beim Bau der Stadt auf Gräberanlagen in der Erde gestoßen sei und daß deshalb keine Juden zur Ansiedlung zu bewegen gewesen waren. So sei die Stadt mit Heimatlosen, Mischlingen und Fremden bevölkert worden. Bei Tiberias liegen auch die heißen Quellen, die vielleicht ein Ausdruck für die ahrimanische Kehrseite sind, die es hatte, daß sich hier ein altes Bewußtsein erhalten konnte.

Der Jordan zwischen dem See des Lebens und dem Meere des Todes ist ein Abbild der menschlichen Inkarnation, die zwischen dem Vorgeburtlichen und dem salztragenden Elemente des Todes verläuft.

Die ätherischen Christus-Offenbarungen spielen alle in Galiläa. Wie der Berg der Versuchung bei Jericho und dem Toten Meere liegt, so liegt der Berg der Verklärung bei Nazareth und dem Galiläischen Meere. Der Ölberg bei Jerusalem ist eine Waage zwischen beiden. Der Mondschein ruft über dem See eine Entrückung der Natur hervor, die wieder von einer anderen Seite her das Jüngerbewußtsein erläutern kann.

Wir rufen uns am Abend die Szenen aus den Evangelien ins Gedächtnis, die hier spielen, das 6. Kapitel des Johannes-Evangeliums, dazu die Berufung der ersten Jünger. Die drei ersten sind aus Bethsaida: Andreas, Petrus und Philippus. Sie sind es auch, die bei der Speisung genannt werden. Wir nehmen noch Johannes 21 hinzu. Die da genannten sieben Jünger sind wohl alle Galiläer gewesen. Vielleicht noch mehrere von den Zwölf? Wahrscheinlich war Judas überhaupt der einzige Judäer. Von Nathanael heißt es ausdrücklich, daß er aus Kana in Galiläa war.

In der Nacht fängt der See zu toben an. Es pfeift der Sturm. Ich sehe im Traum Rudolf Steiner mit größter Anstrengung einen Vortrag vor ganz wenig Leuten halten.

21.4. Die schwüle Hitze ist geschwunden. Es geht ein lebendiger Wind. Das Kräftig-Gesundmachende des Sees ist zu verspüren. Wir genießen die Ruhe, liegen lesend, schreibend, sinnend im Schatten der Palmen. Meinem Fuß wird tüchtig auf den Leib gerückt. Er ist im Laufe des Tages erstaunlich schnell gebessert, wenn es auch eine Farbenorgie ist, ihn anzuschauen. Ich kann mich doch in den Garten und an das Seeufer bewegen und dort sitzen und den See unmittelbarer zu mir sprechen lassen. Nachmittags wird es sogar kühl. Lange bleibt das Licht der untergegangenen Sonne in der farbenflutenden Schale des Sees lebendig. Der Wellengang musiziert ohne Unterlaß. Die Abenddämmerung ist an Himmel und Berghängen und Wogen zauberhaft schön. Der Duft der Blumen erfüllt ringsum alle Luft.

Abends wage ich bereits einen kleinen Spaziergang am Ufer entlang.

Es folgt eine Reihe wunderbarer ruhiger Tage in Tabgha. Der See und die gegenüberliegenden Berge verändern fortwährend ihr Angesicht.

Am Nachmittag des zweiten Tages fahren wir mit einem Boot nach *Kapernaum*, obwohl die Wogen des Sees hoch gehen und uns das Landen fast unmöglich machen. Der Blick zurück auf den Hügel, an dessen Fuße unser Haus liegt, ist schön. Der Berg sieht wie ein lebendiges Wesen aus. So hat man sich den Hügel der Speisung immer vorgestellt.

Kapernaum mit den Trümmerresten der Synagoge ist eine volle Überraschung. Es ist eine hellenistische Synagoge, ein griechischer Marmor-Tempel, der an einer Stelle noch die Sitzbänke an den Wänden hat, die den Charakter der Lehrhalle zeigen und auf denen wohl die Menschen gesessen und den Worten Jesu gelauscht haben. An den Ornamenten der Gesimse und Kapitäle sieht man Pentagramme, Hexagramme, Tempelaufrisse und sogar den siebenarmigen Leuchter.

Hier also hat Jesus gelehrt und mit den Juden disputiert.

Das Wichtigste ist der Gesamteindruck der Stelle. Ich fühle mich wirklich an das Ziel der Reise gekommen. Hier ist Heimat.

Wie anders aber ist das Judentum zur Zeit Christi hier vorzustellen als im Süden. Dagegen war der griechische Jude Philo noch ein Zionist. Man sieht das Zusammenströmen der Menschheitsgegensätze an der Stelle der Wirksamkeit Christi. Kapernaum ist ἡ ἰδία πόλις αὐτοῦ (he idia polis autu), »seine eigene Stadt«.

In der lukanischen Fassung der Geschichte vom Hauptmann zu Kapernaum heißt es, daß der römische Hauptmann der Stifter der Synagoge gewesen sei. Es macht den Eindruck, als ob er den Mithras-Mysterien angehört und darin eine solche Stufe erreicht habe, durch die er imstande war, überkonfessionell tätig zu sein.

Von da aus gewinnt die ganze Geschichte ein neues Licht. Der Knecht (δοῦλος, dulos) wird bei Johannes Sohn (υἱός, ὁ παις μου, hyios, ho pais mu) genannt. Es heißt bei Lukas: »den er werthielt«. Das ist wohl ein ähnlicher Ausdruck wie die johanneische Wendung »der Jünger, den er lieb hatte«. Auch scheint der Ausdruck »todkrank« auf eine Initiation hinzuweisen. So könnte es sein, daß es sich bei der Erzählung um eine Einweihung handelt, die steckenzubleiben und zu mißlingen droht und die durch den zu Hilfe Gerufenen doch noch zum guten Ende geführt wird. Überall sind die religionsgeschichtlichen Hintergründe größer und reicher als man zunächst anzunehmen wagt. Man stellt sich alles noch viel zu primitiv vor.

In Tabgha steigen wir öfter auf den Gipfel des Hügels, an dessen Hang unser Haus liegt. Die Etagen des Hügels lassen die innere Gliederung der Speisungsgeschichte gut vorstellen.

Abends gibt es großartige Mondlichtschauspiele auf dem See. Vor dem späten Aufgang des Mondes ist ein roter Schein weit über den wolkenlosen Himmel ausgebreitet. Wenn der Himmel bewölkt ist, spiegelt sich der Mond im Wasser, längst ehe er selbst sichtbar ist.

Vormittags lesen wir die Vorträge Rudolf Steiners über das Markus-Evangelium. Sie beleuchten die Grundbegriffe des Evangeliums: See, Berg, Haus, die wir hier in reinster Urphänomen-Gestalt um uns haben. Alles, was sich auf die Evangelien bezieht, findet hier ein aurisches Echo in der Atmosphäre. Unvergeßlich werden mir die Stunden sein, in denen ich, am Ufer des Sees sitzend, an eine zusammenhängende Übersetzung des Matthäus-Evangeliums heranging.*

Einmal lösen wir uns vom See, um eine Autofahrt auf den *Tabor* zu machen. Das ist ein geradezu schmerzbereitender Rückfall in eine nun ganz fremde profanere Welt. Man wird aus einem kosmischen Werdeprozeß vorübergehend herausgerissen. Es ist aber doch wichtig, den Tabor zu erleben. Er hat eine ähnlich-göttliche Seele wie der See. Mit seiner weichen Rundung liegt er ganz allein da und fällt nach allen Seiten bis in die Ebene hinab. Man erlebt ihn als *den* Berg. Oben ist viel uraltes und altes Gemäuer. Zur Zeit des Christus muß es wohl auch tempelartige Bauten hier gegeben haben. Sicherlich ist der Berggipfel Schauplatz uralter religiöser Geschichte, und das Verklärungserlebnis hat nicht die freie Natur, sondern die heilige Vorzeit zum Schauplatz.

Man sieht von oben wie schon auf der Fahrt den Schneegipfel des großen Hermon im Norden und noch gerade einen Zipfel des Sees von Genezareth. Ringsherum die vielgestaltige Berg- und Hügelland-

* In hektographierter Form veröffentlicht August 1932.

schaft. Wäre die Luft nicht verschleiert, so könnte man wahre Wunder um sich sehen. Jetzt spüren wir nur ahnend ihre Gegenwart.

In *Nazareth* ist alles fürchterlich katholisch überbaut. In der Kirche über Josephs Werkstatt kann man in die Keller hinabsteigen, die als das Wohnhaus der Heiligen Familie bezeichnet werden. Es kann ebensogut ein altes Grottenmysterium oder ein kleiner katakombenartiger Versammlungsraum der Essäer gewesen sein. Unterirdische Seitengänge und Schächte zweigen vielfach ab. Ein solcher Gang soll bis zu dem Brunnen hinführen, an welchem Maria der Engel erschien.

Wir gehen noch durch die Stadt. In den Basaren, die klein und ärmlich sind, erlebt man schließlich noch mehr von dem Charakter dieser hochgelegenen Stadt als an den heiligen Stätten.

In *Kana* ist die Einbettung in die weite Grüne und Bläue der galiläischen Landschaft das Bemerkenswerte. Es ist ein ganz armes kleines Städtchen mit freundlichen Leuten, die nicht so indianerhaft aussehen wie vielfach die Menschen in den benachbarten Orten. Die griechische und die lateinische Kirche, die beide behaupten, das Haus der Hochzeit zu sein, bilden den Mittelpunkt. Sodann gibt es noch das Haus des Nathanael, der hier mit Bartholomäus identifiziert wird. Bartholomäus kam nach Indien, in das Land, wo Buddha unter dem Bodhibaum die Erleuchtung fand. Wenn er mit Nathanael identisch ist, so war er durch sein Sitzen unter dem Feigenbaum (Joh. 1) dazu vorbereitet.

Aus Kana ist außer Nathanael noch der andere Simon unter den Zwölfen.

Galiläa ist der Schauplatz alles dessen im Leben Jesu, wobei das Geheimnis der Gloria mitspielt: der Verklärung, des Meerwandelns und der sogenannten »Wunder« überhaupt. Die Verwandlung von Wasser in Wein ist dafür urbildlich. Deshalb sagt auch das Johannes-Evangelium im Anschluß an die Hochzeit zu Kana: »et manifestavit gloriam suam«, »er offenbarte seine Gloria« (2,1). Galiläa ist selbst eine Landschaft mit einer Gloria, einer geistigen Licht-Aura.

Nach dem Ausflug sind wir mittags froh, wieder in Tabgha zu sein. Bei der Rückfahrt lag lange Zeit der schneebedeckte Hermon über der

Ecke des Sees, an welcher Tabgha liegt. Es ist wieder schwül am See. Aber wieder drückt die feurige Schwüle nicht, weil sie inniger mit der Natur verbindet und durch die intensiven Wasserwirkungen des Sees ausgeglichen wird.

Ganz nahe bei Tabgha liegt, wie wir jetzt entdeckt haben, die Mensa Christi, der ›Tisch des Christus‹: ein trümmerhaftes Fundamentstück eines alten großen Bauwerkes. Es sind nur einige Felsenstufen und eine Felsenplatte erhalten. Dort soll das Mahl der Sieben mit dem Auferstandenen stattgefunden haben. An dieser Mensa Christi komme ich auf einen wichtigen Schlüssel für die ganze Evangelienlandschaft. Aus den Evangelien und der Apostelgeschichte geht hervor, daß die Jünger zwischen Ostern und Pfingsten Jerusalem nicht verlassen haben. Im Widerspruch dazu steht die Szenerie der Auferstehungserscheinung am Schluß des Johannes-Evangeliums und das Wort, das die Jünger nach Galiläa bescheidet. Beim Erleben des Auferstandenen haben die Jünger ein inneres Galiläa und eine innere Landschaft des Sees Genezareth erlebt. Der äußere Ort, wo sie sich befanden, war jener friedensvolle Park auf dem Gipfel des Ölbergs, »Viri Galilaei«, der deshalb auch das »kleine Galiläa« genannt wird. In der Auferstehung des Christus finden Judäa und Galiläa, die Landschaften des Todes und des Lebens, ihre Synthese.

26.4. Wir genießen den letzten Tag, den wir in Tabgha haben. Es ist ein heißer Tag. Wir lassen uns ganz von der Atmosphäre durchdringen. Nachmittags fahren wir mit einem Ruderboot nach Kapernaum. Das ist überhaupt das Eigenartige des Sees, daß er ein heftiges ätherisches Temperament besitzt und sehr behende sein Antlitz wechseln kann. Oft ist in wenigen Minuten Sturm an die Stelle des wärmsten Sonnengoldes getreten.

In Kapernaum wiederholt sich das heimatliche Glücksgefühl, obwohl durch die verstreut herumliegenden Trümmer gar nicht einmal gleich ein sehr geschlossenes Bild entsteht. Wir studieren die architektonischen Details. Eine wahrhaft griechische Symbol- und Bildfreudigkeit schaut aus allem hervor. Die Säulen an den Ecken haben einen herzförmigen Querschnitt. Es ist vielerlei in die Einzelformensprache hineingeheimnißt.

Das Gebäude muß nach allen Seiten hin abgeschlossen gewesen sein. Man sieht das noch gut auf der Hinterseite. Aber beim Heraustreten sah man sogleich vor seinen Füßen das Meer brausen.

Der physische Aspekt des Lebens Jesu muß ein außerordentlich schlichter gewesen sein. Die in den Evangelien dargestellten Szenen sind alle blitzartige Momente, die das schlichte staunend sinnende Schweigen unterbrechen. Durch das Weilen am See bilden sich die Keime wirklicher biographischer Anschauungen, die ja viel schwerer zu erlangen sind als Ideen über die übersinnliche Christuswesenheit. Es zeigt sich das Aufblitzen des Christus-Bewußtseins in der Jesus-Seele. Das Abwechseln zwischen dem fast grüblerisch versunkenen, kosmisch weltfremden Jesus-Bewußtsein und dem kosmisch lichtvollen, alles durchsichtig machenden Christus-Bewußtsein. Das Christus-Ich steigt stufenweise tiefer in die Inkarnation. Die Versuchungsgeschichte, die Verklärung, das Petrus-Bekenntnis, der Einzug in Jerusalem, das alles sind Knotenpunkte dieses Inkarnationsprozesses. Wie beim Brand eines Turmes das Feuer vom Dach herunter von Stockwerk zu Stockwerk tiefer brennt und dabei jedesmal mit grellem Emporschlagen die trennende Decke durchbricht, so ist es im Jesus-Leben. Wenn es heißt: er ging fort, um zu beten, so muß man sich darunter durchaus nicht bloß Zeiten seliger Geistverbundenheit vorstellen. Es mag da auch Zeiten innerer Ratlosigkeit und Verödung gegeben haben. Das Aufhören des kosmischen Überschusses hat als inneres Ebbegefühl gewirkt, bis dann das Christus-Bewußtsein wieder hell über das Jesus-Bewußtsein emporloderte.

Ganz lebendig wird durch die Landschaft am See vor allem das Bild der stillen schweigsamen Wanderungen, des Waltens im kleinen Kreise. Es ist wohl überhaupt immer nur eine geringe Zahl von Menschen gewesen, die den Worten Jesu zugehört hat. Selbst auf den größten Höhepunkten mögen es nicht viel mehr als hundert gewesen sein.

Wie seltsam ist es doch, daß der Christus gänzlich darauf verzichtet hat, direkte Kulturimpulse zu erteilen. Alles war Begründung einer neuen Innerlichkeit. Auf künstlerischem Gebiet z. B. wurde die Welt des romanisierten Hellenismus einfach hingenommen.

Auf Grundlage der Landschaftseindrücke möchte ich viele Darstellungen des Lebens Jesu lesen, je untheologischer und romanhafter, desto besser.

In den Evangelien spielt der physische Aspekt des Lebens Jesu kaum eine Rolle. Die hellseherischen Rückschau-Erlebnisse der Evangelisten erreichen nur das aus dem violetten Dämmerdunkel hervorflammende Werdelicht, das über den physischen Plan hinausreicht. Und wie weit ist erst die paulinische Christologie vom physischen Bilde des Lebens Jesu entfernt. Und doch wäre ohne Paulus der Christus-Impuls nicht in der bewußten Menschheitsgeschichte lebendig geworden. Das Leben Jesu in seinem physischen Aspekt hätte nicht das Christentum zu begründen vermocht.

In den Petrus-Briefen kommt einmal in wunderschöner Art ein Stück Leben Jesu vor: »als er mit uns auf dem heiligen Berge war«. Aber das ist auch schon alles. Das Leben Jesu in seinem äußeren Verlauf zu verstehen, ist ein Höhepunkt der Christus-Erkenntnis.

27.4. Heute brennt die Sonne heiß. Aber sie hat innerlich-ätherische Bewegtheit. Sie zaubert überall Duft und Seele hervor, jeder Baum, jedes Gras verrät neue aromatische Geheimnisse. Bei diesem Zustand vergißt man am allermeisten, daß man in Asien ist. Man fühlt sich in einer unendlich gesteigerten mitteleuropäischen Landschaft.

Von Jerusalem werden Nachrichten über die preußischen Landtagswahlen mitgebracht. Die Nationalsozialisten rücken schnell vor; sie haben bereits allein ebensoviele Sitze wie die bisherigen Regierungsparteien zusammen. Wir kehren in ein verändertes Deutschland zurück.

Mittags heißt es Abschied nehmen. Es beginnt die Rückkehr aus einer anderen Welt, die zu verlassen eine gewisse Furcht hervorrufen kann. Wir wählen nicht den üblichen Weg nach Haifa über Nazareth, sondern fahren zunächst hoch in die Berge hinauf nach *Safed*. Die Lage dieser großen, teils jüdischen, teils arabischen Stadt ist phantastisch. Sie liegt um einen Gipfel herum, der einmal mit einer großen Burg gekrönt war. Sicher ist die Kreuzritterburg, die später ein maurisches Kastell wurde, bereits auf den Trümmern älterer Bauten errichtet worden. Der Berghügel scheint mit tiefen unterirdischen Hallen und Gewölben ausgehöhlt zu sein.

Wie schon auf der Fahrt herauf, so hat man erst recht von diesem Gipfel aus den Blick auf den ganzen See Genezareth, der tief unten wie eine Kobaltschale liegt. Die Luft ist leider nicht sehr klar, und der Schneegipfel des Hermon bleibt in Wolken gehüllt. Wir sind umgeben von den immer noch majestätischen letzten Ausläufern des Libanon.

Jetzt geht es westwärts auf steilen Serpentinenwegen zu Tale. Auf beiden Seiten der Straße dehnen sich Ölbaumhaine auf lockerer brauner Erde mit breiten, uralt aussehenden runzeligen und gnomenhaft gestalteten Stämmen.

Endlich taucht, von greller Sonne beleuchtet, das weite Meer auf und davor die Silhouette der Kreuzfahrerstadt *Akkon*. In diese Stadt noch einen Blick zu werfen, ist ein guter Abschluß des Aufenhaltes im Heiligen Lande. Die Burgen- und Festungsmauern der Kreuzfahrer, die einst die Wucht der Gotik hierher trugen, stehen noch zum Teil da, unten von der hochschäumenden Meeresbrandung umtost. Man sieht vielfach starke gotische Gewölbe, wenn man in Keller und Häuser und Gassen hineinschaut. Daneben hat aber auch die Welt des Islam der Stadt ihren Stempel aufgedrückt. Wir treten in den Hof einer Moschee, die ganz märchenhaft daliegt, umgeben von einem großen Quadrat von Laubengängen, deren Dächer lange Zeilen kleiner, runder Kuppeln tragen. Die ganze Stadt mit ihren weißgekalkten Häusern atmet Seeluft und Seenähe. Ähnlich müssen Tyrus und Sidon am Meere gelegen haben.

Nun fahren wir unmittelbar an der hochbrandenden See entlang nach *Haifa*. Der Strand ist mit allerlei angeschwemmten Trümmern bedeckt. Wir müssen oft im Bogen um die hereinrollenden Wellen herumfahren. Vor uns tritt immer deutlicher der breitgestreckte Riegel des Karmelzuges hervor. Das ist also der Schauplatz der Elias-Tat und auch ein wichtiger Ort im Leben des Pythagoras.

Haifa ist eine große Stadt, an den Hang des Berges angelehnt. Einige Einkäufe veranlassen uns noch zu einem kurzen Gang durch die Basare. Sie sind nicht ganz so orientalisch wie die in Jerusalem, Hebron und Nazareth. Aber sie sind der Orient, von dem wir jetzt Abschied nehmen.

Dann lassen wir uns zu unserem Schiff fahren, das draußen in der Bucht vor Anker liegt. Es wimmelt dort bereits von Menschen. Das Schaukeln des Schiffes durch den starken Wind droht schon vor der Abfahrt viele Menschen seekrank zu machen. Auf dem Schiff fahren sehr viele Juden aller Nationen nach Europa zurück. Manche würde man, da sie blond und kräftig gebaut sind, nicht als Juden erkennen, wenn sie nicht Jiddisch oder Hebräisch sprächen. Viele junge deutsche Zionisten trifft man, an denen man deutlich erkennt, daß der Zionismus mehr eine politische als eine religiöse Angelegenheit ist. Bald hat sich alles mit Liegestühlen ausgerüstet und auf dem Deck versammelt. Man schaut auf die Lichter der Stadt, die den Karmelberg bedecken. Vorn auf der Spitze des Berges, wo das Elias-Kloster der Karmeliter steht, funkelt ein Scheinwerfer auf, den Himmel im Kreise herum anleuchtend. Die Baalspriester haben doch gesiegt.

RÖMISCHE WELT

28.4. Wir fahren in der Frühe – das Meer ist wieder ganz ruhig – auf Cypern zu und liegen dann drei Stunden vor Larnaka. Das ist nun die Welt der Paulus-Reisen. Wie schade, daß wir nicht wenigstens den Fuß einmal auf dieses Land setzen können. Aber die Stätten der Paulus-Geschichte und auch der ehemalige Templersitz sind weit entfernt, und für einen Gang durch Larnaka ist die Ausschiffungsgebühr zu hoch. Wir begnügen uns mit dem landschaftlichen Eindruck der Venus-Insel. Die im Hintergrund aufsteigenden Berge sind in ihrer Gestalt so, als erzählten sie Sagen und Legenden.

Nachher geht die Fahrt fast während des ganzen Tages nahe an der cyprischen Küste entlang. Das Meer ist nicht ruhig geblieben. Man merkt, daß viele mit der Seekrankheit kämpfen. Einige Seelenkräfte werden jedenfalls durch die Bemühung um das Gleichgewicht tätig erhalten und fehlen, wenn man sich klaren und systematischen Gedanken hingeben möchte. –

Am nächsten Morgen sehen wir beim Heraufsteigen auf das Deck Rhodos lange Zeit an uns vorübergleiten. Es beginnt die nun zwei Tage währende wunderbare Fahrt durch die homerisch-helle griechische Inselwelt. Die Inseln sehen vom Schiff aus, wo man sie ganz überschaut, wie lebendige Wesen aus. Das tote Geröll, das am Lande zu überklettern wäre, stört nicht die reine, lebensvolle Lichtgestalt. Der Eindruck wird am stärksten, als wir zwischen Kephalonia und Ithaka durchfahren. Am ehesten hat doch Hölderlin die göttlich-leichte Stimmung ausgesprochen, die dieses Insel-Hellas heute noch ausstrahlt. Es ist wie eine zum irdischen Abglanz sich verdichtende Sphäre der imaginativen Welt, was sich hier dem Auge darbietet. Nachdem wir schon den Schmerz des Herausgerissenseins aus dem seligen Leben von Bethsaida empfanden, werden wir jetzt durch eine Welt geleitet, die wie eine lichte Regenbogenbrücke aus dem Jenseits in das Diesseits ist.

Wäre der korinthische Kanal nicht unzugänglich, so hätten wir wohl die ägäische Inselwelt in noch größerer Fülle gesehen. Aber sie hätte eben auch wieder mehr Eigenansprüche erhoben und sich nicht so liebevoll in den Dienst der Übergänge gestellt, die wir von den anderen Erdteilen her zu vollziehen haben. Europa nimmt uns wieder auf nach dem dunkel-afrikanischen Ägypten und dem vorgeburtlich-hellen Oriente, in dem wir doch einen über alle Unterschiede der Kontinente erhabenen Ort fanden.

Die Tage auf dem Schiff gehen schnell und schneller vorbei. Daß wir in der Ferne stundenlang in den Wolken die Schneegipfel des Parnaß sehen, scheint uns eine Gunsterweisung anderer Sphären zu sein.

1.5. Im nebelhaften, feucht-kühlen Morgengrauen fahren wir auf die italienische Küste zu. Der Himmel ist dick mit Regenwolken bedeckt. Jetzt scheint die Austreibung aus dem Paradies besiegelt zu sein.

Glücklicherweise bricht sich die Sonne bereits Bahn, als wir in Brindisi landen. Nach einer kleinen Schlacht mit Trägern und Kutschern nisten wir uns auf dem Bahnhof ein. Ich mache noch einen Gang durch das Städtchen, das allmählich in der warmen Sonne sein Sonntagsleben beginnt. Wir müssen einige Stunden auf den Zug warten, der uns quer durch das bergige Land der Halbinsel vom Adriatischen zum Tyrrhenischen Meer bringen soll.

Die Fahrt führt bis Bari und Foggia am Meere entlang durch flache, fruchtbare Gebiete. Die adriatische Seite des italienischen Festlandes erlebe ich zum ersten Male. Venedig ist doch eigentlich nicht dazugehörig und eher eine Welt für sich, und in Ravenna ist der Charakter, den das Adriatische Meer dem Lande gibt, nur wie aus weiter Ferne zu spüren. Es ist, als ob die Ostküste weniger ausgesprochen romanisch wäre wie der Westen, mehr bäuerlich, herzlich und schlicht, fast möchte man sagen: mehr germanisch oder germanenähnlich. Vielleicht ist das gotische und das vorrömische Element hier etwas mehr durchzuspüren.

Wieder die weiten, ehrwürdigen Ölbaumhaine, wieder die Kornfelder mit dem laubenartig darüber ausgebreiteten Weinbau. Die auf hohen Bergesgipfeln wie Vogelnester malerisch gelegenen Städtchen werden sichtbar, sobald der Zug landeinwärts biegt. Immer höher und großartiger werden die Berge. Man sieht gelegentlich noch Schnee auf weiter entfernten Gipfeln. Der Apennin naht sich. Wir kommen durch Benevent, ein romantisch gelegenes Städtchen auf und zwischen steilen, burgengekrönten Bergen. Ich lasse Landschaften und Städte halb wie im Traum vorübergleiten. Ich bin nicht recht gewillt, nach all dem Vorangegangenen noch einmal neue Eindrücke aufzunehmen. Kaum mache ich mir klar, daß die Gegenden, durch die wir fahren, voll sind von großartigen Denkmälern der Hohenstaufenzeit. Auf dem Grunde meines Wesens hat die Verarbeitung der Palästina-Bilder bereits begonnen.

Wie anders ist die Landschaft wieder gegenüber allem, was wir bisher gesehen haben. Die Physiognomie Italiens scheint schwerer zu erfassen als das dunkle Sphinxantlitz Ägyptens, das jenseitige Bild

Palästinas und der Morgensonnenglanz auf der griechischen Inselwelt. Das Ich-Element wird mehr aufgerufen zum Verständnis. Man muß bereits aktiv beitragen durch die Kraft des Überblickes, damit ein geschlossenes Bild entsteht. Das Bild webt sich nicht so von außen her in uns herein.

Die Fahrt ist lang und heiß und ermüdend. Plötzlich weckt mich ein wohlbekanntes Bild auf. Vor uns liegt der Vesuv in seiner ganzen irdisch-unterirdischen Majestät. Wir sehen ihn von der Landseite und fahren in großem Bogen nordwärts um ihn herum. Die weiße Rauchsäule steigt hoch in den blauen Himmel empor. Der Vesuv ist ein Mittelpunkt des italienischen Wesens. Er ist römischer als Rom. Der Ätna ist heilig und fern dagegen. Er gehört auch historisch mehr zu Hellas als zu Rom.

Neapel lärmt und singt. Die Straßen sind gedrängt voll mit Menschen. Der erste Mai ist ein ekstatischer Tag. Sobald wir uns ein wenig erfrischt haben, gehen wir in die Stadt und fahren nach Santa Lucia. Da promeniert alles Volk. Der Golf liegt in der zauberhaften Abendhelle da. Die Schiffe im Hafen wirken wie die bunten Tücher der Frauen, alles zusammen ist das dolce Napoli. Und kehrt man sich um, so sieht man die Stadt, von der alten Burg gekrönt, theatralisch emporsteigen. Alles ist in der Tat wie auf einer Bühne. Die Geister des schönen Scheins haben diese Welt geschaffen. In der Tiefe soll man hier nichts vermuten. Und die Zeit schreitet doch schließlich über den hier waltenden schönen Schein hinweg. Sogar die Postkartenschönheiten, die man unter den Frauen und Mädchen, besonders an einem solchen Tage, wo sich alles schmückt, zahlreich antrifft, scheinen nicht einmal mehr ihre volle Scheinwahrheit zu besitzen. Diese Welt verliert von Tag zu Tag mehr von ihrer Realität. Ein schönes Kunstwerk, das Luzifer aus Menschenwesen baute, zerfällt. Man spürt so recht den Übergang aus Zeiten, in denen Luzifer mehr wirkte, in solche, deren Herrscher Ahriman ist.

Nach dem Essen streifen wir noch durch die Stadt. Es mag mit dem Nachklingen so großer Erlebnisse zusammenhängen, daß wir heißhungrig sind auf Musik. Nirgends finden wir, was wir suchen. Wir stoßen aber zufällig in den schmalen, steilen Gassen der Altstadt auf ein regelrechtes Theater, von außen völlig unscheinbar, von innen aber ein ganz echtes, unmittelbar sich einprägendes Milieu: Sechs Ränge übereinander, obwohl das ganze Haus klein ist. In den Logen die interessantesten Gruppen, gut zurechtgemachte Köpfe von Neapolitanerinnen, schwätzende, rauchende Männer – Menschen aus allen Ständen, Bauern und Aristokraten. Auf der Bühne ein simples, aber flott gespieltes Lustspiel mit allerlei Verwechslungen und endlosen Dialogen, die aber mit Dialektwitzen und Situationsgesten gefüllt sind. Diese Sprache in ihrem eilig rauschenden Pathos ist in der Tat völlig ungeeignet, um Gedanken auszudrücken. Ein Deutscher kann sie auch nur scheinbar erlernen, denn Geste und Miene sind unerläßlich, fast wichtiger als der Wortlaut selbst. Und wenn man auch den Text richtig spricht, so kann man doch bereits das Tempo nicht nachmachen. Ein langsames Italienisch ist kein Italienisch. Die Typen sind außerordentlich gut. Man stellt wirklich noch ganz instinktiv typisch dar. Dabei ist es gar nicht nötig, daß man völlig ichhaft aufmerksam ist. Ebensowenig wie das Publikum aus der leise ekstatischen Illusion fällt, wenn es schwätzt, ebensowenig hört ein Akteur auf, glänzend zu spielen, wenn er mal ins Publikum herunterschaut oder sich mit jemand unterhält, der hinter den Kulissen steht. Man muß nur sprechen. Das Sprechen macht den Italiener leibfrei, es bringt ihn in Ekstase. Nach Beendigung des Lustspiels gibt es noch einen Varietéteil. Ungefähr acht bis zehn verschiedene Sänger und Sängerinnen wechseln sich mehrfach ab und tragen Lieder vor. Als wir um ½ 1 heimgehen, ist noch nicht Schluß. Ohne Abwechslung im Genre hören sich die Leute endlos das Singen einzelner Künstler an. Neapel ist eben eine Stadt, in der einmal das Singen Leben und Atem war.

*

2.5. Mein Plan ist es, um die großen Eindrücke Ägyptens und vor allem des Heiligen Landes ausklingen zu lassen, noch einige stille Tage auf *Capri* zu verbringen.

Es wäre eine Nichtachtung aller Erfahrungen, die mir meine Reisen gebracht haben, nicht auf einigen freien Raum am Schluß der Reise bedacht zu sein. Die Idee, nach Capri zu gehen, ist mir erst auf der Heimfahrt über das Mittelmeer gekommen. Die beiden Prager Freunde wollen die Reise mit einer Woche in Rom beenden. Mich diesem Plane anzuschließen, würde bedeuten, die wichtige Abschlußruhe zu verabsäumen. Daß ich auf der Heimreise Rom, wenn auch nur kurz, sehen muß, steht zwar fest. Ich bleibe dabei: in Capri werde ich die nötige Sammlung finden und doch zugleich ein Stück Welt ganz neu sehen. Erst allmählich dämmert es mir, daß es sinnvoll sein könnte, von den Eindrücken des Heiligen Landes drastisch Abstand zu nehmen durch einen Aufenthalt an der Stätte des gleichzeitigen Gegenereignisses zum Mysterium von Golgatha.

Als ich die Freunde zum Zug nach Rom begleitet habe, muß ich sehr eilen, um das Schifflein zu erreichen, das mich zur Sirenen-Insel bringen soll. Capri liegt da wie ein prächtiges Tier. Gregorovius vergleicht es mit einem Sarkophag und erinnert an die Legende vom Schlaf des Tiberius im Inneren dieser Felsen: ein Cäsaren-Kyffhäuserberg. Die Insel hat einen magischen Zauber. Sie hat nichts von der schlichten, unschuldigen Helle der griechischen Inseln.

Man wird ausgebootet. Ich fahre mit der Funicolare durch wunderbare Zitronengärten zunächst zur Stadt Capri hinauf, die auf halber Höhe im Sattel der Insel liegt. Ein malerisches Städtchen, in dem sich der ganze Zauber italienischer Bergstädte zusammengefaßt haben muß, bevor die europäische décadence hier einbrach und Besitz ergriff.

Es ist reizvoll, durch die stets ummauerten Treppenstraßen des Städtchens zu steigen. Überall gibt es theatralische Blicke auf das Meer, sei es auf den Golf von Neapel oder auf den von Salerno.

Abends schaue ich kurz in das Kaffee zum Kater Hidigeigei hinein, die alte Scheffel-Kneipe. Man tanzt nach Radio. Ich habe bald genug und gehe noch lange auf den prächtigen Wegen spazieren, die sich an den steilen Abhängen entlangdrehen und die wunderbarsten Nachtblicke auf das tiefe Meer darbieten.

3.5. Am nächsten Morgen ziehe ich nach Anacapri hinauf in die unbeschreiblich prächtig gelegene und menschlich reizvoll geführte kleine Pension Bellavista. Hier ist man ganz auf dem Lande. Die schmale Hauptstraße des Städtchens ist wie ein endloser Laubengang. Alles duftet nach Gärten und sieht nach einfachen, guten Menschen aus. Die gewünschte Ruhe fängt an mich zu umatmen.

Das Haus, in dem ich wohne, ist entzückend. Der Wirt macht mit seiner Familie alle Arbeit allein. Man ist richtig in Italien, bis in das ausgezeichnet und echt italienisch zubereitete Essen hinein. Es ist still. Wenig Menschen kennen das Haus. Und in Anacapri wohnen wohl überhaupt nur wenige. Auf der Terrasse oder in dem riesigen, gut gepflegten Garten des Signor Farace zu liegen, ist wunderbar.

Tief, tief unten weitet sich fast um den ganzen Horizont herum das Meer. Gegenüber in der Ferne liegt Neapel, dessen Lichterreihen am Abend herüberfunkeln. Und dann der Vesuv. Capri und der Vesuv gehören unterirdisch mythologisch zusammen. Hier ist der eigentliche Mittelpunkt des cäsarischen Rom. Hier muß geradezu die Geburt des Cäsarenkultus erfolgt sein.

Welch eine Pracht und welch ein Friede zugleich! Den Frieden findet man, wenn man ihn mitbringt, aber die Seele des Städtchens kommt einem darin entgegen.

Ich gebe mich an ein intensives Studium der vier Mysteriendramen von Rudolf Steiner hin. Das scheint mir hierher zu passen. Es webt sich dadurch ein dichter Seelenraum, der zur inneren Verarbeitung der Reiseeindrücke von Geschichte und Schicksal geeignet ist. Auch führt es langsam und kräftig die Stimmung herauf, aus der ich das Buch über die Idee der wiederholten Erdenleben in der deutschen Geistesgeschichte schreiben möchte.

An den Nachmittagen mache ich einige größere Spaziergänge. Auf dem Monte Solaro erlebt man den Charakter der Insel in potenzierter Art. Man sieht rings im Kreise den Ozean, weil man vom höchsten Punkte aus nirgends mehr am Horizonte Hindernisse findet. Der Blick nach Süden und Osten ist ungeheuer heroisch. Der Fels fällt ganz senkrecht ins Meer hinunter, mehr als 600 Meter tief. Der Blick nach Westen und Norden ist idyllischer, seelenvoller. Man sieht auf die Insel, und zumal da, wo sich die Gärten und Haine von Anacapri in weichem Grün vor die untergehende Sonne lagern, ruht der Blick aus von dem Hinabschauen in die schwindelnde Tiefe.

Ein anderer Gang führt mich zu einer außerordentlich interessanten Mithras-Grotte auf der anderen Seite der Insel, der Grotta matromania. Das ist ein Wort, das vielfachste Deutungen gefunden hat. Die einen sagen, es heiße grotta matris magnae = Grotte der großen Mutter. Die anderen sagen: grotta Mithrae magni = Grotte des großen Mithras. Die Deutung auf matrimonium = Hochzeit wird für eine spätere legendenhafte Entstellung gehalten: Tiberius soll dort seine Hochzeit gehalten haben. Schließlich stimmen doch alle Deutungen zugleich. Es muß dort, vielleicht über einer Quelle, ein uraltes Grottenheiligtum der Göttin Natura gewesen sein, das später in ein Mithräum verwandelt wurde. Man sieht die Reste der doppelten Sitzreihen im Rund um die Felswand laufen.

Diese Grotte ist ein Schlüssel für die Insel und für den frühen Cäsarenkultus. Vielleicht hat hier Tiberius einen Teil seiner Einweihung empfangen, als der erste der großen cäsarischen Mißbraucher der Mysterien. Seine auf Capri vollbrachten Grausamkeiten mögen in den halluzinativ-imaginativen Einweihungsvorgängen, die ihn in eine dämonische Scheinwelt trugen, ihre Wurzeln gehabt haben, bis hin zu den sadistischen Opfern, bei denen Menschen von der Felsenspitze aus in die Tiefe gestürzt wurden auf die Klippen im brandenden Meere.

Von der Grotte aus erklimme ich noch den Ostgipfel der Insel, wo die Trümmer des Zeus-Tempels und der Villa des »Timberio« liegen. Dort war wohl der größte Cäsarenpalast der Insel. Man sieht weit nach Osten und Süden. Fast möchte ich mir einbilden, als ob ich fern im Dunste an der Küste des Festlandes die griechischen Tempel von Paestum schimmern sähe.

Himmelfahrt auf Capri. Ich höre morgens ein Stück von der Messe. Ein 96jähriger Priester zelebriert. Die ländlichen Capresen sind sehr still und hingegeben bei der Sache. Sie sind, wie mir scheint, ein besonders sympathischer Zweig des italienischen Volkes und durchaus von einer gewissen inneren Bildung.

Mein abendlicher Spaziergang ist regelmäßig der nach San Michele. Dort ist am Ende der alten phönizischen Treppe, die den modernen Weg von Capri nach Anacapri abkürzt, eine Stelle, die ganz steil über der Marina grande, dem Ankunftshafen der Schiffe, liegt. Man sieht unten die Lichter der Stadt Capri und die Lichter der Fischerboote, drüben die vielen flimmernden Lichter von Neapel und die steile Lichterstraße am Abhange des Vesuvs.

Die Sonnenuntergänge haben ein seltsames Geheimnis um sich. Sie haben so etwas von der wirklichen Seele des Westens. Es ist fast immer eine ganze Schichtung von Wolken und Nebeln über dem Meere an der Stelle des Sonnenunterganges. Die Sonne nimmt durch diese geschichteten Schleier hindurch die mannigfaltigsten runden und eckigen Formen an und steigt zumeist wie ein chinesischer Lampion ins Meer.

Das Wetter wechselt sehr. Es kann hier oben mächtig stürmen. Dann rüttelt der Wind nächtelang an unserem freigelegenen Hause, und man sieht unten in der Tiefe das Meer schäumen und wogen, überall von den weißen, kleinen Schaumkronen überzogen.

Am *7. Mai* abends zeigt sich der ganz zarte Sichelmond tief unter der Venus. Die drei: Mond, Venus, Jupiter bilden nach Sonnenuntergang die goldene Kette. Am 8. ist der Mond bereits viel näher an den Venusstern herangerückt. Es ist wieder ein ganz ähnliches Bild, wie wir es genau vor einem Monat bei den Bootsfahrten auf dem Nil sahen. Das erzeugt das Bewußtsein des Zeitrhythmus. Ein Monat! Und dazwischen das Spiel des wachsenden und abnehmenden Mondes. Über den Pyramiden hatte er gerade erst sein erstes kräftigeres Sichellicht. Dann wuchs er über Jerusalem, und am letzten Abend sah ich ihn auf dem Ölberg zwischen den Zypressen des Himmelfahrtshaines. In Tabgha wuchs er zum Vollmond. Aber er erschien dann Abend für Abend später, so daß sein Abnehmen sich uns verbarg. Den Neumond erlebte ich bereits auf Capri, und nun ist ein Mondkreis vollendet.

Diese Reise hat so viele Kreisfiguren in sich. Die Fülle von Kontinenten und Kulturen überwältigt nicht, weil alles sich vielfältig rundet und harmonisch abschließt. –

10. 5. In der Frühe bewegte Überfahrt nach Neapel. Der oft so heftige Wogengang im Golf von Neapel hängt vielleicht doch mit dem Leben des Vesuvs zusammen.

Ich versuche, die Katakomben von San Gennaro zu finden. Ich werde zuerst zum Dom geschleppt, in dessen Krypta große Kardinäle, aber auch der hl. Januarius begraben liegen: das rechte Gegenteil des Urchristentums. Dann fahre ich mit einer Straßenbahn durch die armseligen proletarischen Vorstädte weit vor die Stadt hinaus. Was ich finde, ist das riesige Ossarium von Fontenelle. Große Hallen sind in den Tuffelsen eingehauen und bergen, ordentlich in Reih und Glied, viele Tausende von menschlichen Skeletten und Totenschädeln. Nicht weit davon in San Agnito müssen Katakomben sein, aber niemand von denen, die ich frage, weiß sie mir zu zeigen. Mir selbst ist die Zeit zu knapp geworden, um weiterzusuchen; denn zwischen Schiff und Zug liegen nur 1 ½ Stunden. –

Mit dem Auftauchen der antiken Aquädukte in der Campagna und der Peterskuppel in der Ferne naht sich *Rom*. Auf Kairo und Jerusalem folgt Rom. Eine kurzgedrängte Wiedersehensfeier mit dieser an Geschichte so schweren Stadt beendet die Reise. Es hat für mich etwas Festlich-Freudiges, im Fluge die mir gut bekannten großen Bilder Roms vorüberziehen zu lassen.

*

Das ganz besondere, erwartungsvolle Vorgefühl, mit dem ich nach Rom komme, hat folgenden Grund: Die acht Tage, die ich am Ende meiner letzten Italienreise (1928) in Rom verbracht habe, sind mir nachträglich höchst bedeutungsvoll geworden. Der Kontakt mit der Welt des Urchristentums, den ich damals gesucht und der Empfindungsqualität nach auch in farbiger Kräftigkeit gefunden habe, hat in den folgenden Jahren in mir weitergearbeitet. Eine Saat ging auf und drang an das Sonnenlicht des Bewußtseins. Ich fühlte mich schließlich mit dem Milieu der ersten Gemeinden innerlich so vertraut, daß ich im Frühjahr 1930 in Zusammenarbeit mit Robert Goebel ein Buch über die Katakomben herausbringen konnte. Darin hatte ich vieles beschrieben und in Reproduktionen veröffentlicht, was ich gar nicht selber im Original gesehen hatte. Nun haben die Eindrücke im Heiligen Lande für die in mir lebendigen Vorstellungen vom römischen Urchristentum eine machtvolle Befruchtung und einen tüchtigen bewegenden Anstoß bedeutet. So bin ich jetzt darauf gespannt, wenigstens einiges von dem zu sehen, worüber ich geschrieben habe, um zu prüfen, ob meine Gedanken und Vorstellungen stichhalten werden.

Diese Empfindung ist bereits der Anlaß zu meiner Suche nach den Katakomben von San Gennaro gewesen, von denen ich eine Abbildung in das Buch aufgenommen hatte. –

Die Freunde, von denen ich mich in Neapel getrennt hatte, waren während der Zeit, die ich auf Capri verbrachte, in Rom gewesen und sind von dem Zauber der Stadt ganz erfüllt. Nun sind wir noch einige Stunden lang dort zusammen. Zuerst fahren wir zu den Raffaelischen Sybillen nach Santa Maria della Pace, weil die Freunde den Weg dorthin nicht gefunden hatten. Ich erschrecke über den dicken Schimmelüberzug, den das Bild jetzt hat. Es sieht aus, als ob seine Tage bald gezählt sein würden. Beim längeren Betrachten dringen dann doch die zart-kräftigen Farben in ihrer reichen Buntheit durch den Schleier hindurch. Und die vier Gesichter der Frauen, denen die Engel ihre Botschaft bringen, beginnen zu sprechen.

Wir fahren am Kolosseum entlang nach San Clemente. Ich hatte immer schon von der Bedeutsamkeit dieser frühchristlichen Kirche gewußt, war aber durch alle möglichen Umstände nicht dazu gekommen, hinzugehen. Nun fand ich Eduard Lenz auf den Besuch der Kirche vorbereitet. Er wollte dorthin wegen des Grabes der Slavenapostel Cyrill und Methodius, das er sozusagen im Namen seines geliebten Prag zu besuchen wünschte. So kam ich endlich auch hin.

Der ganze Eindruck ist wie eine Begegnung. Bereits die Basilika oben umfängt uns mit jener Schönheit, die oft die altchristlichen Kirchen haben und die auch in der Geburtskirche von Bethlehem webt. Der mitten in die Kirche hineingebaute polygone Chor mit der weißen Marmorumgürtung und der Marmorkanzel erinnert zugleich an die Welt von Ravenna. In der Chor-Apsis wunderbare Apostel-Mosaiken.

Unter der Basilika sind zwei Stockwerke unterirdischer Bauten. Im zweiten Stocke unten ist das wohlerhaltene Mithräum, die Mithras-Grotte, ein außerordentlich eindrucksvoller Raum, rundherum mit der Sitzbank versehen, hinter der der Felsen tischförmig erweitert ist. In der Mitte steht ein Mithras-Altar mit der Gestalt des siegenden Gottes und mit fackeltragenden Genien und einer großen Äskulapschlange.

Die Geschichte der Kirche ist gewiß ganz besonders wichtig. Es gibt dort unten in der Erde Reste einer gewaltigen antiken Mauer aus dem siebenten vorchristlichen Jahrhundert.

Der Mönch, der uns führt, erklärt, daß hier ursprünglich das Grab des Clemens Romanus gewesen sei, des zweiten Petrus-Nachfolgers, später hätten die römischen Soldaten einen Mithras-Tempel aus der Grabkammer gemacht und den Grottencharakter durch Bekleidung der Wände nachgeahmt.

Mag nun die historische Folge so oder umgekehrt gewesen sein, in jedem Falle ist die Verflochtenheit gerade des frühesten Christentums mit dem Mithras-Dienst dort mit Händen zu greifen.

Es spielt dann noch die Überlieferung in die Geschichte dieser Kirche herein, später sei der Leichnam des Clemens durch Cyrill und Methodius auf eine Vision hin auf der Krim oder nahe dabei im Schwarzen Meer gefunden und nach Rom gebracht worden. Auf die beiden Slavenapostel beziehen sich einige wunderbare alte Fresken in den unterirdischen Räumen. Das schönste Bild ist byzantinisch und zeigt Christus zwischen Gabriel und Michael, die die beiden Boten des Ostens schützend in ihren Armen tragen.

Durch die Geschichte dieser Kirche läßt sich ein Stück Urchristentum aufhellen.

Stark beeindruckt verlassen wir die Kirche und gehen durch den Titusbogen auf den Palatin. Selber vom Tempelplatz in Jerusalem kommend, ergreift es uns ganz besonders, im Titusbogen das Triumphrelief über die Zerstörung des jerusalemitischen Tempels und zugleich das gewaltige, von den Zerstörern Titus und Vespasian erbaute Kolosseum zu erblicken.

Im schönsten goldenen Spätnachmittagslicht wandeln wir über den Palatin, aus den grandiosen Ruinen der Cäsarenpaläste auf Rom herunterblickend. Die Größe der Bauten kommt uns vor allem beim Stadion zum Bewußtsein. Die Cäsarengeschichte ist der rechte Hintergrund jener stillen Ereignisse von Palästina. Für uns ordnen sich nun große Gegensätze zusammen: der prunkvolle Palatin und der stille Hügel von Bethsaida, das »Panem et circenses« der Römer und die »fünf Brote und zwei Fische« in der Speisungsgeschichte.

Schließlich fahren wir noch mit einem Wagen auf die alte Via Appia hinaus. Wie wunderbar nahe ist die Seele alter Zeiten auf dieser Straße und in der Landschaft, durch die sie führt. Ich gehe große Strecken zu Fuß. Das Gehen löst weit mehr Geschichtsempfindung aus als das Fahren.

Die alte Aurelianische Stadtmauer, deren Eindruck bei den Toren am größten ist, zeigt den Bannkreis der magischen Stadt. Der Blick in die Campagna auf die Hänge von Frascati usw. ist überall schön im Abendlicht. Die Welt des Urchristentums ist hier unmittelbar gegenwärtig und nicht nur deshalb, weil hier die Erde überall von den Katakombengängen durchzogen ist.

Bei der Heimfahrt besuchen wir San Giovanni in Oleo. Das Tempelchen liegt schon im Dunkel, aber die Dämmerung spricht lebendig. In der Ferne blaut noch die Kuppel von Sankt Peter im letzten Abendschimmer. Schön ist es, eine ganze Zeitlang an der alten Stadtmauer entlang zu fahren.

Nachher machen wir noch einen Abendspaziergang durch die Stadt. Es treibt mich, den Campo dei Fiore aufzusuchen, den alten Blumenmarkt, wo Giordano Bruno auf dem Scheiterhaufen verbrannt worden ist. Der Augenblick ist mir noch ganz lebendig gegenwärtig, als ich vor sieben Jahren beim planlosen Durchstreifen der Stadt plötzlich vor dem Standbild Giordano Brunos stand, das so unmittelbare historische Wirklichkeit besitzt. Der Platz ist inmitten von Rom wie ein Stück Neapel. Er gehört dem Volke. Die Seele des Volkes erfüllt ihn. Die gravitätische Würde Roms ist ferne.

Wir gehen am Tiber entlang bis zur Engelsburg und verweilen

schließlich lange angesichts der Peterskirche, deren Dimensionen nachts von einer viel größeren Wahrheit zu sein scheinen. Nach der Grabeskirche in Jerusalem, dem ersten Zentrum des Kirchenchristentums, berührt uns dieses zweite Zentrum in seiner anspruchsvollen Macht erst recht so, daß wir Heimweh bekommen nach den stillen Pflanzstätten des neuen Urchristentums, denen in der Heimat unser Dienst gilt.

An der Piazza Venetia schauen wir zum Kapitol hinauf, uns in die Zeit des alten Rom zurückversetzend. Hier ist alles neuerdings durch die Freilegung der Kaiserforen verändert. Ich bedaure besonders, daß jetzt das Trajansforum nicht mehr seine Romantik besitzt. Es lag so tief unter der umgebenden Stadt im Grünen und hatte etwas von einem stimmungsvollen grünbewachsenen Grabe.

Als ich schließlich müde zur Ruhe gehe, schaue ich auf einen reichen Tag zurück. Morgens hatte ich noch von den Höhen von Capri auf das Meer hinuntergesehen, dann hatte ich in die Kreuz und Quere Neapel und Rom durchmessen.

11.5. Nachdem ich früh um 7 Uhr die Freunde zum Bahnhof geleitet habe, die über Venedig die Heimreise nach Prag antreten, lasse ich mich auf die Höhe von San Pietro in Montorio fahren. Die Stadt ist bereits sehr lebendig. Von oben aus ist der Blick großartig. Die Stadt ist schon klar, die Umgebung aber liegt noch unter dem Schleier des Morgennebels. Die Kuppel des Pantheons erscheint so recht als die Mitte der Stadt.

Die Parks, die man nach der Villa Pamphili hin sieht, haben etwas prächtig ruhevoll Vornehmes. Und der römische Himmel legt auf alles seinen eigenen Reiz. Die Stelle der Petrus-Kreuzigung, das Bramante-Tempelchen im Hofe der jetzigen spanischen Akademie, ist ganz von Morgenstille erfüllt. Das ist eine der Märtyrerstätten, an denen die Seelenspuren des Urchristentums zu spüren sind. Ich kann jetzt auch die Krypta unter dem Kirchlein besuchen. Das Ganze ist ein Schmuckstückchen der Renaissance-Architektur. Die urchristlichen Punkte Roms leuchten aurisch aus allem anderen hervor.

Ich gehe zu Fuß nach Sankt Peter, lasse mich durch das pompöse

Innere mit Kühle durchströmen, schaue einer Priestergesellschaft bei ihren schläfrigen Responsorien zu und steige dann auf das Dach der Kirche, um die Stadt von dort aus zu sehen, und in das Kuppelinnere, von wo aus man in schwindelerregenden Tiefen die Menschlein durch den Dom schreiten sieht.

In den vatikanischen Galerien erschrecke ich über die breiten Risse in den Raffaelischen Bildern der Stanzen, vor allem in der Disputa. Bereits hält man die Mauerstücke mit Klammern beieinander. Vielleicht sind diese Bilder schon bald nicht mehr gut zu sehen. Das Bild des Parnaß mit dem geigenden Orpheus spricht mich diesmal besonders an. Es ist von ähnlichen Geheimnissen erfüllt wie die Schule von Athen und die Disputa.

Die Sixtinische Kapelle nimmt mich auf eine Viertelstunde in ihre grandiose Feierlichkeit und Komposition auf. Wie groß ist die zum Himmel emporschauende junge Jonas-Gestalt im Vergleich zu dem niederblickenden Greise Zacharias auf der gegenüberliegenden Seite!

Die Prophetengestalten lassen einen Teil des Buches, das ich über das Alte Testament zu schreiben vorhabe, anschaulich vor mir erstehen.

Einige kurze Blicke werfe ich in die ägyptische Sammlung und in die klassischen Plastiken. Wieder versetzten mich die Porträtbüsten des Plato, des Homer usw. unmittelbar in alte Zeiten.

Ich fahre mit der Rundbahn umständliche Wege, um nach dem Lateran zu gelangen, steige aber an der Cestus-Pyramide aus und besuche den evangelischen Friedhof, der eine wunderbare Stimmung hat. Das goethesche Rom und das romantische Rom der deutschen Maler ist dort vielleicht noch am meisten zu spüren. Ich suche das Grab des ruhelosen Schwabengenius Wilhelm Waiblinger. Es besteht aus einer abgebrochenen Säule, die mit dem Antlitz des Dichters geschmückt ist. Direkt daneben ist das Grab von Goethes Sohn.

Obwohl die Zeit vorgeschritten ist, fahre ich noch zum Lateran, um die urchristlichen Sarkophage zu besuchen, von denen ich einige in dem Katakombenbuch abgebildet habe, und die mir dadurch sehr vertraut sind. Sie jetzt zu sehen, ist ein Fest, wie das Wiedersehen mit einem geliebten Menschen, nach dem man sich gesehnt hat. Sie lassen eine ganze Welt wunderbar bildhafter urchristlicher Evangelienweisheit lebendig werden.

Nach kurzer Erfrischung in der Mittagsstunde setze ich meine Gänge fort. Zuerst besuche ich die Moses-Figur des Michelangelo in der kleinen Kirche San Pietro in Vincoli. Das ist wohl das vollkommenste Werk neuzeitlicher Plastik. Die Doppelheit von Lea und Rahel zu beiden Seiten regt zu mancherlei Gedanken an. Rahel ist ganz schlicht gewandet und schaut betend empor. Lea ist mit viel Schmuck und Frisur behangen, und ihr Kleid ist kunstvoll geschürzt. Sie schaut in die Kompliziertheiten des Irdischen hinein.

Nach einem kurzen Gang durch das Kolosseum fahre ich zu den Callixtus-Katakomben. Ich erreiche eine Sonderführung durch einen sehr freundlichen Mönch, dem auch noch besondere Schlüssel anvertraut werden. So sehe ich große Partien der Katakomben, die bei den gewöhnlichen Führungen nicht gezeigt werden. Auch hier sehe ich nun vieles wieder, worin ich mich bei der Arbeit an dem Katakombenbuch gründlich vertieft habe, z. B. die Fische mit den Brotkörben in der Lucina-Gruft und die Abendmahlsbilder in den Sakramentskapellen. Die Stimmung dieser unterirdischen Welt umweht mich viel unmittelbarer als das bei einer Gruppenführung möglich wäre. Auch hat mir der Führer ein großes Licht gegeben, so daß ich vieles genau beleuchten kann. Obwohl wir sehr schnell schreiten, brauchen wir fast zwei Stunden für unsere Wanderung und können doch nur wenige Partien der großen unterirdischen Gräberstadt sehen.

Das ist der rechte Abschluß nicht nur des Tages in Rom, sondern auch der ganzen Reise. Die ägyptischen Königsgräber und die christlichen Katakomben gehören zusammen. Auch die Eindrücke, die wie ein Präludium die Reise eingeleitet hatten: die Villa dei Misteri in Pompeji und die hellenistischen Katakomben von Alexandrien, werden hier wie in einem Schlußakkord wieder aufgenommen.

Schließlich muß ich außerordentlich eilen, um den Zug zu erreichen, der mich um ½6 Uhr mit großer Schnelle nordwärts trägt. Großartige Farbenspiele beleuchten den Himmel und die Städtchen, die wie Orvieto auf hohem Bergesrücken liegen. Dann sinkt die Nacht herein und deckt alles mit ihrem Mantel zu.

Wie im Fluge sausen Städte und Länder vorbei. Ich sehe sie und sehe sie doch auch nicht. Zu viel Bilder des geschichtlichen Werdens erfüllen mich und verlangen danach, geordnet und in Impulse des Willens und Wirkens umgewandelt zu werden.

Als ich wieder auf deutschem Boden angelangt bin, umstrahlt mich der Mai in lichter Sonne. Das Lastende des Zurückversetztseins in große Vergangenheiten lichtet sich auf. Die Fülle der Geschichte ist beendet. Die Arbeit kann mit neuer Kraft beginnen.

PALÄSTINA-GRUPPENREISE 1934

DIE MEERFAHRT

Die Seefahrt von Triest nach Jaffa ist nicht nur Anreise und Vorbereitung, sie ist ein in sich klarer und ausgefüllter Lebensabschnitt. Sie scheint ganze menschheitliche und persönliche Entwicklungsetappen zusammenzufassen. Jeder Tag ist eine Wesenheit mit reichstem Leben.

Am Mittwoch, den 11. April, beginnt die Fahrt. Zuerst ist meine Zeit und Aufmerksamkeit noch fast völlig durch Organisatorisches ausgefüllt. Die Reisegesellschaft ist sehr bunt zusammengesetzt. Große Extreme sind darin, die einander aber wohl das Gleichgewicht halten werden. Die allermeisten sind gewiß wirkliche Herzensteilnehmer, voll des besten Willens und mit dem Bewußtsein, diese Reise nicht nur egoistisch für sich mitmachen zu dürfen.

Auch ist die Fahrt über das Meer erst ein langsames Sichloslösen von den mitteleuropäischen Üblichkeiten.

Das Adriatische Meer entspricht wohl der milderen Ostsee, das Tyrrhenische Meer der rauheren Nordsee. Die Adria ist ja auch fast ein Binnenmeer. Istrien und Dalmatien vom Meere aus zu sehen, ermöglicht den Aspekt früherer Zeiten. Ich stelle mir z. B. dort die Gegend vor, in der Hieronymus seine Jugend verlebte.

Nach dem ersten Sonnenaufgang fahren wir zwischen Ithaka und Kephalonia hindurch. Die Welt Griechenlands umleuchtet uns. Homerische Sonne und Heiterkeit erfüllt alles. Hellas. Das dauert noch den folgenden Tag hindurch an, während wir um den Peleponnes herumfahren. In der Ferne leuchten die Schneegipfel des Parnaß und des Taygetos. Wir lesen Homer zusammen. Die Sonne meint es gut mit uns. Das Meer ist spiegelglatt und still. Die Sonnenuntergänge steigern sich von Tag zu Tag. Kürzer, aber wunderbarer wird die Farbenstunde.

Am Freitag ist das halbe Meeresrund wie von grünem Gold übergossen. Am Sonnabend hört Griechenland bereits auf. Morgens früh sieht man in der Ferne gerade Kretas Schneeberge verschwinden. Dann kommt Rhodos, dessen Gestalt an ein großes polygones oder kreisrundes Siegel erinnert mit erhöhter Mitte. Die kleinasiatische Welt tritt langsam an die Stelle der griechischen. Die wahre Welt des Paulus nimmt uns auf und läßt die Gespenster der üblichen Paulus-Auffassungen in nichts zergehen. Hier liegt das Griechentum des Paulus im hellsten Licht. Das jüdisch-eingeschränkte Bild seines Wesens kann man nicht einmal mehr denken. Aus der Sonne des Mittelmeeres muß Paulus verstanden werden. Wir lesen im Kreise der mitreisenden Mitarbeiter den 1. Timotheus-Brief. Dabei zeigt sich das bereits mit großer Deutlichkeit. Die Gedankenhelle und Weltläufigkeit der paulinischen Sprache drängt sich uns unwidersprechbar auf. Nachmittags lesen wir im Gesamtkreise die letzten Kapitel der Apostelgeschichte vor, und als ich die Richtung zeige, in welcher Tarsus am Fuße des Taurus zu suchen sei, da ist gerade in größter, aber klarster Ferne der Lykische Taurus mit seinen hohen Alpengipfelketten sichtbar. Daran schließt sich das Erleben des Sonnenunterganges an, der jetzt im Kreise herum das ganze Meer in unglaublicher Glanzhelle mit grünem Gold übergießt. Das Meer ist heller als der Himmel. Die Wellentäler sind von tiefstem Violett. Selige Engelsfarben sieht man leibhaftig vor sich. Die Zauberkraft der letzten Viertelstunde vor Sonnenuntergang ist groß. Das ganze Schiff ist von einer Welle von Enthusiasmus, Freude und Aufatmen erfüllt. Wie ich es in Ägypten am Nil erlebte, wo in dieser Zeit die Vogelstimmen zwitschernd erwachten und zugleich das Stimmengeschwirr in den Dörfern vernehmbar wurde, so ist es jetzt auf dem Schiff. In diesen Gegenden lebten einst Völker, deren Aufgabe es war, der Menschheit den Enthusiasmus einzupflanzen. Das veranschaulicht sich heute noch durch den Pulsschlag der Natur zwischen Sonne und Erde.

Je mehr wir aus den griechischen in die kleinasiatischen Gewässer kommen, um so dichter umweht uns der Atem des Urchristentums. Die phönizische Welt des östlichen Mittelmeeres hat viel zur Vorbereitung des Christus-Impulses getan. Cypern liegt am Sonntagmorgen vor uns. Zum ersten Male weite grüne fruchtbare Ebenen. Wie mögen zur Zeit der Paulus-Reisen die Gegenden ausgesehen haben, an denen wir entlangfahren?

In Larnaka gehen wir an Land und werden im Hetztempo in Autos nach Famagusta gefahren. Die Landschaft auf den griechischen Inseln ist fast griechischer als das griechische Festland. Größte Geschichtsepochen fassen sich hier zusammen. Aus mythologischer Zeit kommt die Kunde von der Geburt der Venus (Geburtsmysterien; das Konträr-Entsprechende zu dem Grabe des Osiris in Ägypten). In urchristlicher Zeit ist hier die Heimat der Barnabas-Leute. Aus dem Mittelalter haben sich Spuren erhalten vom Glanze der Ritterorden. Rote kupfrige Erde leuchtet uns an. Wir sind auf der Kupferinsel. (Der Name Kypros ist in dem deutschen Wort »Kupfer« enthalten. Kupfer ist das Metall der Venus.) Eine lange große Gebirgskette zieht sich im Hintergrunde entlang wie eine Zeile göttlicher Schrift. In Famagusta umgibt uns reiches gotisches Mittelalter. Über 300 Kirchen soll es dort zur Ordenszeit gegeben haben. Jetzt sind die großen gotischen Hallen, wie die norddeutschen Dome durch den Protestantismus, durch den Islam weißgetüncht und in Moscheen verwandelt. Die venetianische Machtwelt steht durch die breitangelegten Festungswälle und Tore mit dem Markus-Löwen neben der nicht weniger stolzen Anbetungswelt der Gotik. Othello unterhält sich mit Jakob von Molay.

Der Cypern-Ausflug zeigt uns in krasser Deutlichkeit den Reisestil, den wir in Palästina nicht anwenden wollen.

Abends offenbart Cypern, als wir beim Sonnenuntergang lange auf seine Gestalt zurückschauen, seine aphroditische Seele. Wunderbar in Gold getaucht ragt es mit seiner langhingestreckten Götterzeile aus dem Meere hervor. An diesem Abend zeigt sich uns die dünne Mondsichel, ganz waagerecht liegend, der spätere Ostergral des Südens. –

Die ganze Fahrt hat ihr Gepräge durch die große Zahl der mitfahrenden Juden. Abends singen die jungen Leute stundenlang mit orientalischem Gaumendruck ihre melancholischen jüdischen Lieder, die wie eine Zurückholung Hagars und Ismaels anmuten durch den stark arabischen Einschlag. Der ganze Zionismus hat ja einen arabischen Einschlag. Am Sabbat-Vormittag hält ein Oberrabbiner, Dr. Vischer aus Budapest, einen Vortrag. Er ist ein patriarchalischer Typus und repräsentiert mehr das vorsalomonische abrahamitische Israelitentum als das spezifisch Jüdische. Er spricht kurz und bildhaft. An einigen Stellen verrät er die ostjüdische Theologietradition, z. B. deutet er die Pluralform Elohim in der Genesis bei der Erschaffung des Menschen so, daß Gott mit dem Menschen zusammen den Menschen erschaffen habe. Am merkwürdigsten ist der Schluß seiner Rede. Ein paar hebräische Worte und ein starkes Emporsteigenlassen des Bildes von Erez Israel genügen, um alle Menschen in Tränen ausbrechen zu lassen. Er sagt: Wir suchen nicht das alte Palästina, sondern das neue. Von dem alten werden wir zwar die Trümmer küssen, aber das neue, das wir zu schaffen haben, ihm gehört unser Herz. Der großen Ergriffenheit der Menschen können sich auch die wenigen Nichtjuden kaum entziehen.

Einen Abend gab ein berühmter Synagogensänger aus Warschau ein Konzert. Er ließ aber seinen schmetternden Tenor leider mehr in italienischen Arien als in jüdischen Liedern glänzen. Die wenigen jüdischen Lieder waren wieder außerordentlich ergreifend.

Die jüdischen Menschen jeglicher Prägung sind zum Teil sympathischer als die übrigen deutschen Reisenden auf dem Schiff, die vor allem zu zwei kleineren Reisegesellschaften, einer katholischen und einer protestantischen, gehören. Ich nehme vielfachen Anteil an den Auswandererschicksalen deutscher Juden und habe bald mit einem ganzen Rudel von Leuten Freundschaft geschlossen. Die Tragik, in die ich hineinschaue, ist eine vielfache. Fast schlimmer als die plötzliche Heimatlosigkeit ist doch die religiöse Unsicherheit. Jemand sagt mir z. B., er sei sich völlig bewußt, daß er, um wirklichen Humor zu erleben, innerlich seinem Judentum bereits ein wenig untreu werden müsse. Die Abschiedsstimmung und das Klagelied eines sterbenden Kontinentes liegt über allen Lebensäußerungen dieser Menschen.

16.4. Der Sonnenaufgang über dem Heiligen Lande und das Aufsteigen der Jaffa-Stadt beendet die Seefahrt. Und dann setzen endlose Landungsbürokratien und Schikanen ein. Ich tue, was ich kann, und unsere Gruppe kommt auch zuerst ans Land, aber es ist doch später als 10 Uhr geworden (4 Stunden nach Ankunft), als wir mit all den Quälereien fertig sind.

Nun durchschreiten wir die schmutzigen Straßen von Jaffa. Merezian, ein junger armenischer Student, den ich vor zwei Jahren kennengelernt hatte und der auf dieser Reise unser Helfer sein soll, hat uns in Empfang genommen und führt uns wie gewünscht zuerst zu einer Tasse Kaffee in ein arabisches Kaffeehaus, wo wir warten, bis er die nötigen Besorgungen erledigt hat. Endlich können wir den Gang durch die Stadt zu dem Hause Simons des Gerbers antreten. Die Stadt ist nicht sonderlich interessant; das bunte orientalische Leben ist dort mit soviel Schmutz und Staub verbunden, daß es nicht sehr entzücken kann. Für diejenigen allerdings, die zum ersten Mal den Boden des Orientes betreten, muß dieses plötzliche Entrücktsein in eine andere Welt ein starker Eindruck sein. Schön ist der Blick von dem sogenannten Simons-Hause, auf dessen Dach Petrus die wichtige Grenzen sprengende Vision hatte. Man sieht weit auf die langgestreckte Meeresküste hin, an der viele größere und kleinere Schiffe liegen, und auf das weite Meer. Einen ähnlichen Blick in die Weite mag hier einst auch das hochgelegene Coenaculum der Tabitha, die Petrus ins Leben zurückrief, dargeboten haben.

Dann folgt die Fahrt hinauf nach Jerusalem. Breit ist die Jaffa-Ebene, uraltes Mittelmeerkulturgebiet. Judäa ist das noch nicht. Das beginnt doch erst oben auf den Bergen, deren Abhänge noch ganz durch die Ausstrahlungen der Küste und der fruchtbaren Ebene am Meer entlang belebt sind. Mizpa, die Samuel-Stätte, ist der erste weithinsichtbare Gipfel der Alten Welt. »Ausschauend« war hier nicht nur der physische Blick über Land und Meer, sondern auch der Seelenblick der großen prophetischen Naturen über Vergangenheit und Zukunft.

Ich bin der Gesellschaft ein wenig vorausgefahren, um in Jerusalem den Quartiermacher zu spielen. Die großen kühlen Räume des Hospizes Notre Dame de France nehmen uns wohnlich auf. Ein Wunder scheint geschehen, daß von all unseren Gepäckstücken nicht eines fehlt, bis sich herausstellt, daß wir einige Stücke fremdes Gepäck mitgenommen haben.

Am Nachmittag machen wir den ersten größeren Orientierungsgang. Durch die Basare bewegen wir uns auf den stillen Zionsberg zu und gehen vom Zionstor an der Stadtmauer entlang, beziehungsweise oben über die Stadtmauer. Dann den »Abendmahlsweg« hinunter in das gräberübersäte Kidrontal. Noch ist die Welt um uns her fremd und nicht assimiliert, aber wir beginnen sie doch zu ahnen. Durch die Gethsemane-Gärten der griechischen Kirche steigen wir den Ölberg empor und erleben oben mit dem großartigen Blick auf die gegenüberliegende Stadt gerade noch die letzten Farbenwunder des Sonnenuntergangs. Rotgoldene Lichter umspielen die Zinnen und den Tempelplatz. Dann treten wir in den Garten »Viri Galilaei«, das kleine Galiläa, ein. Der Blick über die Wüste Juda, zum Toten Meer hinab, überrascht, obwohl die Farben schon erloschen sind. Es ist, als ob wir in eine ganz rätselvolle, fast gespenstische, jenseitige Sphäre hineinschauten. Dann geben wir uns dem zauberhaften höheren Frieden der Stätte hin. Es dunkelt bereits stark. Die Mondsichel steht schon hell am Himmel, dazu der helle Jupiter. Im Hofe der griechischen Himmelfahrtskapelle, umgeben von den ätherisch raunenden griechischen Worten der Apostelgeschichte, umwoben von den dunkelnden Baumwipfeln, lesen wir den Schluß des Lukas-Evangeliums. Zum ersten Male wird uns das Heilige Land zur Sphäre des göttlichen Wortes.

Nachmittags habe ich vor dem Aufbruch mit den kurzen vorbereitenden Vorträgen begonnen, nachdem wir die Ostergebete und einen Spruch von Rudolf Steiner gelesen hatten. Von jetzt an geht eine Kette gemeinsamer geistiger Beschäftigungen durch die Reise hindurch. Auf dem Schiff hatten wir nicht viel anderes tun können, als daß wir am Sonntag vormittag, in fünf Kajüten verteilt, die Menschenweihehandlung vorlasen. Jetzt steht uns ein Raum zur Verfügung für unsere Vorträge und Lesungen. Im allgemeinen halten wir den Brauch ein, den Tag zu beginnen mit einer Lesung aus den Evangelien, vorbereitet durch die Worte, mit denen die Menschenweihehandlung die Evangelienlesung einleitet. Den Tag schließen wir immer ab durch die Lesung des Bekenntnisgebetes.

Der Spaziergang des ersten Nachmittags in Jerusalem hat uns einen guten Überblick gegeben, der sich durchaus nicht nur auf äußere Gesichtspunkte, sondern gerade auch auf die stilleren Stätten des verborgenen Jerusalem erstreckt. Am Abend mache ich noch mit einigen Kollegen einen Gang durch die stillen alten Straßen auf dem Zionsberg. Zwischen den hohen Mauern einherzugehen, hinter denen man ausgedehnte alte Gärten ahnt und über die hier und da die Kronen großer Pinien und Zedern herausragen, ist eine unmittelbare Zurückversetzung in die alte Zeit.

17.4. Am nächsten Morgen versuche ich eine urgeschichtliche Einleitung zu geben zu dem, was heute noch von den Uranfängen der Geschichte in Jerusalem zu sehen ist. Ich spreche von der architekturlosen Jordankultur zwischen Nil und Euphrat und Tigris. Wie in den Abraham-Legenden dem Turm die Höhle gegenübersteht, so steht tatsächlich das urpalästinensische Grottenmotiv zwischen den Pyramiden Ägyptens und den Zikkurat-Bauten Babyloniens.

In der Grabeskirche ist es still. Ausnahmsweise bleiben wir von dem babylonischen Stimmenwirrwarr der Konfessionen und Händler verschont. Die Kreuzfindungskapelle unten ist bei weitem der eindrucksvollste Raum. Er ist auch von echten Kreuzzugsspuren erfüllt durch die Kreuze, die die Kreuzfahrer in die Wände eingegraben haben. Die noch tiefer gelegene Krypta, eine natürliche Grotte, zeigt das erste Beispiel für das am Morgen besprochene Thema. Ob hier nicht wirklich eine Stelle ist, wo man sich mit dem Geheimnis des Adam-Grabes und des Melchisedek-Heiligtums, die von der urchristlichen Schrift »Die Schatzhöhle« in eins gesetzt werden, berühren kann? Oben auf dem Dache besuchen wir in ihrem von spärlichen Gärtchen durchsetzten Dorf die Abessinier, die von einer ganz besonders auffallenden Freundlichkeit und Gutherzigkeit sind.

Ganz in der Nähe der Grabeskirche, mitten im Basargewühle, führt uns Merezian in eine rumplige Drechslerwerkstatt, an deren Eingangswand von innen die großen Quadern eines sehr alten Stadttores zu erkennen sind, und die im übrigen durch die Säulen an ihrer Längswand zeigt, daß hier eine frühchristliche Basilika gestanden hat. Das Tor ist ein Bestandteil der herodianischen Stadtmauer gewesen und muß demnach zur Zeit des Mysteriums von Golgatha als Stadttor in Gebrauch gewesen sein. Dieses Tor in der Werkstatt vermittelt einen ganz unmittelbaren Eindruck der damaligen Zeit und wirft zugleich alle späten Hypothesen über Golgatha und das Grab Christi über den Haufen. Das Gordon-Grab ist damit als die Schrulle eines englischen Militärs entlarvt. Der Beweis ist erbracht, daß das von der Tradition bezeichnete Grab echt ist. Golgatha hat demnach ganz hart vor dem Stadttor gelegen. Wie in diesem Falle, so wird es in vielen Fällen sein, daß die alten Traditionen sich als zuverlässiger erweisen, als die zweifelsüchtige Wissenschaftsstimmung meint.

Nun gehen wir die Via dolorosa in umgekehrter Richtung, uns immer wieder in dem orientalischen Straßengetriebe verlierend. Am Ausgangspunkte der Via dolorosa beschäftigen wir uns mit der Pilatus-Burg Antonia. In einer Kirche, in der uns eine gelehrte Nonne alles erklärt, ist in den Altar ein Stück aus der Fassade eines römischen Palastes eingebaut, der hier einst gestanden hat, unmittelbar an das Stadttor von Milet erinnernd, das im Berliner Pergamon-Museum zu sehen ist. Es dürfte sich um den Teil des Pilatus-Palastes handeln, vor dem sich die dramatische Szenenfolge des Verhörs Jesu abgespielt hat. Neben der Kirche, in Räumen, die tiefer liegen als das heutige Straßenniveau, hat man die alten Steinplatten der wahren Via dolorosa freigelegt, die ganz frappierend die alte Zeit heraufbeschwören. An verschiedenen Stellen sieht man in den Platten die Grundrisse von Würfelspielen, die die römischen Soldaten sich dort eingraviert haben. Unter dieser alten Straße geht ein scheinbar riesig ausgedehnter unterirdischer Gang einher, der sicherlich mit den uralten Höhlen und Grotten zusammenhängt, die als ein riesiges Labyrinth die Stadt unterhöhlen.

Das nebenan befindliche Prätorium mit seinen unterirdischen Räumen hatte ich bereits auf der letzten Reise gesehen. Man bezeichnet diese Räume als den Kerker, in dem Christus gefangengehalten worden sei. Nun ist aber Christus überhaupt nicht im Kerker gewesen, und ich glaube, daß die Räume des Prätoriums eher für den Mithras-Kultus bestimmt gewesen sind. Vielleicht wurden sie später als Gefängnisse verwendet. Der Mithras-Kultus hat ja überhaupt das alte Grottenmotiv aufgenommen und weitergeführt, muß also speziell in Jerusalem von besonderer Symbolkraft gewesen sein. In dem Keller der Prätorianer-Wache mag es gewesen sein, daß die Soldaten, Mysterienvorgänge zum Spott vollziehend, Jesus geißelten, ihm die Dornenkrone aufsetzten und den Purpurmantel umhingen.

Am Teiche Bethesda steht die besterhaltene Kreuzfahrerbasilika in Jerusalem. Man sagt, sie sei auf dem Wohnhause der Eltern der Maria, Joachim und Hanna, gebaut. Dieses wird ähnlich unten in der Erde gezeigt wie das Wohnhaus des Joseph und der Maria in Nazareth. Der Teich Bethesda muß vielfältig architektonisch überbaut und überhaupt eine mehr tempelartige Stätte (in der Nähe des Tempelplatzes) gewesen sein. Nebenan war der Schafteich, das heißt die Stätte für die Waschungen der im Tempel darzubringenden Opfertiere. Vielleicht hat der Teich Bethesda auch den Waschungen gedient, durch die sich die Menschen auf das Betreten des Tempels vorzubereiten hatten.

Die Jeremias-Grotte weist zurück in die alttestamentlich-prophetische Zeit und weit darüber hinaus. »Der Rest der Worte Baruchs« zeigt innerhalb des alten Schrifttums das Fußen der Jeremias-Gestalt auf der alten Grotten- und Einweihungsströmung. Diese große Höhle illustriert den gleichen Zusammenhang. Man wird sehr an die Latomien von Syrakus erinnert. Vielleicht hat hier ein ähnliches akustisches Wunder gespielt wie dort in dem »Ohr des Dionysos«. Mit dem Geistesleben der alten Grottenströmung hängt ja durchaus das frühe Stadium des Logos-Mysteriums, die Zeit des magischen Wortes, zusammen.

Den eindrucksvollsten Abschluß des Rundganges bilden die sogenannten Steinbrüche des Salomo. Diese gewaltigen unterirdischen

Hallen und Gänge geben den Schlüssel zu Jerusalem. Der Ausdruck »Steinbrüche des Salomo« braucht durchaus nicht sinnlos zu sein. Noch im Mittelalter war die Steinmetzenzunft als Keimzelle der Freimaurerei eine Mysterienloge. Und der hier vorliegende Zusammenhang kommt darin zum Ausdruck, daß gewisse Freimaurerlogen noch jetzt jährlich in bestimmten Nächten hier aus aller Welt zusammenkommen, und ihre Zeremonien zelebrieren. Alle Freimaurerei fußt ja auch auf der Symbolik des Salomonischen Tempels und mündet andererseits in das Grottenmotiv ein (z.B. die Loge zur grünen Grotte in Salzburg, wo Mozart in die höheren Grade aufgenommen wurde). Vielleicht steht man hier sogar an einem esoterischen Quellort für das doch schon stark exoterische Werk des salomonischen Tempelbaus. Die Grotten sind das Zentrum einer architekturlosen, ganz nach innen gewandten Kultur. Indem sie zu Steinbrüchen werden, trägt man die Grottensubstanz hinauf in das Licht, und die architekturlose Innerlichkeit droht abhanden zu kommen.

Am Nachmittag beschränken wir uns auf einige wenige Eindrücke auf dem Zionsberg. Ein Gang durch das Armenierviertel zeigt uns eine Stadt in der Stadt. Die auffallende Sauberkeit und Gepflegtheit scheint ein ferner Hinweis auf ganz frühe heilige Besonderheiten des Zionsberges zu sein. Dann besuchen wir das Coenaculum, das bisher zu einem der allereindrucksvollsten Plätze in Jerusalem gehört hat. Ich hatte im Sinn, zu versuchen, ob wir nicht die anderen Räume des Hauses auch zu sehen bekommen könnten. Aber wir stoßen auf eine ganze Serie von Enttäuschungen. Die Araber haben eine Moschee aus dem Coenaculum gemacht, eine geschmacklose Gebetsnische ist in die grandiose Gotik hineingesetzt. In die Fenster sind kitschige bunte Farbmuster gemalt, und der Boden ist mit Teppichen belegt, die man nur ohne Schuhe betreten darf. Außerdem legen die Wächter des Hauses einen solchen Verdienergeist an den Tag, daß ich den Versuch aufgebe, mehr als den Abendmahlssaal zu zeigen. Der Essäercharakter des hochgelegenen Saales ist mir seit damals, als mir die Nähe des David-Grabes so aufschlußreich erschien, ganz evident geworden.

Nach längerem Verweilen ist vielleicht doch dem einen oder anderen etwas von der Seelenspur des ursprünglichen Raumes begegnet.

Neben dem Coenaculum betreten wir noch den Hof des Kaiphas-Palastes, der heute ein ruhiger Garten ist und durch das Naturweben der Bäume noch leicht zurückzuleiten vermag. Wir haben damit ein Beispiel gesehen von den großen stillen Hainen, die hinter den hohen Mauern der alten Straßen auf dem Zionsberge träumen.

Am Abend zeigt uns Merezian in dem amerikanischen Prunkbau der Y. M. C. A. (Young Men's Christian Assoziation) die Holzmodelle von den verschiedenen Bauzuständen des Tempelplatzes. Die Modelle sind von dem verstorbenen Forscher Dr. Schick gemacht und zeigen den Schritt der Jahrhunderte gerade dadurch, daß sie zum Auswechseln eingerichtet sind. Wie man jetzt durch einen Handgriff einen ganzen Tempelbau samt dem Umkreise beseitigen und durch einen anderen Bauwillen ersetzen kann, so hat es in der Tat die Geschichte gemacht.

18.4. Ein Teil unserer Gesellschaft bricht früh auf zu einem Eselsritt nach Mar Saba. Ein ganz neues Element kommt in die Reise hinein durch das Reiten, das viel intensiver als das Autofahren mit der Landschaft verbindet. Die Esel lassen sich allenfalls ein wenig leiten, was den Unterschied zwischen links und rechts betrifft. Das Tempo bestimmen sie selbst. Wenn dann irgendein Tier einmal ins Galoppieren gerät, so galoppieren sogleich alle mit. Wir reiten das Kidrontal hinab, das von fruchtbaren Feldern und Äckern umsäumt ist und zuerst durch viele Ortschaften hindurchführt. Es gibt die schönsten und großartigsten Rückblicke auf das hochragende Jerusalem. Dann werden die Berge größer und einsamer und wüster. Aber der volle Wüstencharakter tritt nicht ein. Die Ausstrahlungen der Bethlehem-Zone bleiben immerfort stark bemerkbar. Immer weiter steigen wir in die Tiefe hinab. Erst kurz vor Mar Saba, das sicherlich schon 200 m unter dem Meeresspiegel liegt, beginnt wirklich die Wüste. Das Kidrontal wird zum scharf eingeschnittenen Cañon. Die Landschaft verliert alle Reste des Idyllisch-Lieblichen. Sie wird streng heroisch und kosmisch ausdrucksvoll. Landschaft des kosmischen Absturzes, des Sündenfalles. Dann auf einmal zeigt sich vor uns, eng an den steilen Hang geschmiegt, die ganze Klosterstadt. Die Frauen steigen weiter auf einen Turm, wo sie bewirtet werden, die Männer werden in den Klosterbezirk aufgenommen. Hier muß eine uralte Einsiedelei und dann eine Essäerstätte gewesen sein. An die Palme des heiligen Sabas knüpfen sich uralte Lokaltraditionen an. Wir gehen kreuz und quer durch die Kirchen und Kapellen, die zwar stimmungsvoll sind, aber doch, weil die Bilder neu und kitschig sind, nicht an die hieratische Echtheit der Athos-Kirchen heranreichen. Eine Kapelle ist eine regelrechte Grotte gewesen. Hier soll auch Johannes Damascenus gelebt und gewirkt haben, auf den die von Goethe aufgefundene Darstellung der Dreikönigslegende zurückgeht.

Wir haben die anderen in dem Frauenturm lange warten lassen. Endlich gehen wir hinauf zum gemeinsamen Mahle und nehmen vom Dach des Turmes den bedeutungsvollen Überblick in uns auf, den man dort über die Wüste hat. Das Tote Meer sieht man nicht. Es liegt unten in den Bergen verborgen. Aber durch die Gebirgsrücken ist eine dramatische Erstarrung um uns ausgebreitet. Dann wird in heiterer Laune der Rückweg angetreten. Ich bleibe, da ich Fußschmerzen habe, den ganzen Tag im Sattel.

Wir sind noch gar nicht lange unterwegs, als es zu regnen anfängt. Der Himmel hat sich schon länger schwarz zugezogen, und nun werden wir von einem großartigen Naturdrama überrascht. Ein Wolkenbruch geht nieder. Wir setzen noch schnell über das fast völlig wasserleere Kidrontal, flüchten uns in einige schwarze Beduinenzelte, die dort gerade für uns bereitzustehen scheinen, und schon donnert ein breiter, tosender, reißender Strom durch das Kidronbett zu Tale. Diesen Anblick genießen wenige: den Kidron so zu sehen, wie ihn der griechische Text des Johannes-Evangeliums am Anfang der Gethsemane-Geschichte zeichnet: als reißenden Sturzbach. Wir sind bis auf die Haut durchnäßt. Die Araber raten uns die Umkehr zum Kloster. Dem steht die absolute Unüberschreitbarkeit des Kidron und unser Wille zur Rückkehr nach Jerusalem entgegen. Eine lustige Einzelheit: Der Esel unseres einzigen und einzigartigen Passagiers erster Klasse (von der Seefahrt her) ist als einziger Expeditionsteilnehmer auf dem jenseitigen Ufer verblieben. Ihn herüberzuholen ist unmöglich. Die Elemente sind entfesselt und bedrohen jeden, der sich ihnen naht, mit dem Tode. Also bleibt uns nichts anderes übrig, als die gegenüberliegende Seite des Stromes als First class zu bezeichnen und den erstklassigen Esel seinem Geschick zu überlassen.

Wir entschließen uns, da wir auf dem Herwege durch das trockene Kidrontal geritten waren, über die Berge heimzureiten. Das gibt einen großartigen, aber sowohl für Menschen wie für Tiere sehr anstrengenden Weg. Wir steigen in enorme Höhen empor. Ein gewaltiger Überblick entsteht über die Bergwelt um Jerusalem her, die noch nicht zur Wüste Juda gehört und doch schon zur Landschaft dieser Wüste überleitet. Als wir wieder in das Kidrontal zurückkommen, haben sich die Wasser des Gewitters bereits verlaufen; aber welche Zerstörung haben sie angerichtet! Die reichen Artischockenfelder sind wie abgemäht. Zuletzt biegen wir in das Hinnom-Tal ein da, wo der Blutacker Hakeldama mit vielen uralten Felsengräbern liegt. Wo das Tal Hinnom in das Kidrontal einmündet, hat der Teich Siloah gelegen. Alle sind tüchtig von den Strapazen ermüdet. Für diesen oder jenen mag es die größte Strapaze seines Lebens gewesen sein. Aber man fühlt, daß nur Gesundung davon ausgehen kann trotz des zweimaligen Durchnäßtseins, wenn auch vielleicht einige noch ein paar Tage sehr erschöpft sein werden.

19.4. Das Gewitter des vorangehenden Tages ist der Abschied der Regenzeit gewesen. Aber noch schwimmen die schmutzigen Straßen der Altstadt, und der Himmel strahlt nicht. Wir haben Sorge, ob der Tempelplatz uns ohne Sonne sein wahres Gesicht zeigen kann. Und wie auf der ganzen Reise, so geschieht es auch hier, daß wenigstens für die Augenblicke, wo es nötig ist, die Sonne strahlt.

Der Tempelplatz als das große monotheistische Ichwerdungs-Zentrum der Erde macht einen monumentalen Eindruck. So habe ich ihn auf der letzten Reise nicht gesehen. Seine Ausmaße und Proportionen allein lassen ihn weit über die wirren und geschmacklosen Mischungen der christlichen Hauptsehenswürdigkeiten triumphieren. Große, stille, schwere Feierlichkeit lastet auf allem.

Das Innere des Felsendoms ist von jener dekorativen Schönheit beherrscht, die ausschließlich Vordergrund ist. Arabismus, Arabeske. Insofern ist die Besitzergreifung des Tempelplatzes durch den Islam nichts als die konsequente Weiterführung des großen Exoterisierungsprozesses, der unter Salomo begonnen hat. Dieser Prozeß hat als magisches Ferment den abstrakten Ich-Impuls in sich getragen, und das ist wieder durch den Intellektualismus des Islam aufgegriffen.

Im Mittelpunkt der uralt-heilige Felsenstein Morija. Ein letzter Rest des alten Naturkultus. Es muß ja die »Tenne Aravnas«, die David erwarb, und der Opferstein auf Morija, wo Isaak geopfert werden sollte, bereits eine Summe alter Kultustraditionen in sich geschlossen haben. Überraschend ist, wie hier aber auch eine Zusammenfassung späterer Kultusstimmungen und -methoden stattgefunden hat. Unter dem großen Felsblock ist eine Grotte, in die durch ein Loch im Stein das Blut der Opfertiere hinabfloß, und von der Grotte aus floß das Blut weiter durch einen Kanal hinunter in den Kidron. Das ist ein unmittelbarer Anklang an den Mithras-Kultus, wo Menschen in einem Erdloch unter der Schlachtstätte von dem noch warmen Blut eben geschlachteter Tiere überrieselt wurden. So abstrakt der jüdische Gedanke der Kultuskonzentration ist, so groß ist doch der Griff in die blutigsten Opferpraktiken, die man hier für erlaubt hielt.

Die El Aksa-Moschee ist in einer ganz anderen Hinsicht eindrucksvoll. Sie offenbart die Größe und zugleich die Tragik des Kreuzzugsimpulses. Eine schöne große Kreuzfahrerbasilika ist vom Islam in Besitz genommen. Aber man spürt, daß der Kreuzzugsimpuls nicht dadurch unterging, daß der Islam sein Gebiet behauptete. Er war der stärkste Blutsame in der Geschichte des Christentums. Anders nur ist dieser Same aufgegangen, als er gesät worden ist.

Der Rundgang um den Tempelplatz vollendet den Eindruck der feierlichen Größe. Wir gehen innen an der Stadtmauer entlang. Durch die Luken blickt man hinunter in das Kidrontal und hat oft wunderbar malerische Durchblicke auf die Partie um das Absalom-Grab.

Schließlich kommen wir an das Goldene Tor, das im Inneren der Mauer ein regelrechter hellenistischer Tor-Tempel war. Durch den ursprünglichen Mangel an Außenarchitektur in Palästina muß auch das Motiv des Tores und der Schwelle gefehlt haben. Man stand nirgends vor einem Tor, sondern stets vor dem Vorhang der einfachen ungegliederten Wand. Das Vorhang-Motiv beherrschte alles. Schon die beiden Säulen Jachin und Boas als Andeutung des Tores mußten von außen her, durch Hieram von Tyrus, hereingetragen werden. Die Tradition führt nun die Goldene Pforte auf die Königin von Saba zurück. Das ist vielleicht ein wichtiger religionsgeschichtlicher Hinweis. Das Jesus-Leben empfängt durch diesen hellenistischen Tor-Tempel manche kräftige Farbe. Der Einzug in Jerusalem ist hier zu denken. Und da Jesus kaum je in der Stadt übernachtet haben wird, so ist er jeden Morgen durch dieses Tor in die Stadt eingetreten.

Am Nachmittag fahren wir nach Emmaus. Zuerst bleiben wir lange auf der guten Straße, die nach Jaffa führt und auf der uns überall der Blick auf die Samuel-Stätte Mizpa begleitet. Zuletzt werden hoch in den Bergen die Wege schlecht. Große Pfützen stehen noch, und die Omnibusse drohen an einzelnen Stellen steckenzubleiben.

In Emmaus umfängt uns eine freundlich-fruchtbare Welt. Der Blick dringt in die weiten Ebenen hinab und auf das Mittelmeer. Der schöne Garten des gesprächigen Paters Müller aus Barmen tut wohl nach den strengeren judäischen Eindrücken in Jerusalem und in der Wüste. Plötzlich aber wird der Himmel dunkel und trübe. Daß Emmaus wirklich zwischen den Höhen von Gibeon und dem Tale Ajalon liegt, ist nur noch eine Idee. Man sieht es nicht mehr. Und doch bleibt der Stätte ihre Größe. Ja, es hat sogar einen ganz besonderen Reiz, die Majestät dieser Welt einmal so von der Dunkelheitsseite zu erleben. Hier war es ja, wo einst Josua beim Untergang der physischen Sonne die Kräfte der geistigen Sonne bis zur physischen Helligkeit beschwor. Hier war es auch, wo die Jünger nach dem Sonnenuntergange draußen die Sonnengestalt des Auferstandenen drinnen erkannten.

Die Autobusse suchen sich auf den schlechten Wegen durch dichte Nebelwolken den Heimweg. Abends lese ich noch meine Übersetzung der Schrift von Philo über die Therapeuten vor, da ich das Vorgefühl habe, daß es auf dem Toten Meer vielleicht nicht möglich sein wird, viel geistige Gemeinsamkeit zu pflegen.

20.4. Großer Ausflug nach Hebron. Judäa hat zwei Fruchtbarkeitszentren, die weithin ausstrahlen und den Wüstencharakter mildern: ein lineares an der Meeresküste entlanglaufendes, ein punktförmiges in Bethlehem. Jetzt lernen wir von Grund auf den Ausstrahlungskreis um Bethlehem kennen. Eine ganz andere Welt, wenn man von Jerusalem aus nach Westen, Süden oder Osten wandert. Nach langer interessanter Fahrt machen wir kurz vor Hebron Halt und besuchen die Tempelfundamente von Rameth el Chalil. Sie gemahnen an die mykenische Bauart und mögen in der Tat weit in die Vergangenheit zurückweisen. Vielleicht hat man darin ein Denkmal der salomonischen Zeit. Chalil ist der arabische Name von Hebron. Ich meine, es ist das der semitische Name für »der Vollkommene«, der »Gottesfreund«. Demnach weist alles in die Zeit Abrahams zurück, der als der erste Gottesfreund bezeichnet wird.

Hebron selbst, das Zentrum der Patriarchenzeit, spricht nicht allzu lebendig zu uns. Die alten steilen und schmutzigen Straßen mit ihren Überwölbungen und Basaren machen teilweise einen noch ursprünglicheren Eindruck als selbst die in Jerusalem. Die Bevölkerung aber ist sehr primitiv und gemischt und anscheinend nicht sehr vertrauenswürdig. Der Blick von oben auf die Stadt mit der Moschee, die die Patriarchengräber birgt, deutet nur ganz schwach die einstige Größe und Bedeutung der Stadt an.

Viel eindrucksvoller ist trotz der Unscheinbarkeit der Stätte der Ort des alten Haines Mamre. Die Abrahams-Eiche vergegenwärtigt die Zeit, wo hier noch Götter die Gäste eines Menschen waren. Das Bild der drei Engel im Hain Mamre ist vor allem in der russischen östlichen Christenheit als Ausdruck der wichtigsten religiösen Sehnsucht gewertet worden. Und so versteht es sich fast von selbst, daß russische Mönche die Pflege des Ortes besorgen. Wir nehmen unser Mittagsmahl in dem russischen Kloster ein und schließen dann in dem kleinen Hain neben der Abrahams-Eiche unseren Aufenthalt ab. Es ist wunderbar, wie die Natur bereits mit ganz wenigen Bäumen eine alte Zeit beschwören kann. Die Pflanzenwelt hat überzeitliche Vollmachten. Wir versammeln uns, und ich lese die Geschichte vom Besuch der Engel bei Abraham und erzähle den Inhalt der apokryphen Schrift »Das Testament Abrahams«. Das Rauschen der Baumwipfel gibt den Worten und Bildern eine unerwartete Seelenrealität. Es geht ein beschwingender Seelenhauch über uns hin.

Die Geschichte vom Hain Mamre weist in die Zeit vor dem Untergang von Sodom und Gomorrha zurück. Also muß hier die Natur einst noch unglaublich viel paradiesischer gewesen sein. Vom Hain Mamre bis zu dem Felde der Hirten in Bethlehem reicht dann aber die Fläche, die vor dem vollen Gomorrha-Schicksal bewahrt geblieben ist und die noch mitten in Judäa einen Hauch paradiesischer Vorzeit hat bewahren können.

Auf dem Wege nach Bethlehem steigen wir kurz an den Salomonischen Teichen aus. Auch sie sind ein Zeichen für den großen Exoterisierungsprozeß unter Salomo. Das Salomonische Zeitalter muß eine gewisse Ähnlichkeit mit dem Zeitalter des Perikles in Athen und dem des Augustus in Rom gehabt haben.

Und nun kommt Bethlehem. Die Geburtskirche verfehlt nie, ihren Weihnachtszauber auf den Besucher auszuüben. Überall, wo die griechische Kirche die Bewahrerin ist, da sind die alten Stätten von ihrem ursprünglichen Seelentum durchdrungen geblieben. Die römische Kirche hat alles mit ihrem kalten Prunk überbaut, ein wahres Bild ihres Imperialismus. Alles wird zum Machtmittel und Machtsymbol.

Auffallend ist, wie viele frühchristliche Basiliken auf die Kaiserin Helena zurückgeführt werden. Es muß sich hinter diesem Namen ein Geheimnis der frühen Kirchengeschichte verbergen, das es einmal zu lüften gilt. Und gerade die Helena-Bauten sind zumeist die Verdichtungen der alten Lokaltraditionen.

Die Grotten unten, die Geburtsgrotte, die des Kindermordes und die des Hieronymus führen in die Welt des Adonis-Kultus, seiner faktischen Erfüllung und seiner Pervertierung hinein. Hieronymus ist es ja gerade, der berichtet, daß zu seiner Zeit noch ein Adonis-Mysterium dort bestanden habe.

Merezian führt uns noch auf die Terrasse vor dem römischen Teil der Kirche, von wo aus man einen wunderbaren Blick hat auf das Tal der Hirten und seine arkadische Umgebung. Liebliches Bethlehem mit deinen schönen Menschen! Man sieht aber auch deutlich die scharfe Grenze des Wüstengebietes. Nahe bei Bethlehem, südlich des Städtchens, da wo die Todeslandschaft der Wüste Juda an die anmutige Lebensinsel der bethlehemitischen Gefilde angrenzt, erhebt sich ein Berg, der durch seine Höhe und Gestalt der Gesamtlandschaft ein eigenartiges Gepräge gibt: er hat die Form eines Kegels, dessen Spitze durch eine horizontale Fläche abgeschnitten ist. Man muß zunächst meinen, es handele sich um einen vulkanischen Kraterberg, und die obere Grenzlinie sei der Kraterrand. Dann wäre der Berg ein Mahnmal an die Brände, die dort einst aus dem Unterirdischen hervorloderten und bis in die Tiefen des Toten Meeres hinein die Landschaft zur Schlackenhalde eines Weltunterganges machten. Auch ich habe den »Frankenberg« – er heißt so, weil dort in der Kreuzzugszeit Kämpfe zwischen fränkischen Ritterheeren und den Muselmanen stattgefunden haben – für einen Vulkan gehalten und als solchen in dem Buch »Kindheit und Jugend Jesu« gekennzeichnet. Das ist jedoch ein Irrtum. Die Aufdeckung dieses Irrtums war für mich zugleich die Entdeckung einer neuen überraschenden Dramatik in der Szenerie der Weihnachtsgeschichten.

Ich kam darauf, daß die Araber den Frankenberg bis auf den heutigen Tag Dschebel-el-faredis, »Berg des Paradieses« nennen. Wie kommt – sozusagen am Rande der höllischen Unterwelt, in die man dort hinunterschaut – dieser Name zustande? Diejenigen, die sich darüber Gedanken gemacht haben, meinen, daß hier unter »Paradies« nur der prächtige Garten verstanden werden könne, der in der Tat einmal auf dem Gipfel dieses Berges angelegt worden ist, nämlich von – Herodes.

Die eigentümliche Gestalt des abgestumpften Kegels hat der Berg nämlich durch Menschenhand erhalten. Herodes der Große, der dann auch der dämonische Gebieter des bethlehemitischen Kindermordes wurde, ließ den Gipfel einebnen und auf der so entstandenen mächtigen Hochfläche unter ungeheuerlichem Aufwand die prächtigsten Paläste erbauen, dazu eine Art Zaubergarten, der eine verschwenderische Wasserzufuhr benötigte. Am Rande des Plateaus erhob sich ein Kreis von ungezählten mächtigen Türmen, und am steilen Abhang führte eine Treppe von 2000 großen Marmorquadern zu der Palaststadt, die nach ihrem Erbauer Herodion hieß, empor (Josephus, bellum judaeorum I, 21,10, antiquitates XV, 9,4). Herodes residierte also keineswegs nur in Jerusalem, wo ihn die Heiligen Drei Könige aufsuchten. Er brauchte nicht immer von dort aus erst den weiten Weg zurückzulegen zu den uralten Mysteriengrotten von Bethlehem, in denen er sich, ein wenig abseits von den Gelassen, die jetzt harmlos als Stall dienten, nächtlicherweile den schwarzmagischen Zeremonien hingab, die dann zum Instrument des Kindermordes wurden. Er hatte selber einen Cäsaren-Sitz in der Nähe von Bethlehem. Und so stehen sich in Bethlehem dramatisch gegenüber: der größenwahnsinnige Prunk des Herodes-Berges und die Stätte der Armut in der Felsengrotte, die als Stall diente. –

Was hat nun aber Herodes veranlaßt, gerade jenen Berg bei Bethlehem für seine Palastbauten auszuwählen? Mir ist es nicht zweifelhaft, daß der Name »Paradiesesberg« der ursprüngliche alte Name des Berges ist. Heute noch soll man von seiner Höhe den grandiosesten Weitblick über ganz Palästina haben: über die Wüste Juda und das Tote Meer bis weit hinüber in die arabischen Berge, sodann über Samarien und Galiläa hinweg bis in den weiten Norden, wo der Schneegipfel des Hermon als weißer Punkt erscheint. Vielleicht ist der alte Name, der seit 1000 Jahren durch den Namen »Frankenberg« zugedeckt und in Vergessenheit gebracht worden ist, ein Hinweis darauf, daß in alten Zeiten – also in gewissem Maße noch bis in die Zeit von Jesu Geburt – der von mir oft beschriebene Charakter Bethlehems als Paradieses-Insel inmitten der Wüste, noch wesentlich deutlicher in Erscheinung getreten ist als heute, wo man kaum noch einen letzten Hauch davon wahrnimmt. Man mag sich dort auf einem Boden gefühlt haben, der ein letztes Überbleibsel des Gartens Eden war, von dem am Anfang der Bibel gesprochen ist und dessen Name ja auch bedeutete: »Insel des Lebens in der Wüste des Todes«. Es würde durchaus zum Wesen des Herodes passen, daß er, um sich die Lebenskräfte des Paradieses dienstbar zu machen, seinen Sitz auf dem »Paradiesesberg«, der von soviel Wundern der Vorzeit umwittert war, errichtete und ihn mit Gärten schmückte, die eine Nachbildung des Gartens Eden sein sollten. Herodes soll seinem Wunsche gemäß auch auf dem Gipfel dieses Berges begraben worden sein.

So heben sich aus dem Bilde der Bethlehem-Landschaft zwei Punkte heraus: auf der einen Seite wird ein grandioser Mißbrauch desjenigen unternommen, was von dem alten »verlorenen« Paradies, dem Geburts- und Lebensort des »ersten Adam«, noch übrig ist. Auf der anderen Seite wird in einer unscheinbaren Grotte, bis zu der aber die Wogen jenes dämonischen Mißbrauches heranbranden, der »neue Adam« geboren, der in seinem eigenen Wesen der Menschheit das verlorene Paradies wiederbringt.

Bei dem abschließenden Gang durch das Städtchen sehen wir noch ein altes Wohnhaus, in welchem das untere Wohngelaß für die Tiere, das obere für die Menschen bestimmt ist.

Merezian behauptet, damals habe die ganze Stadt noch Grotten- und Höhlencharakter gehabt und führt darauf auch die Geburtsgrotte zurück, von der es heißt, daß sie sich kilometerweit in die Erde hinein erstrecke. Es liegt doch näher, hier an alte Adonis-Stätten zu denken, die kraft der Unschuld der Landschaft länger als an anderen Orten ihre Echtheit behalten haben mögen.

Mit einer schönen Heiterkeit und Leichtigkeit beschenkt kehren wir am Abend nach Jerusalem zurück.

21.4. Unser Jerusalem-Aufenthalt soll sich langsam runden. Wir machen noch einen Gang auf den Zionsberg mit seinen mannigfachen stillen Geheimnissen. Zuerst besuchen wir die armenische Kirche an der Stelle, wo Jakobus der Ältere enthauptet worden sein soll. Eine sehr stimmungsvolle Stätte. Als uns die Priester einiges aus ihrem Reichtum an Gewändern und Altarstickereien zeigen, tun wir noch einen Blick in die Schatzkammer einer alten Bildertheologie. Bilder erklären sich gegenseitig. Oft enthüllt sich überraschend der Sinn einer Szene dadurch, daß sie mit einer ganz anderen zusammengestellt ist. Hier ist schon einmal das Prinzip der Komposition mit vollendeter Meisterschaft gehandhabt worden, wenn auch statt mit der Bewußtseinsseele zunächst noch mehr mit den Resten der imaginativen Empfindungsseele.

Nebenan treten wir in die Reste der Herodes-Gärten ein mit den jahrtausendealten riesigen Zedern. Hier also hat der Herodes-Palast gestanden. Ich halte es durchaus für möglich, daß zur Zeit des Mysteriums von Golgatha auch Herodes Antipas, der in Tiberias in Galiläa residierte, hier wohnte, wenn er in Jerusalem weilte. Die Nacht vom Gründonnerstag zum Karfreitag belebt sich. Nach dem lukanischen Bericht ist Jesus von Pilatus aus noch zu Herodes gesandt worden. Wenn dieser in dem Palast auf dem Zionsberg wohnte, so hat der Weg durch die ganze Stadt geführt, und der Gefangene kam dabei auch über den Tempelplatz. Die Wege dieser Nacht mögen eine Art mikrokosmische Zusammenfassung der Menschheitswege gewesen sein.

Nun wartet unser noch eine große Überraschung. Auf dem Gebiet nahe am Coenaculum, wohin die Römer den Kaiphas-Palast verlegen, zeigt uns Merezian das interessanteste Ergebnis der neueren Ausgrabungen: eine uralte breite Treppe, die vom Kidrontal auf den Zionsberg emporführt. Sie erinnert sofort an die Via sacra, die heilige Prozessionsstraße in Delphi, und es ersteht in einer Lebendigkeit wie nirgends sonst die alte israelitische Zeit. Die Davids-Zeit, die Zeit der Psalmen, wird wieder lebendig. Man sieht die Prozessionen, vom Gesang der Psalmen begleitet, den Berg zum heiligen Gipfel emporsteigen. Am Fuße der Treppe lag der Teich Siloah so wie am Fuße der delphischen Via sacra die Kastalische Quelle. Die Pilgerzüge wuschen sich unten im heiligen Quell, ehe sie die heilige Skala betraten. Und die neutestamentliche Schilderung von dem geheilten Blindgeborenen, der sich im Teiche Siloah wäscht, erhält Anschluß an die heilige Vorzeit des Davidischen Zeitalters.

Auf dem Zionsberge muß in der vordavidischen Zeit ein Mysterium gewaltet haben, dem zufolge dieser Gipfel in besonderem Maße als ein Wohnort der göttlichen Gnade bezeichnet werden konnte.

Dort entstand dann die Davids-Stadt. Auf dem Hügel Morija (Tenne Aravnas), der damals noch ganz außerhalb der Stadt lag, ist vielleicht das Zentrum des esoterischen Lebens zu finden gewesen, bis durch Salomo der Schwerpunkt von Zion nach Morija verlegt wurde. Von dieser Zeit an mag das esoterische Leben umgekehrt auf den Zionsberg verlagert worden sein in die Nähe des Davids-Grabes. Geist der heiligen Vorzeit beherbergte der Zionsberg, und so bildete sich dort eine »Stadt des Friedens«, die den Namen Jerusalem im inneren Sinne wahr machte, so daß die Aura des Friedens noch heute dort spürbar ist.

An der Klagemauer sind ausnahmsweise nur wenige Menschen anzutreffen. Vor allem die mannigfachen Originalköpfe alter Männer, die man sonst dort an Sabbattagen antrifft, fehlen ganz. Der Grund dafür ist, daß man von der Anwesenheit der deutschen Reisegesellschaft weiß, deren Besichtigungsblicken man sich verständlicherweise jetzt weniger als je aussetzen möchte.

Am Nachmittag machen wir noch einen wichtigen großen Gang. Ein Teil von uns reitet auf Eseln. Ich habe vorbereitend über das hie und da in die Landschaft ausgestreute Mariengeheimnis gesprochen. Bethlehem z. B. muß eine alte Stätte der Göttin Natura gewesen sein, ein besonderes Ätherzentrum, wodurch dann später die weihnachtliche Marienseele dort so heimatvoll war. In besonderer Bildkraft stellt die Legende von der »Himmelfahrt der Maria« mit dem Bilde der zwölf Apostel, die den Sarg und das Grab der Maria umringen, das Quellwunder des Geistseele-Wesens in die Welt von Jerusalem hinein. Die Szene des Zwölferkreises, der die Maria umgibt, spielt im Tale Josaphat. »Josaphat« ist aber das gleiche Wort wie das indische »Bodhisattva«. So läßt gerade diese Marienlegende die zwölf Jünger als eine ätherisch leuchtende Spiegelung der zwölf hohen Bodhisattva-Führerwesenheiten erscheinen. Wieder hat die östliche Kirche das Weitreichende der Imagination besonders innig empfunden und zu einem ihrer Grundmotive gemacht. Die schöne Quellenkirche auf dem Grabe der Maria – vielleicht ist das eine der Hauptquellen, die den Kidronbach speisen, – atmet wirklich etwas von dem Persephone-Wunder. Man steigt viele Stufen innerhalb einer schönen Kreuzfahrerkirche in den Erdenschoß hinab. Unten ist Brunnen- und Quellenstimmung. Die spendende Göttin Natura wohnt dort. Die Marienlegende kündet in christlichen Bildern von dem Tode und der Auferstehung der Göttin Natura.

Von dem Grabe der Maria gehen wir zu den Stätten des Gethsemane-Schlafes. Zuerst in den Raum, wo die neun übrigen Jünger während des Gethsemane-Geschehens geschlafen haben sollen. Dieser Raum liegt noch ganz im Bereich der Kirche über dem Mariengrab. Was die Legende erzählt von der Rolle der Jünger bei der Himmelfahrt der Maria, ist eine Art höheres Pfingsten und ein völliger Ausgleich des Versagens in Gethsemane. Endlich kommen wir nun auch zum Besuch der prunkhaften römischen Gethsemane-Kirche und des Gartens. Nur die uralten Ölbäume draußen, von warmen Lichtfluten umwoben, führen ein klein wenig den Geist und die Spur alten Geschehens herauf. Sicher ist, daß Gethsemane nicht erst seit der Gründonnerstag-Nacht eine heilige Stätte ist. Schon vorher hat der Garten im Leben Jesu eine Rolle gespielt als Ort der intimen Unterweisung. Vielleicht erstreckte er sich bis zum Gipfel des Ölberges hinauf und war eine Einheit mit dem heutigen Park auf dem nördlichen Gipfel, den wir das »kleine Galiläa« nennen.

Wir erklimmen den Ölberggipfel, halten jedoch nicht an und wandern sogleich weiter den alten Weg über Bethphage nach Bethanien. Unterwegs dringt der Blick oftmals hinunter in die Wüste und auf das Tote Meer. Der Himmel hat heute fast seine ganze Helligkeit und Farbenzauberpracht zurückgewonnen. In Bethanien klettern wir zuerst in das Lazarus-Grab hinunter und lesen dann, vom Wind umtost, oben in den Ruinen des sogenannten Simon-Hauses das 11. Kapitel des Johannes-Evangeliums. Dann treten wir den Rückweg an und erleben die Farbenwunder der Sonnenuntergangsstunde auf dem Wege nach Bethphage. Es ist schön, den alten Christus-Weg zweimal nacheinander zu gehen. Als die Sonne schon untergegangen ist, betreten wir noch einmal das kleine Galiläa und haben den Eindruck, es habe sich unser Jerusalem-Aufenthalt schön gerundet, indem wir wieder angelangt, von wo wir ausgegangen. Schon ist die Dämmerung hereingesunken, als wir ins Kidrontal hinuntersteigen. Unten ist es bereits ganz dunkel, aber das Licht des wachsenden Mondes fängt an, sich über die Landschaft auszugießen.

Wir gehen noch ins Tal Josaphat und nehmen mitten aus dem Gräberfelde den Blick auf das Absalom-Grab, den Abendmahlsweg und die oben wuchtende Stadtmauer lange und tief in uns auf. Dann kehren wir auf dem Abendmahlsweg durch das Zionstor heim.

DAS TOTE MEER

22.4. Nach dem Lesen der Menschenweihehandlung und dem üblichen Morgenvortrag lassen wir einige Zeit frei, damit jeder seine eigenen Rundgänge durch die Stadt machen kann. Ich sehe noch einen Teil des feierlichen Kultus der Armenier vor dem Heiligen Grabe.

Das Essen ist auf eine frühe Stunde bestellt, damit unsere Reise in die Unterwelt bald angetreten werden kann. Die Autobusse fahren uns in die Rätselwelt der Wüste hinab. Schneller als auf dem Wege nach Mar Saba sind wir völlig der Region des Lebens entrückt. An dem Khan des barmherzigen Samariters vorbei geht der Weg. Schließlich halten wir an und steigen selbst hinab in eine der Schluchten. Bei einer Biegung liegt plötzlich das Georgskloster am Bache Krith vor uns, kleiner, aber fast überraschender durch die enorme Schroffheit des Rahmens als Mar Saba. Der Bach ist wasserreich in diesem Frühjahr und von reichem Grün umgeben. Ein Teil von uns klettert ganz hinab und drüben wieder hinauf zum Kloster. Man hat uns gesehen und empfängt uns mit dem Läuten der Glocken. Sogar die Frauen läßt man mit hinein. Die strengen Zeiten der Askese und des Strafklosters sind längst vorüber. Die Elias-Grotte wird uns gezeigt und wieder umgibt uns die starke Stimmung der östlichen Kultusräume. Vor zwei Jahren hatte ich nur den überraschenden Blick von oben auf das Schluchttal und das Kloster an der steilen Wand. Damals war es eine Entdeckung und eine erste reale Begegnung mit der Welt der Essäer und Johannes des Täufers. Jetzt hat sich mir die Welt, auf die ich hier zum ersten Male stieß, bereits in großer Breite und Fülle gezeigt.

Die Fahrt geht weiter und bald sind wir unten in Jericho. Die Wüste ist zu Ende. Schwüle Üppigkeit deutet sich an, die in früheren Zeiten viel beherrschender gewesen sein muß. Über den spärlichen Trümmern der alten Stadt ragt der Versuchungsberg mit seinen Klöstern empor. Wir können ihn leider nicht besteigen. Oben die Versuchung Christi, unten einige Jahrzehnte vorher die Versuche der Kleopatra, Herodes den Großen zu verführen. Nach kurzer Rast an der Elisa-Quelle, wo man an die Himmelfahrt des Elias denkt, durchfahren wir die endlos breite Jordansteppe, die noch einmal eine kleinere Wiederholung der Wüste Juda zu sein scheint mit ihren toten, hellen Mergel-Hügeln. Endlich gelangen wir bei der Taufstelle an den Jordan, der diesmal wasserreicher ist als vor zwei Jahren. Wir lassen uns in Booten ein wenig hinausfahren und erleben schweigend die schwere warme Ruhe des Ortes, wo alles Lebendige bereits erstarrt, den Gesetzen des Erdenseins unterworfen, die aus der Tiefe empordringen und durch die Himmelskräfte nicht ausgeglichen werden. Nachher lesen wir noch die Taufgeschichte nach Markus und Johannes.

Dann fahren wir weiter zum Toten Meer, und es beginnt der absonderlichste und in gewisser Hinsicht interessanteste Teil unserer Reise. Wir befinden uns nun 400 Meter unter dem Meeresspiegel. In Kallia treffen wir zu unserer Überraschung auf ein schon florierendes modernes Seebad. Ein regelrechter europäischer Hotel- und Restaurationsbetrieb hat eben vor 14 Tagen eingesetzt. Wir hatten damit gerechnet, bereits die erste Nacht im Freien schlafen zu müssen. Nun können doch die meisten von uns im Bett oder in den Liegehallen einen Platz bekommen.

Ein zauberhaft schöner und bestrickender Abend sinkt mit völlig unwirklichen Färbungen der Atmosphäre auf uns nieder. Mondlicht gießt sich schwerflüssig über alles aus. Viele baden noch vor dem Essen. In Salzwasser zu schwimmen, ordnet einen in so völlig andere Naturgesetze ein, daß man nun schon meint, auf einen anderen Planeten versetzt zu sein. Wir speisen feudal an langer Tafel am Strande und verweilen noch lange draußen in der überreifen Welt und Luft. Das ist erst ein wirkliches Bekanntwerden mit dieser Andersartigkeit, wenn man nicht am Abend genötigt ist, wieder fortzufahren.

Schließlich hat jeder sein Lager gesucht. Ich auf dem Spülstein in einer Arbeitsbaracke. Trotz unserer Mühe ist es nicht zu erreichen, daß wir früh mit dem kleinen Schiff aufbrechen können, das uns um das ganze Tote Meer herumtragen soll. Es sind so viele umständliche Vorbereitungen nötig für unsere Verpflegung (die Umstände entstehen allerdings nur durch die Anfängerhaftigkeit des Hotelbetriebs). Dazu kommt, daß die Besatzung des Bootes aus drei eigenwilligen und fast schon wieder an wilde Völkerstämme erinnernden abenteuerlichen Gesellen besteht, die mit Verachtung auf die deutschen Gojim heruntersehen. Ich habe uns gegen ihre Absichten, die Fahrt stark abzukürzen, dadurch schützen müssen, daß ich die Fahrtroute umkehrte, was auch ohnedies unsere Absichten besser zur Verwirklichung kommen lassen wird.

23.4. Die Landschaft ist von vornherein von einer phantastischen großartigen Fremdheit. Wir fahren am Ostufer entlang und landen zuerst in Zarkas, wo Süßwasserquellen, die hoch in den Bergen entspringen, in das Meer fließen. Eine Kette lustiger und eigenartig erfrischender Bäder beginnt.

Der Raum auf dem Boot ist eng und bald nicht mehr ganz sauber zu halten. Die Maschinen geben viel Lärm und Gestank von sich. Die zweite Landung ist in Callirrhöe, den warmen Quellen, die mächtig die phantastische Landschaft durchsprudeln. Dort hat Herodes der Große Heilung von seinem entsetzlichen Leiden gesucht. Hoch in den Bergen liegt hier die Herodes-Burg Machärus, wo Johannes der Täufer enthauptet worden sein soll.

Den Landschaftshöhepunkt bringt die dritte Landung an der Ostseite: an der Mündung des Arnon. Bilder davon waren es, die in mir den Gedanken der Fahrt auf dem Toten Meer angeregt haben. Aus einer wirklich infernohaften Kluft fließt dieser Styx hervor. Ganz steil erheben sich hoch zu beiden Seiten die rotbraunen Felsen. Zuerst könnte man meinen, sie seien durch jahrtausendealte Sturzbäche ausgewaschen. Aber die in Europa üblichen Vorstellungen reichen nicht aus. Hier haben Kräfte gewirkt, die es in Europa gar nie gegeben hat. Durch innerirdische Vulkan- und Feuerprozesse ist hier die Oberfläche der Erde geborsten. Ein früher Weltbrand, den die Bibel als den Untergang von Sodom und Gomorrha bezeichnet, hat hier in das Antlitz der Erde einen so höllenhaften Tod eingeschrieben. Überall glaubt man Tiergestalten in den Steinformen zu erkennen ähnlich den Wasserspeiern an den gotischen Domen. Überraschend ist schon der erste Blick in die Flußschlucht hinein. Dann gehen wir im Flußbett landeinwärts, teilweise von Stein zu Stein springend, teilweise durch das Wasser watend. Immer enger, klammartiger und steiler wird die Szenerie. Der Ausschnitt, den man vom Himmel sieht, ist nicht mehr groß. Eine imposante Höllenschlucht.

Ausgerechnet in diesem Milieu lockert sich endlich die bis dahin sehr strenge und gemessene Stimmung der Gesellschaft. Viele sind ausgelassen, alle sind heiter. Ich habe schon bei den vorhergehenden Lande- und Badestellen zur Erheiterung beigetragen, weil ich ohne Badezeug war und mir nun mit allem möglichen aushelfen mußte, zuerst mit Handtüchern, dann mit einer geliehenen himmelblauen Unterhose.

In der Schlucht drinnen kam man schließlich an eine Stelle, wo man nur durch Schwimmen weiterdringen konnte. Da einige Freunde der Meinung waren, ich müsse unbedingt die innersten und erstaunlichsten Stellen der Klamm sehen, versuchten sie, mich, den Nichtschwimmer, über die gefährliche Stelle hinüberzuziehen. Leider glückte das Experiment nicht. Nachher wurde erzählt, es sei ein entzückender Anblick gewesen, wie ich mit faunischem Lachen die Mitte gemacht habe zu zwei schreckensblassen Gesichtern, in denen bereits eine Unheilskatastrophe geschrieben stand.

Wir sind wirklich auf den Mond gefahren. Eine Landschaft umgibt uns, die die Möglichkeit offenbart, daß die Erde zum Monde hätte werden können. Als wir auf der Halbinsel Lissan, die sich von der Ostküste weit in das Salzmeer hinein erstreckt, für die Übernachtung landen, umgibt uns die Sphäre eines fremden Planeten. Die sublunarische Sphäre des nachtodlichen Lebens ist handgreiflich um uns herum. Es ist uns, als ob wir gestorben wären; wir schauen durch das Transparent einer Erdenlandschaft, als sähen wir den Tod von der anderen Seite. Ich spreche, was unsere Seelen fühlen, aus und versuche die Vorstellung zu erwecken, daß 400 Meter über uns sich erst der Spiegel des Mittelmeeres ausbreitet. Einer der seltsamsten Eindrücke unseres Lebens dauert um uns herum an. Der Sonnenuntergang hat etwas von gläsernen Farben. Es ist, als ob die Sonne am Himmel selber Mondcharakter annähme.

Und dann lagern wir uns in langen Reihen am stillen Strande einer jenseitigen Welt, um uns der Ruhe der Nacht zu überlassen. Das prächtige Schauspiel aber, das durch die ganze Nacht hindurchgeht, das große Kreisen der fast überklaren Sterne, hält viele die Nacht hindurch wach. Der Mond ist breit und bleibt lange hoch am Firmament. Und in der Morgenfrühe geht die Venus auf. Gegenüber ist eben der Jupiter untergegangen, und nun gibt es, als der Himmel bereits hell wird, ein schönes Schauspiel: Venus, Saturn und Merkur stehen in schönem Dreieck nahe beisammen. Es war ein besonderes Glücksgefühl, als ich den Merkur entdeckte und den anderen zeigen konnte.

24.4. Es ist ganz gut, einmal dem Banne der europäischen Sitten so ferne zu rücken. Von Waschen und dergleichen kann keine Rede sein. Aber es ist deutlich, daß es auch ohne dies möglich ist, am Leben zu bleiben.

Das Schifflein setzt sich südwärts in Bewegung, und nun fahren wir schnell auf das Salzgebirge des Dschebel Usdum (Sodom) am Südende des Meeres zu. Hier ist Frau Lot, von uns respektloserweise Lottchen genannt, zur Salzsäule erstarrt. Man braucht nur Steine aus dem Berge zu brechen, und man hält große Salzkristalle in der Hand. Mineralisiertes Leben. »Lot« heißt der »Verzauberer«. Von einem gewissen Gesichtspunkte war der ganze vorchristliche Erdplanet im Begriff, zu einer Salzsäule zu erstarren. Hier sieht man den realisierten Sündenfall.

Die Landschaft und die Luft haben etwas Bedrückendes, schlägt doch selbst das Wogen des Meeres wie schwere Lauge ans Land. Man versucht, sich von dieser Bedrückung zu befreien, und dazu muß doch die erstarrte Dame herhalten, die man oben auf dem Berge leibhaftig zu erblicken glaubt.

Nun setzen wir zu einer langen schnellen Fahrt an. Die Westseite der Küste ist dramatischer und erschreckender noch in ihrer Gliederung. Der zackigste Held unter diesen unterirdischen Felsgesellen ist der Bergkegel Masada, der einst die Makkabäerburg trug, in der die letzte echte Strömung des Alten Bundes verblutete. Wir landen nicht, sehen aber vom Meere aus die Quadrate der römischen Lager am Fuße des Gigantenfelsens, dazu einen Ringwall, der unten ganz um den Fuß des Berges herumkreist, und in den Bergen die Reste eines römischen Brückenbogens, der zum Nachbarberge herüberführte.

In der Mitte der Westküste kommen wir nach Engeddi, dem eigentlichen Ziel unserer Fahrt auf dem Toten Meere. Diejenigen, die sonst die Rundfahrt machen, fangen mit der Westküste an, um zuletzt die erfrischenden Bäder an der Ostküste zu haben. Für uns ist die jetzt gewählte Reihenfolge die einzig richtige. Vom Meere aus kündigt sich das Tal Engeddi durch eine hier unerwartete Fruchtbarkeit an. Wiesen und Bäume gibt es hier, und zum ersten Male sieht man Menschen, die hier hausen. Bis dahin hatten wir das eindeutige Empfinden: hier passen Menschen nicht her. Als verirrte Fremdlinge, die im Weltall von ihrem Planeten abgeirrt sind, fühlten wir uns. Jetzt treffen wir auf eine Andeutung, daß es doch noch die Erde sei, auf der wir uns befinden.

Engeddi ist nach den Berichten des Plinius das palästinensische Zentrum des Essäerordens gewesen. Dort hatten sie die Wüste und doch zugleich das fruchtbare Tal und den quellenreichen Ort. Das Wasser aus Engeddi wurde ja sogar nach Masada, das keine eignen Wasserquellen besaß, getragen, was nur auf weiten und schwierigsten Wegen möglich war. Vielleicht haben die Essäer für ihre Zentralstätte mehr das Große und Weltweite und auch das Wachstumsreiche bevorzugt, während sie für ihre kleineren Klöster und Einsiedeleien strengere asketischere Landschaften wählten. Ähnlich muß sich ja auch das ägyptische Zentrum am Mariotischen See von den Asketensitzen in der Wüste unterschieden haben. Des Wassers bedurften die Essäer für die heiligen Waschungen, die in reicher Zahl als Vorbereitung für die gemeinsamen Liturgien und Mähler in ihren Tageslauf hineingeflochten waren.

Nahe bei der Landungsstelle suchen wir einen schattigen Platz unter einem breiten Baumwipfel auf, und dort lese ich aus dem »Fünften Evangelium« von Rudolf Steiner, was sich auf die Begegnungen des jungen Jesus mit dem Essäerorden bezieht. Aus einigen Versionen dieser Vorträge geht hervor, daß Jesus, vor allem zwischen dem 24. und 30. Jahr, den Essäerorden an seiner zentralen Stätte kennengelernt hat. Nach seinen schmerzvollen Enttäuschungen am Judentum zwischen dem 12. und 18. und am Heidentum zwischen dem 18. und 24. Jahre lernt er jetzt den Seelenegoismus der Essäer durchschauen und erkennt, daß auch die dritte der damals lebenden Geistesströmungen nicht imstande ist, die Zukunft herbeizuführen. Die Lesung dieser Schilderungen erweckt etwas von dem Gefühl, auf die Spuren Jesu zu stoßen in den Zeiten seines Lebens, von denen uns in den Evangelien die Kunde fehlt. Eine ganze Welt läßt sich erahnen. Das biographisch Fremde hat das geographisch fremdartigste Land der Erde zum Schauplatz.

Die kindlich staunenden Beduinen, die sich für uns in Staatsgala geworfen haben und zum Teil sogar ihre Waffen bei sich tragen, versammeln sich während unserer Lesung um uns, schweigen aber auf meine energische Aufforderung, bis wir fertig sind. Dann verkaufen sie uns Gurken und Tomaten und bieten sich uns als Führer an.

Eine kleine Schar von uns macht sich, ungeachtet der Mittagsglut, auf den Weg zu den in steiler Höhe gelegenen Resten der alten Siedlung. Immer gigantischer wird bei unserer Kletterei der Blick auf das Meer in der Tiefe und auf den Mondgebirgekranz, der es umgibt. In gewaltiger Höhe kommen wir an einige Ruinenreste heran. Ein merkwürdiges Plätzchen Erde. Eine reiche Quelle entspringt dort hoch oben, was nur dann seine Rätselhaftigkeit verliert, wenn man bedenkt, daß selbst diese Höhe noch tief im Erdinneren liegt. Die

Quelle ist von einer zauberhaften Frische und, wenn auch auf kleinem Raum, von den schönsten und schattigsten Bäumen und Sträuchern eingefaßt. Der Duft der schweren Blüten erfüllt die übersommerliche Luft. Wir legen uns in das Wasser hinein, obwohl soeben Leute von Hebron durchwandern und ihren Esel dort tränken und baden. Dieser Fleck Erde erweckt, wenn er auch in mancher Hinsicht ganz unauffällig und unscheinbar ist, in uns doch die bedeutsamsten Empfindungen. Schönste Beschenkung mit Enthusiasmus und Leichtigkeit ist in diesen Empfindungen enthalten. Es könnte wohl sehr gut sein, daß wir uns an der Stätte des alten Essäerzentrums befinden. Vielleicht bargen diese alten, einst starken Gemäuer das Leben der Essäer. Vielleicht diente gerade diese Quelle ihrem heiligen, weltfremden Dienst.

Wir sind offensichtlich nicht sehr weit von Hebron entfernt. Die Nähe dieses althebräischen Zentrums ist gewiß nicht ohne Bedeutung für das Essäerzentrum gewesen. Und wenn es schon so ist, daß der Bezirk um Hebron und Bethlehem eine Art Überbleibsel des durch das Sodom-Feuer zerstörten paradiesischen Gebietes ist, so mag man die Quellen von Engeddi wirklich als ein Hereinragen des alten Paradieses in die Infernolandschaft des Toten Meeres betrachten. Bethlehem-Ausstrahlung im Untergangsgebiet von Sodom und Gomorrha! Dies zu fühlen und den erhabenen Weitblick zu genießen, den die hochgelegene Stätte bietet, ist ein lebendiges Emporzaubern der alten Zeit.

Als wir wieder zu Tale gestiegen sind, ist das Schifflein schon ungeduldig zur Abfahrt bereit.

Nun geht die Fahrt rasch nordwärts, unserem Ausgangspunkte zu. Drei Stunden schnellster Fahrt liegen aber noch vor uns. Eine Zeitlang sprühen und spritzen die laugigen Wogen des Meeres tüchtig über uns her, und jeder Tropfen gibt eine Salzkruste auf unseren Kleidern. Der ätzende Geschmack und Geruch prägt sich uns tief ein. Giftig scheint uns diese ganze grandiose Unterwelt zu sein.

Erst spät, bei Sonnenuntergang, kommen wir in Kallia wieder an. Hier ergießt sich gerade eine zahllose Schar von anders Reisenden über Strand und Restauration. Vor zwei Jahren stand hier nichts als eine Bretterbude. Jetzt steht bereits eine ganze Stadt. Aus dem kosmischen Sündenfall wird Kapital geschlagen. Chemische Industrien haben sich gebildet, denen eine große Zukunft vorausgesagt wird.

Noch ist diese Fahrt, die wir eben beendet haben, eine der gewagtesten und seltensten Möglichkeiten, die der Erdplanet bietet. Wir haben wirklich etwas erlebt, das wenige Menschen mit uns gemeinsam haben. Bald wird Cook diese eindrucksvolle Höllenfahrt und Mondreise für Tausende organisieren, und der jenseitige Reiz wird allem genommen sein.

Wir hatten für diese Fahrt die ersten warmen Tage zur Verfügung, und es bildete die Tote-Meer-Reise, was in der Komposition der Gesamtreise außerordentlich richtig war, den Abschluß des Aufenthaltes in Judäa. So ging durch die ganze Reise die Wirkung eines überaus günstigen Sternes hindurch.

Nachdem die Automobil-Karawane der großen Reisegesellschaft abgebraust war, hatten wir endlich unsere 120 geliehenen Decken, von denen einige durch die Bootsleute entwendet waren, wieder beisammen und konnten unsere beiden großen Wagen abfahren lassen. Seltsames Gefühl, jetzt auf den großen Serpentinenstraßen in fahler Dunkelheit durch ratternd-rasende Automobilkolosse wieder aus der Unterwelt heraufgeschraubt zu werden. Nun erst verspüren wir an unserem Aufatmen den ahrimanisch-schweren Bann, den diese Welt trotz unserer Heiterkeit und Freude auf unsere Seelen gelegt hatte. Es war überaus lehrreich, eine so geraume Zeit in der Salztiefe verweilen zu können. Aber nun schien es genug, und viele hatten das Gefühl, daß sie es gar nicht länger hätten ertragen können. Die allerseltsamste Reise, die sich im nahen Bereich der heutigen Möglichkeiten machen läßt, liegt hinter uns.

Sehr hat uns die Entsprechung des Jordangebietes mit dem Gebiete des Colorado und des Großen Salzsees in Nordamerika beschäftigt. Die gleichen Cañons wie in Amerika finden sich in den Schluchttälern des Toten-Meer-Gebietes und der Wüste Juda wieder. Es muß doch die Gegend am Salzsee der Schauplatz des Ereignisses gewesen sein, das Rudolf Steiner als das gleichzeitige Gegenereignis des Mysteriums von Golgatha bezeichnet hat (Kreuzigung des schwarzen Magiers durch den Gottessohn), so wie das Jordangebiet der Schauplatz des Mysteriums von Golgatha war.

25.4. Wir schalten einen Ruhetag ein und bereiten uns auf den Übergang nach Galiläa vor. Morgens spreche ich ausführlich über die Polarität von Judäa und Galiläa und über die Dreiheit von Judäa, Samaria und Galiläa. Dann geht jeder seiner Wege. Die meisten repetieren, was ihnen im Bannkreis der Stadt das Eindruckvollste gewesen ist. Obwohl ich sonst das ewige Kaufen und Sammeln und Postkartenschreiben zu geißeln pflege, muß ich doch jetzt selbst meine durch die Lauge des Toten Meeres ruinierte Ausrüstung einmal wieder vervollständigen.

Nach dem Mittagessen verlasse ich Jerusalem einmal auf eigene Faust. Merezian hat mir einen kleinen, schnellen Wagen zur Verfügung gestellt, und ich genieße es, einmal ganz allein, ohne das Amt des Führers, über die Berge nach Jaffa hinunter an das Meer zu sausen. Wie befreiend doch schon die breite und sich sacht an das Gebirge anschmiegende Jaffa-Ebene wirkt nach dem Banne des Toten Meeres. Ich kann über den Wagen verfügen und lasse mich zuerst einmal ein Stück am Meere entlang fahren. Wie weit und frisch ist hier die Welt. Dann durchstreife ich Tel-Aviv. Das bietet eigentlich nichts außer der Illusion, schnell auf einige Augenblicke nach Europa versetzt zu sein. Große Menschenzahlen und auch fieberhafter Kulturfleiß sind hier anzutreffen, aber es ist nichts für die Seele Wertvolles da. Über allem liegt die intellektuelle Melancholie der Zahlenmäßigkeit. Immerhin ist es interessant, daß gerade hier sich dieses Pseudo-Europa bildet, weil diese östliche Mittelmeerküste durch den homerischen Charakter des Meeres viel mehr europäisch als asiatisch ist. Im Westjordanland, vor allem in diesem Küstenstrich, ist man in Europa. Asien beginnt erst richtig auf der anderen Jordanseite.

Der Reiz von Tel-Aviv ist sein langer und schöner Strand, an dem sich auch bereits eine ganze Zeile von Hotels mittlerer Größe entlangzieht. Da ich in einem derselben einen Besuch zu machen habe, kann ich von da aus einen Blick auf das im gleißenden Lichte liegende Meer tun.

Ich besuche die Ausstellungshallen am Meeresstrand draußen vor der Stadt. Erst am nächsten Tag ist die Eröffnung der großen Messe, und es wird noch tüchtig gezimmert und gebaut. Alle Länder haben ihre Ausstellungshäuser. Man hat sehr den Eindruck, wie hier aus einer abstrakten Idee und einem fanatischen Willen Kultur gebaut wird.

Als ich die Besuche, soweit sie durchführbar waren, erledigt habe, setze ich mich in ein Kaffeehaus an dem belebtesten Platze der Stadt und schaue dem Treiben zu. Die europäischen Juden scheinen sich doch schnell zu asiatisieren, aber sie gleichen sich dadurch den Arabern an, nicht ihrer eignen Vorzeit. Wie anders ist hier die hebräische Sprache, als sie im Alten Testament klingt. Alles wird von einer gewissen harten und wilden Schärfe durchzogen. Eine Kultur ohne Liebe. Das wäre wohl nicht so extrem zu spüren, wenn das mehr mystische Judentum Ost-Europas eine größere Rolle dort spielte.

Die Stunde des Sonnenunterganges ist da. Ich gehe am Strande auf Jaffa zu. Unendlich groß und farbig wurde da die Welt, und die Brandung musizierte dazu. Die Freunde in Jerusalem schauen jetzt dem Sonnenuntergang vom Ölberg aus zu, unter den Baumwipfeln des kleinen Galiläa, und erzählen nachher, es sei der schönste Sonnenuntergang in Jerusalem gewesen.

Abends füllen sich die Straßen und Plätze von Tel-Aviv mit unendlichen Menschenmassen, die wie auf einer Börse durcheinander schwätzen. Und tatsächlich scheint auch ein börsenartiger Handel dort betrieben zu werden. Schließlich mache ich mich zu Fuß nach Jaffa auf den Weg, wo ich mich bei guten Schwabenleuten in einem kleinen Hause einquartiere.

26.4. In der ersten Morgenfrühe holt mich mein Wagen ab und fährt mich hinauf nach Jerusalem. Die Welt ist so voller Frische und Duft, daß die rasche Fahrt, die kaum mehr als eine Stunde dauert, ein Hochgenuß ist. Ich treffe nicht, wie ich gedacht hatte, unsere Gesellschaft noch im süßen Schlummer. Alles ist bereits in Abreiseaufregung. Sogar meine Koffer finde ich gepackt. Unsere Autos lassen ziemlich auf sich warten, da für sie erst die Erlaubnis zur Fahrt nach Galiläa und Syrien erwirkt werden muß. Endlich gegen ½10 Uhr rattern wir los, nordwärts.

Nun liegt Jerusalem hinter uns und bald schon ganz Judäa. Eine Welt rundet sich für uns ab. Wir fühlen, daß es jetzt der richtige Zeitpunkt ist zur Weiterreise. In Samarien ändert sich die Landschaft mächtig. Die Berge werden wesenhafter, individueller, die Felder werden brauner und verlieren etwas von dem toten Grau. Die Wege bekommen durch die dunkleren Farben der Landschaft und durch die andere Art der Ölbaumgärten und auch der übrigen Bäume etwas Echteres, Älteres. Die Wanderwege Jesu erstehen deutlicher. Jetzt spürt man am Gegensatz erst, wie die Landschaft der Wüste doch auf den Seelen gelastet und an ihnen gezehrt hat. Zumal die Eindrücke vom Toten Meer, obwohl wir an Ort und Stelle voll Staunen und Bewunderung waren, lassen sich nicht ohne leises Schaudern erinnern.

Heidnischer wird die Natur um uns her. Bald sehen wir zur Rechten und zur Linken bereits Ebal und Garizim aufragen, den Berg des Segens und den des Fluches, die alten Höhenheiligtümer der Samaritaner. Palästina ist wohl das Gebiet, das einmal am reichsten an Naturheiligtümern war, an heiligen Höhen, Grotten, Gärten. In Judäa mußten alle diese Kultstätten der alten Zeit dem abstrakten monotheistischen Gedanken und dem einen Tempelplatz weichen. In Samaria und Galiläa jedoch konnte die jüdische Kultuskonzentration nie voll durchdringen. Die Natur wirkte dort zu stark auf die Seelen, als daß ein abstrakter Gedanke den Naturwirkungen hätte die Waage halten können.

Zwischen den beiden Bergen, vor dem Eingang der Stadt Nablus, kommen wir an den uralten Jakobs-Brunnen, eine der authentischsten Stätten des Landes, wie man gewöhnlich sagt. Die griechischen Mönche haben den Brunnen gut gepflegt und ihm sein Milieu erhalten. Wirklich waltet etwas von urzeitlicher Stimmung in der kleinen, alten Kapelle. Wir trinken aus dem Brunnen, und der kräftige Geschmack des kühlen Wassers bringt uns die ätherische Andersartigkeit der uns jetzt umgebenden Welt zum Bewußtsein.

Wir durchwandern sodann die Stadt Nablus, das alte Sichem. An den Früchten in den Basaren – Gurken und Salate gibt es dort in Fülle – zeigt sich der Quellenreichtum der Gegend. Brunnen rauschen in vielen Straßen. Durch das steile Gassengewirr dringen wir schließlich zu der kleinen, uralten Synagoge der Samaritaner vor. Nur noch wenig mehr als 100 Angehörige besitzt diese Religionsgemeinschaft. Am folgenden Tag sollen gerade die Jahresfeste auf der heiligen Höhe gefeiert werden. Die Priester mit ihren purpurnen Turbanen sind ganz besonders interessante Gestalten. Die scharfgeschnittenen Gesichtszüge weisen tief in den Orient hinein. Nichts von jüdischer oder arabischer Physiognomie, wahrhaft assyrische Gesichter in der alten Hoheit. Vielleicht sind das überhaupt die am echtesten an das Altertum gemahnenden Köpfe, die wir auf der Reise zu sehen bekommen.

Uralte Thora-Handschriften, gerollt in der großen Silberkapsel, werden uns gezeigt. Man glaubt darin die Urschrift der Moses-Bücher zu besitzen. Sodann sehen wir, wie hier die alte Bildertheologie weiterlebt. Bögen werden feilgeboten, auf denen die Symbolik der Stiftshütte und des Tempels ausgebreitet ist, in der Art wie die rosenkreuzerischen Zeichen und Symbole auf den mittelalterlichen Bilderbögen. Tragisches Geschick einer uralten Geistesströmung: auszusterben in dem Zeitpunkt, für den die Ankunft des Messias geweissagt ist: 6000 Jahre nach der Weltschöpfung. Offenbar ist der Blick dieser Prophetie auf die Erscheinung des ätherischen Christus gerichtet unter Verkennung der physischen Christus-Inkarnation zu Beginn unserer Zeitrechnung. Nördlich von Nablus und von dem Berge, der einst gewiß eines der wichtigsten Höhenheiligtümer getragen hat und heute nur noch die Ruinen der Stadt Sebastije (Samaria) trägt, gibt es noch einmal eine wichtige Veränderung im Charakter der Landschaft. Es kommen Weite und Himmelsbläue und heitere Erdengrüne hinein. Die Ebenen von Galiläa öffnen sich uns.

Galiläa gehe ich mit einer gewissen Spannung entgegen. Bei meiner letzten Reise war mir die grundlegende Polarität zwischen Judäa und Galiläa erst keimhaft zum Bewußtsein gekommen. Die volle Durchdringung und Anwendung auf die Fragen des Evangelienverständnisses ergab sich erst im Nachklang der Reise. Dann erschien mir die Entdeckung so ungeheuer in all ihrer Tragweite, daß ich wünschen mußte, nun mit dem vollbewußten Gedanken alles noch einmal sehen und daran den Gedanken nachprüfen zu können. Ich mußte mit der Möglichkeit rechnen, daß die Wirklichkeit von der Kühnheit der Idee wieder einiges dämpfen und mindern würde. Faktisch ist diese Entdeckung nirgends bisher von den Palästina-Reisenden und Geographen gemacht worden. Einzig Renan bringt eine große Begeisterung für die grünenden und blauenden Weiten der galiläischen Landschaft zum Ausdruck. Aber seine Begeisterung ist doch wieder einseitiger Natur, weil er über seiner Liebe zu Galiläa den Sinn und Blick für Judäa gänzlich verliert.

Die Ebenen Ephraim und Jesrael offenbaren diese von Renan so sehr geliebte lieblich-großartige Landschaft der lebenzeugenden Helligkeit und der gnadenvollen Fruchtbarkeit. Die gläserne Licht- und Farbenwelt des Südens ist weit fort. Wie glücklich fühlt man sich, ihrem Zauber nun entronnen zu sein.

Zu unserer Linken spüren wir das Mittelländische Meer. Wir schauen in die Richtung des alten Cäsarea hinüber zur Küste. Im Norden vor uns taucht der noch von Schnee bedeckte Gipfel des großen Hermon auf. Und dann sehen wir weit vor uns zur Linken den langgestreckten Riegel des Karmelgebirges, das dann abrupt aufhört und ins Meer hinabstürzt. Und gleichzeitig taucht rechts vor uns der Wundergipfel des Tabor auf in seiner sphärischen Rundung, als wolle er das Himmelsgewölbe auf der Erde abbilden. Links der Karmel bringt die linearen Kräfte, die auch die Küste gestalten, zum Ausdruck, der Tabor dagegen, mitten im Lande, ist wie die Gestaltwerdung konzentrisch wirkender Ätherkräfte, wie sie auch den See Genezareth plastizieren und beseelen. Der erste Hauch der kosmischen Güte, die in Galiläa waltet, hat uns umweht.

Vor uns auf der Bergeshöhe liegt Nazareth. Wir fahren, ohne anzuhalten hinauf und quartieren uns in dem außerordentlich sauberen und sympathisch durch einen Deutschen geführten Hotel Galilee ein. Es ist schön, in Nazareth Station zu machen, obwohl die Stadt selbst und ihre nähere Umgebung gar nichts Erfreuliches bietet. Mit den kahlen Felsen neben sich, dem Berg des Herabsturzes, wo die Nazarener Jesus als einen Geisteskranken in die Tiefe stürzen wollten, ist Nazareth eine judäische Enklave in Galiläa, so wie Bethlehem eine galiläische Enklave in Judäa. Aber man fühlt sich doch in Nazareth inmitten einer Welt, deren Wunder bereits spürbar werden.

Bald nach dem Mittagsmahl brechen wir auf, um auf den Gipfel des Tabors zu gelangen. Nun erst haben wir Judäa ganz hinter uns gelassen und gehen mehr als während der großen Fahrt am Vormittag auf in der wohltuenden Frische und Fruchtbarkeit der galiläischen Erde. Fruchtbarkeit ist dort ein seltsames Geheimnis. Was sind quantitativ genommen die wenigen Ölbäume und die spärlichen Kornhalme selbst hier auf den weiten, überblauten Flächen! Unsere Wiesen und Wälder im Norden sind die wahre Üppigkeit dagegen. Und doch ist hier die Fruchtbarkeit etwas qualitativ Höheres. Es ist mehr Demeterhaftes, jenseitig-Lebensätherisches darin.

Es ist schön, durch die Feldwege am Fuße der Herabsturz-Felsen auf den Tabor zuzufahren. Hier nähert man sich einem Wesen, das unmittelbar die kosmische Güte ausstrahlt, die es dann in Galiläa noch in mancher anderen Art zu erleben gibt.

Die großen Omnibusse haben ein schweres Stück Arbeit zu leisten, die steilen Serpentinenwege hinaufzuklettern. Der eine Wagen erweist sich als zu groß, der andere kommt hinauf, allerdings nicht ohne bei jeder Kurve halb über dem Abgrund zu schweben. Darob vielfaches Angstgeschrei und große Ohnmachtsgefahr bei den Insassen.

Die Freunde aus dem großen Wagen, von dem hautschaurigen Anblick erschreckt, verzichten darauf, nachher von dem anderen Wagen heraufgeholt zu werden und steigen zu Fuß empor. Oben umflutet uns Licht und wunderbare Weite. Entgegen der Szenerie, die ich dort vor zwei Jahren sah, wo der Himmel trübe war, überschauen wir jetzt ganz Galiläa. Der Hermon leuchtet, als wäre er ganz nahe. Zu seinen Füßen sieht man deutlich einen Zipfel des Sees Genezareth. Weit dringt der Blick in das arabische Land auf der anderen Seite des Sees hinüber. Die Talsenke, in der der See liegt, streckt sich lang hinter den Bergrücken dahin, sich nach Süden deutlich im Jordantal fortsetzend. Städtchen liegen unten in der Ebene, sauber und hell inmitten der klaren Linien der Felder. Kana sehen wir, dazu den Berg der Bergpredigt, alles von der paradiesischen Lichtweite umgeben. Wir wenden uns um und sehen den langhingestreckten Riegel des Karmel und da, wo er abbricht, ein großes Stück vom Mittelländischen Meer. Da wir durch manche Verspätung nahe an die Stunde des Sonnenunterganges herangekommen sind, goldet schon die Ferne, und gerade das Stück des Mittelmeers, das wir sehen, ist wie flüssiges Gold, das blendend und fließend das Licht zu uns herüberspiegelt.

Der ganz überirdische Eindruck des Auf-dem-Berge-Seins rührt aber nicht von dem Was des Gesehenen her. Es ist infolge der dort waltenden Ätherwelt, die wir durch den Kontrast zur Landschaft am Toten Meer gesteigert empfinden, als wäre man nicht nur ein paar hundert Meter, sondern über die Erden- und die Mondensphäre hinaus in die reale Sonnensphäre emporgestiegen. Hier scheint die Erde eine Insel zu sein, die aus der Zeit der alten Sonne übriggeblieben ist. Jerusalem ist ein Saturnrest, die Wüste ein Stück Mond, Galiläa ein Rest der alten Sonne. Gerade auf diesem Gipfel erleben wir das in besonderer Farbigkeit. In der Wüste sah man, daß die Erde ganz zum Mond hätte erstarren können. Hier sieht man, daß sie sich eine naturhafte Möglichkeit zum Sonnewerden hat bewahren wollen.

Als schließlich alle den Gipfel erklommen haben, lesen wir die Verklärungsgeschichte. Eine der Lesungen, in die am elementarsten Substanz durch die Stätte selbst einfloß. Man liest in der Landschaft das gleiche, was man in Rudolf Steiners »Geheimwissenschaft« und im Evangelium auch liest. Die Landschaft von Palästina ist selbst eine heilige Schrift. – Unterdes ist die Farbenstunde des Sonnenabschiedes voll hereingebrochen. Unbeschreibliche Farben überfluten uns. Leider muß ich, da viele, auch schlechte Fußgänger, vorziehen möchten, zu Fuß hinabzusteigen, zum Aufbruch drängen, damit uns nicht die schnelle Dunkelheit beim Abstieg zuvorkommt. Es ist schön, von Stein zu Stein in die Tiefe hinabzuspringen mit der ganzen Leichtheit und Beschwingtheit, die der Gipfel gab. Unten jedoch müssen wir lange warten, bis die letzten Kletterer da sind, und bei völliger Dunkelheit erst fahren wir nach Nazareth zurück. Wo man zum letzten Mal den Tabor in seiner ganzen Gestalt sieht, lasse ich aussteigen. Schon ist alles wundersam vom Licht des bereits großen Mondes übergossen. Der Tabor ist wirklich *der* Berg, der Vater der Berge. Ein Berg im Gebirge ist kein Berg in diesem Sinne. Der Tabor ist nicht ein Stück einer Welt. Er ist selber eine Welt. Nun haben wir bereits Galiläa erlebt. Abends halte ich noch einen Vortrag über Galiläa als die Region der Urphänomene. Dann ist nichts mehr möglich als ein kurzer Abendspaziergang auf das Städtchen zu, an dessen erstem Anfang unser Hotel liegt.

27.4. In der Morgenfrühe steigen wir auf die höchste Höhe über der Stadt Nazareth hinauf. Von dort ist der Rundblick in mancher Hinsicht noch reicher als vom Tabor. Man sieht weithin auf das Mittelländische Meer im Westen. Im Norden leuchtet der Hermon mit seinem letzten Schnee, und nahe überragt die Rundung des Taborgipfels die nächsten Bergrücken. Welche Weite hat doch die Kindheit Jesu umgeben! Nahe vor uns liegt die alte galiläische Hauptstadt Sephoris, und wir stellen uns vor, wie die äußere Zeitgeschichte ihre Schatten in die Jesus-Kindheit warf durch die Aufstände, die gerade damals dort tobten.

Die Stelle, von der aus wir den weiten Blick haben, liegt in einer riesigen Umzäunung. Sie ist eingemauert von einem großen französischen Erziehungsheim. Wir sind kurz entschlossen durch eine offene Gartentüre eingetreten. Natürlich schickt der Prior des Hauses bald, geschäftstüchtig wie er ist, einen Knaben und läßt fragen, wie wir hineingekommen sind. Wir regeln die diplomatischen Beziehungen, aber der Prior kommt schließlich, um uns doch noch zur Besichtigung der Gebäude, die uns gar nicht interessieren, zu nötigen. Merezian, der seine Leute kennt, umarmt und küßt den spitzigen Schwarzbart und sagt: Vater, warum schicken Sie uns diese Lausbuben, die doch nichts anderes wollen als Postkarten verkaufen? Die Visite des Hauses läßt sich abkürzen. Um das Postkartenkaufen aber kommen wir nicht herum und ostentativ wird vor unseren Augen der Gotteskasten geöffnet, und man zählt nach, ob wir auch genügend gespendet haben. Von der Terrasse der riesigen Gebäude hat man einen wunderbaren Blick auf die Stadt. Das ist das Tröstliche an dem Zeitverlust. In der Stadt besuchen wir noch die alte Synagoge, wo Jesus gepredigt hat, und die Kirchen, unter denen die an Essäerzusammenhänge erinnernden grottenartigen Wohnungen der Eltern Jesu jedoch nur von weitem zu sehen sind, weil der Schlüsselinhaber nach Jerusalem verreist ist. In Nazareth ist in der Tat alles, was an die alte Zeit heranführen könnte, römisch-katholisch überbaut.

Zum Hotel zurückgekehrt, finden wir durch die Fürsorge des Wirtes unser Gepäck bereits sauber auf die Dächer der Omnibusse verpackt, und wir fahren sogleich – es ist 10 Uhr – los. –

Bald sind wir in Kana, das heute einen staubigen Eindruck macht. Aber durch den Tabor und die Nacht sind wir jetzt bereits mit Galiläa vertraut und bedürfen des Eindruckes nicht, den damals das Städtchen auf mich machte. In der kleinen orthodoxen Kirche, die wenig Reize und doch eine gewisse Stimmung hat, lesen wir die Geschichte von der Verwandlung des Wassers in Wein. Die römische Kirche mit den alten Häuserresten und den Überbleibseln der Helena-Basilika ist historisch sehr viel interessanter, jedoch weniger stimmungsvoll.

Wir fahren nun ohne Unterbrechung weiter, bis wir den großen Blick auf den tief unter uns liegenden See und die Stadt Tiberias haben. Auch hier ist das Bild jetzt nicht von der überraschenden und Urerinnerung weckenden Kraft wie damals. Die Luft ist grau und schleirig. Was ich damals an dieser Stelle empfand, die unmittelbare

Transparenz der Landschaft für die Sphären des vorgeburtlichen Lebens, das erlebten wir diesmal auf dem Tabor. Jetzt ist das Erlebnis zwar auch da, es spielt sich jedoch mehr nüchtern ab und bedarf der Beteiligung des ordnenden Gedankens.

Unten in Tiberias ist eine illusionslose Welt. Der See ist dort nicht *der*, sondern *ein* See. Schön ist er zwar, aber er offenbart sich hier nicht als Urphänomen. Die dunkle Entstehung der Stadt macht sich spürbar. Es ist schwül. Wir fahren zunächst südwärts am See entlang, besuchen die heißen Quellen, die uns deutlich machen, daß wir uns an dem Wärmepol des Sees befinden, wo man die Wasserkräfte noch nicht voll als solche zu erleben bekommt. Wir lassen uns schließlich noch zum Jordanfluß fahren, um den südlichsten Teil des Sees zu sehen. Schnell jedoch kehren wir um und fahren nun durch bis Tabgha. Magdala sehen wir nur im Vorüberfahren.

Der nicht mehr ganz so dicke gemütliche Pater Taepper in dem Hospiz an der Stelle des alten Bethsaida nimmt uns in Empfang. Der Platz ist jetzt bekannt, und vielerlei Touristen aus allen Nationen fluten durch. Unsere Gesellschaft wird sogleich an die Mittagstische beordert, und ich habe zunächst lange mit der undankbaren Arbeit der Zimmerverteilung zu tun. Dann nehmen wir wahr, wo wir nun eigentlich sind. Und wir finden uns erstaunt in ein ganz unbeschreibliches Element eingebettet. Die Seele des Sees scheint das ganze wärmeerfüllte Luftreich zu durchdringen. Man schwimmt, obwohl man geht und steht. So kommt es, daß die große Wärme – sind wir doch auch hier 200 m unter dem Meeresspiegel – etwas ungemein Selbstverständliches ist. Wieder scheinen wir auf einem neuen Planeten angelangt zu sein, dessen atmosphärische Verhältnisse von denen der Erde völlig verschieden sind. Der See ist von der Terrasse aus wie ein großes engelartiges Wesen. Daß es derselbe See sein soll, den wir in Tiberias sahen, will uns nicht einleuchten. Nun erleben die Freunde, daß es in der Tat noch eine Steigerung gab über das hinaus, was wir auf dem Tabor erlebten. Hier ist Galiläa, was wir bis jetzt hie und da blitzartig zu spüren vermeinten, Welt und Sphäre geworden.

Nun kommt uns die Pracht des Erdenfleckens um das Hospiz

herum zu Hilfe. Der felsige Weg durch die Bananenhaine und den Eukalyptuswald zu dem Badestrand macht die phantastische Andersartigkeit der dortigen Wachstumskräfte offenbar. Und dann hinein in das Wasser. Das Gefühl der kosmisch-gütigen Einbettung steigert sich noch. In was für andere Naturgesetze und Elementarzusammenhänge sind wir hier eingegliedert? Nach dem Abendbrot beginnen wir, unsere Abendbetrachtungen auf der Terrasse abzuhalten. Der fast volle Mond spiegelt sich breit im See, aber der Widerglanz ist nicht silbrig, sondern ganz warm golden. Eine liebende Astralität scheint sich in dem sanften Flimmern des Mondengoldes zu offenbaren. So wie am Toten Meer sogar die Sonne Mondcharakter annahm, so scheint der See das Mondenwesen in Sonnenhaftigkeit umzuwandeln. Hier ist die alte Sonne noch lebendig, die Sonne in der Erde. Ich stelle dar, was an der Stätte, wo wir uns befinden, an Evangelienereignissen gespielt hat. Von Bethsaida und der Speisung und dem Meerwandeln und der Matthäus-Berufung usw. spreche ich, zunächst nur den Umkreis der Anschauung umreißend. Alle fühlen, wir haben das Ziel der Reise erreicht und müssen nun Bürger dieser anderen Welt zu werden trachten.

28.4. Nun beginnt auf der einen Seite eine intensivere Evangelienarbeit und auf der anderen Seite das lange Verweilen am See. Morgens halte ich zum ersten Mal im Eukalyptuswald eine Evangelienbetrachtung, nachdem wir die Speisungsgeschichte gelesen haben. Hier ist die Heimat des Evangeliums, hier ist Evangeliensphäre. Nachmittags machen wir sogleich einen Ausflug nach Kapernaum. Die meisten wandern zu Fuß; diejenigen, die sich herüberfahren lassen, erleben, daß Kapernaum der Wasserpol ist, der Tiberias, dem Wärmepol, gegenübersteht. Der See ist elementarisch bewegt und dynamisch geladen in dieser Nordwestecke. Speziell nachmittags von 4 Uhr ab wird es stürmisch. Elementarische Frische strahlt kräftig vom See aufs Land herüber und bringt in das Wärme-Erleben Helle und Durchsichtigkeit. Man spürt die Naturgrundlage des naturhaften Hellsehens, das in Galiläa beheimatet war.

Das Ruinenfeld der Synagoge liegt im prächtigsten Licht. Warme

Griechensonne vergoldet alles. Wie ferne ist das Spezifisch-Jüdische diesem hellenistischen Bauwerk! Lange verweilen wir und betrachten die Fülle der in Stein gehauenen Symbole. Die Sitzreihen an der Rückwand lassen die Jesus-Zeit und die dort vorzustellende Lehrwirksamkeit Jesu lebendig erstehen. Die Stadt, aus der führende Persönlichkeiten zu dem Kreise Jesu gehörten: der römische Hauptmann, Jairus, der Vorsteher der Synagoge. Die Trümmer der Synagoge, die wir sehen, stehen sowohl mit dem Hauptmann, der sie erbaute, als auch mit Jairus in Beziehung. Wir lesen zunächst die Heilungsgeschichten, die mit dem Ort verbunden sind, und dann als einen Hinweis auf die Unterweisung, die in der Synagoge stattgefunden hat, die Rede vom Brot des Lebens Johannes 6. Wie keimkräftig und urbeginnmäßig mutet einen an Ort und Stelle alles an, was Christus in Galiläa erlebte!

Das kosmische Sonnenwesen wirkt zuerst auf dem Stück des Erdplaneten, das selber Sonne ist, übriggeblieben von der Zeit uralter Erden-Sonnen-Einheit. Erst nachher betritt der Christus in Judäa im vollen Sinn die Erde und füllt die Tiefen aus, in die die Erde gestürzt ist.

Abends auf der Terrasse spreche ich über das Wandeln Christi auf dem Meer. Das Aufwach-Erlebnis, das im normalen Menschenleben nur beim Zu-Ende-gehen der Nacht auftritt, kann am See fortwährend herbeigeführt werden. Man ist dauernd auf dem Meere, in einer Sphäre, die der des Schlafes ähnlich ist. In diesem Wachschlaf oder Wachtraum, der durch eine kosmische Gesamtentrückung eintritt, ist es möglich aufzuwachen. Dann hat man die ätherische Welt so dicht um sich, als wäre es die physische Welt. Es ist die Landschaft des Meerwandelns. Der Mond geht schon eine gute Zeit später auf. Wir erleben ihn aber noch gemeinsam, jetzt fast als Vollmond in seiner ganzen hier so sonnenähnlichen Wärme. Die Lichtstraße, die er auf den See zaubert, ist sehr breit und wie aus flimmerndem grünen Gold gebildet.

29.4. Es beginnt in aller Frühe der zweitägige Ausflug nach Damaskus und Baalbek, an dem etwa die Hälfte unserer Gruppe teilnimmt. Ich habe sehr betont, daß diese Exkursion außerhalb unserer eigentlichen Reise liege, weil ich Sorge hatte, ob das atmosphärische Einleben in Galiläa nicht doch empfindlich durch diese Unterbrechung gestört werden würde. Außerdem war mir ja klar, daß es sich um ganz andersartige Reiseeindrücke handeln würde, die in die strenge Komposition der eigentlichen Palästina-Reise schwer würden einzugliedern sein.

Die Fahrt nach Damaskus war, wenn wir von vielfältigen Aufenthalten absehen, sehr eindrucksvoll, obwohl plötzlich ein grauer Tag auf die vielen schönen Sonnentage folgte. Zuerst ging es in großartigen Bögen in die Berge empor. Immer neue Blicke eröffneten sich rückwärts auf den See in seiner ganzen Ausdehnung. Dann kamen wir nördlich vom See über den jungen Jordan und fuhren ziemlich lange an dem kleinen Hule-See vorüber, den der Jordan durchfließt, ehe er sich südwärts dem See Genezareth zuwendet. Immer näher rückten wir an den Hermon heran, an dessen Fuß bei der Jordanquelle Cäsarea Philippi lag. Aber zugleich ging unsere Straße, die uralte Wanderstraße, auf der nicht nur Paulus, sondern bereits Abraham und Jakob und die ins Exil ziehenden Juden gewandert sind, nach Nordosten in die syrische Hochwüste hinein. In anderen Jahren muß sich dort der Wüstencharakter noch viel stärker aufdrängen. Dieses Jahr ist allüberall durch den ausnahmsweise lang anhaltenden Winter einige Vegetation zu beobachten. Schließlich, wo man in der Ferne schon die schneebedeckten Libanongipfel sieht, tritt man in den Bannkreis von Damaskus ein. Man erreicht die Gartenzone einer großen Oase, die einst den Ruf eines Paradieses genoß. Hier, in der Glut der Mittagsstunde, hat Paulus den ätherischen Christus geschaut. Der Übergang aus dem Brand der Wüste in den Schatten des Gartenkranzes gehört wesentlich zu dem Erlebnis des Paulus, das kosmischer Natur war, hinzu.

Damaskus selbst kann zunächst den Besucher keineswegs entzükken. Eine staubig-schmutzige orientalische Großstadt, ein wenig an Kairo erinnernd, verkommen durch französische Lässigkeit, in den eigentlich orientalischen Teilen keineswegs mehr farbecht, sondern mit europäischem Kitsch durchsetzt. Die Basare z. B. sind von hohen Glasgewölben überdacht, die nun schon mit verrostetem Eisengerüst zertrümmert dastehen. Da ist der Orient in Jerusalem tausendmal echter.

Wir machen es uns gemütlich in unserem Hotel und unternehmen nachmittags einen Rundgang durch die Stadt. Die Omajaden-Moschee wirkt durch ihre enormen Dimensionen, hat aber nichts von der magischen Stimmung, die in Kairo in den Moscheen anzutreffen ist. Allenfalls lebt das Interesse auf an den wenigen hellenistischen Säulen-Zugangswegen, die erhalten sind. In dem kleinen Museum gibt es schon manchen interessanten Hinweis auf die phönizische Welt, die mit ihrem Adonis-Kultus der Welt des Islam hier voranging. Dort ist z. B. ein Deckel zu einem Sarkophag aus Byblos, an dem man sogleich sieht, daß er nicht der Bestattung, sondern der Zeremonie des Adonis-Kultes gedient hat. Einige schöne Ecken und Höfe aus der Welt des Arabismus sehen wir. Da es Sonntag ist, sind die Gold- und Silberbasare geschlossen. Schließlich wenden wir uns noch den spärlichen christlichen Gedenkstätten zu. An der alten Stadtmauer wird das heute mit Arabesken verzierte Fenster gezeigt, durch das man Paulus vor seinen Verfolgern hat entfliehen lassen. Dann besuchen wir ein orthodoxes Kirchlein an der Stelle des Hauses des Ananias: an der »geraden Straße«. Das Kirchlein hat ein wenig Stimmung, trägt aber doch nicht weit genug zurück, um die Gestalt des rätselhaften Sehers erstehen zu lassen, der der erste Führer des Paulus nach dem Damaskus-Ereignis gewesen ist.

Der stärkste Eindruck erwartet uns, als wir uns auf die Höhen über der Stadt fahren lassen, von wo wir unter uns die Stadt und den graugrünen Bannkreis der Oasengärten sich abzeichnen sehen. Hier haben wir einen realen Hinweis auf den Äthercharakter, den die Stadt zur Zeit des Paulus gehabt haben muß: die paradiesische Oase inmitten der Wüste. Und eben diesen Eindruck verstärkt der Ausflug, den wir trotz hereinbrechender Dämmerung noch unternehmen. Wir mieten leichte Pferdekutschen und fahren damit weit in das Tal hinein, aus dem die Wasserströme und Bäche kommen, die Damaskus zur Oase machen. Wunderbar kühl und frisch umatmet uns hier die Welt, wo sieben Flußbetten nebeneinander, zum Teil auf verschiedener Höhe, entlanglaufen, von lebendigem Rauschen erfüllt. Gespeist werden sie von Sturzbächen, die von den Bergen geradewegs herunterrieseln. Weit draußen vor der Stadt sind auf Pfahlbauten über dem Netz der Wasserläufe hängende Gärten gebaut, Laubenkolonien, in denen aber scheinbar auch Menschen wohnen. Als schon die Nacht hereingebrochen ist – der Vollmond kommt jedoch nur wenig durch das dichte Gewölk hindurch – kehren wir in die Stadt zurück.

Am späten Abend mache ich noch mit einigen Freunden einen Ausflug in den nächtlichen Orient, allerdings ohne großartige Eindrücke zu gewinnen. Wir gehen noch in ein arabisches Kaffeehaus, wo es arabische Gesänge und Tänze gibt. Das Lokal ist sehr primitiv und doch wohl das einzige, das sich anzusehen lohnt. In der Tat war dann an Tänzen etwas Kultivierteres zu sehen als in Kairo.

30.4. Bevor wir dann am nächsten Morgen nach Baalbek aufbrachen, mußten wir endlos beim englischen Konsul warten wegen unseres neuen Palästina-Visums. Eine weitere Sorge entstand dadurch, daß wir einen neuen Wagen bekamen, der wegen seines Anfängertums eine bestimmte Geschwindigkeit nicht überschreiten durfte. Ich fuhr, um alles besser zu dirigieren, in einem kleinen Wagen, der aber bald fahrtunfähig wurde und ersetzt werden mußte; stets war nur mit endlosen Schimpfereien das Ziel zu erreichen. Mit dem kleinen Wagen konnten wir vorausfahren und füllten jeweils die Wartezeit aus, indem wir telefonisch die Sache mit dem englischen Konsulat zu fördern suchten.

Die Fahrt zwischen Damaskus und Baalbek ist außerordentlich interessant. Zuerst hat man über die Gebirge, die dem Antilibanon vorgelagert sind, zu klettern, dann aber tritt man in die gigantisch weiten Hochebenen ein, die zur Linken von der majestätischen Schneegipfelkette des Libanon, zur Rechten von dem ebenso erhabenen Zuge des Antilibanon umsäumt sind. Wir fahren lange durch das weite Tal des Leontes, das sich über Baalbek hinaus nach Norden in die Orontes-Ebene fortsetzt. Hier ist man wirklich auf dem Schauplatz der phönizischen Kultur, die in sich selbst solche Größenmaße trug und deshalb hinausstreben mußte in die Weite der Ozeane. Zugleich hat man für die Zeit unmittelbar vor der Zeitenwende eine Anschauung von der Macht des seleukidischen Syrien, das der reiche Herrscher über das kleine armselige und unfruchtbare Palästina war und gegen dessen Könige die Makkabäer ihren Verzweiflungskampf führten.

Von Baalbek selbst konnten wir kaum mehr als einen Gesamteindruck mitnehmen. Der üppige Reichtum an Tempelruinen, der sich hier auftürmt, offenbart ja nur das späte Stadium, als die römischen Cäsaren sich zu Erben der gigantisch-magischen Vergangenheit Syriens und Phöniziens machten. Das alte Heliopolis wird zu einem Stützpunkt der Cäsaren. Baal-Adonis wird zu dem Bacchus, mit dem sich ein Caligula identifizieren darf. Ein größeres Pompeji sitzt auf den Resten uralter Religionsgeschichte, die unter Umständen selbst in viel bescheideneren Dimensionen ans Tageslicht getreten sein und von der sich vieles im Verborgenen unterirdischer Grotten abgespielt haben mag.

Großartig ist wieder die Rückfahrt. Endlich getraut sich auch der große Wagen, ein ordentliches Tempo anzuschlagen. In Damaskus stärken wir uns noch, holen unsere Pässe und besteigen dann unseren alten Wagen, um nach Tabgha zurückzufahren. Schon ist es finster. Die Fahrt geht rasch, aber ist doch ermüdend. An der französischen Grenzstation entdecken wir, daß die Chauffeure einen ganzen Möbelladen auf das Dach des Wagens geschnürt haben. Wilde Schmugglergerüchte bilden sich im Nu. Meine Forderung, alles abzuladen, wird natürlich nicht befolgt. Wir haben schließlich nur Geduld zu üben für die zwei großen Bürokratie-Aufenthalte an der französischen und an der englischen Grenze. Nächtliche Kamelkarawanen durchbrechen die Öde des stundenlangen Wartens. Dann geht's schnell hinab auf den im Mondlicht schon von ferne emporgleißenden See zu. Zwischen 1 und 2 Uhr nachts langen wir müde in Tabgha an und müssen sogar noch auf Schleichwegen in den Bereich des Hospizes eindringen, weil alles in tiefer Ruhe schlummert. Märchenhafter Zauber umgibt diejenigen, die sich noch für einige Augenblicke auf die Terrasse begeben und das Mondlicht und den Sternenhimmel auf dem See spielen sehen.

AM SEE GENEZARETH

1./2.5. Nun ist der Weg frei für ein langes ungestörtes gemeinsames Eintauchen in die Sphäre des Sees. Die Zurückgebliebenen haben viel zusammen im Evangelium gelesen. Das wird nun fortgesetzt. Morgens im Eukalyptushain, nachmittags direkt am Seeufer, nachdem gebadet worden ist, abends nach der Mahlzeit auf der Terrasse, sind wir zusammen, jetzt mehr kursartig eindringend in die Geheimnisse des Evangeliums. Am ersten Abend erzählt Rudolf Köhler von der Damaskus-Fahrt. Dann beginnt eine Reihe von Betrachtungen, die, von Abend zu Abend sich steigernd, von einem stärkeren Einklang mit der Landschaft beseelt sind und in die schließlich eine jedenfalls für mich unvergeßliche Verdichtung des Galiläa-Empfindens hineinströmt. Ich fange an, das Leben Jesu zu schildern, wie man es sich in seinem äußeren Tatbestande dort in der Landschaft vorstellen kann: in seiner Jugendlichkeit, in seiner Unscheinbarkeit, in seinem Wechsel zwischen dem Jesus- und dem Christus-Bewußtsein, in seinem tiefen grüblerischen Ernst und Schweigen. Ganz von selbst führt das nach zwei Abenden zu einer Besprechung der ätherischen Christus-Geheimnisse bis hin zur Auferstehung und Wiederkunft. Der See ist die Landschaft der Transsubstantiation und des Sakramentes. Jedes Andächtigsein vor dem Altar führt hin zu dem inneren See Genezareth.

Da wir in den letzten Tagen noch dazu übergehen, einige Vorträge von Rudolf Steiner zusammen zu lesen und zu besprechen, vor allem den Pfingstvortrag 1924* und den Basler Vortrag über den ätherischen Christus**, knüpfe ich am letzten Abend an das Erlebnis der Geistselbstigkeit an, das der See vermittelt. Da ist auf naturhafte Art »Friede« gegenwärtig im Sinne von Manas. Eine manasische Landschaft.

Der Pfingstvortrag stellt dar, wie im Blau des Himmels der Ätherleib und im Sternengefunkel der Astralleib des Kosmos wahrnehmbar wird. Die kosmisch-gütigen Geistwesen, deren Seelenoffenbarung das Leuchten der Sterne ist, offenbaren sich ebenso in der Landschaft des Sees. Hier ist die Erde Stern im Sinne sich offenbarender Geistselbstigkeit. Deshalb hat es etwas ganz besonders Unvergeßliches, abends am rauschenden Seeufer zu den Sternen emporzublicken. Jeden Abend blieb man länger draußen, weil der Mond jeden Abend länger auf sich warten ließ. Die Art des Sternenlichtes war so anders. Es war, als ob hierher die Sterne wie zu einem verwandten Wesen besonders wesenhaft strahlten. Von den sich bietenden Bildern prägte sich vor allem das riesige Bild des Skorpion ein, das man in seiner ganzen Größe in unseren Breiten niemals sieht und das hier majestätisch aufragt am Himmel, unten sich in einen regelrechten Stachel fortsetzend.

Viele lernen schwimmen in den langen sorglosen Stunden, in denen wir uns den Wogen des Sees anvertrauen. Es ist ohne weiteres zu spüren, daß eine Heilwirkung vom Wasser des Sees ausgeht. Manche baden öfters in einer nach Norden zu gelegenen antiken Schwefelquelle mit warmem Wasser, die von einem römischen Hexagonalbau eingefaßt ist.

Die Mensa Christi, die verwitterte Felsenplatte, zu der uralte Stufen emporführen und wohin die Überlieferungen die am Schluß des Johannes-Evangeliums erzählte Erscheinung des Auferstandenen verlegen, ist nicht mehr so eindrucksvoll wie vor zwei Jahren. Die

* »Der Pfingstgedanke als Empfindungsgrundlage zum Begreifen des Karma«, Vortrag vom 4. Juni 1924 in »Esoterische Betrachtungen karmischer Zusammenhänge« Band II, GA 236.

** »Die Ätherisation des Blutes«, Vortrag vom 1. Oktober 1911.

Italiener, neidisch auf den freigelegten Mosaikboden der Speisungskirche, haben eine Kapelle auf den Felsentisch gebaut, ohne jeden Geschmack. Interessant sind nur die herzförmigen Säulentrommeln, die nun in größerer Anzahl am Rande der Felsplatte freigelegt sind. Sie haben die gleiche Form wie die Ecksäulen der Kapernaum-Synagoge. Wer weiß, welche Bauwerke einst hier emporragten.

3.5. Wir machen eine steil in die Höhen führende Wanderung nach der Ruinenstätte des alten Chorazin. Die schlecht zu Fuß sind, lassen sich mit dem Wagen so weit wie möglich heranfahren. Es ist, wie sich nachher herausstellt, der heißeste Tag der ganzen Zeit. Wie bald ist man im Emporsteigen aus dem Paradies des Sees heraus! Man blickt zwar auf den See hinunter, der immer majestätischere Gestalt annimmt, aber das Aroma der Sonnenlandschaft wird irdischer und irdischer. Steile, steinige Wege sind zurückzulegen. Auf der Höhe führt der Weg lange Zeit parallel zum Ufer des Sees, bis wir über Kapernaum angelangt sind, dann geht es noch einmal steil landeinwärts, bis wir zu der hochgelegenen Ruinenstätte gelangen. Kleineren Umfangs ist die Synagoge gewesen, deren Trümmer das einzige Überbleibsel der Stadt sind, wie auch die Synagogentrümmer am See der einzige Rest von Kapernaum sind. Dunkler Basalt war das Material, aus dem hier oben die Synagoge gebaut wurde im Gegensatz zu den weißen Marmorsteinen unten am Ufer des Sees.

Die beiden Synagogen und die Städte, zu denen sie einst gehörten, verhalten sich wie Eleusis und Delphi in Griechenland, die Mysterienstätten am Meeresgestade und auf steiler weitschauender Bergeshöhe. Beides hat das Jesus-Leben umspannt. Nennt auch das Evangelium Chorazin nur im Zusammenhang der Weherufe, so geht eben doch aus dieser kargen Erwähnung hervor, welche großen Christus-Taten dort geschehen sein müssen.

Wunderbare Ornamentdetails heben sich aus dem schwarzen Gestein heraus: Jachin und Boas als Pfortensymbol, dazu aber eine Fülle von Motiven, die die Verwandtschaft des galiläischen Judentums mit dem babylonisch-griechischen Heidentum offenbaren. Sonnen- und Mondmotive, ein Löwe, Traubengerank und vieles andere ist zu erkennen. Großartiger als alle Details jedoch wirkt das Ganze der hochgelegenen Landschaft auf die Seele ein. Der Blick auf den See unten in der Tiefe macht diesen hohen Punkt zu einem stolzen königlichen Schönheitsort.

Nun heißt es, den Weg zu den Dolmen zu finden, von denen wir wissen, daß es sie hier oben in großer Zahl gibt. Die Araber wissen nichts. Ich habe unglücklicherweise weder die Angaben, die ich darüber besitze, bei mir, noch habe ich in Tabgha vorher nach dem Weg gefragt. Einige machen mich unsicher, indem sie behaupten, der Weg sei nach den Berichten derer, die dort waren, mehr als 1½ Stunden weit. Ich habe das sichere Gefühl, die Dolmen finden zu können, wenn ich unbelastet durch zu viele Begleiter loswandern kann. Zuerst denke ich, ich könnte vorausgehen und die anderen nachfolgen lassen durch Zeichen oder dergleichen. Aber der Gedanke, daß der Weg so weit sein könnte, hält mich davon ab. Da ich bekunde, in jedem Falle gehen zu wollen, will sich eine ziemlich große Gruppe anschließen. Dabei fühle ich ganz deutlich, daß niemand darunter ist, der der Hitze und den Strapazen gewachsen ist, ganz abgesehen davon, daß ich alle Sicherheit im Finden verlieren würde durch die Sorge um die anderen. Zuletzt entschließen sich alle zur Heimkehr, und ich mache mich mit einem einzigen Freunde, Dr. Herbert Hahn, auf den Weg. – Wir befinden uns in einer glühenden rauhen Felswüste. Die heißeste Stunde des Tages ist nicht fern. Vorwärtszukommen ist nur durch weite Sprünge von einem Felsblock zum anderen und durch ganz steiles Steigen. Den Zurückgebliebenen wird schon beim ersten Nachblicken klar, daß es gut war, zu verzichten.

Wir halten auf den Gipfel zu. Die Sonne sticht, und man merkt, wie sie ihre spitzen Pfeile gerade auf das Ich abschießt, und nur durch äußerste Zusammenfassung des eignen Wesens wehrt man die Gefahr des Sonnenstiches ab. Ich kann geradezu studieren, wie viele Erkrankungen, auch die des Verdauungssystems, in den dortigen Gegenden durch zu geringen Widerstand der Ich-Organisation gegen diese Stechwirkungen der Sonne entstehen müssen.

Je weiter wir in dieser wilden Höhenwelt emporkommen, um so

mehr mischen sich kalte Windstöße in die Sonnenglut und rufen, da wir fiebern, kurze Schüttelfröste hervor. Aber wir sind entschlossen, unser Ziel zu erreichen. Es hat etwas feurig Begeisterndes, diesen Augenblick zu meistern. Ich habe auf den meisten großen Reisen irgendein Erlebnis von besonderer Eindringlichkeit gerade dann durchgemacht, wenn eine ganz außergewöhnliche Anstrengung zu leisten war, und ich fühle, daß ich in gewissem Sinne die für mich wichtigste Stunde dieser Reise angetreten habe.

Wenden wir uns zurück, so ist der Blick auf den in der Tiefe glänzenden See weit hinein in die Lande von einer mythologisch-heroischen Prägung. Wir fühlen uns in die Zeiten der Heroen zurückversetzt: Urmenschheit umgibt uns. – Vor uns entdecken wir rauhe Reste uralter Steinkreise aus der Wildnis der Blöcke hervorlugen, und schließlich stehen wir vor einem einzelnen sehr gut erhaltenen Dolmen. Genau wie diejenigen in Nordwestdeutschland ist er gebaut, ein Zeuge jahrtausendealten Sonnendienstes. Wir klimmen weiter, um eine bestimmte hohe Stelle zu erreichen. Als wir sie erreicht haben, sehe ich von weitem mehrere Dolmen, und wir kämpfen uns bis dorthin. Der Blick in die Weiten und in die Tiefen, den wir dort haben, entschädigt uns für alle Mühe. Hier haben einst wirkliche Elementargewalten in das kultische Leben der Menschen hereingespielt.

Unterdes sind wir schon bis an die Grenze unserer inneren Spannkraft gegangen. Die Sonne läuft Sturm gegen unser Bewußtsein. Der Rückweg ist nicht leichter, sondern schwerer. Schon ist der Fuß im Springen nicht mehr immer ganz treffsicher. Nach einer Weile sehen wir etwas abseits vom Wege einen eingestürzten Dolmen. Er bietet uns in seinem Inneren Schatten, und wir strecken uns erschöpft in ihm aus. Es ist gerade Platz, daß wir zu zweit nebeneinander liegen können. Wie seltsam stark erleben wir den Schatten! Um schneller die Erschöpfung zu überwinden, entschließe ich mich, ein wenig einzuschlafen. So tief kann man in Schlaf sinken! Nach wenig mehr als einer Minute weckt mich Herbert Hahn, der mein Einschlafen nicht bemerkt hat, durch eine Frage. Das war ein abgrundtiefes Aufwachen, und im Erwachen ist es mir, als umgebe mich das seltsamste Aroma der Welt. Von einer solch unbeschreiblichen Würzigkeit ist die Luft. Aber es ist nicht die Luft, sondern das Licht, und zwar nicht das physische Licht, sondern das vom Licht, was die schweren urzeitlichen Dolmensteine durchgelassen haben. Der Schatten ist ja, das kann hier erlebt werden, kein Fehlen des Lichtes, sondern Veränderung des Lichtes. Das Hineinerwachen in das würzige Licht-Aroma war ein Sichfinden in einem unbeschreiblichen Glück, das himmlisch-heiter stimmte und mich nötigte, mit strahlender Bedeutsamkeit, noch ehe ich ganz bei Sinnen war, die Worte zu sprechen. »Filtriertes Licht, Herr Doktor«. Es war das sicherlich keine passende Antwort auf die vorangehende Frage, und so mag Dr. Hahn gemerkt haben, daß er mich aus tiefem Schlaf erweckte. Er bestand nicht auf der Fortsetzung des seltsamen Gesprächs, und ich schlief von neuem ein; diesmal wachte ich von selber auf aus dem Gefühl, genügend erquickt zu sein. Wieder aber hatte der abgrundtiefe Schlaf nur eine Minute gedauert. Und nun hörte ich im Erwachen eine Horde von Gnomem lustig-höhnisch im Chore sprechen, wobei ich deutlich empfand, daß mein Selbstbewußtsein der Gegenstand ihres Spottes war: »Ich erinnere mich, eines gewissen Lebensgenusses fähig gewesen zu sein, also kann ich getrost sterben.« Es war unendlich lustig, in diesen Ulk hinein zu erwachen. Und dennoch war mir im Vernehmen der Worte ganz klar, daß doch etwas von dem tiefen religionsgeschichtlichen Sinn der Dolmen, die ja alte Stätten kultischer Grablegung sind, in den Worten mitschwang. Ein Abglanz alter Einweihungserlebnisse der Menschheit war mir im Moment greifbar bewußt, obwohl ich furchtbar lachen mußte und dann doch genötigt war, dem erstaunten Kameraden dieses Lachen zu verdolmetschen.

Der Abstieg war eine wirkliche Kraftprobe. Aber wir kamen schließlich gegen ½4 Uhr in Tabgha an. Nach einer Stunde Schlaf erfrischte mich der See, und um 6 Uhr erzählten wir, noch überströmend von dem beglückenden Höhenerlebnis, den anderen Freunden die Ergebnisse unserer Kletterpartie. Auf der ganzen Reise gab es für mich keinen Augenblick, der diesen an kosmischem Temperament übertraf.

4.5. Einmal leisteten wir uns eine Fahrt über den See mit einem Motorboot aus Tiberias und einem angehängten Ruderkahn. Wir hatten ja jetzt den See bereits ganz in unser Wesen aufgenommen; nun war es sehr aufschlußreich, seine physische Dimension auszumessen. Wie fern lag doch das jenseitige Ufer! Wir brauchten fast eine Stunde in schneller Fahrt, um es zu erreichen. Drüben mutete uns die Welt seltsam fremd an, ein ganz anderer Kontinent. Wir gingen an Land da, wo man auch den Ort Gergesa, die Stätte der Dämonenaustreibung mit der Schweineherde, annimmt. Ganz kindliche Menschen wohnen drüben in kleiner Zahl, mit Negern vermischte Araber. Da selten Fremde hinkommen, wurden wir von der versammelten Dorfgemeinde am Ufer empfangen, und einer, offenbar der Häuptling, hielt so etwas wie eine Begrüßungsrede. Eine öde Steppe zieht sich am Fuß der rauhen Berge hin, worin sowohl römische Fundamenttrümmer, arabische Gräber als auch ein Kamelskelett zu erkennen waren. Wir stiegen in das dornige Gras eine Strecke weit hinein und erblickten nun jenseits des Sees in großer Ferne Bethsaidas Hügel und Kapernaums Bäume. Dann fuhren wir um die Nordküste herum an der Jordan-Einmündung und an Kapernaum vorüber wieder heim. Eine solche Fahrt führt zu einer noch stärkeren Einverleibung der Sphäre des Sees, wenn das auch natürlich sehr durch den Motor des Bootes gestört wird. Eigentlich sollte man rudern oder segeln, aber dann hätten wir wohl einen ganzen Tag für die Fahrt gebraucht.

Langsam fühlen wir das Ende unseres Weilens am See herankommen. Ein wichtiges neues Element durchdringt unser Zusammensein durch die Beschäftigung mit den genannten Vorträgen von Rudolf Steiner. In der gemüthaften Versunkenheit in die dortige Welt ergreift uns ein Willenselement, das uns aus Vergangenheits- und Zukunftsschößen wieder in die Gegenwart mit ihrem apokalyptischen Ernst zurückzuholen beginnt. Die Abendbetrachtungen auf der Terrasse nehmen durch den nahenden Abschied vom See intensiveren Charakter an. Wir spüren, daß wir von dieser Reise doch nicht nur Erinnerungen, sondern Keime von neuen Fähigkeiten mit heimbringen werden. Wir gingen auf eine Reise und spüren, wie aus der Reise unversehens eine Pilgerfahrt wurde. Wir verstehen, wie die Christus-Ereignisse nirgendwo anders hätten stattfinden können als hier, wo die Erdenlandschaft den Charakter des Urphänomens hat.

5.5. Es wartet noch eine Überraschung auf uns. Wir lassen uns den kürzlich freigelegten Mosaikfußboden der urchristlichen Basilika zeigen, die ein wenig oberhalb am Bergeshang über der Mensa Christi gestanden hat. Ein so großartiges reiches und in sich geschlossenes Beispiel urchristlicher Mosaikkunst sieht man so leicht nicht wieder. Was hier im Boden ruht, stellt sich künstlerisch ohne weiteres neben und über die besten Mosaiken von Ravenna. Nur ist es wertvoller durch sein höheres Alter. Katakombenzeit, die noch ganz in die naturfrohe Farben- und Formenfülle der antiken Anschauung und Symbolik hineingreift. Vögel, Reiher, Schlangen, kurz alle Tiere, die die Landschaft enthält, dazu Türme mit symbolischen Zahlen und an der Stelle des Altars ein etwas späteres Mosaik mit Brot und Fischen. Wieder ist das Ganze in seiner Größe und Stileigenheit überraschend und eindrucksvoll über alle interessanten Details hinaus.

Die Kirche, die hier stand, soll die Stätte der wunderbaren Speisung bezeichnen. Diese Tradition ist einleuchtender als die der Mensa. Hier drängen sich ja alle möglichen Traditionen zusammen, wird doch auch der Berg, an dessen Fuß diese wichtige Ausgrabung gemacht worden ist, als der Berg der Bergpredigt bezeichnet, was durchaus viel für sich hat durch die Nähe der einst großen Stadt und durch den weiten Blick auf den See.

6.5. Noch einmal haben wir einen Sonntag am See. Wie so oft schon lesen wir die Weihehandlung zusammen und verbringen den übrigen Tag in Ruhe und Betrachtung. Wird uns die Sphäre des Sees überhaupt loslassen?

7.5. Unser letzter Tag am See. Morgens besuchen wir noch einmal Kapernaum. Die meisten fahren lustig im Ruderboot, in dem die Araber zum Schlag der Ruder ihre alten Worte singen. Die Synagoge liegt im schönsten, wärmsten Sonnenlicht. Die Franziskanermönche haben anscheinend hohen Besuch und beenden eben eine Messe, die in der Ruine zelebriert und zugleich gefilmt worden ist. Wir machen es uns noch einmal heimisch dort: Ich lese einige Partien aus den Paulus-Briefen. Wie hell das doch klingt, welche Hintergründe darin spürbar werden, wenn die Texte an dieser Stätte ertönen! Für meine Arbeit an der Übersetzung des Neuen Testamentes ist es von unschätzbarem Wert, vieles aus der ersten Fassung des Wortlautes in Palästina lesen und anhören zu können. Es bilden sich deutlichste Impulse und Erkenntnisse für das weitere Einfangen des inneren Klanges, der in den Texten lebt.

Das Wasser ist bewegt. Es hat mit seinen Temperamentsausbrüchen heute nicht bis 4 Uhr nachmittags warten mögen. Um die Gefahr der Seekrankheit abzuwenden, fangen wir eine lustige Wasserschlacht an. Eigentlich aber macht sich auf dem Grund unserer Seelen schon etwas von Abschied bemerkbar.

Nachmittags um 6 Uhr haben wir in den letzten Tagen stets am Seeufer gelesen, in die farbenreiche Dämmerung und das erste Sternenfunkeln hinein. Heute lese ich den 2. Petrus-Brief. Es spricht der andere Petrus, der nicht mehr der Fischer von Bethsaida ist. Und er tut den Vorhang der apokalyptisch ernsten Zukunft auf, die heute Gegenwart ist. Wie wunderbar paßt doch dieser Text in diese Stunde! Er löst uns vom See und seiner Seligkeit leise los, indem er die apokalyptische Erhöhung des Sees und des Berges zum Ausdruck bringt.

Abends halte ich die letzte Terrassen-Ansprache. Es ergibt sich fast von selbst, daß ich von der Evangelien- zur Pilger- und Kreuzzugsstimmung überleite, da wir ja am folgenden Tage wichtige Stätten der Kreuzzugszeit sehen werden. Alles rundet und erfüllt sich auf wunderbare Art. Auch diese seligen Gefilde, wo wir nun so schöne Tage verbringen durften, sind schließlich nicht nur Schauplatz des Evangeliums gewesen. Da, wo man von Tabgha aus nach Südwesten auf die sich überschneidenden Berggipfel mit ihren zackigen Formen blickt, breitet sich die Ebene aus, wo die Kreuzritterheere ihre letzten unglücklichen Entscheidungsschlachten schlugen, ehe sie das Land wieder verlassen mußten. Man vergegenwärtigt sich den Heroismus der Seelen, der mit seinen unmittelbaren physischen

Zielsetzungen erfolglos blieb und der doch die Saat von unendlich viel christlicher Hochkultur und Geistesbildung geworden ist.

Abends hat sich Merezian, der die Woche am See nicht bei uns war, wieder eingefunden. Mit ihm fahre ich noch spät nachts nach Tiberias und durchstreife die schon dunkel und schlafend daliegende Stadt, die dortige Welt noch einmal von einer ganz anderen Seite her in mich aufnehmend. Nach Deutschland heimgekehrt, erfahren wir, daß wenige Tage später Sturzfluten und Gewitterwolkenbrüche die Stadt zum Teil zerstört und an die hundert Menschen getötet haben.

8.5. Nun ist der Abschiedstag da. Morgens lesen wir im Eukalyptushain noch einmal die Menschenweihehandlung, tauchen noch einmal in die geliebten Fluten des Sees ein und machen uns bereit, um 11 Uhr von den Omnibussen abgeholt zu werden. Das Mittagessen ist für jeden eingepackt und soll auf dem Wege eingenommen werden an einer Quelle unter Ölbäumen hinter Safed. Nun aber gibt es noch einmal eine tüchtige Tücke des Objekts, von der wir außer auf dem Damaskus-Ausflug sonst so gütig verschont geblieben sind. Merezian hat die Erlaubnis nicht bekommen, Wagen aus Jerusalem mitzubringen, was er wegen der Verläßlichkeit der bekannten Chauffeure vorhatte, und nun hat er in Tiberias mit den Autofirmen und mit der Polizei endlose Verhandlungen. Das gibt einen bedauerlichen Aufenthalt. So entschließen wir uns, das Mittagessen noch in Tabgha einzunehmen, und gegen 1 Uhr können wir endlich losfahren. Die beiden Wagen haben ein völlig verschiedenes Tempo, weil wieder einer noch nicht eingefahren ist. Gut, daß ich im kleinen Begleitwagen wieder so etwas wie den Schäferhund machen kann, wir würden uns sonst rettungslos verlieren.

Wir fahren nicht den direkten Weg über Nazareth nach Haifa, sondern leisten uns den Umweg über die hohen Berge von Galiläa. Das ist nun ein prächtiger langsamer Abschied vom See. In großartigen Bögen klimmen wir aufwärts. Der See taucht stundenlang immer wieder in neuen Gestalten in der wachsenden Tiefe auf. Treu bleibt ihm der Sphärengipfel des Tabor zur Seite, der bald auch tief unter uns zusammenschrumpft.

Am See war eine Traumlandschaft. Aus dem Traum werden wir nun nicht schreckhaft aufgeweckt. Es ist, als ob Traumbilder durch Kunstwerke abgelöst würden, die die Seele mächtig erheben und lösen, indem sie sie neu verbinden. So kommen wir nach Safed, der höchstgelegenen Stadt des Landes. Es ist eine alte Kabbalistenstadt, umgeben von den kleineren Wohnplätzen berühmter mittelalterlicher Lehrer wie Rabbi Meir. Von der Trümmerstätte der alten Johanniterburg aus haben wir einen weitgespannten Blick über die Wunderwelt von Galiläa, die jetzt zu unseren Füßen liegt. Dann führt der Weg noch bis zu einer Paßhöhe hin, von wo wir zugleich den Blick auf den See, auf das Mittelmeer und auf den Schneegipfel des Hermon haben. Einer der großartigsten Punkte der Erde. Die Sonne ist uns günstig. Als ich vor zwei Jahren den gleichen Weg fuhr, war alles von Wolken zugedeckt. Heute glänzt das Land in freundlichstem Gold. Einen schöneren Abschied und Abschluß könnte man nicht ausdenken. Die Loslösung aus jener jenseitig empfundenen Sphäre, in die wir uns so intim eingelebt hatten, geschieht wirklich in Form eines aufatmenden Weitengefühls.

Und nun ist der Weg von der Paßhöhe hinab nach Akkon eine ganz neue Welt. Der Atem des Mittelmeeres steigt empor, echter und konzentrierter als bei Jaffa. Von wunderbar ehrwürdigen reichen rot-erdigen Ölbaumhainen ist der Weg zu beiden Seiten eingerahmt. Homerisch-griechische Sonnenwirkungen durchspielen die Luft. Was ist das eigentlich, was sofort den Geruch Griechenlands hervorruft? Es ist nicht bloß die Vermählung von Luft und Licht. Irgendwie dringt die Ätherisierung des Wasserelementes aromatisch mit herein. Man kann es nicht beschreiben. Es hat so etwas Göttlich-Leichtes, das sich sofort dem eignen Lebensgefühl mitteilt.

Dann sind wir in der Kreuzfahrerstadt Akkon. So recht eine Stadt am Meere, die eine entfernte Vorstellung von Tyrus und Sidon ermöglicht. Meeresduft und -helle durchatmet die Stadt. Wir durchstreifen die Straßen, besuchen die Moschee mit ihrem schönen grünenden Arkadenhof, sehen die Gewölbe der alten Kreuzfahrerkirche in nebenan liegenden Häuserkellern und verweilen lange auf den Befestigungsmauern, an die unten die Meeresbrandung heranrauscht. Napoleonische Geschichte deckt ein wenig die Kreuzfahrerzeit zu, aber leise steigt doch am Horizont das Antlitz der Kreuzzüge mit ihrer ritterlichen Hochgesinnung auf.

Nun fahren wir auf den langgestreckten Riegel des Karmelberges zu, der die Bucht, die wir umkreisen, im Süden abschließt. Wieder wird die Ahnung der Kreuzzugszeit überboten durch den Hauch der Urgeschichte, da hier phönizische Heiligtümer standen und Elias mit den phönizischen Priestern stritt.

Haifa ist eine mächtig gewachsene Großstadt. In den letzten zwei Jahren hat es sein Antlitz total verändert. Es hat einen großen Hafen mit Kai bekommen, und europäische Häusermassen bedecken lükkenlos den zur Bucht hinabsteigenden hohen Karmelabhang. Wir fahren sogleich auf die Höhe des Berges, wo wir in einem deutschen Heim Quartier bestellt haben. Gerade zur Zeit des Sonnenuntergangs haben wir den unbeschreiblichen Weitblick rings in der Runde von den Balkons des Hospizes aus. Der Blick hinunter auf die Stadt und den Hafen, wo gerade große Luxusdampfer liegen, zeigt erst, wie hoch wir uns befinden. Der Blick auf das Meer, sowohl über die Bucht nach Akkon hin als auch nach Westen und Süden, kennt keine Grenzen. Lange, lange leuchten die weitausgegossenen Farben des Sonnenunterganges nach.

In dem Hospiz lernen wir gegenüber der Weitherzigkeit der römischen Katholiken schnell noch einmal die intolerante Beschränktheit der protestantischen Häuser mit ihren Tischandachten, in denen uns mit paulinischen Worten unsere Ketzereien ausgetrieben werden sollen, kennen. Die Bevormundungssucht dieser Tanten ist nicht zu bändigen. Wir machen einen Versuch, eine Lesung in unserem Kreise zu halten – ich lese noch einmal den 2. Petrus-Brief, aber die Atmosphäre ist nicht zu durchdringen –, und setzen unsere Bemühungen lieber nicht fort. Abends ist es schön, auf dem Grat des Berges entlang zu gehen, auf das Lichtermeer der Stadt hinunterblickend, und den Blick über das Meer zu den Lichtern von Akkon und darüber hinaus schweifen zu lassen.

9.5. Heute sollen wir ganz nahe in Kontakt kommen mit dem Geist der Kreuzzugszeit. Das soll der Abschied von Palästina sein. Als wir unsere Fahrt nach Athlit antreten wollen, entdecken wir, daß uns die Gauner über Nacht unsere Omnibusse ausgewechselt haben. Einer der beiden Wagen ist überhaupt nicht mehr verkehrsfähig. Trotzdem ist eine Schimpferei nötig, um den plötzlich verdoppelten Fahrpreis wieder herunterzubekommen. Kaum sind wir unten in Haifa, da tut der eine Wagen seinen letzten Atemzug. Wieder ist es nur gut, daß wir im kleinen Wagen den Schluß der Kolonne bilden. So können wir in Eile neue Wagen mieten. Wir nehmen zwei kleine Landomnibusse, in denen zu fahren schlimmer ist, als ungeübt Galopp zu reiten. Die Wege sind schlecht, weil der Ausflug, den wir machen, nicht üblich ist. Aber wunderbar ist es, um den ganzen Karmelriegel herum und an seinem Südrande unten an der Küste entlang zu fahren. Der phönizische Aspekt des Berges wird da leichter offenbar.

Nach langer Fahrt kommen wir an die Reste der Templerburg Athlit. Hierher haben sich die Templer zurückgezogen, von hier aus entzogen sie sich schließlich der Belagerung durch die stille nächtliche Flucht nach Cypern.

Als wir den Bereich der Burg betreten, erstaunt über die gigantischen Ausmaße der Ruine und die Lage auf den mächtig umbrandeten Felsen, sammeln wir erst die Freunde, und ich halte einen Vortrag über die Templer und ihre Mission. Dr. Hahn fügt eine außerordentlich eindrucksvolle Ergänzung über den großen Moralimpuls der Ritterorden hinzu, so daß der edle Geist der Kreuzzugsideale lebendig wird.

So großartig und ausgedehnt hatte ich mir die Reste dieser Templerburg nicht vorgestellt. Immer neue große Säle und Krypten entdekken wir. In unterirdische Gänge kriechen wir hinein. Ein tiefgelegener Saal mutet wirklich wie eine Krypta an, in der die esoterischen Kultushandlungen der Templer vollzogen worden sein könnten, während die Gewölbespuren des eigentlichen Gottesdiensthauses hoch über Tag emporragen. Andere Räume erwecken die Vorstellung, als könnten sie die Schatzkammern gewesen sein, in denen die Templer ihre für bestimmte Kulturtätigkeiten gesammelten Goldschätze aufbewahrt haben. Und wie stark durchstrafft es die Seele, sich unten auf den Felsenriffen und Mauerresten von der heftigen Brandung umgischten und umtosen zu lassen! Das führt aus der Vorgeburtlichkeit des Sees Genezareth wirklich in die männlich fordernde Gegenwart zurück. Mittags sind wir wieder oben auf dem Karmelberg. Nachmittags sind viele zum Einkaufen unten in der Stadt. Ich mache mit einigen Freunden noch einen Spaziergang in die Gebiete des Karmeliterklosters: weite würzige Heide mit niedrigem Dorngebüsch. Hier, wo der weite Rundblick auf das Meer offensteht, könnte man sich schon den Schauplatz der Elias-Geschichte vorstellen, obwohl die Tradition den Platz der Baals-Altäre mehr ins Innere des Landes verlegt. Hier oben standen damals die grandiosen Tempel, in denen dann 1½ Jahrhunderte später Pythagoras seine phönizische Einweihung durchmachte. Noch einmal erleben wir den goldenfarbigen Sonnenuntergang von der Höhe. Dann geht es hinunter zum Schiff. Unser Gepäck ist schon verstaut, und mit relativ geringen Zeremonien und Unkosten vollzieht sich die Einschiffung. Dann beginnt der Kampf um unsere Kabinen, die von zurückgewiesenen jüdischen Einwanderern einfach für die Rückfahrt bewohnt geblieben sind.

Schließlich bewegt sich um 10 Uhr abends das Schiff, und wir bleiben noch lange in den Anblick des lichterbesäten Karmelgebirges vertieft, das in der Ferne verschwindet. Mit ihm verschwindet das Heilige Land. Unsere Reise ist am Ende. Sie hat sich in vielfältiger Art schön gerundet und vollendet.

10.–15.5. Wieder schwimmen wir für einige Tage auf dem mittelländischen Meer, für das sich in mir bereits starke Heimatsempfindungen gebildet haben. Das Schiff ist etwas kleiner als das, mit dem wir herfuhren, aber man kann es sich wohnlich einrichten. Der erste Tag der Fahrt ist nicht so hell und glücklich wie bisher alle anderen Tage auf dem Meer. Es ist wolkig und kühl. In der Frühe gibt es auch Wellen, die das Schiff ein wenig schwanken lassen. Vor allem aber macht sich doch jetzt die große Entspannung geltend, hervorgerufen durch das Zu-Ende-gehen der straff durchkomponierten Reise und das Herausgerissenwerden aus dem Orient. Für mich kommt nun auch, da ich plötzlich die hundert Fäden von Verantwortlichkeit, die ich gar nicht so sehr bemerkt hatte, locker lassen kann, das Gefühl der Ermüdung heran. Kopfschmerzen haben sich eingestellt, die sich durch nichts vertreiben lassen. Es ist der Himmelfahrtstag. Am Morgen haben wir auf dem Deck, ziemlich ungestört, die Weihehandlung lesen können.

Am nächsten Tag ist die helle Sonne wieder da mit all ihren Wundern, und wir sind alle wieder frisch und gesund. Wie wunderbar ist jetzt das langsame Hineinkommen in die griechische Welt! Lange fahren wir an Cypern vorüber, diesmal im Westen ganz um die Insel herumkreisend, weil wir nicht um den Peloponnes, sondern durch den Kanal von Korinth fahren werden. Dann fahren wir lange am kleinasiatischen Festland vorbei, das ich nie bisher sah. Es hat ein ganz eigenes Antlitz. Große majestätische Höhenzüge, um einige Grade dunkler und mysterienhafter als die griechischen Berge. Fast glaubt man die Atmosphäre paulinischer Gemeinden zu atmen. Die Fahrt geht dann auch zwischen Rhodos und dem Festland durch, so daß wir ganz nahe an der Stadt Rhodos vorüberkommen und die alten Ritterburgen und Ordenshäuser sehen können. Es sind Tage ruhiger und schöner Rückschau, die wir erleben.

Ein ganz besonders reicher und beschenkter Tag ist der 12. Mai. Morgens um 3.30 Uhr weckt uns bereits der »Hahn«. Wir fahren an der Lichterzeile des Piräus vorüber. Dahinter liegt Athen, Hellas. Viel zu sehen ist nicht. Aber ein unbeschreiblicher Harzgeruch streicht in dichten Wolken von den Wäldern der griechischen Berge über das Meer hin. Der Gruß des Hymettos. Man kann also das Land der Griechen auch riechen. Ägina und Salamis dunkeln als lagernde Nachtriesen vorbei. Da, wo am Lande eine Lichtergruppe funkelt, vermuten wir Eleusis, wo es offenbar jetzt große Fabrikanlagen gibt. Und nun hellt der Tag langsam herauf. Wie schön das ist, und wie geisterhaft sich die Gestalten und Formen des ganz nahen Landes aus der Dämmerung herausheben! Vor uns tauchen Bergkuppen auf. Die Suche nach Akrokorinth beginnt. Es wird aber erst hinter anderen Bergen sichtbar, als wir, auf Einlaß in den Kanal wartend, auf der Stelle stehen bleiben. Es kommen gerade einige Schiffe in umgekehrter Richtung durch den Kanal, die wir erst vorüber lassen müssen. Dann nimmt uns ein Schifflein mit kindlichen Griechen ins Schlepptau und bugsiert uns in den Kanal hinein, auf dessen steilen Wänden oben die rote Morgensonne leuchtet. Lange geht's durch die schmale Gasse hindurch, und auf der anderen Seite tut sich die Wunderwelt des korinthischen Golfes auf. Wir sehen Korinth vor dem runden Gipfel von Akrokorinth, unterscheiden sogar genau die Säulen des Apollotempels. Aber schnell fliegt ein Stück griechischen Lebens nach dem anderen vorbei.

Die Stunden, die nun folgten, als wir zu beiden Seiten das griechische Festland mit seinen feierlichen Bergformen vor uns hatten, waren die höchsten Feststunden, die uns das Mittelmeer bereiten konnte. Wir lesen aus Hölderlins Hyperion und aus Homer, halten in der Bucht von Itea, die allzuschnell vorüberfliegt, nach den heiligen Feldern von Delphi Ausschau und sind versunken in die Schneegipfel des Parnaß. Eine so großartige Fahrt hat man zwischen den Inseln selbst an den schönsten Stellen nicht. Die Welt der griechischen Inseln ist eine unendlich einheitliche Sphäre von homerischer Sonne, aber fern von Menschheit und Geschichte: Götter- und Heroenaspekt. Türmte sich schon auf der eigentlichen Reise ein Eindruck als Steigerung auf den anderen, so ist das jetzt bei dem Ausklang auf eigne Weise noch einmal der Fall. Fern versunken ist der Orient. Eine Reise für sich ist, was wir hier erleben.

Noch einmal haben wir einen Sonntag gemeinsam. In der Frühe haben wir in Brindisi angelegt und fahren dann den ganzen ruhigen Tag in der Adria nordwärts, diesmal an der dalmatischen Küste entlang. Noch einmal ein neues Bild, ein neues Stück Erde. Manche sieht man eifrigst dichten, und am Abend gibt es dann ein humorvolles Abschiedsfest, bei welchem manche recht gute Satire zum Vorschein kommt, aber auch viel echte Dankbarkeit.

Montags in der Frühe lesen wir noch einmal auf dem oberen Deck die Weihehandlung zusammen. Und dann beginnt schon der schreckliche Landungstrubel. Die Behörden sind uns entgegengefahren. Das Anstehen an den Registriertischen beginnt und setzt sich in der Zollhalle in Triest und am Handgepäckschalter des Bahnhofs fort. Der Tag ist trüb, und es ist zuerst nicht leicht, sich auf europäischem Boden wieder zurechtzufinden. Als alle Sorgen erledigt sind und dann auch die Sonne durchbricht, schließe ich mich einigen Freunden an, die nach Miramare hinaus wandern. Welche wunderbaren Blicke man hier, nahe der Stätte des alten Aquileja auf das weite Meer hat! Und welch geheimnisvolles Stück vom Schicksal des 19. Jahrhunderts hier weitergeistert! Draußen trifft noch einmal ein großer Teil der Gesellschaft zusammen.

Nachher im Zug, nach dem trubelhaften Kampf um Plätze in dem einzigen durchgehenden Wagen, fahren wir noch einmal hoch über Miramare hin. In großen weiten Serpentinen schraubt sich der Weg der Bahn in die Berge empor, und so haben wir noch einmal einen prächtig-farbigen Sonnenuntergang am Meere und nehmen so Abschied vom Mittelmeer wie von einem geliebten Wesen.

Je komponierter die Reise war, um so tiefer ließ sie unsere Seelen in die Andersartigkeiten der südlichen Welt untertauchen, und um so schwerer war die Aufgabe des Sich-wieder-Einlebens in Europa. Da Pfingsten vor der Türe stand, mußte ich sogleich wieder in vollem Maße tätig sein und empfand doppelt stark, daß es nur langsam möglich war, die Seele von jenen fremden und doch so urverwandten Planeten heimzuholen, auf die uns die Reise geführt hatte.

DAS ERDEN-ANTLITZ PALÄSTINAS

Ein Zwiegespräch

DIE URBILDLICHKEIT DER LANDSCHAFT

Emil Bock: Eine Frage an die Naturwissenschaft

Bei allen meinen Bemühungen, etwas zum Verständnis der alttestamentlichen Geschichte und des Lebens Jesu beizutragen, war es mir von der größten Bedeutung, außer in den biblischen Büchern noch in einer zweiten Heiligen Schrift lesen zu dürfen: im Landschafts-Antlitz Palästinas, des Heiligen Landes. Nicht durch Zufall haben die Ereignisse des Alten und Neuen Testamentes gerade diesen Schauplatz gehabt. Sie haben sich dort zugetragen, weil unser Erdenplanet dort wie nirgendwo sonst im Erdenbild die Urbilder-Welt anschaubar abbildet. Geheimnisse der höheren Weltensphären sind dort zur Erde niedergestiegen und haben sich wie in dramatischen Transparenten in großen oder stillen historischen Szenen der irdischen Sichtbarkeit eingegliedert. Sie taten es aber jeweils an einem Orte, der durch seine landschaftliche Urbildlichkeit das gleiche Geheimnis aussprach. Die Erde hat in allen Kontinenten gigantischere, großartigere Gestaltungen. Diesen gegenüber ist Palästina auf den ersten Blick ganz unscheinbar und still. Aber es ist wie ein geheimes Zentrum, wo die Erde sich die Fähigkeit bewahrt hat, ein Spiegel für die Schicksalsfiguren des Geist-Kosmos zu sein.

Was mich am unmittelbarsten beeindruckte und mir im Laufe der Zeit zum unschätzbarsten Schlüssel wurde, war die kosmische Polarität zwischen der nördlichen und der südlichen unter den drei palästinensischen Teillandschaften: Galiläa, Samarien und Judäa. Galiläa mit dem See Genezareth steht in paradiesischer Lieblichkeit und

Fruchtbarkeit als Landschaft des Lebens der infernohaften, wüsten Todeslandschaft gegenüber, die sich in Judäa um das Tote Meer herum ausbreitet. Die biblischen Szenen, die sich auf diese beiden Szenerien verteilen, kontrastieren in gleicher Weise die Himmelsnähe und den Todesernst.

Daß diese Grund-Polarität in den äonischen Runden der Erden-Entstehung, also auch in den geologischen Formationen, verwurzelt sein müsse, wurde mir um so deutlicher, je mehr sich mir das qualitative Erlebnis des Jordantales auftat. Da der Jordan, nachdem er in Galiläa den See Genezareth durchflossen hat, in Judäa in einer Tiefe von 400 m unter dem Meeresspiegel in das Tote Meer einmündet, befinden wir uns da, wo Jesus von Johannes dem Täufer getauft wurde, am tiefsten Punkt der Erdoberfläche. Der sogenannte Jordangraben setzt nach Norden einen gewaltigen Riß im Antlitz der Erde fort, den sogenannten Ostafrikanischen Graben. E. Kayser sagt darüber in seiner »Geologie« (S. 276): »Verbindet man die genannten Versenkungen, so erhält man eine Bruchzone von insgesamt nicht weniger als 7000 km Länge. Man hat mit Recht gesagt, daß dies vielleicht die größte und auffälligste Schramme im Antlitz unserer Erde sei.«

Dieses Zitat fand ich nun in dem 1926 erschienenen Buche »Die ätherische Welt« von Guenther Wachsmuth zusammen mit dem Hinweis, daß die Jordan-Tiefe eine der Spuren des gigantischen urzeitlichen Vorgangs sein könnte, in welchem sich der Mond von der Erde trennte: »daß sich aus der Herauslösung des Mondkörpers (aus der südlichen Hemisphäre der Erde) vielleicht auch jener rätselhafte größte Graben in der Oberfläche der Erde erklärt, also gleichsam einen Riß darstellt, der in diesem Randgebiet der Austrittsstelle des Mondes in der Erde entstanden ist«.

Ich konnte keine deutlichere Bestätigung – wenn diese auch nur vorläufigen Charakter hatte – für meine Überzeugung finden, Palästina müsse ein Brennpunkt der großen erdgeschichtlichen Werdeprozesse gewesen sein. Da unsere Erde, bevor sie Erde wurde, einmal Sonne (mit dem ganzen Sonnensystem zu einem Weltkörper verbunden) und einmal Mond (mit dem Monde zu einem Weltkörper verbunden) gewesen ist, so glaubte ich in dem paradiesisch-sonnenhaften Element von Galiläa eine Reminiszenz an die Sonnenzeit der Erde und in der mondenhaft-toten Wüste Juda eine solche an die Mondenvorzeit zu erblicken. Ich formulierte es in meinen Büchern so: es sei, als ob bei der Sonnentrennung an jenem Brennpunkt des planetarischen Werdens etwas von der Sonne, und bei der Mondentrennung etwas vom Monde hängen geblieben wäre.

Mir war immer klar, daß ich mich hier einer bildhaften, uneigentlichen Ausdrucksweise bediente. Ich konnte und wollte damit keine direkten Aussagen über die Palästina-Geologie machen. Was ich gefunden zu haben und zu sehen glaubte, waren nun eigentlich erst *Fragen* an die Geologie. Ich sah mit Spannung etwaigen künftigen geologischen Forschungsergebnissen entgegen, durch die im Detail eine Bestätigung oder Korrektur meiner Thesen erfolgen würde.

1950 erschien nun das epochemachende Buch von Guenther Wachsmuth: »Die Entwicklung der Erde«, in welchem in lebendiger Anschaulichkeit vor allem die Veränderungen der Erdoberfläche geschildert werden, die eintreten mußten, als (in der lemurischen Epoche, Mesozoikum) die Erde den Mond aus sich heraussetzte und als (in der atlantischen Epoche, Tertiär und Quartär) die noch plastische Erde von der Ovalform zur Kugelgestalt überging.

Beide Male, so wird dargestellt, sowohl bei der Mondentrennung, die sich in der Gegend des heutigen Pazifischen Ozeans vollzog, als auch bei der kugelförmigen »Abrundung« des Planeten, die in der Erdhaut die großen »alpinen Bildungen« hervorrief, traf eine wesentliche Randwirkung den ostafrikanischen und den Jordangraben. Sodaß an der Bodengestaltung Palästinas in der Tat Wichtigstes aus den immer erneuten Geburtswehen und Werdeprozessen unserer Erde muß abgelesen werden können. Dr. Wachsmuth schrieb mir: »Die Veränderungen in der gesamten Erdoberfläche, die sich als *Folge* des Mondaustrittes im Pacificum auch in den anschließenden Gebieten des Indischen Ozeans (Untergang von Lemurien als teilweise Folgeerscheinung) und bis zu den großen Grabenbrüchen und Senkungen von Ostafrika bis zum Jordantal vollzogen, ergeben sich nun als ein organischer Prozeß mit einer schönen Folgerichtigkeit und in lebendiger Einheit. Diese Auswirkungen bis in die Gegend des Jordantales habe ich nun in ›Die Entwicklung der Erde‹ durch Abbildung 67 (Seite 97) und in dem dazugehörigen Text veranschaulicht. Es ist also ein zweimaliges Geschehen, einmal in der lemurischen, dann wieder in der atlantischen Epoche, das diese einzigartige Formung im Erdenantlitz herbeiführte.«

Ich bin nun dankbar, daß in dem nachfolgenden Beitrag von Walther Cloos eine erste bis in die Details gehende Antwort der Geologie auf die Frage erteilt wird, die ich auf Grund der landschaftlichen Urbildlichkeit stellen mußte.

DIE GEOLOGISCHE GESTALTUNG DES BODENS

Walther Cloos: Eine naturwissenschaftliche Betrachtung

Die Gestaltung der Erdenoberfläche, ihre Berge und Ebenen, Täler, Flüsse, Seen und Meere sind die letzten Spuren uralter Strömungen der lebendigen Erdensubstanz. Als Wärme, Luft, Wasser und Festes noch nicht geschieden waren, wie im jetzigen Stadium der Erdenentwicklung, durchzogen die Erde gewaltige, aus den Sternenräumen wirkende Kräfte, die im Laufe langer Zeiten das Antlitz der Erde so herausmodellierten, wie heute noch im Zusammenwirken von Himmels- und Erdenkräften in der Hülle des Fruchtknotens der Pflanzen der Same geformt wird. – Auch die Verwandlungen des menschlichen Antlitzes vom Neugeborenen bis zu den Runen und Falten des gereiften Menschenhauptes sind ein getreues Bild für das Wesentliche dessen, was die physische Erde seit ältesten Vergangenheiten erfahren hat.

Eine ausgezeichnete Schilderung dieser die Erde formenden Kräfte, ihrer Stufen und Metamorphosen, findet man in dem Werk G. Wachsmuths: »Die Entwicklung der Erde. Kosmogonie und Erdgeschichte, ein organisches Werden«. Wenn man dieses Buch, das ganz auf den Forschungen Rudolf Steiners aufgebaut ist, gelesen hat, so kann einem unmittelbar gewiß werden, daß das Antlitz der Erde von Weltenkräften so geformt wurde, daß es Wohnstatt und Wirkensfeld aller menschlichen Kulturen werden konnte. Der Bau der Kontinente, ihre inneren Trennungslinien durch Gebirge und Ströme, durch Binnenmeere und Senkungen schufen die gewaltigen Landräume in bestimmten Erdgebieten, in denen sich dann die großen vorgeschichtlichen und geschichtlichen Kulturen der Menschheit entfalten konnten.

Der letzte Ausklang dieser die Erde formenden Strömungen erfolgte in der Mitte der atlantischen Epoche, am Ende der sonst Tertiär genannten Zeit und zu Beginn der diluvialen Eiszeiten, die mit dem Untergange des atlantischen Kontinents zwischen Europa und Nordamerika ihren Abschluß finden.

Die Gesteinswelt der Erde ist in dieser Mitte der atlantischen Epoche an das Ende ihrer Entwicklung gekommen. Es bilden sich keine neuen Gesteine mehr, wie sie sich in den vorhergegangenen Zeiten aus den Absterbevorgängen pflanzlicher und tierischer Lebewesen gebildet haben. Die vorhandenen Gesteine sind noch relativ weich und plastisch und erhärten nur langsam und allmählich. In diesem Zustand wird die Erde von der letzten großen Welle formender Kräfte ergriffen, die jene gewaltigen Gebirge auftürmen, die als tertiäre Faltungen über alle Kontinente verbreitet sind.

In diesen Faltungen kann man drei große Kraftrichtungen erkennen: Eine, die von Norden nach Süden wirkend aus der Masse des Kontinents die zentralasiatischen Gebirge auftürmt und ihre Ausstrahlungen vorschickt östlich bis tief nach China hinein und westlich bis zum Kaukasus und den Gebirgsketten Kleinasiens.

Eine zweite, die von Süden nach Norden aus der Kontinentalmasse Afrikas wirkend die Pyrenäen, Alpen und Karpathen formt.

Und eine dritte, die von Osten nach Westen wirkend vor allem in dieser Zeit die Anden Südamerikas und die Rocky-Mountains Nordamerikas bildet. (Dazu ist zu sagen, daß die Formkräfte in Nordamerika, die z.B. die Küstengebirge wie Sierra-Nevada usw. bis hinauf nach Alaska auffalten, schon viel früher einsetzen als in der Mitte der Atlantis, da dieses Erdgebiet auch schon früher in die Verfestigung einging als die anderen Kontinente.)

In die Zeit dieser gewaltigen Gebirgsfaltungen fallen nun auch jene Vorgänge, die bestimmte Erdgebiete durch Einbrüche, Senkungen und Risse unter das Niveau des Meeresspiegels bringen. Der größte Einbruch dieser Art ist der Jordangraben in Palästina, der am Spiegel des Toten Meeres eine Tiefe von nahezu 400 Metern erreicht. Der Jordangraben ist die nördlichste Spitze eines gewaltigen Graben- und Einsturzsystems, das sich von den südlichsten ostafrikanischen Seen über 52 Breitegrade bis zum Fuß der kleinasiatischen Taurusgebirge erstreckt.

Die Bildung dieses Grabens ist in seinen südlicheren Teilen zurückreichend bis in jene frühen Erdenzeiten, als der Mond sich aus der noch ganz plastischen und weichen Erde herausgelöst hatte. In dieser Zeit war noch ganz Palästina vom Meere bedeckt und der Graben hatte diesen nördlichsten Ausläufer noch nicht ausgebildet.

In der gleichen Epoche, in der die großen Gebirgsfaltungen Asiens und Europas einsetzen, beginnt auch die Heraushebung Palästinas, die andauert bis in die Eiszeiten (Diluvium). In der Mitte der Atlantis, zugleich mit der beginnenden Vereisung Europas (die auch als Anfang der atlantischen Katastrophe zu betrachten ist) bricht der Jordangraben ein. Die Kräfte, die diesen nördlichsten Teil des großen ostafrikanischen Grabenbruches bilden, sind zu suchen in dem scherenden Zusammenwirken der in Asien von Norden nach Süden und in Europa von Süden nach Norden gehenden Gebirgsfaltungen. An der uralten Wunde der Erde, die im ostafrikanischen Grabenbruch vorliegt, setzen diese entgegengesetzten Kräfte mit scherender Wirkung an und bringen einen Einsturz zuwege, der ursprünglich etwa 2000 m betrug. Da das Tote Meer eine Tiefe von etwa 400 Metern hat und sein Spiegel nahezu 400 Meter unter dem des Mittelländischen Meeres liegt, andererseits die Berge um Jerusalem rund 800 m hoch sind, beträgt die Senkung heute noch etwa 1600 m.

Es gibt kein zweites Gebiet auf der Oberfläche der Kontinente, das so tief und durch die gleichen scherenden Kräfte eingesenkt und bis in geschichtliche Zeit erhalten geblieben ist.

Gleichzeitig mit dem Einbruch des Jordangrabens beginnen vulkanische Basaltausbrüche in der Randzone des Grabens, die mit ihren Massen vor allem die Gegend um den See Genezareth bedecken und nordöstlich davon ein großes Gebiet einnehmen. Am Südende des Toten Meeres, wo der Einsturz eine viel geringere Tiefe hat, bleibt der gewaltige Salzstock des Dschebel Usdum, der aus älteren Erdenzeiten stammt, stehen. Die Tatsache, daß seine Schichten senkrecht zur Erdoberfläche stehen, deutet darauf hin, daß er bei dem Einbruch des Grabens entweder hochgepreßt oder aber gekippt wurde. Seine Salzmassen bilden zusammen mit heißen Salzquellen und dem in die Untiefe strömenden Jordan das Tote Meer mit einem Salzgehalt und einer Salzzusammensetzung, wie sie kein anderer Salzsee der Erde aufweist.

Östlich, westlich und südlich dieses Gebietes größter Salzkonzentration der Erde ist Wüste. Nach Norden zu geht das Jordantal bis zum See Genezareth allmählich in eine fruchtbare Landschaft über. Auch der idyllische See Genezareth liegt mit seinem Spiegel noch etwa 200 m unter dem des Mittelländischen Meeres. Aber er ist völlig salzfrei.

Der Basalt, der seine Ufer umsäumt, ist die Grundlage der Fruchtbarkeit der galiläischen Landschaft. Damit verbindet sich ein altes Geheimnis der Gesteinsbildung der Erde. Rudolf Steiner charakterisierte einmal die Basaltbildungen als ein Sich-Wehren der Erde gegen die in ihr zurückgebliebenen Mondenkräfte. Er sagte, daß die Erde sich in diesen Basaltbildungen befreie von den verhärtenden Mondenkräften. Untersucht man nun auf Grund der Forschungen Rudolf Steiners, aus welchen ursprünglichen Gesteinen sich der Basalt bildet, so findet man, daß diese ihren ersten Bildungsimpuls in der Sonnenperiode der Erde erhalten haben. Es sind Gesteine von pflanzengrüner Farbe, die sogenannten Grünsteine. In ihren extremsten Ausbildungen zeigen diese Gesteine eine solche zähe Festigkeit, daß sie zum Teil nicht mit dem Hammer zerschlagen werden können. Ein solches

Gestein ist z.B. der Nephrit, aus dem die Steinzeitmenschen ihre Werkzeuge herstellten. Auch der Serpentin zeigt ähnliche Eigenschaften, die nur vergleichbar sind mit tierischem Horn. Diese *Verhornung* bestimmter Gesteine, die ihnen strukturell eine große Zähigkeit gibt, ohne daß sie spröde sind wie gewöhnliches Kieselgestein, deutet auf die Mondenkräfte, von denen Rudolf Steiner spricht. Die Erde wandelt mit ihren Wärmekräften in der Tiefe diese Gesteine um und wirft sie in der damaligen Zeit als Basalte aus. Während nun die ursprünglichen Gesteine durch ihre hornartige Struktur nur schwer verwittern und wenig fruchtbare Böden ergeben, ist der aus ihnen hervorgehende Basalt sehr leicht verwitternd und bildet die fruchtbarsten Böden, die man kennt.

Daran wird deutlich, wie sinnvoll die Geschehnisse selbst in dem scheinbar toten Reich der Gesteine sind. Es entsteht etwas aus wirklichen Sonnenimpulsen der alten Erde, wird aber von den Mondenkräften verhornt, da der Mond noch *in der Erde* war, und dann greift die Erde nach dem Herausgang des Mondes ihre saturnischen Wärme-Impulse auf, um den Fremdkörper der verhornten Gesteine zu verwandeln in fruchtbare Böden bildendes Gestein.

Das Bedeutsame der palästinensischen Landschaft, wenigstens soweit sie Raum der biblischen Ereignisse ist, liegt in dem ungeheuren Gegensatz zwischen dem ganzen Gebiet des Toten Meeres und dem Gebiet um den See Genezareth. Dieser Gegensatz ist jedoch nicht allein verständlich aus Art und Bau der Gesteinswelt Palästinas. Diese ist fast im ganzen Bereich des Jordantales, bis auf die Höhenzüge hinauf, *einer* Erdepoche entstammend. Am Ende der sogenannten Kreideformation, bis herein in die ersten tertiären, bzw. atlantischen Zeiten, haben sich ihre Gesteine gebildet. Die Gebirge westlich des Jordantales waren einst bewaldet, bis die Phönizier ihre Schiffe aus diesen Wäldern bauten. Das Klima hat sich dadurch verändert. Im Bereich des Toten Meeres hat die lebensfeindliche Kraft des Salzes zu einer Ausdehnung der Wüstenbildung geführt. Jedoch im Bereich des Sees Genezareth konnte diese Klimaänderung nicht so tiefgreifende Änderungen bewirken, weil in der Fruchtbarkeit der Basalt-Erde das

Pflanzenleben immer noch ein ausgleichendes Regulativ im Wasserhaushalt der Landschaft blieb.

Daran wird deutlich, daß das lebensfeindliche oder lebensfördernde Wesen einer Landschaft aus dem Zusammenwirken von Erdenverhältnissen und Himmelskräften (Klima) entsteht.

Wollte man das Wesentliche des oben erwähnten Gegensatzes der palästinensischen Landschaft formulieren, so müßte man sagen, daß im Bereich des Toten Meeres die Landschaft bestimmt wird durch verhärtende, lebensfeindliche Kräfte, die in der ungeheuerlichen Salzkonzentration und der nahezu unterirdischen Wüstenbildung zum Ausdruck kommen, und andererseits im Bereich des Sees Genezareth die Fruchtbarkeit der Erde wie eine offene Schale ist, in die die Himmelskräfte einströmen können.

Das Erstere ist der Ausfluß in der Erde verbliebener *alter* Mondenkräfte, die einst die ganze Erde zu verhornen drohten.

Das Zweite ist die Überwindung dieser in der Erde verbliebenen Mondenkräfte durch die Basaltbildung und das dadurch bewirkte Öffnen der Erde für das Hereinwirken der Sonnenkräfte.

Ein Weiteres, das zum vertieften Verständnis der palästinensischen Landschaft beitragen kann, ist das Folgende:

Es ist erstaunlich, daß ein so gewaltiger, uralter Erdriß wie das ostafrikanische Grabensystem im Jordantal sein Ende findet. Lange Zeit hat man versucht, dieses Grabensystem weiter nach Norden in den asiatischen Kontinent hinein zu verfolgen. Der Anlaß dazu war die Tatsache, daß z.B. der Rheingraben, der aus ganz anderen Kräften entstand, von Basel bis nach Skandinavien hinauf in seinen Ausstrahlungen zu verfolgen ist. Beim Jordangraben, bzw. dem ostafrikanischen Graben ist dies nicht der Fall. Er endet merkwürdigerweise am Fuße der kleinasiatischen Gebirge, die seit ältesten Zeiten der Menschheit den Namen »Taurus« (Stier) tragen. Wie aus gewaltigen Gegenkräften geformt liegt das Taurusgebirge dammartig am Ende des Jordangrabens.

Über die Weisheit der Namengebung vergangener Zeiten, die noch aus anderen Quellen schöpfte als unsere heutige Namengebung, kann man nicht viel sagen. Es sei hier nur an zwei Dinge erinnert: Rudolf Steiner hat geschildert, daß die Kräfte, die vorwiegend an der Bildung der Erde als Ganzes wesenhaft mitwirken, ausgehen von jenem Himmelsbereich, der seit alten Zeiten als das Sternbild des Stieres bezeichnet wird.

Und ferner: Das Erdgebiet, in dem sich die Taurusgebirge von Kleinasien bis tief nach Kurdistan hinein hinziehen, ist die Heimat der Völker, die in ihren Mysterien die Stierkräfte besonders verehrten.

REGISTER

Bildquellen

Emil Bock: 2, 7, 8, 10, 11, 12, 20; Friedrich Benesch: 5, 6, 9, 13, 14, 15, 17, 18, 19, 21, 22; Archiv Verlag Urachhaus: 1, 3, 4, 16